U0029153

新橋譯叢

![遠流出版公司]
遠流出版公司

基督新教倫理與資本主義精神

Die protestantische Ethik und der Geist des Kapitalismus

韋伯 Max Weber　著

康樂、簡惠美　譯

目錄

編　序

康　樂

　　《新橋譯叢》編輯委員會決定編譯瑪克斯・韋伯的經典著作，蓋認為將這些作品譯成中文，對國內人文與社會科學之研究，應大有助益。

　　編輯委員會經過多次討論，初步決定編譯一套「選集」，分別就政治、宗教及經濟史各層面選譯韋伯作品，俾初學者得有一入手把柄。其次，為韋伯若干最重要經典之全譯，亦即：**《經濟與社會》**（包括《宗教社會學》、《支配社會學》與《法律社會學》等）、**《宗教社會學論文集》**（包括《基督新教倫理與資本主義精神》、《中國的宗教》、《印度的宗教》與《古猶太教》等），以便讀者得窺韋伯學術之全貌。藉此兩項工作，《新橋譯叢》希望能將韋伯學術有系統且較完整地呈現在國人面前。

　　韋伯學術之博大精妙，其德文原著之艱深複雜，已為世所公認。編譯小組工作同仁雖務求於傳述原意方面達最可能之精確，格於學力，錯誤之處恐亦難免，至盼學界賢達先進不吝賜正，庶幾國人終能得有一更完善之韋伯譯本。

　　翻譯是一種事業，或者，套個韋伯慣用的辭彙，翻譯更應該是一種志業。《新橋譯叢》秉此精神從事譯述，並將成果貢獻給社會。是為序。

說　明

　　本書收錄了韋伯《宗教社會學論文集》（*Gesammelte Aufsätze zur Religionssoziologie*）第一部〈基督新教倫理與資本主義精神〉（Die protestantische Ethik und der "Geist" des Kapitalismus）和第二部〈基督新教教派與資本主義精神〉（Die protestantischen Sekten und der Geist des Kapitalismus）。〈基督新教倫理〉一書在學術史上的地位，百年後的今天來看，似乎已毋需再有過多懷疑。然而，伴隨其名著身分的，這卻也是一本相當麻煩的書──從編輯的角度來看：因為，它的註釋長度幾乎已接近本文的三分之二。連韋伯自己在書中也半開玩笑地說道：「陷讀者、**連同我自己**於惡性腫脹的註解之荼毒」（1-2-1 註 9 結尾）。

　　之所以如此，是因為當年韋伯此文發表在《社會科學和社會政策文庫》（*Archiv für Sozialwissenschaften und Sozialpolitik*, 1905）之後，盛況可說少見──對不住，不是佳評如潮，而是嗆聲連連。除了宗教界覺得韋伯大逆不道──喀爾文信徒認為褻瀆了他們先行者的理念，路德派信徒也覺得韋伯太瞧不起他們的使命。這還只是宗教界──起碼與學術關係不大。但是，我們可別忘了，當時（二十世紀初）資本主義正在開始展現它的威力，所有經濟、政治、社會與歷史學者莫不摩拳擦掌準備在這個競技場上一展身手──解釋資本主義的原動力。就在韋伯這篇大作出版前後，布倫塔諾、桑巴特（這是比較出名的）、

以及其他許許多多韋伯在本書註釋中提到的學者，都出版了主題類似的著作——一番激烈的爭論自然難免。

　　遭受到這麼多的批評，韋伯自然是不會服氣的。1910 年他在《社會科學和社會政策文庫》發表了〈關於資本主義「精神」的反批判〉，針對這些批評提出反駁。不過，截至此時為止，包括〈基督新教倫理〉與〈反批判〉在內，都還只是發表在期刊上的論文，而始終未曾以單行本的形式出書。其實自從〈基督新教倫理〉之後，在他有生之年，韋伯所有的作品都是以期刊論文形式發表的，其中還包括了類似〈印度教與佛教〉、〈古猶太教〉這樣的龐然鉅著。根據韋伯夫人瑪利安妮的說法，這是因為：第一，韋伯作為《社會科學和社會政策文庫》的主編之一，有提供稿件的義務；其次，「他對於發表作品常常顯得很急躁，所以這種不緩不急的發表方式最為合適」（《韋伯傳》第10 章）。

　　1919 年，韋伯終於下定決心開始整理《宗教社會學論文集》一書，〈基督新教倫理〉也終於有了一個新的面貌。除了〈反批判〉等文章外，十年來韋伯對此問題持續思考的心得當然是主要的補充內容。然而，不知是否由於時間過於匆促，還是韋伯決意保持原本文章格式，他主要採取了以添加註釋的方式來修訂全書——當然也有可能純粹只是怕麻煩。於是，我們就有了這麼一本形式上有點不太合「規矩」的書。

　　為了維持當頁註的原則，我們採取了一個變通的作法：太長的註釋（包括譯註在內）一律移往書末附錄，希望能因此而不致影響版面的安排與讀者的閱讀方便。不得已之處，還請讀者諒察。要提醒讀者的是：韋伯的長註其實就是一篇小論文，而且或許是因為註釋的形式，韋伯行文有時不如本文那麼拘謹，字裡行間往往會有一些大膽而充滿

智慧火花的論斷（當然也少不了發火抱怨、怒聲抨擊的場面），很值得讀者細細品味。

　　此外，韋伯在註釋裡原封不動地引用了好幾段拉丁原文，英譯者帕森思也原文照抄，所幸夏伯嘉兄拔刀相助譯出英文，解決我們一大困擾，謹此致謝。遠流編輯黃訓慶兄多年來與《新橋譯叢》相攜相扶，助益良多，〈基督新教倫理〉尤為他的最愛，本書的編輯與文字若能得到讀者的肯定，訓慶兄無疑是要居首功的。

喀爾文像

前　言

　　生為近代歐洲文化之子，在研究世界史時，必然且應當提出如下的問題：即在──且僅在──西方世界，曾出現朝著（至少我們認為）具有**普遍性**意義及價值的方向發展的某些文化現象，這倒底該歸諸怎樣的因果關係呢？

　　只有在西方，「**科學**」才發展到一個我們今日視為「普遍有效」的程度。其他的文明，特別是印度、中國、巴比倫與埃及，也有經驗的知識、對世界及生命問題的反省、極深奧的哲學及神學智慧（雖然只有基督教──在大希臘化思想的影響下──才圓熟地發展出一套系統的神學，至於伊斯蘭教與某些印度的宗派則僅有些許跡象）、以及極端精微的學識與觀察。然而巴比倫的天文學，就像其他文明的一樣，缺少了希臘人首次發展出來的數學基礎：質實言之，此一事實更突顯出巴比倫星象學的驚人發展。印度的幾何學則欠缺理性的「證明」──這又是希臘精神的產物，而這精神也創造出力學與物理學。印度的自然科學，就經驗觀察的角度而言，確有高度發展，然而並沒有理性的實驗（雖已出現於西洋古代世界，基本上仍為文藝復興的產物）。同樣的，近代的實驗室並不存在於印度，所以，印度的醫學，儘管在經驗─技術層面有高度發展，但缺乏生物學、尤其是生化學的基礎。至於理性的化學，除了西方外，一概未曾出現於其他文化地區。

中國的史學，雖有高度發展，卻缺乏修昔第底斯[1]式就事論事的研究方法。馬基維利[2]確有其印度的先行者，但是從亞洲的國家理論中，我們找不到任何類似亞里斯多德的系統分類與理性的概念。理性的法律學說所必備的嚴謹的法學架構與思考形式，為羅馬法的特色（西方法律亦源自於此），卻不見於他處。儘管印度的彌曼差學派[3]、範圍極廣的法典編纂——特別是近東，無數印度以及其他地區的律法書——稍有跡象可尋。教會法的建構[4]，亦僅見之於西方。

同樣的現象亦可見之於藝術。在歷史上，其他民族對音樂的敏感似乎比我們有更高度的發展，至少是不比我們差。各種形式的多聲樂存在於世界許多地區；多種樂器的合奏及和聲伴唱，可見之於其他文明。我們音樂中所具有音符間合理的節拍，其他民族亦曾計算出來並熟用之。但某些特色則僅見之於西方音樂：例如理性的和聲音樂，亦即基於三度和弦的三重泛音來組織音符的對位法與和音和聲法；自文藝復興以來，我們還有取代間隔休止、而以理性形式作和聲詮釋的半音階法與異名同音法；我們的管弦樂，乃是以弦樂四重奏為其核心加上管樂器的整體組織；我們的通奏低音、記譜法（這才使近代音樂的創作、演出以及其持續存在，成為可能）；我們的奏鳴曲、交響樂與歌劇（雖然標題音樂、韻詩、和音變化及半音階法原本也作為表現手

1　修昔第底斯（Thucydides, 西元前 460-404?），古希臘史家，《伯羅奔尼撒戰爭史》的作者。詳見附錄 13。——譯註
2　馬基維利（Niccolò Machiavelli, 1469-1527），義大利政治家、歷史學家，《君王論》的作者。詳見附錄 13。——譯註
3　彌曼差（Mimāmsā），古印度六派哲學之一。詳見附錄 16。——譯註
4　教會法（canon law），在某些基督教會中，由合法的教會權威，為管理整個教會或其一部分，所制定的法律彙編。詳見附錄 8。——譯註

段而運用於極為不同的各種音樂中）；以及最後，所有演奏這些的必要工具，我們基本的樂器——管風琴、鋼琴及小提琴。所有這些，唯獨西方才有。

作為裝飾之用的尖形拱門亦見之於西方古代世界與亞洲各地；據說尖形拱門及十字型拱形圓頂的結構亦曾出現於東方。但在其他地區，我們找不到像西方中世紀所創造出來的，理性運用哥德式拱形圓頂以分散張力，並利用弓形跨越任何形式的空間；尤其是，哥德式拱形圓頂成為宏偉紀念建築物的結構原則，並延伸成為某種雕刻與繪畫**風格**的基礎。同樣的，雖然此一技術基礎來自東方，然而除了西方外，我們從其他地區找不到用以解決半球形圓頂問題的辦法，同時，也見不到那種整體藝術的「古典的」理性化——在繪畫來說，就是透過線與空間的透視法的理性運用，這是我們在文藝復興時期所產生的。印刷術的成品曾見之於中國，但只有在西方，才發展出一種**單只**設想成為印刷品、而且也只有透過印刷才有可能存活的文書，亦即「刊物」，尤其是「報紙」。各種形式的高等教育機構，包括與我們大學或學院表面上極類似者，皆曾見於其他地方（中國與伊斯蘭世界）。但只有在西方，才發展出一種理性的、有系統的專業科學研究，亦即由一群訓練有素的**專業人士**所經營的學術，他們現今已踞有一種近乎文化支配的重要地位。尤其是專業性的**官員**，他們乃西方近代國家與近代經濟的基石。儘管此一群體在其他地區亦見萌芽，但對於社會秩序，卻從未構成如其在西方那樣本質必要的角色。當然，「官吏」，包括專業分工的官僚，是極其不同的各種文化中可見的一種古老現象。但是，沒有任何時代、任何國家，有如近代西方那樣，讓生活上的政治、技術與經濟等基礎條件，也就是我們的整個生存，如此絕對而無可避免地落入受過訓練的專家所構成的官僚**組織**的羅網下：技術性的、工

商業的、尤其是**法律上**具有專業訓練的國家公務員，成為社會生活中最重要的日常機能的擔綱者。

政治團體與社會團體的**身分**組織，是很普遍的現象，但只有在西方，才出現西方意味下的「王與王國」[5]那樣的身分**國家**（Stände-staat）。同樣的，由定期選舉「人民代表」所組成的國會，在野的群眾領袖，以及由政黨領袖擔任「部會首長」向國會負責的支配形態，也是西方特有的制度──固然，為了獲取或影響政治權力而組織「黨派」，世界各地亦所在多有。一般而言，「國家」，也就是基本上具有合理制定的「憲法」、合理制定的法律、以及以合理制定的規則──「法規」──為取向而由專門官吏來管理的行政等特徵的政治機構（Anstalt），儘管他處已有萌芽，但將以上這些決定性的特徵作為本質要素而結合為一體來形成這種機構的，僅見於西方。

同樣情形亦可見之於我們近代生活裡決定命運的最關鍵力量：**資本主義**。

「營利」、「追求利得」、追求金錢以及儘可能聚集更多的錢財，就其本身而言，與資本主義完全無涉。這種汲汲營營，無論過去或現在，皆可見之於侍者、醫生、車夫、藝術家、娼妓、貪官、軍人、盜匪、十字軍士兵、賭徒以及乞丐──或者可以說：不管在任何時代、任何國家，苟有客觀機會可以牟利，則此一現象即可見諸「各式各樣的人士之間」。因此，在文化史的初步課程裡，我們就該斷然放棄此

5　王與王國（rex et regnum），早期日耳曼民族的政治理論認為：國家的權力是基於「國王」（rex）及「身分」（regnum）的二元化結構，regnum即指包含「等級」（estate）在內的人民，故此處譯為「王國」。詳見附錄 17。──譯註

種幼稚的（關於資本主義的）概念推斷。無止境的營利慾並不等同於資本主義，更加不是其「精神」所在。反之，資本主義恰倒**可以**等同於此種非理性衝動的**抑制**、或至少是加以理性的調節。總之，資本主義不外乎以持續不斷的、理性的資本主義「經營」（Betrieb）來追求**利得**，追求一再**增新的**利得，也就是追求「**收益性**」。資本主義必須如此。在整個經濟已完全資本主義秩序化的情境裡，個別的資本主義企業若不以利得機會的確保為其行動方針，則注定要失敗。現在且讓我們先下一個較通常所用者更為精確的**定義**。我們認為「資本主義」的經濟行為首先應該是指：基於利用**交易**機會而追求利得的行為，亦即，基於（形式上）**和平的**營利機會。訴諸（形式上及實際上之）暴力的營利，有其獨特的法則，將其與（最終）目的在從交易中獲取利潤的行為歸諸同一範疇，是不確當的，雖然我們很難禁止其他人這麼做[6]。其次，在理性地追求資本主義營利之處，相應的行為是以資本

---

6 就此一問題而言（其他問題也一樣），我的意見是與我們所欽佩的老師**布倫塔諾**（〈近代資本主義之萌芽〉）相左的。此一差異主要是在用語上，不過內容方面亦有所不同。依我看來，將劫掠之利得與經營工廠之利得這兩種異質的事物歸入同一範疇，是沒有意義的。將所有追求**金錢**的努力通通稱為（與其他營利方式對立的）資本主義的「精神」，更是沒有意義。因為就我看來，在後一情況下，將失去所有概念的精確性；而在前一情況，則將失去所有可以了解西方資本主義——與其他形式的資本主義相較之下——特殊本質的機會。**齊默**的《貨幣哲學》一書裡，「貨幣經濟」與「資本主義」也被過分地混為一談，以致妨害到他對事實的討論。**桑巴特**的著作，特別是他最新一版有關資本主義的大作《近代資本主義》，至少就我的問題的觀點而言，理性的勞動組織——西方資本主義的**獨特性**——過分被忽略，而強調了世界各處普遍皆具的發展因素。
布倫塔諾（Lujo Brentano, 1844-1931），德國經濟學家。齊默（Georg Simmel, 1858-1918），德國社會學家和新康德派哲學家。桑巴特（Werner

計算（Kapitalrechnung）為取向。換言之，行為的進行次第是：有計劃的運用作為營利手段的財貨或個人勞務，以期在個別企業最後決算的**損益平衡表**上，最終收取額——資產之貨幣價值（如果是一持續性的企業，則為定期估算的資產之貨幣價值）——能**超過**「資本」，也就是超過用來交易營利的物質手段在**損益平衡表**上估算出來的價值（若為持續性的企業，則應該是一**直不斷地**超過）。至於此一過程，是將原料商品交給一個行商，再易回其他的原料商品以獲取期末盈餘（如康曼達[7]），或是一種製造業——將構成要素包括廠房、機器、現金儲備、原料、半成品、成品以及債權等組合為資產，藉與債務相對照——則無關宏旨。關鍵點在於，以貨幣進行資本**計算**，不管是以近代簿記方式或較原始及幼稚的計算方式。因此當企業開始運轉時，即有最初損益平衡表：每一個別交易進行前，皆經估算；為了評估企業運轉情況而進行檢核時，即再經估算；企業結束時，則有最後的決算損益平衡簿記，以確定所獲「利得」。例如在康曼達，期初的平衡表可用來確定所投入的財貨之**應當**受投資當事人承認的貨幣價值——只要財貨尚未具貨幣形態；決算的平衡表則可用來估算盈虧，據以分配紅利或分攤損失；只要其運轉是合理的，則在康曼達企業之合夥者間每一個別交易皆以計算為基礎。一直到今日為止，在任何資本主義企業裡，如果其環境並不需要完全精確的計算，則計算或估算即從未真正準確，而採取純屬推測，或單純只是傳統或因襲性的方式。但這所牽涉的不過是資本主義營利的合理性的程度而已。

Sombart, 1863-1941），德國經濟史學家。詳見附錄 13。——譯註
7　康曼達（commenda），歐洲中古時期海外貿易經營方式之一，詳見附錄 17。——譯註

　　就概念而言，最重要的莫過於：將營業成果的貨幣計價與營業本
金的貨幣價格做出比較的這種**實際的**取向，決定性地制約著經濟活
動，而不論其計算方式有多麼幼稚。就此意義而言，「資本主義」及
「資本主義的」企業，甚至某一程度的資本計算的理性化，根據我們
所知的經濟文獻，確曾存在於世上**所有的**文化國度：中國、印度、巴
比倫、埃及、古代地中海、西洋中古以及近代。而且這些企業並不都
只是各自孤立的企業，也有完全按不斷更新的資本主義個別企業來規
整的經濟活動與持久的「經營」。雖然就貿易而言，長久以來的確未
具我們今日這樣持續經營的性格，而基本上只是一連串的個別事業，
即使是**大**商人的營業行動，也只是慢慢才步上內在的（以「部門分類
經營」為取向的）整合。總之，資本主義企業與資本主義企業家（不
管是臨時性還是持續的），都是自古即有且極為普遍的現象。

　　然而，西方世界卻賦予了資本主義他處所未曾有過的重要意義，
這是因為西方世界發展出了他處所沒有的資本主義的種類、形式與方
向。世界各處皆曾有商人：批發商、零售商、住商及行商；有各種各
樣的放貸者，以及具備多種功能的銀行（至少近似於我們西方十六世
紀時的銀行）；海外貿易貸款[8]、康曼達、有限連帶責任的公司與組合，
曾經非常普遍，甚至採取持續經營的形式。不論何處，只要官方團體
有其**貨幣**財政，例如巴比倫、希臘、印度、中國或羅馬，即有放債者：
他貸款給戰事、海上劫掠以及各式各樣的資金籌措與營造；海外政策
進行時，他們扮演殖民地企業家，擁有大農場，成為役使奴隸或（直
接或間接）利用強制性勞力來工作的經營者；他承包領地、官職、尤

8　海外貿易貸款（societas maris），歐洲中古時期海外貿易經營方式。——
　　譯註

其是稅收；他資助政黨領袖競選，也資助內戰的傭兵統帥[9]；最後，在任何可以賺錢的機會中，他都是「投機者」。這種企業人物，也就是資本主義的**冒險家**，全世界各地都有。除了貿易、借貸及銀行業務等例外，這些人追求的主要機會要不就是純粹不合理性的投機，否則即為憑藉暴力攫取的利得，特別是戰利品的利得，不管是出之以真正戰爭的方式，還是財政上的長期掠奪（對隸屬民的橫徵暴斂）。

即使在西方當今，公司創辦人、大投機者、殖民者及現代金融家的資本主義，就連在平時，也還有上述的烙印，尤其是專以**戰爭**為取向的資本主義活動，就更加顯著。大規模國際貿易的某些部分（只有一部分），就像過去一樣，仍有類似的特性。然而，除此之外，西方在**近代**還有另一種完全不同的資本主義，是世界其他地區所未曾發展出來的一種；此即（形式上）**自由勞動**的理性—資本主義的組織，在其他地區則只有初步萌芽而已。就算是**不自由的**勞動，其組織也只有在大農場才達到某種程度的理性階段；古代世界作坊的合理化更是極其有限；至於近代初期雇用隸屬民或農奴的勞役農場與工場，或領主莊園中的家內工業，其合理化的程度甚至更低。在西方之外，雇用自由勞動的真正的「家內工業」本身寥寥可數，這是已告確認之事；論日計酬之勞工的雇用，固為普遍現象，然除極少數特殊的例外（且其組織亦與近代持續性經營的組織大異其趣，例如國家獨占經營），並未走向工場工業，也未衍生出西方中世紀特有的那種理性的手工業學徒組織。然而，以**財貨市場**的獲利機會為取向，而不是以武力—政治或非理性的投機利得機會為取向的理性經營組織，並非西方資本主義

9　傭兵統帥（condottieri），指十四世紀中葉至十六世紀，參加義大利各國間頻繁戰爭的雇傭兵的統帥，詳見附錄 17。——譯註

唯一的特殊現象。如果沒有下列兩項重要的發展因素，近代資本主義
經營的理性組織恐怕是不會出現的：此即**家計與經營的分離**（現今的
經濟生活完全由此支配），以及與此有密切關聯的理性的**簿記**。做工
或做生意的場所與住家在空間上的分離，也曾見之於他處，例如近東
的市場（Bazar）與其他文化地區的作坊（Ergasterien）。遠東、近東
及西洋古代世界，也曾創立具有獨立營業記帳的資本主義合夥組織。
然而，較之於近代營利經營所具有的獨立性，這些都還只能算是萌芽
階段而已。之所以如此，特別是因為這種獨立性的內在手段——不管
是合理的**簿記**，還是營業財產與個人財產在**法律上**的分離——要不就
完全缺乏，要不就只有初步的發展[10]。營利經營之成為君侯或領主的

10　其間的對比當然並非完全絕對的。從古代地中海世界、近東、中國與印度
的政治取向的資本主義（尤其是包稅制）中，產生了合理的、**持續**經營的
企業，它們的簿記（我們所知僅為一些斷簡殘篇）或許也有某種「理性的」
性格。再說，在現代**銀行**的早期發展史中（甚至英格蘭銀行），政治取向
的「冒險家」資本主義與理性的經營資本主義之間，亦曾有過密切的接
觸，最初多半是來自遂行戰爭的動機所致的**政治**交易。在這方面，有意義
的是，例如佩特森此一典型「創始人」的人物與英格蘭銀行理事之間的差
異，這些理事負責制定長期發展方針，而且很快就被視為「格羅斯大殿的
清教放貸者」。同樣的，我們也知道這個「最可靠的」銀行在「南海公司」
成立時離譜的政策。以此，兩種角色逐漸合而為一；不過，其間還是有
區別的。理性的**勞動**組織之創立極少是大企業發起人及金融業者的成就，
亦非金融、政治資本主義的典型代表者——猶太人——的成就。這一成就
（若可就類型上來說的話！）乃屬於另一種十分不同的人。當然，這也只
是就一般情況而言，個別的例外還是有的。
格羅斯大殿（Grocers' Hall），1697-1734 年間英格蘭銀行所在建築物名稱。
佩特森（William Paterson, 1658-1719），英格蘭銀行創始人，該銀行設立
於 1694 年。「南海公司（泡沫）」一案發生於十八世紀初，為英國有史
以來最嚴重的金融詐欺案。有關英格蘭銀行之成立及其與「南海公司」的

大規模家計（或「莊宅」）的一部分，是任何地方都看得到的發展趨勢；這種發展，如羅伯圖斯所注意到的[11]，儘管表面上有類似之處，本質上卻極為不同，甚至是完全相反的。

西方資本主義的這些特性之所以具有今日的重要性，乃是由於其與資本主義勞動組織的密切關聯。甚至一般所謂的「證券化」，亦即有價證券的發展與投機的合理化（也就是證券交易所的成立）、也與此有關。要是沒有這種理性的資本主義勞動組織，上述一切特徵，甚至證券化的發展，就算還有可能出現，也絕不會如此之重要。特別是就西方的社會結構以及與其相關的、一切近代西方特有的問題而言，尤其如此。精確的計算——其他一切的基礎——只有在自由勞動的基底上方有可能。再者，正如（而且也因為）近代西方以外的世界沒有任何理性的勞動組織，所以（也因此），沒有理性的**社會主義**。的確，正如世界各地皆曾有過城市經濟、城市糧食供應政策、君侯的重商主義與福利政策、配給、經濟管制、保護主義以及（如中國的）自由放任理論，同樣的，世界各地也曾有過許多不同特色的共產主義經濟與社會主義經濟，諸如：基於家庭、宗教或軍事的各種共產主義，以及（如埃及的）國家社會主義組織、獨占性卡特爾組織、消費者組織等形形色色的組織。儘管世界各地也都曾有過城市的市場特權、行會、工會以及市鎮與鄉村間在法律上的種種差別，然而，正如西方之

關係，參見周憲文編譯，〈William Paterson 的歷史與事業——英格蘭銀行的創辦〉、〈英格蘭銀行與南海公司〉，《西洋經濟史論集（I）》（台北：臺灣銀行經濟研究室，1982）。南海泡沫案（South Sea Bubble），詳見附錄 17。——譯註

11　莊宅（Oikos），古代的大型家計。羅伯圖斯（Karl Rodbertus, 1805-1875），普魯士經濟學家。詳見附錄 13, 17。——譯註

外並沒有「市民」（Bürger）的概念，「資產階級」（Bourgeoisie）
的概念也不存在於近代西方以外的地區，所以，作為**階級**的「普羅」
（Proletariat）亦未見於西方之外，且必然沒有；因為，以**自由勞動**
的理性組織為基礎的**經營**並不存在。「階級鬥爭」早就以各種可能的
形態出現於世界各處——債權者與債務者，地主與無地者、農奴或佃
農間、商人與消費者或地主等等。然而存在於西方中世紀的代工制業
者與其雇工間的鬥爭，在其他地區卻尚處於萌芽階段。近代西方大規
模產業的企業家與自由的薪資勞動者之間的敵對，更是無跡可尋。因
此，像近代的社會主義那樣的一種問題也就談不上了。

　　由此可見，在文化通史裡，即使是從純粹經濟觀點而言，其核心
問題歸根究底並不在於如上所述的那種、各處所見只在形態上變化的
資本主義活動的發展，不管此一資本主義活動是冒險家型的、商人
的、還是憑藉戰爭、政治、行政等機會以獲取利得的資本主義。我們
所要探討的核心問題，毋寧是具有**自由勞動**的理性組織之**市民的經營**
資本主義（bürgerliche Betriebskapitalismus）的形成。或者，以文化史
的角度來說，也就是西方**市民階層**及其特質的形成的問題；此一問題
雖然與資本主義勞動組織的興起有密切關係，卻也並不就是同一回
事。因為，身分意味下的「市民」，早就存在於西方特有的資本主義
形態發展之前。當然，這存在也**只是**西方特有的。近代西方特有的資
本主義首先很顯然是受到**技術**能力的進展的強烈影響。如今其合理性
在本質上是取決於，技術上的決定性因素的**可計算性**，這些關鍵性的
技術要因乃精確計算的基礎。換言之，這合理性乃是有賴於西方科學
的獨特性，尤其是奠基於數學及實驗的那種既精確又理性的根基上的
自然科學之特殊性。而反過來，這些科學以及以這些科學為基礎的技
術的發展，則又受到資本主義營利機會的巨大刺激，換言之，資本主

義的營利機會，作為獎賞的誘因，與科學技術的經濟利用產生了密切
關聯。當然，西方科學的產生是不能歸功於這種利得機會的。代數與
進位法的計算，曾為印度人所用，他們是進位法的發明者，然而，這
種計算是在西方發展中的資本主義上才發揮出經濟**效用**，而在印度卻
沒能導出任何近代的計算或簿記法。同樣的，數學與機械學亦非源自
資本主義的利益關懷。當然，科學知識的**技術**應用──此點對我們西
方大眾的生活秩序有決定性的影響──確實是受到經濟因素的鼓勵，
可以說，在西方，經濟的報償特別有利於科技的應用。然而，此種經
濟報償的鼓勵作用，是由於西方**社會**秩序的特殊性格使然。那麼，我
們應該要問的是，此種特殊性格裡的**哪些**成分促成此種效用的？因
為，無疑地並非所有成分皆具同等重要性。**法律**與行政的理性結構無
疑當為一個重要因素。因為近代理性的經營資本主義，不但需要可以
估量的技術性勞動手段，而且還需要按程序規則行事而可資估量的法
律與行政；缺乏了這些條件，冒險者的及投機商人的資本主義、或者
取決於政治的一切可能形式的資本主義也許還可存在，然而任何具有
固定資本與確實**計算**的、合理的私人經營卻是絕對無法生存的。**唯獨**
在西方，才有這樣一種法律和這樣一種行政，以**如此**法律技術與形式
主義的完美，為經濟樣式作出貢獻。我們要問的是：這種法律從何而
來？撇開其他因素不論，資本主義的利害關懷本身，毫無疑問的，**也**
曾為受過合理法律專門訓練的法律家身分階層，鋪平了支配司法與行
政的坦途，這是所有研究都可證明的。然而，這層利害關懷卻絕非導
致此一發展的唯一亦或最特殊的因素。並且也不是由它**創造出**此種法
律。在此發展中，還有其他各種不同的力量起過作用。再說，為何資
本主義的利害關懷在中國或印度就未曾起過同樣的作用？何以在這些
國度，無論科學、藝術、政治以及經濟的發展皆未能走上西方獨具的

理性化的軌道？

實際上，在上述關於文化特性的一切例子中，問題的核心畢竟是在於西方文化所固有的、特殊形態的「理性主義」。只是，「理性主義」此一名詞可以有許多極為不同的解讀，這點在接下來的反覆討論中會逐漸明晰起來。例如有神秘冥思的「理性化」，亦即，一種從其他生活領域的觀點看來特別「非理性」的行為方式也有其「理性」，正如經濟、技術、科學工作、教育、戰爭、法律與行政的「理性化」一樣。再者，所有這些領域皆可從許多不同的終極觀點與目的上予以「理性化」，並且，從這一觀點看去是「理性的」，從另一觀點看來卻可能是「非理性的」。因此，極為不同的理性化曾存在於所有文化圈的各個不同的生活領域中。若欲甄別理性化在文化史上所表現出來的這種差別的特徵所在，那麼首先要問：哪個生活領域被理性化了？朝哪一個方向理性化？準此，首要任務是去認識西方的、尤其是近代西方的理性主義的獨有**特質**，並說明其起源。鑑於經濟因素的基本重要性，任何作此說明的嘗試，皆必須尤其顧慮到經濟上的條件。不過，因果關係的另一方面亦不該被忽略。因為，經濟的理性主義的形成，不僅有賴於理性的技術與理性的法律，亦且（一般而言）也取決於人們採取某種實用—理性的**生活樣式**（Lebensführung）的能力與性向。一旦這種能力與性向為精神上的障礙所阻撓，則**經濟上的**理性的生活樣式亦將遭遇到嚴重的內在阻力。在過去，在世界任何地區，人類生活樣式最重要的形成要素，究屬巫術與宗教的力量，以及基於對這些力量的信仰而來的倫理義務觀念。這部論文集下面所收錄與補正的論文便是來討論**這些**力量與觀念的。

最開頭的兩篇是較早的論文，試圖在**一個**重大要點上，探究上述問題裡多半是最難捕捉的側面，亦即，特定的宗教信仰內容對於「經

濟心態」，也就是對於某一經濟形式的「風格」（Ethos）的形成所具有的制約性，而且特別是以近代的經濟風格與禁慾基督新教的理性倫理之間的關聯為例來說明。因此也只是就因果關係的一個側面來追究。後面關於「世界宗教的經濟倫理」的數篇論文，則是試圖綜觀世上最重要的文化宗教與其文化環境中的經濟及社會階層之間的關係，並且有必要的話，找出必須進一步與西方的發展加以**比較**的問題點，以追索出因果關係的**兩面**。因為，唯有如此，才能讓西方宗教的經濟倫理相異於其他經濟倫理的固有要素，多多少少獲得清楚的因果**歸屬**。所以，這些論文並不是想要做成廣泛的文化分析——雖然時而不得不如此。毋寧反倒是故意要強調，種種文化領域裡無論過去或現在，那些與西方文化發展**相對照**的成分。換言之，就是徹底著眼於呈現西方發展的景象時那些顯得重要的部分。就此目的而言，其他取徑似乎是行不通的。只不過，為了避免誤解，我們在此必須明確強調此一目的的界限。另一方面，至少對那些不諳此道者，我們也必須提出警告，可別誇大了本書這些文章的意義。漢學家、印度學家、閃族學家與埃及學家，自然不會在這裡頭發現到任何他們所不知的新事物。我們所冀望的只是：在事關**本質**重要性的關鍵點上，並沒有他們必須評斷為確實**錯誤**之事。至於一個非專家到底是否有能耐至少儘量做到接近這樣的理想，則是作者所不知的。任何人若只能利用翻譯，並且關於碑文、文物與文獻等史料的利用與評價方式，只能仰賴那些時常充滿爭議而自己又無法對其價值獨立做出判斷的專家作品時，很明顯的，無論如何都只能對自己的著作價值抱持著非常謙卑的態度。再者，現存「史料」（亦即金石文字與古文書）的翻譯量，部分而言（特別是中國方面）比起殘存的重要史料的分量，可說是少之又少，那麼，情形更是如此。鑑於以上種種，下面這些論文無疑全都具有**暫定的**性

格,特別是關於亞洲的部分[12]。唯有專家才有權做最終的判斷。只是,
可以想見,唯獨因為執此特殊目的、由此特殊觀點來論述的專家著作
始終未曾出現,故而才有這些論文的書寫。它們注定會被「超越」,
就像所有的學術作品遲早會被超越一樣,只是程度更大,意義也強烈
得多。這樣一種為了比較而跨入其他專門領域的作品儘管異常危險可
疑,卻也無可避免;只是,能夠成功的程度有多大,作者本身倒必須
心存極為保留的結論。現今的時尚與文藝熱潮認為,根本可棄專家於
不顧,或者可將之貶為「直覺反應者」的下屬。幾乎所有的學問都多
多少少受惠於業餘人士,而且往往是相當有價值的觀點。但是,若把
業餘知識當作學術的原則,那麼學術就完了。想要「直觀」的人,大
可上電影院,而且,對這些人來說,即使是在目前這個問題領域上,
現在也還有大量以文學的形式來表現的東西提供給他們[13]。再沒有什
麼比這種心態更加遠離意圖依據嚴密的經驗研究來做極其清醒論證陳
述的了。而且,容我再加一句,想要聽「佈道」的人,大可去宗教聚
會。在此做比較處理的諸文化之間,存在著怎樣的價值關係,以下論
文概不置一辭。人類命運的歷程足以讓稍窺其一斑者震撼擊節不已,
這倒是真的。然而,他最好將他個人小小的感慨保留給自己,就像望
見高山與大海時那樣;除非,他自知被召喚並賦予能力,去做藝術的

---

12 還有我的僅剩的那點希伯來知識也是十分不足的。

13 不用說也知道,這裡所指的並不是像雅斯培(*Psychologie der Weltans-
chauungen*, 1919)或另一方面像克拉格斯(*Charakterologie*)及其他類似
研究所嘗試做到的。這些研究是在出發點上和我們此處的試論有所區別。
但在此無暇對其提出反論。

雅斯培(Karl Jaspers, 1883-1969),德國哲學家。克拉格斯(Ludwig Kla-
ges, 1872-1956),德國心理學家和哲學家。詳見附錄 13。──譯註

呈現或先知的要求。其他大半的情況下，長篇大論地講述「直覺」，
其實只不過是在隱瞞沒有與對象保持距離的缺失，這和對人欠缺清醒
洞察的態度一樣，都是必須加以批判的。

　　若就**民族誌**的研究在當今所占的地位而言，特別是想要對亞洲的
宗教意識做出真正徹底的論述時，那些相關的研究當然是不可不加引
用的佐證，然而，以下的論文為顧及其所追求的目的，幾乎不太加以
利用，這是無論如何都必須要說明的。原因倒並不僅止於個人的工作
精力有其限度。主要的緣故毋寧是，此處所必須處理的問題端在於，
各地區的「文化擔綱者」階層的特定宗教倫理所觸及的各種關聯，因
此或可容許我們這麼做。的確，我們真正在意的是，**這個**階層的生活
樣式所發揮的影響。誠然，唯有將民族誌—民俗學的事實拿來作比對
時，才能真正確實掌握那種影響的特質，這是一點也沒錯的。因此，
我們必須明白承認並且強調，在此有一缺陷，那是民族誌研究者很可
以理直氣壯地提出指摘的。我很希望能用有系統的宗教社會學研究成
果來稍微填補一下這個缺陷[14]。但這樣的企劃顯然將踰越目的有限的
這番研究的界限。是故，以下諸論文必須滿足於如此企圖，亦即盡可
能揭露出與我們西方的諸**文化**宗教相對照的**比較**點。

　　最後，也應該考慮到問題的**人類學**層面。當我們一次又一次地發
現，特定**種類**的理性化——甚至在各個相互間（看似）獨自發展的生
活樣式領域裡——在西方，而且唯獨在西方發展出來；那麼，自然而
然會有這樣的設想：其中的決定性關鍵是在**遺傳**的素質。作者本身倒
不吝予承認，在個人主觀見解上，贊成生物學的遺傳素質具有重大的
意義。只是，儘管人類學的研究取得了可觀的成就，但眼下我卻看不

14　此處指的是《經濟與社會》第 2 部第 5 章〈宗教社會學〉。——譯註

到任何方法足以正確掌握、甚或只是大致推斷出，遺傳素質在何種程度上，尤其是以何種方式、什麼連接點，對我們**此處**所探討的發展產生影響。社會學與史學的課題之一（應該）就在於，首先盡可能揭露出，藉由對命運與環境的反應，便能得到充分解說的一切影響與因果鎖鏈。達到這點，並且當比較人種神經學與比較人種心理學長足進展到遠超過其於現今、而且在很多方面都前途無量的初步階段時，我們**或許**才能期望，甚至也對那樣的問題，有個令人滿意的解答[15]。目前，對我來說，那樣的條件似乎並不存在，若訴諸「遺傳素質」，則形同輕率放棄**現在**或許可能追尋得到的知識，並且是把問題推給（當下仍然）未知的因素。

---

15 數年前，有個非常傑出的精神科醫師就向我表達過同樣的見解。

第1部

基督新教倫理
與資本主義精神

文 獻

本文原為《宗教社會學論文集‧基督新教倫理與資本主義精神》第一卷第一章的註一。在《宗教社會學論文集》一書裡,韋伯習慣在各書的首章裡以註釋來說明他在處理此一問題時,所採用的方法、重要參考文獻、以及研究史的回顧。只是由於此註篇幅過長,很難以腳註來處理,以「附錄」的方式放到書後,又呈現不出本文的重要性。不得已,只好以「文獻」列於全書之首。與原著出入之處,尚請讀者諒察。

本文首次發表於雅菲[1]主編的《社會科學和社會政策文庫》(J. C. B. Mohr, Tübingen, Band XX, XXI, 1904-1905)。有關本論文的大量文獻裡,我僅舉出幾篇最為詳盡的批判:首先是**拉赫法爾**(F. Rach-fahl):〈喀爾文主義與資本主義〉(Kalvinismus und Kapitalismus, *Internationale Wochenschrift für Wissenschaft, Kunst und Technik*, 1909, Nr. 39-43)。我的答辯:〈關於資本主義「精神」的反批判〉(Anti-kritisches zum 'Geist' des Kapitalismus, *Archiv*, Band XXX, 1910)。對此,拉赫法爾再度批駁:〈再論喀爾文主義與資本主義〉(Nochmals Kalvinismus und Kapitalismus, *Internationale Wochenschrift,* 1910, Nr. 22-

---

[1] 雅菲(Edgar Jaffé, 1866-1921),德國經濟學者,任教於柏林與慕尼黑大學,《社會科學和社會政策文庫》發行人,韋伯的好友。──譯註

25）。然後，我答以：〈最後的反批判〉（Antikritisches Schlußwort, *Archiv*, Band XXXI）。（布倫塔諾在我們下面要舉出的批判論文裡，似乎並不知道有後來的這幾篇論稿，因為他並未加以引用。）在這個版本裡，我絲毫沒有取用和拉赫法爾在這場不免十分無謂的論爭裡的一丁點內容——在其他方面，他是個我所敬重的學者，但在此，他可是涉入了一個他並未真正通曉的領域。我只是從上舉的反批判文章裡載取（些許）補充性的追加文字，並且試圖以插入字句或註解方式來排除將來一切可能想見的誤解。其次是**桑巴特**所著的《資產階級》（*Der Bourgeios*, München und Leipzig, 1913），我在下文的註解裡還會再論及此書。最後是**布倫塔諾** 1913 年在慕尼黑科學院的演講：〈近代資本主義之萌芽〉（Die Anfänge des modernen Kapitalismus, 1916 年增補附錄後在慕尼黑出版）的附錄二[2]。關於這篇批判論文，我同樣會在本書必要處特設註解加以討論。此外，我竭誠歡迎任何關切以下這一點的讀者（儘管我並不希望有），經由比較之後能夠信服：我對當初發表的這篇論文在述及真正緊要見解的任何地方，**未曾有任何一句**的削除、更正、減弱或添加實在**偏離**原意的主張。毫無理由要這麼做，而且，對此仍舊存疑者，也會隨著論述的開展而得以釋懷。後面提到的這兩位學者，彼此間的論爭比起對我還要更加激烈。對於桑巴特的著作《猶太人與經濟生活》（*Die Juden und das Wirtschaftsleben*），布倫塔諾的批判在我看來，許多論點上是有憑有據的，但是，儘管如此，還是有許多非常不公正處，何況，布倫塔諾並未真正了解，此處暫且得割愛的猶太人問題（後面會述及）的關鍵所在。

2　布倫塔諾後來修訂這些論文並收入其作品 *Der wirtschaftende Mensch in der Geschichte*（Leipzig: Verlag yon Felix Meiner, 1923）。——譯註

在神學方面，由於本篇論文的發表，出現了許多有價值的指教，這些批評指教大體而言是友善的，並且在充分理解這論文的情況下，就個別重點上提出相異的見解時，也是相當就事論事的。對我而言，這更**彌**足珍貴，因為對於此處我不得不以自己的方法來處理問題的方式，會有某種反感出現一事，倒不是不可思議的。對於信奉某個宗教的神學家而言**具有價值之事**，在此研究裡當然無法得到同等的分量。我們所關切的，往往正是那些——在宗教**評價**上——外在且粗淺的層面，而這些層面當然**還是**存在，並且甚至正因為是外在且粗淺的緣故，往往對外在行為產生最為強烈的影響。在此，我還要向讀者簡短引介（而不是在個別點上不厭其煩地一一引用），托洛爾區 [3] 的大作《基督教社會思想史》，此書是從獨自且用心深切的觀點上來處理西方基督教倫理的通史；在其他點上固然內容豐盛，即使在我們所關心的問題點上也是極為難能可貴的補充與證明。只是，此書的作者較著重於宗教的**教義**，而我則是較偏重宗教對實際生活的**影響**。

3　托洛爾區（Ernst Trölsch, 1865-1923），德國神學家與哲學家，韋伯的密友，以研究基督教社會思想史知名。韋伯在完成對西方近代資本主義文明之宗教精神基礎的研究工作後，原打算再進一步探討整個西方基督教文明中，宗教與社會經濟諸關係之發展與演變，以刻畫出現代西方人性格的文化源流。不過當他獲悉友人托洛爾區已開始從事基督教會的社會教育方面的研究時（*Die Soziallehren der christlichen Kirchen und Gruppen*, Tübingen, 1912. 中譯本為《基督教社會思想史》，香港：基督教輔僑出版社，1991），認為兩人的研究可能會發生重疊，因而轉以其他文明為探討對象。參見本書 1-2-2 註 137。——譯註

第1巻

問題

1

宗教信仰與社會階層

在一個各種宗派信仰混雜之處，只消一瞥其職業統計，往往便會發現一個屢見不鮮的現象[1]，此一現象在天主教的報章與文獻[2]、及德國的天主教會議席上一再引起熱烈的討論，那就是：在近代的企業裡，資本家與企業經營者、連同熟練的上層勞動階層，特別是在技術上或商業上受過較高教育訓練者，全都帶有非常濃重的**基督新教的**色

---

[1] 例外的情形雖非總是但常常可由以下事實得到解釋：某一產業的勞動者的宗派屬性，當然**最主要**是取決於那產業所在地的宗派，以及產業勞動者供應地的宗派。這情形往往會扭曲某些宗派信仰統計數字——譬如萊茵省份的統計——乍看之下所給人的印象。再者，除非對一個個職業再詳加分類與檢點，否則不會得出牢靠的決算數字。好比一個非常龐大企業的企業主，和一個獨自工作的「師傅」，被混同在「經營者」這個範疇裡的情形。尤其是，在**現今**的「高度資本主義」下，一般而言，特別是勞動者當中廣大的下層非熟練勞工階層，已不再受到宗派信仰在過去所**能夠**發揮的那種影響。這點稍後再談。

[2] 參照例如 Schell, *Der Katholizismus als Prinzip des Fortschrittes*（Würzburg, 1897），S. 31; v. Hertling, *Das Prinzip des Katholizismus und die Wissenschaft*（Freiburg, 1899），S. 58。

彩[3]。不止是在信仰宗派之別與國籍之別相一致之處、也就是與文化
發展程度相一致之處,就像德國東部地區的德國人與波蘭人之間那
樣,而是幾乎舉凡是在資本主義的發展、於其興盛時期裡大展手腳、
按其需求而致使人口在社會上產生階層分化、而職業上產生結構分化
之處──而且情況越是如此,就越是明顯地──在宗教派別的統計數
字上顯現出這種現象來。誠然,在近代大型工商企業裡,基督新教教
徒在資本擁有[4]、經營領導與高階勞動上的相對優勢人數[5],亦即相對
於新教徒占整體人口的百分比來,他們在此等事務上的超高比率,部
分而言要回溯到歷史的成因上[6],而且可以推溯到遠遠的過去,在其
中,屬於何種宗派似乎並不是經濟現象的**原因**,在某種程度上倒可說
是其**結果**。要從事上述這些經濟職能,部分是以資本擁有、部分是以
所費不貲的教育為必要條件,多半是要兩者兼備,而現今則非得是遺
產繼承者或是某種程度的富裕人士不可。昔日帝國的許許多多極為富

3　我的一個學生仔細研究了關於這方面,也就是**巴登**的信仰統計,截至目
　　前為止最為詳盡的統計資料。參見 Martin Offenbacher, "Konfession und
　　soziale Schichtung," *Eine Studie über die wirtschaftliche Lage der Katholiken
　　und Protestanten in Baden*(Tübingen und Leipzig, 1901), *Volkswirt-
　　schaftlichen Abhandlungen der badischen Hochschulen*, Bd. IV, Heft 5. 以下敘
　　述所徵引的事實與數字,全都出自此一論文。
　　基督新教(Protestantism),詳見附錄 6。──譯註
4　例如 1895 年巴登地區成為**資本收益稅**課稅對象的資本額:
　　　每一千名基督新教徒　　　　954,060 馬克
　　　每一千名天主教教徒　　　　589,000 馬克
　　猶太人則是每千人超過四百萬馬克,自然遙遙領先居於首位。數字根據歐
　　芬巴哈(Offenbacher),前引論文頁 21。
5　關於這點,參照歐芬巴哈前引論文的整體說明。
6　關於這點同樣參照歐芬巴哈前引論文最初二章的更進一步詳述。

裕的、受惠於自然與交通且經濟上最為發達的地區，特別是大多數的
富裕**城市**，在十六世紀時皈依了基督新教，而此事的後作用力如今仍
使基督新教徒在經濟的生存鬥爭裡受惠不已。那麼，如此一來就形成
了一個歷史問題：經濟上最為發展的地區為何會對宗教革命具有如此
強烈的傾向？答案絕非如我們一開始所想的那麼簡單。誠然，自經濟
的傳統主義裡解放出來似乎是個重要的契機，此一契機必然強烈支援
了懷疑宗教傳統與全面反抗傳統權威的傾向。然而，其中必須要考慮
的一點，也是如今往往被忘懷的一點是：宗教改革的意義並不在於**消
除**教會對於生活的支配，而毋寧在於以**另一種**形式來取代原來的支配
形式。的確，舊有的是一種極為鬆弛的、實際上當時幾乎讓人感受不
到的、在很多情況下不過是形式上的支配，取而代之的是一種以人們
所能想見的最為廣泛的程度、深入到家庭生活與公開生活的所有領域
裡、對於整體生活樣式無休止地苛責與嚴陣以待的規律。天主教教會
的支配──「懲罰異端，但寬容罪人」，以往如此更甚於今──如今
仍為呈現徹底近代經濟面貌的民眾所服膺，如同十五世紀末世上所知
最為富裕、經濟上最為發展的地區的人們之服膺於它那樣。喀爾文教
派的支配[7]，如其於十六世紀施行於日內瓦與蘇格蘭，十六、十七世紀
之交施行於尼德蘭大部分地區，十七世紀施行於新英格蘭以及一度於
英國本身，對我們而言，是教會所能施加於個人的統制裡最令人無法
忍受的一種形式。當時舊有的城市貴族的廣大階層，不管是在日內瓦
或荷蘭或英國，感受正是如此。出現在經濟最發達地區的宗教改革者
所加以非難的，並不是教會對於生活的宗教支配太多，而是太少。到

7　喀爾文（John Calvin, 1509-1564），法國新教神學家，十六世紀歐洲宗教
　　改革運動的主要人物。喀爾文教派（Calvinism），詳見附錄6。──譯註

底為什麼，當時正是這些經濟發展最先進的國度，而且，如我們後面
會看到的，在這些國度裡正是當時經濟上崛起的「市民的」中產階級，
會忍受那種史無前例的清教的專制暴政（puritanische Tyrannei）？不
止如此，還為了要替其辯護而發展出一種英雄主義？就**這樣一個市民
的**階級而言，英雄主義還真是空前絕後聞所未聞的，就像卡萊爾不無
道理地說的，這是「我們最後的英雄主義」[8]。

　　然而，進一步來看，重要的是：或許如我們所說的，在近代經濟
裡，基督新教徒於資本擁有與領導地位上占了較重的分量一事，如今
部分而言必須理解為這不過是他們在歷史傳襲上平均較有利的財產條
件的結果，但另一方面，種種現象顯示，因果關係無疑**並非**如此。在
這些現象裡，稍舉幾例便可明白：首先，不管是在巴登、巴伐利亞或
匈牙利，一般確實可見的是，天主教徒的父母通常給予其子女的高等
教育的**種類**與新教教徒的父母所給予的大異其趣。天主教徒在「較高
的」教育機構的學生與畢業生裡的百分比，整體而言遠遠落後於天
主教徒在人口裡所占的比率[9]，此事在很大的程度上或可歸因於上述

8　卡萊爾（Thomas Carlyle, 1795-1881），十九世紀英國歷史學家和散文作
　　家。卡萊爾在《英雄崇拜》一書裡特別為馬丁路德與諾克斯留下一章〈作
　　為教士的英雄〉。詳見附錄 13。——譯註

9　1895 年巴登的人口中，基督新教徒占 37.0%，天主教徒占 61.3%，猶太人
　　占 1.5%。1885-1891 年小學以上、不屬於義務教育的學校學生，在信仰類
　　別上分佈如下（歐芬巴哈，頁 16）：

	新教（%）	天主教（%）	猶太人（%）
高等學校（Gymnasien）	43	46	9.5
實業高中（Realgymanasien）	69	31	9
高級職校（Oberrealschulen）	52	41	7
實業中學（Realschulen）	49	40	11
高等小學（Höhere Bürgerschulen）	51	37	12
平均	48	42	10

遺產繼承的差別上。不過，在天主教徒的畢業生**當中**，從近代的、特別是為了技術研習與工商職業作準備且一般而言為了迎合市民的營利生活之故所設的特定的學校——諸如實業高中、實業中學、高等小學——畢業的百分比，同樣也明顯**遠遠**落後於新教徒[10]，然而提供人文高教的預備教育卻是他們所偏好的。此一現象是上述方法所無以解釋的，而相反的，此一現象本身卻必然足以說明天主教徒之所以那麼少數從事資本主義營利的緣故。不過，更加引人注目的一個事實，有助於我們了解為何天主教徒較少參與近代大工業的熟練**勞工**階層。工廠大幅度地從手工業的子弟那兒補充其熟練的勞動力，也就是讓手工業為其勞動力作準備，並在準備完成之後將之交付給企業，而此一眾所周知的現象在基督新教徒的雇工身上遠比在天主教徒雇工那兒本質上強烈許多。換言之，天主教徒的雇工顯示出一直留守在手工業裡的強烈意願，所以比較多成為工匠**師傅**，而基督新教徒則相對較多流入工廠，為的是在這兒占有熟練勞工層與工業經理層的高階位置[11]。在這些事情上，因果關係無疑是這樣的：**得自於教育的精神特性**，以及特別是此處經由故鄉與雙親家庭的宗教氣氛所制約的教育方向，決定了

在普魯士、巴伐利亞、烏騰堡（Württemberg）、阿爾薩斯—洛林（Reichslanden）與匈牙利等地也出現完全相同的現象（參見歐芬巴哈，頁18f.）。

10　參見前註所引數字，據此，天主教徒就讀各中等學校的學生百分比，比起天主教徒在總人口中的百分比，低了三分之一，只有在高等學校（主要是為神學研究做準備）的學生百分比上，比平均高了數個百分點。與後文所述相關聯的，我們要特別指出，關於基督新教在各中等學校占較高比率的這種典型的現象，在匈牙利的**改革派**那兒更形顯著（歐芬巴哈，前引論文頁19末尾註解）。

11　參見歐芬巴哈，前引論文頁54所舉例證及論文末尾諸表。

職業的選擇與往後的職業命運。

　　在德國，天主教徒較少參與近代營利生活一事之所以如此突出，正是因為這與自古以來[12]且於今仍是的那種經驗背道而馳之故。民族上或宗教上的少數者，作為「被支配者」而與作為「支配者」的另一個集團處於對立的情況下，**由於**其自願或非自願的被排除於政治上的有力地位之外，通常特別強力地被驅往營利生活的軌道上，而他們當中最具天賦的成員，由於在政治活動的舞台上毫無用武之地，故而試圖在這方面滿足其名利心。在俄國與東普魯士踏向經濟繁榮發展的波蘭人，很明顯的便是如此——情形與他們作為支配者的加利西亞[13]地方相反，還有在路易十四治下的法國的休格諾教徒，英國的非國教派與教友派教徒[14]，以及——最後但非最微末——二千年來的猶太人，也無非是如此。然而我們在德國的天主教徒身上卻看不到一丁點這樣的作用，或者至少沒什麼顯著的事實，即使是**在**過去被迫害或僅只被寬容的時代裡，不管是在荷蘭或在英國，他們也和基督新教徒相反，並沒有顯現出什麼特別突出的**經濟**發展。實情反倒是這樣的：基督新教徒（尤其是後面特別要加以詳究的某些教派），**不管是**作為支配者階層也好、作為被支配者階層也罷，也**不論是**作為多數者或是作為少數者，在在展現出一種走向經濟理性主義的特殊傾向，而在天主教徒身上，**無論**他們是身處這樣的或那樣的地位，過去跟現在都看不到同樣的一種傾向[15]。因此，生活態度之所以不同的原因，主要必須從宗

12　佩蒂爵士（Petty）的作品裡描述得特別好的片段，下面將一再引用。

13　加利西亞（Galizien），東歐的一個地區，詳見附錄18。——譯註

14　休格諾派（Huguenot）、非國教派（Nonconformist）與教友派（Society of Friends），十六世紀宗教改革後出現的教派。詳見附錄7。——譯註

15　佩蒂所舉關於**愛爾蘭**的例證，其中道理很簡單，因為在那兒，基督新教徒

教信仰的恆久的內在特質當中來尋求，而**不是**單只求之於其一時所處的外在歷史─政治情況 [16]。

　　重要的是，首先我們或許應該研究一下，宗教信仰的種種特性裡到底是或曾經是哪些要素導致了前述的那種態度傾向，並且部分而言至今仍在發揮作用。從表面的觀察且從某些近代的印象出發，人們可能會試圖為以上的對立作如此的定式化：天主教較強烈的「超塵出世」（Weltfremdheit）、其最高理想所顯示的禁慾特色，必然導致其信奉者對於此世財貨不大感興趣。此種推論事實上也相應於現今

階層只不過是不在地的地主罷了。若認為還有什麼多過於此的意味，那麼就像「蘇格蘭裔愛爾蘭人」的地位所顯示的，將會是（如眾所知的）謬誤。資本主義與基督新教之間的典型關係，存在於愛爾蘭如同其存在於其他各處。（關於愛爾蘭的「蘇格蘭裔愛爾蘭人」，參見 C. A. Hanna, *The Scotch-Irish*, two vols., Putnam, New York）。

16　這當然並不否定，後者也會產生極為重要的結果，並且特別是與以下事實並不矛盾：如同後文所說的，許多基督新教教派是規模小並因而為同質性的少數集團，這點對其整體生活氛圍的發展具有決定性的意義，同時也對其參與經濟生活的方式也有反作用的意義，就像例如居住在日內瓦與新英格蘭之外的**嚴格的**喀爾文教徒，無論何處都顯示出來的特色那樣，即使是在取得政治支配地位之處。世上所有宗教的**亡命者**，譬如從印度、阿拉伯、中國、敘利亞、腓尼基、希臘、倫巴底和"cawerzische"等地流亡到其他地方，並成為高度發達國家的**商人訓練**的擔綱者，不當是個普遍的現象，但與我們的問題一概無涉。（布倫塔諾在其經常被引用的、關於〈近代資本主義之萌芽〉一文裡，即以其自身的家族來說明。不過，外地出身的**金融業者**，作為優秀的商業經驗與貿易關係的擔綱者，存在於**所有**時代的任何地方。他們絕非**近代**資本主義所特有的，並且，如後文所述，遭到基督新教徒待以倫理上不信任的眼光。迥異於此的，從羅卡諾（Locarno）搬遷到蘇黎世的基督新教家族，如 Muralt, Pestalozzi 等，很快就成為蘇黎世一地**近代**特有的、資本主義的（**產業的**）發展的擔綱者。）

普受歡迎的對於兩宗派的評判模式。基督新教這方利用此一觀點來批判天主教生活樣式的（真實的或所謂的）禁慾理想，而天主教的回應則是指責「唯物主義」乃是由基督新教所帶來的、整個生活內容的世俗化所造成的結果。有個當代學者相信，兩派對於營利生活的態度所顯示的對比，應作如此的定式化：「天主教徒……較為平靜，較少營利慾；比起危險、刺激但可能帶來榮耀與財富的生活來，他們偏好盡可能的安定生活，即使收入少一點。俗諺謔云：要不吃得好，要不就睡得穩。在眼前這個事例上，基督新教徒偏愛吃好，天主教徒寧願睡穩」[17]。事實上，在**德國當代**對教會較不關懷的基督新教徒裡，以「想要吃得好」來描述其生活動機，儘管未必盡然，但至少部分而言是正確的刻劃。然而，事情在過去可就大不相同：英國、荷蘭與美國的清教徒如眾所知的，正是以「俗世享樂」的正對反面為其別具一格的特色；而且誠如我們後面會看到的，這個對反面對我們而言正是其最重要的一個性格特色。不止如此，例如法國的基督新教長久以來即具有被烙印在各地的喀爾文教會、尤其是烙印在信仰鬥爭時代的「十字架下」者身上的性格特色，而且在某種程度上至今仍保有此種特色。雖然如此（或者，如我們後頭還得提問的，或許正因為如此？），眾所周知，新教教派乃是法國工業與資本主義發展最重要的擔綱者之一，而且在倖免迫害的小規模範圍裡至今仍是如此。如果生活樣式裡的這種嚴謹與強烈無比的宗教關懷可以稱之為「超塵出世」，**那麼**，法國的**喀爾文教徒**不論過去與現在至少都像例如北德的**天主教徒**一般的超塵出世，後者對天主教的切心投入無疑已達世上無一民族可與比擬的程度。二者以同樣的方式各自與國內占支配地位的宗派分道揚鑣：法

17　歐芬巴哈，前引論文頁 68。

國的天主教，在下階層裡是極度生活享樂，其上階層則是逕直敵視宗教，而德國的基督新教如今欣欣然融入俗世的營利生活裡，其上階層則是異常宗教漠然[18]。再沒有什麼比這種比較更清楚地顯示出，以如此混沌曖昧的觀念，諸如天主教（所謂的！）「超塵出世」、基督新教（所謂的！）唯物主義的「俗世享樂」、以及諸如此類的許多觀念，在此根本解決不了什麼問題，而且既不符現今情況，至少更不切合既往的過去。然而，如果硬是要利用這樣的觀念來進行討論，**那麼**，除了上面的說明之外，還有其他一些現象自然而然會引發如此的想法：一方是超塵出世、禁慾與宗教虔信，另一方是資本主義營利生活的參與，二者的整個對立難道不是反而有著一種內在的**親和性**（Verwandtschaft）。

事實上，從非常表面的關鍵契機出發，已經清楚顯露出，基督教虔信的最深沉內在形式的代表者裡，出身於商人圈子的數目有多麼大。特別是，虔敬派[19]的最熱切的信奉者裡不可勝數地是來自此一出身。人們或許可以設想，這是內在不適應商人職業的天性對於「拜金主義」[20]的一種反動，而且確實如聖方濟[21]及其他許多虔敬派教徒那

---

18 對於德國與法國境內種種信仰的特色、其間的對立差異，與阿爾薩斯（Alsace）的民族鬥爭裡的其他文化要素之間的錯綜複雜情形，維奇的論文有非常細緻的考察：W. Wittich, "Deutsche und französische Kultur im Elsaβ," *Illustrierte Elsässische Rundschau*, 1900（也以別冊出版）。

19 虔敬派（Pietism），歐洲宗教改革後出現的教派。詳見附錄 7。——譯註

20 拜金主義（Mammonism），源自瑪門（Mammon，貪婪），基督教所謂的七大罪之一，其實也就是財神，從希臘文 Mamonas 而來。耶穌說過：「一個人不能事奉兩個主，不是惡這個愛那個，就是重這個輕那個。你們不能又事奉上帝又事奉瑪門」（《聖經・馬太福音》6: 24）。——譯註

21 聖方濟（St. Francis of Assisi, 1181-1226），天主教方濟會創始人。詳見附

樣，改宗者本身往往如此主觀表述其「皈依」的始末。同樣的，一個
顯然常見的現象，亦即有那麼多大規模資本主義的企業家——直到
羅德茲[22]為止——是來自於教士家庭，或許也可以被試圖解釋成對於
青少年時期的禁慾教育的一種反動。然而這樣的解釋方式碰到以下情
況可就不靈光了，亦即：當練達的資本主義企業精神，與貫穿並規制
整體生活的虔信的無比強烈形式，**同時**著落在同一個人與群體的身上
時。並且，這並非什麼零星個案，而是在歷史上占有重要角色的基督
新教教會與教派的整個集團獨樹一格的特徵。特別是喀爾文派，**舉凡
其登場現身之處**[23]，便顯示出這種結合。在宗教改革的擴張時期裡，
喀爾文派（如同其他任何新教教派）很少在任一地區與某一特定的階
級相結合，然而特色獨具且在某種意義上來說「典型的」是，法國的
休格諾派教會裡的改宗者當中，修道僧與實業者（商人、工匠）卻特
別為數甚夥，尤其是在迫害的年代裡[24]。西班牙人早就知道，「異端」

錄 12。——譯註

22　羅德茲（Cecil Rhodes, 1853-1902），英國殖民者，南非金融家和政治人物。
　　詳見附錄 15。——譯註

23　**這時**，指的當然是，資本主義發展的**可能性**在當地**畢竟**還存在的情況下。

24　關於這點，參見例如 Dupin de St. André, "L'ancienne église réformée de Tours.
　　Les members de l'église," *Bull. de la soc. de l'hist. du Protest.*, 4, p. 10。對此，
　　人們也很可以——特別是天主教徒的論者更易於抱此種見解——認為，
　　從修道院甚或一切宗教的規制裡**解放**出來的欲求，是主要的動機所在。
　　然而，不止當時的反對派人士（包括拉伯雷）不同意此種看法，就連休
　　格諾派的第一次全國會議裡（例如 1. Synode, C. partric., qu. 10 bei Aymon,
　　Synod. Nat., p. 10）關於**金融業者**是否可以擔任教會長老的良心問題，也
　　顯示這點；而且，儘管喀爾文無疑持肯定的立場，全國會議裡由於心懷
　　不安的會眾成員不斷提出質疑，因而對是否准許收取利息的問題一再反
　　覆討論的事實，一方面顯示出，在他們之中關心此一問題的人實在很多，

（die Ketzerei, 指尼德蘭的喀爾文教派）「提振了商業精神」，而佩
蒂爵士[25]在其有關尼德蘭資本主義興隆的原因探討裡，便得出與此完
全一致的見解。戈泰因[26]指稱喀爾文教派的分佈地為「資本主義經濟
的溫床」[27]，實有其道理。於此，我們當然也可以說，這些分佈地大
多發源於法國與荷蘭的經濟文化，而這兩國經濟文化的優越性才是上
述狀態的關鍵所在，或者說這也是因為流放的重大影響以及與傳統
生活關係撕裂所致[28]。然而，在法國本身，如同我們從柯爾伯特的奮

但**同時**也顯示出，希望能撇開懺悔義務而逕行「高利貸之惡」（usuraria
pravitas）的願望，並**不是**什麼關鍵重點。（在荷蘭，參見下文，情形也
是一樣。讓我們就此聲明，教會法的**取息禁令**，在**本**研究中一概不扮演任
何角色）。

25　佩蒂爵士（Sir William Petty, 1623-1687），英國政治經濟學家、統計學家。
　　詳見附錄 13。──譯註

26　Gothein, *Wirtschaftsgeschichte des Schwarzwaldes*, I, S. 67.
　　戈泰因（Eberhard Gothein），曾任教海德堡大學，韋伯同事。──譯註

27　關於這點，參見**桑巴特**的簡短註記：*Der moderne Kapitalismus*, I. Aufl., S.
　　300。可惜，由於受到凱勒的影響，桑巴特後來在其大作裡（*Der Bour-
　　geois,* Müchen, 1913），在我看來關於這點是此作最無力的部分，捍衛
　　了一個完全錯誤的「命題」，我們將適時再論及。參見 F. Keller, *Unter-
　　nehmung und Mehrwert*, Schriften der Görres-Gesellschaft, 12 Heft., 此作儘管
　　有許多不錯的記述（但在**這**點上卻也了無新意），仍然**未及**天主教近代護
　　教者著作的水平。

28　因為，再清楚不過的是，光是離鄉背井的這個事實，便屬於勞動強化的一
　　個最有力的手段（參照前註 16）。同樣是波蘭的少女，在家鄉時，無論
　　怎樣有利的賺錢機會也提振不了她們傳統主義的惰性，然而當她們到了像
　　薩克森這種陌生的地方工作賺錢時，卻好像完全變了個人似的，經得起無
　　止境的剝削利用。義大利的出外勞動者也顯現出完全相同的現象。此時，
　　決定性關鍵絕不僅僅是由於移入較高的「文化環境」而受到教育影響之故
　　──當然這也是個有力的因素；因為當工作的**性質**，譬如從事農業，與在

鬥當中所得知的 [29]，即使是在十七世紀，事情還是如出一轍。奧地利
——不消說其他國家——便時而直接引進新教的製造業者。只不過，
並不是所有的新教教派好像都一起在這個方向上發揮同樣強大的作
用。喀爾文教派在德國似乎也強力發揮了此種作用；比如「改革派」
這一宗 [30]，在烏伯塔 [31]，如同在其他地方，相較於其他宗派，似乎更加

故鄉時完全沒有兩樣，甚或被安置在外來勞工營裡等等，一時要忍受在家
鄉時根本不會忍受的較低下生活水平時，還是出現相同的現象。光是在一
個迥異於熟悉之地的不同環境下勞動的這個事實，便足以打破傳統主義，
並產生「教育的」效果。美國的經濟發展是多麼的仰賴於這樣的作用，幾
乎是不用加以分說的。若溯及古代，巴比倫俘囚對於猶太人而言也具有完
全相同意義，可以說，該加以大書特書的，其他例如瑣羅亞斯德教徒的情
形也是一樣的。不過，對基督新教徒而言，正如清教的新英格蘭殖民地的
經濟特色，對照於天主教的馬里蘭、聖公會的南部地方、諸教派混合的羅
德島，相互間不容否認的差異所顯示的，各自的宗教特性所產生的影響，
極為明顯的扮演了作為**獨立**因素的角色，就好比耆那教徒在印度的情形。
巴比倫俘囚，西元前六世紀猶太人被俘虜到巴比倫一事。詳見附錄 16。
瑣羅亞斯德（Zoroaster），西元前六世紀波斯宗教改革家和瑣羅亞斯德教
創始人。其教徒曾因受迫害逃往印度，被稱為帕西（Parsi）。瑣羅亞斯德
教在中國史籍稱為祆教。——譯註

29 柯爾伯特（Jean-Baptiste Colbert, 1619-1683），法國政治人物，路易十四
的財政大臣。詳見附錄 14。——譯註
30 如眾所知，改革派的信仰，無論採取何種形態，大半或多或少是**溫和化的**
喀爾文派或茲文利派。
改革派（Reformed church），指歐陸喀爾文派各教會。詳見附錄 7。
茲文利（Huldrych Zwingli, 1484-1531），瑞士神學家，近代歐洲宗教改
革運動肇始者之一，喀爾文的先行者。——譯註
31 烏伯塔（Wuppertal），德國北萊茵—西伐利亞州城市。詳見附錄 18。
——譯註

促進了資本主義精神的發展。例如比起路德教派[32]，不論就大體而言或就各地情況來說，特別是在烏伯塔，此派的推進作用儼然可證[33]。至於蘇格蘭，巴克爾和英國詩人特別是濟慈[34]都強調了此種關係[35]。更加醒目顯著而只消稍加提示一下就行的是，在新教諸派裡，其「超塵出世」如同其財富在在為人所稱道的那些教派，特別是**教友派**與**門諾派**[36]，無不是宗教的生活規制與事業精神的最強盛發展兩相結合在一起。前者在英國與北美所扮演的，正是後者在尼德蘭與德國所扮演的角色。在東普魯士，儘管門諾派教徒絕對拒絕服兵役，但由於他們是工業不可或缺的擔綱者，腓特烈‧威廉一世[37]也只得聽任了事，這只不過是許許多多眾人皆知、足以見證此種勢態的事實之一，只是有鑑於這個君王的性格，這應該是最強而有力的一個事證。最後，在**虔敬派信徒**身上，同樣可以看到強固堅定的信仰與同等強盛發展的事業

32　馬丁路德（Martin Luther, 1483-1546），德國教士，掀起了十六世紀歐洲史上著名的宗教革命。路德派（Lutheranism），詳見附錄6。——譯註

33　在幾乎全屬路德派的漢堡，直到十七世紀時，**唯一的**資產家是某個知名的**改革派**家族（承蒙渥爾教授惠予告知）。

34　巴克爾（Henry Thomas Buckle, 1821-1862），英國史家，詳見附錄13。濟慈（Keats, 1795-1821），英國詩人，十九世紀最偉大的詩人之一。——譯註

35　所以，主張此種關聯，並非什麼「新的」物事，拉瓦埃（Lavaleye）與阿諾德（Matthew Arnold）等人都已提到這點，反之，毫無道理地加以懷疑，才是新鮮。問題在於，對此關聯做出**說明**。

36　門諾派（Mennonite），歐洲宗教改革後出現的教派。詳見附錄7。——譯註

37　腓特烈‧威廉一世（Friedrich Wilhelm I, 1688-1740），普魯士第二代君主。詳見附錄14。——譯註

精神與成果的兩相結合，這也是無人不知的 [38] ——光是想到萊茵河地區和卡爾夫 [39] 一地的情形便已足夠。因此，在這僅止於大體初步的描述裡，無需再堆砌更多的事例。因為，這少數幾個例證已經全都顯示出一件事：「勞動的精神」、「進步的精神」，或人們傾向於歸諸新教所提振起來的精神，並不能被理解成現今通常所說的「俗世享樂」或什麼「啟蒙主義」之類的意義。路德、喀爾文、諾克斯與沃特 [40] 的早期基督新教，與我們現在所說的「進步」實在沒什麼關係。現今連最極端的宗教家都不想加以拒絕的現代生活的整體層面，是昔日的基督新教所正面敵視的。因此，如果說昔日的新教精神的某些特定表徵與近代資本主義文化之間有某種內在親和性存在的話，那麼我們好說歹說也**不能**試圖由其（所謂的）多多少少唯物主義的、或當然是反禁慾的「俗世享樂」當中去尋求，而毋寧應從其純粹**宗教的**特性當中去尋求。孟德斯鳩 [41] 提及英國人時（《法意》20: 7），說他們「在三件

38　當然，這並不否定，官方的虔敬派，如同其他宗教的立場，由於家父長制的氣圍，後來抵制資本主義經濟體制的某種「進步」，例如從家內工業轉移到工場制度。同樣，某種宗教立場**力求達成**的理想，與此一立場對其信徒的生活樣式實際**產生的影響**，是必須嚴格區分清楚的。這點我們後面還會常常觀察到。（關於虔敬派勞工契合工業勞動的獨特勞動能力，從我自己對西伐利亞的一個工廠所做的考察裡取得了實例，收在論文"Zur Psychophysik der gewerblichen Arbeit," *Archiv f. Soz.*, Band XXVIII, S. 263, 及其他多處。）

39　卡爾夫（Calw），德國黑森林東北的小鎮。詳見附錄 18。——譯註

40　沃特（Gisbert Voët, 1588-1676），荷蘭改革派正統論的代表人物，多爾德宗教會議主要人物之一。諾克斯（Knox），十六世紀蘇格蘭宗教改革領袖，蘇格蘭長老派的創始人。詳見附錄 9。——譯註

41　孟德斯鳩（Montesquieu, 1689-1755），法國哲學家。詳見附錄 13。——譯註

重要事情上遠比世上其他民族都要來得先進，那就是信仰、商業與自由」。那麼，他們在營利領域上的優越性——連同（屬於另一關聯層面的）他們對自由政治體制的運作特質——會不會是和孟德斯鳩所稱許他們的那種虔信程度有所關聯呢？

當我們如此提出問題時，一連串可能的關聯，儘管隱約朦朧，立刻浮現在我們眼前。現在我們的任務就是盡可能清楚地把這些飄浮在眼前的模糊關聯**爬梳條理**出來，儘管所有的歷史現象裡無不隱沒著如此淘之不盡的形形色色。為此，我們必須跳脫開至此一直運用的含糊不清的一般概念，並且致力於深入探究歷史上出現的基督教各門各派裡的那些偉大的宗教思想世界的固有特徵與相互間的歧異。

不過，在此之前，還有必要對一些事加以說明：首先，是關於我們試圖作歷史解釋的對象有何特性？其次，是關於什麼意念使得我們在這個研究範圍內得以作出此種解釋？

2

資本主義的「精神」

　　在這篇論文的標題裡使用了好像有點了不起的概念:「資本主義
的**精神**」。對於此一概念到底該作何理解呢?當我們嘗試給它個「定
義」時,馬上就面臨到存在於研究目的本質裡的某些困難。

　　假如有某種對象,既用得上這樣的名稱又具有任何意義的話,那
麼這對象就只能是個「**歷史實體**」(historisches Individuum),也就
是說那必定是個在歷史真實當中的各種關聯的複合體,是我們就其**文
化意義**的觀點在概念上總縮成一個整體的那種實體。

　　然而,這樣一種歷史概念,由於在內容上牽涉到一種在其個別**特
性**裡饒富意義的現象,所以不能依「類同、種別」(genus proximum,
differentia specifica)的公式來加以定義(德文的話就是「界定」),
而是必須將其歷史真實當中所得出的個別構成要素慢慢加以**交織揉合**
而成。因此,終極的概念掌握並不在於研究的開端,而必定是在研究
的**結尾**;換言之,我們此處所謂的資本主義「精神」的最佳的——亦
即就我們此處所關切的觀點看來最適的——定式表述,必定會在探討
的過程當中且作為其主要的成果顯露出來。只是,這些觀點(後文會

再提及）絕不是我們可以用來分析那些被考察的歷史現象的唯一觀點。其他觀點於此，如同面對一切歷史現象，也會得出其視之為「本質的」其他特徵。依此，結果便是：關於資本主義「精神」的概念，從**我們**的觀點看來是本質性的東西，既不能也完全沒有必要被當作是**唯**一可能的理解。此乃根源於「歷史概念形成」的本質，在方法上，其目的並不是要把歷史真實嵌插在抽象的類別概念裡，而是要在往往且無可避免各具獨特**個別**色彩的具體發生關聯裡，致力整理出歷史真實的面目[1]。

　　以此，如果要明白確定我們正試圖分析且作歷史說明的這個對象，那麼重點就不在於對它作出個概念性的定義，而是首先至少要對我們此處所說的資本主義「精神」預作一番**舉例說明**。事實上，這樣的舉例條陳對於研究對象的理解而言是不可或缺的，為此目的，我們將從關於此一精神的一件文獻入手，此一文獻以幾近古典的純粹性包含著此處最為緊要的內涵，而且同時也具有與宗教**全**無直接關係的好處，因而──對我們此處的主題而言──是「沒有預設前提的」：

　　記住，**時間**就是**金錢**；一個每天能靠自己的勞動賺取十先令的人，如果有半天是在閒逛或賴在家裡，那麼即使他只花了六便士在這休閒上，卻不該只計算這項，除此，他實際上還多支出了或毋寧說浪擲了五先令。

　　記住，**信用**就是**金錢**。如果有人將錢存放在我這裡超過該交還

1　這幾段文字代表韋伯對其方法論的一些簡短摘要。有關韋伯社會科學方法論的著作，詳見其《學問論集》（*Gesammelte Aufsätze zur Wissenschaftslehre*, 1922）。──譯註

的日期，那麼他等於是把利息或在這期間藉著這筆錢我所能賺得的都贈送給我。這總計起來會是相當可觀的數目，如果一個人的信用既好又大並且善加利用的話。

記住，金錢**天生具有孳生繁衍性**。錢能生錢，錢子還能生錢孫，如此生而又生。五先令一翻轉就是六先令，再一翻轉就成七先令三便士，然後一直翻轉到一百鎊。手頭的錢越多，翻轉孳生出來的錢就越多，所以獲利也就節節高升，越來越快。殺死一頭母豬，等於是殺了它所能繁衍的成千上萬頭豬。毀掉五先令，等於是**謀殺了**（！）它所能孳生的一切，不知有多少鎊。

記住，俗語說，**善付款者**是他人錢袋的主人。一個大家都知道他會準時依約定付款的人，就能夠隨時借取到他的朋友剛好用不著的所有錢財。

這往往大有好處。除了勤奮與節儉，再沒什麼比得上任一次交易都守時與公正更有助於年輕人**功成名就**。所以依約準時償還欠款，一刻也拖不得，以免朋友生氣因而對你永遠關緊他的荷包。

足以影響個人**信用**的任何行為，不管再怎麼不足為道，都必須小心留意。無論是早上五點或晚上八點，你的下槌聲響傳到債權人耳裡，都會讓他安心個半年；倘若在你理當勞作的時刻，他卻看到你在撞球場的身影或聽到你在酒館裡的話聲，那麼第二天早上他就會來催你還錢，甚至在你還籌措不及時就要你還清。

除此之外，你的槌聲還顯示出，你對自己的債務並未忘懷，這讓你**看起來像**個既小心又**誠實**的人，將會提升你的**信用**。

注意，別把手頭所擁有的都當成是自己的財產，並依此順當過

活。許多動用到信用的人都沉陷在這樣的迷思裡。為免如此，要對自己的支出與收入精確地計算清楚。如果你勞心費神地留意到每一筆收支，那麼便會有這樣的好結果：你會發現，小小的一丁點花費足以聚積成一大筆數額，也將發覺，本來可以省下多少而將來又可以省多少……。

假設你是個大家熟知的精幹又正直的人，那麼一年有六鎊，你就可以有一百鎊使用。每天無謂花掉一格魯先（Groschen，十便士）的人，每年就浪費了六鎊，而這是使用一百鎊的代價。要是每天浪費相當一格魯先價值的部分時間（而且可能就只有幾分鐘），日復一日，一年下來等於浪擲了使用一百鎊的特權。如果白白浪費價值五先令的時間，就等於損失五先令，可能不啻是把五先令往海裡丟。損失了五先令的人，所損失的不止是這個數目，而是損失了利用這錢作買賣所能賺到的一切利得——這數額，從青年到老年，將累積成一筆相當可觀的數目。

在這段文章裡教訓我們的，正是**班傑明‧富蘭克林**[2]——這和克恩伯格在其既富才氣又蠻帶惡意的《美國厭惡：美國的文化圖像》[3]裡，

2　最後一段出自 *Necessary Hints to Those That Would Be Rich*（寫於 1736 年，*Works*, Sparks edition, II, p. 80），其餘出自 *Advice to a Young Tradesman*（寫於 1748 年，*Works*, Sparks edition, II, pp. 87 ff.）。
　　富蘭克林（Benjamin Franklin, 1706-1790），十八世紀美國政治家、科學家、哲學家。詳見附錄 14。——譯註
3　*Der Amerikamüde*（Frankfurt, 1855），眾所周知是萊瑙的美國印象記的詩意改寫。此書作為文學作品在現今讀來或許甚為無趣，但作為資料，記述

指為所謂洋基的信仰告白而加以嘲諷的內容並無不同。富蘭克林以獨
特方式所宣告的，是「資本主義的精神」，沒人懷疑，但沒有什麼人
會認為，人們對此一「精神」所能理解的，如今**全都**包含在裡頭了。
讓我們稍停一下看看這段文章。其中的生活智慧在克恩伯格的「美國
厭惡」裡被總結為：「從牛身上榨油，從人身上榨錢」，然而在此種
「貪吝哲學」裡所突顯出來的特色，是**信用可靠**的誠實人的理想，尤
其是，認為個人的**義務**在於以擴大自己的資本作為前提利益且為目的
本身的想法。事實上，此處所訓誨的不單是生活技術，而是一種獨特
的「倫理」，違犯此一倫理，不僅是愚蠢，而且還被視為忘失義務
──這就是事情的精髓所在。這兒所教導的不**只是**「從商才智」──
這類東西其他地方多得是；這兒所展現的是一種**風格**（Ethos），而
就是**此**一特質吸引了我們。

德國人與美國人的對比，甚至可以說，記述德國自中世紀的神秘主義以
來，境內天主教徒與基督新教徒的內在生活（不管其他種種）**共通的**特
徵，與清教─資本主義的活動力之對比，實在無人能比。克恩伯格以較自
由的筆法來翻譯富蘭克林的文章，在此就原文作了校訂。
萊瑙（Nikolaus Lenau, 1802-1860），十九世紀奧地利最傑出的詩人，以
寫哀傷的抒情詩著稱。這些詩歌既反映了他那個時代的悲觀情緒，也反映
了他個人的絕望心情。1832 年 10 月，萊瑙為了尋求心靈的平靜與自由，
曾離開歐洲到美國。在美國度過的一年歲月雖然也給他留下一些美好的回
憶，但他對美國的整體印象並不佳。他曾批評：「美國人一無所知，唯金
錢是求，沒有理想」。──譯註
克恩伯格（Ferdinand Kürnberger, 1821-1879），奧地利作家。參與 1848
年的維也納革命，被迫流亡德國。1849 年他又介入德勒斯登（Dresden）
的暴動，為此入獄。他一生寫過不少劇本、小說和散文。韋伯此處提到的
書全名 *Der Amerika-Müde: Amerikanisches Kulturbild*。──譯註

　　雅各・富格 [4] 有個業已退休的商業伙伴來勸說他不妨退隱，因為他如今確實賺得夠多了，好歹也讓別人有些賺頭；富格駁斥說這是「怯儒」，並回答說「他（富格）可不這麼想，只要有可能就要賺」[5]；此話的「精神」與富蘭克林的迥然**有別**：前者所表達的是商人的膽大無畏和一種無關道德的個人嗜慾 [6]，而後者所呈現的是一種帶有**倫理**色彩的生活樣式準則的性格。本文所謂的「資本主義精神」的概念，就是在此種特殊意涵下指稱的 [7]。當然，指的是**近代的**資本主義。因為，此處所談的僅止於此種西歐—美國的資本主義，這自然是由於提問的方式使然。在中國、印度、巴比倫，在古代與中世紀，都曾有過「資本主義」。**然而，如我們將看到的，它們全都欠缺那種獨特的風**

4　雅各・富格（Jakob Fugger, 1459-1525），十五、六世紀德意志企業家族領導人，詳見附錄 15。——譯註

5　桑巴特以此句為其《近代資本主義》一書的篇首題詞（*Der moderne Kapitalismus*, 1. Aufl., Band I, S. 193, cf. S. 390）。

6　當然，這並不表示，富格是個不在乎道德或無信仰的人，或者富蘭克林的倫理**盡**呈現於上述文章裡。應該犯不著引用布倫塔諾的文章（〈近代資本主義之萌芽〉，1916，頁150f.）就足以使這位著名的慈善家免於此種誤解，儘管布倫塔諾似乎有陷我於此誤解之嫌。反之，問題毋寧是在於：這樣一位慈善家如何能以一個**道德家**的格調寫下（布倫塔諾忽略了其殊為獨特的形式）**這樣一些字句**來？

7　我們的提問方式之所以不同於桑巴特，正是基於這點。此一差異之極重大的實際意義，後面便會明白。此處要注意的是，桑巴特並未忽視資本主義企業家的這個倫理側面。只是，在他的思考脈絡裡，此一側面儼然是資本主義作用下的結果，而我們此處在目的上必須採取對反的假定。最終的立場非等到此番研究結果時才有可能。關於桑巴特的見解，參見前引書，頁 357, 380 等等。他的思路與齊默的《貨幣的哲學》的精彩論述（最後一章）相關聯。有關他在《資產階級》（*Bourgeois*）一書裡對我提出的批判，後文將再述及。此處必須先擱置關於此點的任何詳細討論。

格。

　　固然，富蘭克林所有的道德勸戒如今全都轉向了功利：誠實是**有用的**，因為它帶來信用，守時、勤奮、節儉無不如此，**所以都是**美德。推而論之，譬如說，要是誠實的表面功夫就達到同等的效果，那麼這就夠了，再在這美德上多做不必要的努力，在富蘭克林眼裡看來必然顯得是無謂的浪費。而且，事實上，當我們在他的自傳裡讀到他「皈依」那些美德的故事[8]，或甚而是關於他談論到嚴格保持簡樸的**外表**及故意隱晦自己的功績以博取世間人認同的效用時[9]，必然會得到這樣的結論：在富蘭克林看來，那些美德，和所有的美德一樣，**只有當**它們對個人具體有用時才算是美德，而且光以表面功夫來作代用品而產生同等效用時，那麼這也就夠了——就嚴格的功利主義而言，這實

8　自傳裡說道：「我終於確信，人與人的交往當中，**真實、正直與誠實**，**對我們的人生幸福**而言是最最重要的；自此，我下定決心終生力行到底，**並將這決心寫進日記裡**。天啟對我來說確實沒什麼分量；但我抱持著這樣的想法，某些行為並不壞，只是**因為**天啟禁止罷了，而某些是好的，**因為**天啟這麼命令，然而，或許這些行為會被禁止，是**因為**它們本來就是對我們有壞處的，或者會被命令，是**因為**它們本來對我們就有好處——盱衡一切的結果是這樣的」（*Autobiography*, p. 112, ed. F. W. Pine, Henry Holt, New York, 1916）。

9　「因此我盡量避開他人的眼光，並且說這」——由他發起的圖書館興建——「是『一群友人』委託我去拜訪他們所認為的愛好閱讀者並做出此項提議。以此方式，我的事業進行順利，而且往後碰到這樣的時機，我都同樣照章行事；從我一再的成功經驗，很可以誠心地推薦給各位。目前小小犧牲一下你的虛榮，後面便會有充分的報償。如果**一時之間**真正的功勞還不確定該歸給何人，那麼便會有比你更好虛名的人勇於出面，然後嫉妒將為你取回公道，拔下被侵占的榮耀之羽，置回真正的擁有者身上」（*Autobiography*, p. 140）。

在是個無可避免的歸結。德國人常覺得美國式的美德不過是「偽善」，在此似乎罪證確鑿。只不過，實情絕非如此單純。不止富蘭克林自己的性格，一如浮現於其自傳裡的那種世所罕見的誠實正直，加上他將美德必然對他「有用」的這個事實歸諸上帝對他的啟示以使他心向美德，凡此種種在在顯示，這其中所蘊含的確實不光是純粹自我中心主義的花腔巧調而已。其實，尤其是這「倫理」的「至善」（summum bonum）——賺錢，賺更多的錢，並嚴格迴避一切天生自然的享樂——是如此全然褪盡一切幸福主義甚或快樂主義的念頭而純粹地認為這就是目的本身，因而單就個人自己的「幸福」或「利益」而言，這不啻是完完全全的超越，而且簡直是極為不合理性[10]。營利變成人生的目的，而不再是為了滿足人的物質生活需求的手段。對於人天生的情感而言，這簡直就是我們將談到的「自然」事態的倒錯，毫無意義，然而如今卻無條件地公然成為資本主義的指導綱領，正如尚未觸及資本主義氣息的人所會感到的那樣的陌生。然而，這同時卻也帶有某種情操，與一些宗教觀念緊密關聯。如果有人問起，為什麼要「從人身上掙錢」，富蘭克林在其自傳裡引用了一句聖經經文來回答，儘管他自己是個無宗無派的自然神論者，但這卻是他那嚴格喀爾文派教徒的

10　布倫塔諾（S. 125, 127 Anm. 1）藉由此處的記述來批判後面我們詳論現世內禁慾讓人屈從於「理性化與紀律化」的內容，說這理性化是朝著「非理性生活樣式」的「理性化」。事實上，的確沒錯。沒什麼事情本身即為「非理性的」，而是從某個特定的「理性的」**觀點**看來是如此。對無信仰者而言，一切的宗教生活是「非理性的」，對快樂主義者來說，所有的禁慾生活樣式是「非理性的」，然而就**他們的**終極價值看來，這卻是種「理性化」。若說本篇論文能有什麼貢獻的話，無非是希望能藉此解明乍看之下便知其意的「理性的」這個概念其實是有極複雜多樣的意涵。

父親在他年輕時不斷耳提面命的：「你看見**在其職業（Beruf）上辦事**殷勤的人嗎，他必站在君王面前」[11]。賺取錢財，只要是以合法的方式，在近代經濟秩序裡乃是**職業**上精誠幹練的表現與結果，而**此種精誠幹練**，於今不難看出，正是富蘭克林道德訓誨的根骨始末，如其在上引文章連同其所有著作毫無例外地向我們所揭示的[12]。

　　事實上，這種**職業義務**（Berufspflicht）的獨特思想，如今我們是如此地熟悉、其實卻又如此地不認為是理所當然，因為這乃是個人應當感覺到的一種義務，而且是有義務實際意識到一己「職業的」活動內容，而不管其內容如何，特別是不管這在天生情感看來是否必然顯得是自身勞動力甚或只是財貨資產（作為「資本」）的純粹利用而已；此一思想正是資本主義文化的「社會倫理」獨樹一格的特徵，而且就某種意義而言，正是其本質之所在。然而此種思想應該**不單是**在資本主義的基礎上才能發生滋長，反之，我們後文將會試圖追溯到過往以究明根底。當然，我們更不能認為，對**現今的**資本主義而言，其個別擔綱者，諸如近代資本主義經營的企業家或勞動者，有意識地學習採納此種倫理準則是其繼續存在的條件。現今的資本主義經濟秩序是個巨大的宇宙，個人呱呱墜地於其中，對他而言，至少作為個體，這是個他必須生活在裡頭的既存的、事實上如銅牆鐵壁般的桎梏。這宇宙強迫個人奉行其經濟行為的規範，只要個人是捲入市場關係中的話。

11　路德的譯法是"in seinem Geschäft"，舊的英文聖經則譯為"business"。關於這點，參見本書 1-1-3 註 1。
　　引文見《聖經・箴言》22: 29。——譯註

12　布倫塔諾詳細但有點不精確地為富蘭克林做辯護（〈近代資本主義之萌芽〉，頁 150f.），說我看錯了富蘭克林的倫理資質。對此質疑，我僅以這幾句話來回覆，在我看來，這已足夠令其辯護顯得多餘。

製造業者要是長期背此規範而行，注定會被市場經濟淘汰，就像勞動
者不能或不願適應這樣的規範，就會變成失業者淪落街頭。

　　如今已支配經濟生活的資本主義以經濟**篩選**的方式來教育與創造
其所需的經濟主體——企業家與勞動者。不過，正是如此，我們可以
輕易看出，以「篩選」的概念來作為解釋歷史現象之手段的限制。因
為適合資本主義特性的那種生活樣式與職業觀若要能被「篩選」出
來，亦即從其他種類中勝出，那麼它們顯然首先就必須是既已形成
的，而且並不是形成於個別孤立的個人，而是人群**團體**所具有的一種
觀念見解。因此，關於其如何形成，才真正是必須加以解釋的。天真
的歷史唯物論認為那種「理念」是作為經濟狀況的「反映」或「上層
建築」而產生的，關於此種看法我們會於後文詳加討論。在此，就我
們的目的而言，只要指出以下這點也就夠了：無論如何，無可懷疑
的，在富蘭克林的出生地（麻薩諸塞州），「資本主義精神」（就我
們此處所指意義而言）是**先於**那兒的「資本主義發展」（早在 1632
年人們就已抱怨新英格蘭——相對於美國其他地區——擅於利得追求
精算的特殊現象），而譬如在隔鄰的殖民地，後來的美國南方各州，
資本主義精神則遠遠處於尚未發達的狀態，雖然如此，後者卻是為了
商業目的而由大資本家所創建的，而新英格蘭殖民地則是由牧師、學
院畢業生、連同小市民、手工匠與自耕農出於**宗教**理由所建立起來
的。**在此**情況下，因果關係與「唯物論」立場所設想的，毋寧恰好相
反。這類理念的成長期一般說來比起「上層建築」的理論家們所認為
的更加荊棘滿目，而且其發展更非如草木生花。資本主義精神，就我
們至此對這概念加以掌握的義意而言，必得與一整個敵對勢力的世界
歷經一番艱苦的鬥爭方得卓然挺立。前引富蘭克林的講述所表達出

來的精神，贏取了一整個世代人的稱賞，然而若在古代及中世紀[13]，這會被貶斥為卑污貪婪、毫不自尊自重的表現，如同現今所有那些最未捲入或最不適應近代特有的資本主義經濟的社會群體一般所持的看法。因此，這並不光是由於——一如人們常常這麼說的——「營利慾」（Erwerbstrieb）在前資本主義時代仍是不為人所知或尚未發展之故，或者也不是因為，如同近代浪漫主義者所玄想的，"auri sacra fames"[14]，亦即無可抑制的拜金慾，在當時，甚或如今，在市民的資本主義圈外，較之資本主義特有領域內，來得更**微弱**。資本主義與前資本主義「精神」之區別，並不在這點上。中國滿大人、古羅馬貴族與近代農業主的**貪慾**，經得起任何比較。拿坡里的馬車夫或船夫、亞洲從事類似行當的代表、甚或南歐或亞洲國家的工匠們之「貪財」，一如任何人都能體會的，比起處於相同情況下的英國人，都遠遠來得更加**徹底**，尤其是更加肆無忌憚[15]。藉著賺錢以充實自我利益的**絕對**肆無忌憚之普遍橫行支配，是市民的資本主義發展在西方判準的評量下、仍屬「落後」的那些國家的固有特色。如同任何工廠業主所知的，這些國家的勞動者之缺乏「自覺」（coscienziosità）[16]，像是義大利較

13　韋伯的註釋，駁斥桑巴特的論斷。詳見附錄 1。

14　出自古羅馬詩人維吉爾（Virgil, 西元前 70-19）的史詩《埃涅阿斯紀》（*Aeneid*）3, 57。——譯註

15　可惜布倫塔諾在前引書裡把所有種類（不管是靠戰爭或靠和平方式）的營利追求全都混為一談，然後指出「資本主義的」（相對立於例如封建的）利得追求之特徵在於指向**貨幣**（而非土地），如此而已，再進一步的區分——只有這樣才能得出清楚的概念——他不止拒斥，而且（頁 131）還就我們此處為了本文的研究目的所建構起來的（近代！）資本主義「精神」提出了令我大惑不解的主張：他把應該加以證明的東西都拿來作為前提。

16　參較桑巴特無論在哪一方面都很適切的表述，*Die deutsche Volkswirtschaft*

之於德國，乃是其資本主義發展的主要障礙之一，而且在某種程度上至今仍是。資本主義無法雇用那些毫無紀律的「隨心所欲」（liberum arbitrium）者來作勞動者，而且正如我們從富蘭克林那兒所學到的，言行舉止一貫厚顏無忌的商人也同樣無法為資本主義所用。對於錢財的「慾求」有多大程度不同的發展，並非區別的分殊所在。貪財與吾人所知的人類歷史同其久遠。我們將會看到，那些毫無保留地一意以貪財為**動力**、就像「為利揚帆赴地獄，哪怕煉火灼盡帆」的荷蘭船長那樣的人，**絕不是**讓近代特有的資本主義「精神」滋長成——這是重點所在——**群體現象**的那種心志的代表。毫無顧忌、內心不受任何規範所約束的營利，歷史上無時不有，只要時空環境允許的話。如同戰爭與海上劫掠，與異種族、非團體伙伴往來、不受規範束縛的自由貿易也是無拘無礙的；凡在「兄弟間」的關係之下禁止的，在「對外道德」（Außenmoral）之下卻可容許通行。並且，外在上，舉凡懂得以貨幣方式聚積財富並提供機會得以利用財富——經由康曼達、承包稅賦、舉貸國債以及融資戰爭、王侯宮廷與官員等方式——來獲利的所有經濟體裡，總會有土生土長的、形同「冒險」的資本主義營利存在，同樣的，嘲弄倫理限制的那種內在的冒險家心態也四處可見。絕對且有意肆無忌憚地追求利得，往往正緊貼著最嚴格的傳統束縛而立。隨著傳統的崩解以及自由營利之多多少少長驅直入社會團體內部，結果

---

im neunzehnten Jahrhundert, S. 123, oben。一般而言我無需再特別指出，以下的研究——雖然在整個決定性觀點上要溯及到更加古老得多的著作——在定式化方面是如何多虧桑巴特擘劃出尖銳的定式化的諸多巨著業已存在的這個事實，而且也**正是**在定式化這點上，彼此分道揚鑣。凡是一再感覺到自己與桑巴特的見解有著極為明確的矛盾並且直接拒絕其許多論點的人，都有義務要意識到這點。

通常並不是這新進事物獲得倫理的肯定與正當化，而毋寧只是事實**被容忍**，要不是被視為與倫理不相干，就是根本不受歡迎，但不幸卻無可避免。這不僅是所有倫理學說的普遍立場，而且，本質上更加重要的，這也是前資本主義時代一般普通人的實際行為所表現出來的態度。所謂「前資本主義」，指的是：理性的**經營**方式的投資與理性的資本主義**勞動**組織尚未成為決定經濟行為取向的支配力量。不過，這樣的態度卻是人們在適應市民的資本主義經濟秩序的前提條件時，普遍遭遇到的最強烈的內在障礙之一。

　　披著「倫理」外衣、受著規範束縛的特定生活樣式意義下的資本主義「精神」，首先必須相搏鬥的對手，是人們可以稱之為**傳統主義**的那樣一種感覺與作風。在此，同樣必須中止作出最終「定義」的任何企圖，我們毋寧得就幾個特殊情況來說清其含意──當然也不過是暫定的。且從底層，也就是勞動者開始。

　　為了從「他的」勞動者獲取儘可能最大量的勞務且提升勞動的密集度，近代企業主常用的一個技術手段是**論件計酬**（Akkordlohn）。例如在農業方面，收成的時候最是講究儘可能提高勞動密集度，因為每當天候不穩定，收成速度是否能加快到極限往往關係到莫大的獲利或者無比慘重的損失。以此，最常被採用的就是論件計酬制。因為，隨著收益的增加與經營密度的提升，企業主對於收成加速的關注通常也愈見加遽，所以當然會一再試圖透過**升高**勞動者的論件計酬費率、以提供他們在短時間內就能賺取非常高的報酬的機會，從而使他們有興趣提高自己的勞動成效。只是，在此出現了一種獨特的困難：提高論件計酬費率的結果，往往並不是增加、反倒是減少了同一時間內的勞動量，因為勞動者對於費率提高的回應，不是一日工作量的增加，而是減少。譬如說，每收割一畝（Morgen）地的報酬是一馬克時，有

個人一天收割 2.5 畝，所以一天就賺取 2.5 馬克，若是將論件計酬費率提高為每畝 1.25 馬克，那麼結果並非如預期的，他會為了較高的賺錢機會而收割到 3 畝，從而賺到 3.75 馬克——照理說本來應該是這樣的。然而相反的，他卻一天只收割 2 畝，因為如此一來照樣可以賺到 2.5 馬克，套句聖經上的話說，這讓他「知足」了。賺得多反不如做得少來得愉快。他不會問：我一天能賺多少，如果我把工作量放到最大程度的話？而是問：我必須做多少工，才能夠賺到我一向所得的報酬（2.5 馬克），從而滿足我的**傳統**需求？這不過是我們稱之為「傳統主義」的那種心態的一個例子：人們並非「天生」就想要賺得愈多愈好，而是想單純地過活，過他所習慣的生活，而且只要賺到足以應付這樣的生活就好。無論何處，舉凡近代資本主義開始藉著提升人類勞動密集度以提振其「生產力」的工程時，總會遭遇前資本主義經濟勞動的這種鮮明特性層出不窮的頑強抵抗，而且時至今日，近代資本主義所要面對的勞動階層愈是「落後」（從資本主義的觀點看來），其遭遇到的頑抗也就愈強。再回到我們前述的例子，既然透過較高報酬率來提振「營利心」（Erwerbsinn）的訴求宣告失敗，那麼反其道而行的試圖便不難想見，亦即藉著**降低**勞動者的報酬率來迫使他比以往做**更多**的工才賺得到向來的所得。且說，低薪資與高利潤之間似乎有著連帶關係，這是過去的膚淺之見，如今亦然：凡是多付到薪資上頭的，必然會使利潤蒙受相應的減損。資本主義打從一開始也一而再地走上這條道路，而且幾百年來守著這樣的信條：低薪資是「有績效的」（produktiv），意思是，低薪資可以提高勞動成果，一如彼得庫爾[17]曾說過的，民眾因為貧窮、而且貧窮當頭時才肯工作——就這點

---

17 彼得庫爾（Pieter de la Cour, 1685 年卒），荷蘭萊頓工場主，曾發展出一

而言，我們後面會看到，與早期喀爾文教派的精神完全吻合。

只是，這個看似如此有效的手段，效果自有其界限[18]。當然，資本主義為求發展，必須要有能使其在勞動市場上以低價雇用的過剩人口存在才行。但是，太龐大的一支「預備軍」有時確實有利於其量的擴大，然而卻有礙於其質的發展，特別是對轉型為勞動密集運用的經營形態有所妨害。低工資絕不等同於廉價勞動。純就量的方面來看，不足生理所需的薪資無論如何都會使勞動效能下滑，長此以往，這甚至意味著「最不適者生存」的後果。現今一般的西里西亞人即使拼盡全力、也只能在同一時間內收割到薪資較高且營養較好的波美拉尼亞人或梅克倫堡人三分之二強的田地面積[19]，而出身愈近東邊的波蘭人肉體勞動成果就愈不及德國人。純就生意面而言，舉凡產品的製造要

套經營的新理念，見之於其名著 *Interest of Holland or the Reasons for the Prosperity of Holland*（1662），1669 年再版時改名 *Explanations of the Political Reasons and Maxims of the Republic of Holland*。——譯註

18 對於這個界限**在哪裡**的問題，此處自然無法深論，而且也無以評量大家所熟知的那個關於高報酬與高勞動效率相互關聯的理論——這是由布雷西（Brassey）首先發問，然後由布倫塔諾在理論上、舒澤蓋弗尼茲（Schulze-Gävernitz）就歷史與結構上加以定式化並具名發表的理論。論爭是由哈士巴赫（Hasbach）的精闢研究論文（*Schmollers Jahrbuch*, 1903, S. 385-391, und 417 f.）而再度開打，至今仍無定論。對我們來說，在此只消指出這個無人懷疑也不容置疑的事實也就夠了：較低報酬與較高利潤、較低報酬與較有利的產業發展機會，至少並不是那麼單純合致的——光是靠機械式的貨幣操作是無法引發走向資本主義文化的「教育」，以及因此而招來資本主義經濟的可能性。本文實例全為解說之便而舉。

19 西里西亞（Silesia），位於中歐波蘭、德國與捷克交界處。波美拉尼亞（Pomeranian），位於波蘭西北部，波羅的海沿岸以南。梅克倫堡（Mecklenburg），德意志東北部歷史上的一個邦，位於波羅的海沿岸平原。詳見附錄 18。——譯註

求任何一種夠格的（熟練的）勞動之處，或是使用高價而易損壞的機器，或者一般而言需要有某種程度的敏銳注意力與創意之處，低薪資根本無法成為資本主義發展的支柱。以此，低薪資不僅不划算，而且還造成與意圖正相對反的效果。因為，在此情況下，不僅絕對要有高度的責任感，而且一般還得具備一種心態，那就是至少在工作**的時候**去除掉不斷計較怎樣才能最悠閒最不費力又能賺到同樣薪水的想法，並且把勞動當作絕對的目的本身——「天職」（Beruf）——來從事。然而這樣一種心態絕非天生自然的。不管高薪或低薪都無法直接產生出這種心態，它只能是長年累月的教育過程的結果。**現今**，資本主義一旦基石穩固，在所有的工業國家裡，以及在各工業國的一切產業領域裡，都能較為容易地募集到所需勞力。然而在過去無論是何種情況下，這都是個極大的難題[20]。縱使現在，資本主義若無一位強而有力的助手來支援，則至少不一定總是能達到這個目的，而這有力幫手，如我們後面會看到的，在資本主義成長期間是其良伴。意何所指？我們可以再舉一例來加以說明。今日，落後的、傳統主義的勞動形式，特別常由**女工**來呈顯其圖像，尤其是未婚女工。雇用少女、尤其是德

20　因此**資本主義的**工業若無來自古老文化地區的大舉移民運動，往往**也就**無法成立。桑巴特說到手工匠個人擁有的「技巧」與秘傳之術，與科學的、客觀的近代技術之對比，儘管如此正確，到了資本主義興起的時代，此種差別幾乎已不存在。事實上（可以這麼說），資本主義下的勞動者（某種程度上也包括企業家）的倫理資質，往往比手工匠歷經數百年的傳統主義後已然僵化的技巧，具有較高的「稀有價值」。現今的工業，在選擇其所在地時，尚且不能完全不考慮到這種須要透過長久集約勞動傳統與教育才能達到的民眾素質。在現今的整個學術思潮裡，一旦發現無需作此考量的獨立性存在時，馬上就歸因於遺傳性的種族資質，而不是歸諸傳統與教育，在我看來，是大有問題的。

國少女的雇主幾乎無不異口同聲地抱怨：這些女工毫無丁點能力與意
願放棄傳統和已學到的勞動方式以利另一種更加實用的方法得以採
行，也全然欠缺能力與意願去適應和學習新的勞動形式、去集中甚或
只是去運用她們的智力。再怎麼分析說明如何可能使其勞作輕易、尤
其是使其收入更豐，通常面對的是她們的完全無法理解，而提高論件
計酬費率，碰到習慣之壁也只能徒呼負負完全無效。與此大異其趣的
──而且這點對我們的考察而言並非不重要──一般說來唯獨受過特
殊宗教教育的少女，特別是虔敬派信仰流傳地區的少女。我們常聽
說，而隨機的統計調查也證實[21]：最完善的經濟教育可能性大大地呈
現於這群少女身上。思考的集中能力、「對工作負有義務」的絕對專
心態度，在她們身上往往特別與積極**計算**獲利多寡的嚴密經濟性，以
及冷靜的克己自制結合在一起。以勞動為目的本身，以及符合資本主
義所要求的以勞動為「天職」的觀念，在她們身上找到最有利的土壤，
而透過宗教教育的**結果**，戰勝傳統主義因襲章程的機會也最大。對於
現代資本主義的這層觀察[22]再度告訴我們，無論如何值得**問一問**：適
應資本主義的能力與宗教契機二者間的這種關聯性，在資本主義的成
長期裡是如何可能發生的？因為從許多個別現象中可以推斷，二者間

21　參見我的論文"Zur Psychophysik der gewerblichen Arbeit," *Archiv für Sozial-
　　wissenschaft und Sozialpolitik*, XXVIII。

22　上面的陳述可能會被誤解。眾所周知的一個實業家類型，傾向於為己之便
　　而利用「國民必須維持宗教信仰」這個教條，而且早先特別是路德派牧師
　　的一大夥人也常傾向於與當局沆瀣一氣並扮演其「特務警察」的角色，認
　　定罷工是罪惡，並為工會貼上「貪慾」助長者的標籤。凡此種種皆與我們
　　此處所談的現象一點也不相干。本文所觸及的諸要因，並非個別，而是常
　　見的，而且如後文所見，是以典型方式一再出現的事實。

在當時即處於類似的關聯情況。例如，十八世紀時衛理公會的勞動者
遭受其職場同僚的嫌惡與迫害，絕不只是或主要是因為其宗教的偏執
詭異——英國有過更多更偏激的教派，而毋寧是肇因於其特殊的「勞
動意願」——從其勞動工具如此一再地被毀損的記錄裡即可得知。

　　不過，首先讓我們再次回到當代，而且這回是針對企業家的情
形，用以闡明「傳統主義」的意涵。

　　桑巴特在其有關現代資本主義起源的討論裡[23]，區分「需求滿
足」（Bedarfsdeckung）與「營利」（Erwerb）、視為左右經濟史走
向的兩大「主軸」；前者致力於滿足個人的**需求**大小，後者則跨越了
需求的門檻而致力於追求**利得**與獲利的**可能性**，二者決定了經濟活
動的形態與方向。他所指稱的「需求滿足的經濟體制」（System der
Bedarfsdeckungswirtschaft），乍看之下似乎與我們此處所表述的「經
濟的傳統主義」並無二致。如果我們把「需求」的概念視同為「**傳統
的需求**」，**那麼**二者事實上是一致的。但是如若需求不限於傳統需求，
那麼按照桑巴特在其著作的另一處[24]對「資本」所下的定義，依其組
織形式應被視為「資本主義的」經濟的一大部分都要被劃出「營利」
經濟的範圍之外，從而屬於「需求滿足經濟」的範圍。換言之，在私
人企業家的指導之下，以一種資本週轉的形式（包括貨幣與具有貨幣
價值的財貨）、透過購入生產手段與賣出產品以達致獲利目的的經濟
——無疑的就是「資本主義企業」的經濟——也同樣可能帶有「傳統
主義的」性格。這在近代經濟史的過程裡非但不是個例外，反而正是
個通則——儘管飽受「資本主義精神」一波又一波日益強大的侵擾而

23　*Der moderne Kapitalismus*, Band I, 1. Aufl., S. 62.

24　同上，S. 195。

一再中斷。一個經濟的「資本主義」形式與引領此一經濟的精神之間，一般而言確有「適合的」關係（adäquate Beziehung）存在，然而並非「法則性的」相互依存關係（gesetzliche Abhängigkeit）。儘管如此，我們在此還是暫且要用「（近代）**資本主義**精神」[25] 一詞，來指攝那種以我們在富蘭克林之例上所見到的、將工作奉為天職有系統且理性地追求合法利得的心態，這是出於歷史的理由，因為那種心態在近代資本主義企業裡找到其最適合的形式，另一方面，資本主義企業則在此心態上找到最適合的精神推動力。

　　然而，這兩者也很可能分別各自存在。富蘭克林自己充滿著「資本主義精神」，而當時他的印刷工場在形式上與任何手工業經營絲毫無異。我們還會看到，我們稱之為「資本主義精神」的那種心態的擔綱者，不但絕不僅止於、或者主要是身為商貿貴族的資本主義企業家，而毋寧大多是力爭上游的產業界的中產階層[26]。即使到了十九世

25　當然這是指西方特有的、**近代的**理性經營的資本主義，而不是三千年來普遍見於世界各處，諸如中國、印度、巴比倫、希臘、羅馬、佛羅倫斯、以至於當今的那種高利貸、軍需籌措業者、官職——稅賦承包者、大商人與大融資者的資本主義。參見本書〈前言〉。

26　我們絕不容許——此處所應強調的也只有這點——先驗地推斷說，一方面資本主義的技術，另一方面經常為資本主義帶來擴張力量的「職業勞動」的精神，兩者必然**在本源上**是從同一個社會階層裡培養出來的。關於宗教信仰意識的社會關聯，亦是如此。喀爾文教派在歷史上是「資本主義精神」之教育的擔綱者之一。但是，例如在荷蘭，有力的資產家，由於某些（後文會說到的）緣故，大多數並非教規嚴格的喀爾文派信徒，而是阿明尼烏信徒（Arminian）。將要晉身企業家行列的**中小**市民階層，在此和其他各處，卻是資本主義倫理與喀爾文派信仰的「典型的」擔綱者。不過，這倒和我們此處的論點不謀而合：大資產家與商人任何時代都有。然而，市民的產業勞動的理性資本主義組織，直到中世紀進展到近世時方才出

紀，此一心態的典型代表，並非利物浦或漢堡等地身負祖上傳來商業
資產的上流士紳，而是曼徹斯特或西伐利亞地區[27]往往出身寒微而出
人頭地的新貴。其實早在十六世紀情形業已如此，當時興起的**工業**主
要大多是由這樣的新貴創辦的[28]。

　　比如一家銀行，或者大出口商、大型零售商、或是以轉售家庭手
工製品為業的大規模貨莊，確實只有以資本主義企業的形式才有可能
經營。然而，他們可能全都是在非常傳統主義的精神下營運：發行紙
幣的大銀行根本無法以其他方式經營；一整個時代的對外貿易全都奠
基在帶有強烈傳統性格的獨占與規制的基礎上；在零售業方面——我
們說的可不是現今那些向政府呼叫求援的、規模既小又欠資本的遊手
好閒之輩——終結古老傳統主義的革命正在進行中；正是這樣一場變
革摧毀了舊日形態的批發體系，而近代的家內勞動不過是在形式上與
這舊體系有類似之處而已。這場革命的經過如何？有何意義？儘管我
們是如此熟悉，但還是要再舉個實例來加以說明。

　　直到上個世紀（十九世紀）中葉，貨莊批發商的生活，至少在歐

現。

　　阿明尼烏派（Arminianism），興起於十七世紀初的基督新教派。詳見附
　　錄7。——譯註

27　利物浦（Liverpool），英格蘭第五大城市，海港。曼徹斯特（Manchester），
　　英格蘭西北部城市。西伐利亞（Rheinland-Westfalen），德國西北部地區。
　　詳見附錄18。——譯註

28　關於這點，參見馬林聶克優秀的學位論文：J. Maliniak, Züricher Dissertation（1913）。

　　可能是 "Die Entstehung der Exportindustrie und des Unternehmerstandes in Zürich
　　im 16. und 17. Jahrhundert"（1913）一文。——譯註

陸紡織工業的某些部門裡[29]，依我們今日的概念看來，是相當悠閒的。我們可以將其生活情形略作如此想像：農人帶著他們的紡織品（以麻布來說，往往大多或全都是由自家生產的原料所製成），到批發商所住的城裡來，經過詳細的、通常是官方的品質檢查後，依慣常的價格領取貨款。批發商的顧客是販售點遠在各處的外來的中間商，他們多半並不依樣品選貨，而是按傳統的品質要求直接從貨棧裡購貨，或者在交貨日期很久之前就向貨莊的批發商下訂單，然後再由貨莊轉而向農民下訂。親自上門購貨的顧客雖有，但不多，而且久久才來一次，其餘就靠通信以及慢慢愈來愈多的樣品寄送來補足。營業時間並不長，一天恐怕就五、六小時，有時更是少得多，有市集的時候營業時間就會拉長些。收入還可以，足以維持像樣的生活，光景好時，尚可累積一筆小財富；競爭者之間由於營業方針頗為一致，彼此的關係也相對融洽，天天泡在「小酒館」裡痛飲，氣味相投者更是讌遊往還，生活步調一派閒適舒緩。

　　以上情形不管從哪一點上看來，都是一種「資本主義的」組織**形式**——無論我們是著眼於企業家的純粹在商言商的性格，或是著眼於資本在事業裡的**翻滾運轉**上實為不可或缺的這個事實，或者最後著眼於經濟過程的客觀面向或簿記的方式，皆是如此。然而，這仍屬「傳統主義的」經濟，如果我們從激發企業家的**精神**這一點來看：傳統的生活方式，傳統的獲利率，傳統的勞動量，傳統的事業經營方式，傳統的勞資關係，以及本質上傳統的主顧圈子、招攬新顧客與商機的方

29　以下的描繪是從各個地方的各個部門的情況總綰編織而成的「理想型」。這是為了達成此處解說的目的，即使沒有任何例子真正完全是依照我們所描述的方式進行，自然也無妨。

式等等，全都支配著事業經營，成為這群企業家的——很可以這麼說——「風格」（Ethos）的基礎。

有一天，這種悠閒的狀態突然被搗毀了，而且往往全然沒有發生組織形式上有任何根本改變的情形，比如轉變成集中經營或機械織造等等。所發生的事或許僅僅只是這樣：有個出身某批發貨莊家庭的年青人從城裡來到農村，精心挑選符合他需要的織工，逐漸強化對他們的監督與控制，以此使他們從農人轉變為工人，另一方面，透過盡可能直接接觸終端客戶的方式，將零售業務全都掌握在自己手中，並且親自招攬顧客，年年按例造訪他們，尤其是完全因應客戶的需求與願望來調整產品的品質以迎合他們的「口味」，同時開始實行「薄利多銷」的原則。如此一來，這樣一種「理性化」過程無論何時何地總是會發生的結果，這時也出現了：若不跟進，就得退場。田園牧歌的場景，在激烈的競爭苦鬥展開下，全面崩解：巨額的財富賺了來，但並不放貸取息，而是不斷投資到事業上；昔日安逸舒適的生活態度，讓位給刻苦的清醒冷靜；迎頭跟進的人就出人頭地，因為他們不願消費，**只想賺錢**；仍想按老路子過活的人**勢必**得節衣縮食 [30]。而且，在此至關緊要的是，在這類的情形裡通常並**不是**什麼新**貨幣**的注入，才帶動了此番變革——在我所知的一些情況裡，從親戚那裡籌借個數千馬克就足以使整個革新過程上路——而是新的**精神**，亦即「近代資本主義精神」，灌注了進來。近代資本主義擴張的原動力為何的問題，首要並不在於追究可供資本主義利用的貨幣量從何而來，而是，尤其

---

30 這個理性主義新興的最初年代，亦即德國工業開始展翅飛揚的時代，伴隨著例如日常生活必需品在樣式上全面降級沒落的現象，是由於這個道理，一點也不意外。

是，在於資本主義精神之發展的問題。舉凡此種精神覺醒並且能發揮作用之處，它便會自行**籌措**到所需的貨幣額來作為運作的手段，但反之則不然[31]。雖然如此，此一新精神的登場通常並非安然平順。猜疑、有時是憎恨、尤其是道德的憤怒，一般而言會如潮水般地湧向最初的革新者，關於其生平也往往開始制式的蜚短流長，繪聲繪影地傳說他有不可告人的醜事──我就知道許多個這樣的例子。少有人能坦率承認，正是這樣一種「新式的」企業家，唯獨具有一種異常堅毅的性格，方能始終保持清醒冷靜的自制，從而避免道德上與經濟上的沉船滅頂；除了眼光明銳與行動力具足之外，尤其是極為堅決且高度突出的「倫理」資質，才能使他在這樣的革新裡贏得客戶與勞工絕對不可或缺的信任，一直保持張力以克服無數的對抗，尤其是能夠擔負起現在所要求於企業家的、與安逸的生活享受無法並存、甚且與日俱增緊迫密集的工作。這些是與適合於過去的傳統主義迥然有異的**另外一種**倫理資質。

上述這種變革，表面上並不起眼，但對於此一新精神之貫徹於經濟生活中實具決定性意義，而開創此種變革者，通常並非經濟史上任何時代都慣見的那些蠻勇厚顏的投機者與經濟冒險家，也不是那些只不過是個「大金主」的人，而是在嚴苛的生活訓練中成長起來，心細又膽大，尤其**清醒**且**堅定**、敏銳且全心投入工作，帶有嚴格市民觀點與「原則」的人。

人們傾向於認為，此種**個人的**道德資質與任何倫理準則一點關係也沒有，更甭說宗教思想；在這個方向上，本質上毋寧是某種消極因素，換言之，自因襲的傳統**解脫**出來的能力，亦即比什麼都重要的自

31　這不應被誤以為貴金屬供需上的變動不具同等的經濟重要性。

由的「啟蒙思想」，才是這樣一種做事業的生活樣式最適合的基礎。
而且，事實上，**現今**一般的情形就是如此。不止生活樣式與宗教出發
點通常沒什麼關係，即使有，至少在德國，多半也是負面的。**現在**，
那些充滿著「資本主義精神」的人，要不是對教會抱有敵意，就是漠
不關心。深信天國無所是事的想法，對他們活躍的性格而言沒什麼吸
引力，宗教在他們看來不啻是把人從地上的勞動抽離的手段。如果有
人問他們，這樣不眠不休的奔走追逐，到底「意義」何在？畢竟，鎮
日奔走而無暇享用財富，對於純粹此世的生活取向而言豈不是顯得毫
無意義嗎？他們偶爾會給這麼個答案，如果有的話：「為了子孫後
代」；可是這顯然並不是唯獨他們才有的動機，「傳統主義的」人們
同樣是這麼想的；所以，更常見而且毋寧更正確的回應乾脆是：為事
業而不停地勞動已成為「生活上不可或缺的」一部分。事實上這就是
唯一確切的動機，而此一表態同時也點明了：從個人幸福的觀點看來，
此種生活樣式是如此的**非理性**，在其中，人是為事業而活，而不是反
過來（事業為人而存在）。當然，光是財富就能取得的權勢與聲譽，
也扮演了某種角色：就像在美國，一整個民族的夢想一旦被引領到純
粹數量之大的方向上，那麼此種數字的浪漫之美就會對商人裡的「詩
人」產生無法抗拒的魔力。至於不是這樣的國家，被此種魔力魅惑住
的，整體而言並不是那些真正的領導人物，特別不是那些老牌的成功
企業家。自己躲入家族世襲財產與貴族名號的避風港裡，兒子則在大
學與官僚體裡表現出企圖忘卻出身來歷的行徑，一如德國的資本主義
新興家族常見的光景，畢竟不過是仿冒的頹唐產物。資本主義企業家
的「理想型」[32]，就像我國也有些出色的範例所代表的，和這類或粗

32　所指的僅止於我們此處以之為觀察對象的企業家類型，而不是經驗裡的

魯或文雅的虛張聲勢者是風馬牛不相及的。他們不但避免虛榮與不必要的花費，也避諱有意的利用權勢，並且對於他們所受到的社會讚賞的外在表徵也是敬謝不敏。換言之，他們的生活樣式往往具有某種像是前引富蘭克林的「訓示」所清楚彰顯的禁慾色彩——我們將會深究這個對我們而言重要的現象所具有的歷史意義。特別是他們所秉持的某種程度的冷靜自制絕非偶發，而是常態，而且比起富蘭克林見仁見智的那種自持，本質上更加誠實正直。他們的財富加之於個人身上的，可說是「一無所有」，只除了給人以「遂行天職」的那種非理性的感覺。

然而正是**這點**，在前資本主義的人看來，似乎是如此的無法理解、不可思議、既不體面又令人鄙夷。如果有人能把畢生勞動的目的唯獨專注於背負著大量的金銀財寶走進墳墓，對他來說，這顯然不外是倒錯的本能——「貪慾」（auri sacra fames）——的產物罷了。

當今，在我們的政治、私法與交易體制底下，在我們的經濟特有的經營形態與結構當中，這種資本主義「精神」，如人所說，很可以被理解為純粹是適應的產物。資本主義的經濟秩序需要這種對於賺錢「天職」的獻身：這種獻身，在人對於外物的態度裡，是如此切合於資本主義結構的一種，而且是與經濟生存鬥爭裡的存活條件如此緊密地連結在一起，所以事實上**現在**可以不必再談什麼「營利的」生活樣式與單一統合的「世界觀」之間的必要關聯。特別是此種生活樣式再

一般平均模樣（關於「理想型」的概念，參見我的論文"Die 'Objektivität' sozialwissenschaftlicher und sozialpolitischer Erkenntnis," *Archiv f. Sozial-wissensch.*, Bd. XIX, Heft 1）。
在韋伯的方法論著作上非常重要的這篇論文，後來收錄於韋伯全集裡的 *Gesammelte Aufsätze zur Wissenschaftslehre*。——譯註

也沒有必要援引任何宗教勢力的贊同為支援，並且覺得教會規範對於經濟生活的影響——只要還感覺得到的話——就像國家對於經濟生活的規制一樣，不啻是一種妨礙。如此一來，商業與社會決策上的利害關係通常有決定「世界觀」之勢。凡是在生活樣式上無法順應資本主義的成功條件者，勢必向下沉淪，或者至少是上升不了。不過，這些都是近代資本主義業已取得勝利、並解脫昔日支柱之後的時代才有的現象。如同其過去唯有與興起中的近代國家權力相結合，方足以打破中古經濟規制的舊有形式那樣，我們或可暫且先這麼說，其與宗教力量之間的關係恐怕也是一樣的。是否這樣？並且在何種意義下**是**這樣？正是此處所要加以探討的。因為，以賺錢作為人有義務要達成的目的本身，作為「天職」，這樣一種觀念是與其他任何時代的道德觀感相背反的，這幾乎毋需證明。被納入教會法裡且在當時（如同福音書裡有關利息的經文一樣）[33]、被認為真正教義且適用於商人活動的那個教條：「總非上帝所喜」[34]，以及聖托瑪斯·阿奎那[35] 用以指稱營利慾的用語「卑鄙」（turpitude, 甚至包括那無可避免且倫理上容許的利得在內），都已經包含了天主教教理對義大利城市之金融勢力利益的高度**讓步**，後者與教會在政治上極為緊密關聯；儘管，

33　韋伯的註釋，討論教會的取息禁令。詳見附錄 1。

34　總非上帝所喜（Deo placere vix potest），此句全文為"Homo mercaror vix aut nunquam potest Deo placere"（商人的經營固然無罪，總非上帝所喜）。原為阿利烏教派所留傳下來對商人的評語，後來收錄於 *Decretum Gratiani*（Gratiani 教會集）。阿利烏教派（Arianism），西元四世紀初出現在近東的基督教支派。詳見附錄 12。——譯註

35　托瑪斯·阿奎那（St. Thomas von Aquinas, 1224-1274），中世紀末神學家，著有《神學大全》，被奉為經院哲學的百科全書。——譯註

相當多的人仍抱持著激進的反營利觀點 [36]。而且，就算是在天主教會的教理更加順應通融之處，例如在安東尼·佛羅倫斯那兒 [37]，這樣的觀感也從未完全消失過：以營利為目的本身的行為，根本是一種恥

36　"μηδέν ἀπελπίζοντες"（什麼也不指望，〈路加福音〉6: 35）與通用拉丁文聖經（Vulgata）的拉丁文翻譯 "nihil inde sperantes"，可能是希臘原文 "μηδένα ἀπελπίζοντες"（＝neminem desperantes）的扭曲（根據莫克斯的說法），是命令人要貸款給任何弟兄，包括貧困的，根本別談什麼利息。總非上帝所喜一語，現在被認為是出自阿利烏教派（到底真相為何，對我們來說皆無妨）。

「什麼也不指望」，在中文聖經〈路加福音〉的全句是：「借給人不指望償還」（6: 35）。希臘文此處原文是 "μηδένα ἀπελπίζοντες"（不要剝奪任何人的希望），結果被讀成 "μηδέν ἀπελπίζοντες"（什麼也不指望）。在拉丁文聖經（Vulgata）裡，則被譯成 "nihil inde sperantes"（什麼也不指望），整句則是 "mutuum date nihil inde sperantes"（借給人而什麼也不指望）。Vulgata 是西方最通用的聖經拉丁文譯本，大部分為聖哲羅姆（St. Jerome, 347-420）所譯，1546 的特倫特宗教會議中被確認為唯一正確的聖經。韋伯認為天主教會之所以禁止收取利息，就是根據聖經上的這一句話。可是如上所述，Vulgata 的譯法根本就是錯誤的，反而是莫克斯的譯法，在韋伯看來更為正確。參見 A. Merx, *Die Evangelien des Markus und Lukas*（Berlin, 1905）。莫克斯（Adalbert Merx, 1838-1909），德國的神學家、東方學者。英國的路易斯夫人於 1892 年發現西奈山加塔利納修道院中的帕林普塞斯多寫本，莫克斯研究後，寫成 *Die vier kanonischen Evangelien nach ihrem ältesten bekannten Texte*（1897-1905）。──譯註

37　安東尼·佛羅倫斯（Anthony of Florence, St. Antoninus of Florence, 1389-1459），曾任佛羅倫斯主教（1446-1459）。當時佛羅倫斯工商業發達，貸款取息之風甚盛，而教會傳統又是反對取息的，安東尼於職責不得不對取息、營利活動、分配等所謂「資本主義萌芽」的問題發表教會的意見，以此而成為當時教會經濟思想代表性人物之一。不過，對於他的作品言論，各家解讀不一，這點我們只要看後文註釋裡韋伯與桑巴特等學者的論辯和分歧即可得知。──譯註

辱（pudendum），只不過為了既已存在的生活秩序之故，必須加以
容忍罷了。當時的某些倫理學者，尤其是唯名論學派的倫理學家，接
受資本主義營業形態的萌芽發展乃是既成事實，並且試圖證明這並無
不可，尤其是證明商業貿易乃是必要的、在其中發展出來的「勤勞」
（industria）不啻是正當的利得源頭而且在倫理上並無可非議──儘
管這樣的證明不無矛盾；然而，當時支配性的學說卻拒斥資本主義式
營利的「精神」為卑鄙，或者至少不能給予倫理上的正面評價。像富
蘭克林那樣的一種「道德」觀，簡直不可思議。這尤其是參與資本主
義運作的人們本身的見解：要是站在教會傳統的立場上，他們的畢生
操勞頂多不過是道德上不相干的、被容忍的，但由於常有違犯教會禁
止取息的教義之虞，從而危及其來世的幸福；於是，如史料所顯示
的，當富豪去世之時，總有巨大款項流入教會機構作為「良心錢」，
有時候甚至是歸還給生前的債務人，作為從他們身上不當榨取的「高
利貸利息」。不如此做的僅僅是──除了異教徒或被視為有危險傾向
的人之外──那些在心理上已從傳統中解放出來的城市商業貴族。不
過，即使是懷疑論者與非教會人士通常也總是會藉著大筆捐贈來討好
教會，因為面對死後的不確定狀況，這不啻是個保險的好手段，而且
確實也因為（至少根據流傳得相當廣泛的寬鬆看法），僅只是表面服
從教會的誡命就足以保證天上的福份[38]。就此，正好清楚顯露出當事

---

38 要用什麼方法才能與取息禁令取得妥協，可以佛羅倫斯的毛織品商人公會
（Arte di Calimala）的規約第一部第 65 章內容為例（目前我手頭上只有
義大利文版 Emiliani-Giudici, *Stor. Dei Com. Ital.* Ed., III, S. 246）："Procurino
I consoli con quelli frati, che parrà loro, che perdono si faccia e come fare si
possa il meglio per l'amore di ciascuno, del dono, merito o guiderdono, ovvero
interesse per l'anno presente e secondo che altra volta fatto fue"。也是說，公

者本身認為自己的行為乃是**自外於**道德的、甚或是**反**道德的。那麼，從道德上頂多是被容忍的這種行徑如何能轉變成富蘭克林那種意義的「天職」呢？再者，在當時世界的資本主義的發展核心，十四與十五世紀的佛羅倫斯，也是所有列強的貨幣市場與資本市場裡，營利被視為道德上可議的或頂多是被容忍的，然而位處邊陲的北美賓夕法尼亞州，於十八世紀時仍是小市民的社會狀態，經濟上光是由於貨幣的短缺就經常要被迫退縮回以物易物的手段，大型的工商企業猶不見蹤影，銀行還在起步階段，但在此，營利卻被視為一種道德上可稱讚的、而且毋寧是必須遵循的生活樣式的內涵；對此，該做何歷史解釋呢？——**於此**，要說成是「物質」狀態之「反映」在「精神的上層建築」上，就真的是無謂至極。那麼，外表上純粹以贏得利潤為目標的那種活動，之所以被歸屬為個人懷有**義務**感的「天職」的範疇，到底是源於何種思想氛圍呢？因為，正是這樣一種思想為「新式」企業家的生活樣式提供了倫理的基礎與支撐。

人們一般都認為「經濟的理性主義」是近代經濟整體的基調——特別是桑巴特對此做了明智且影響深遠的闡述。若這話所指的是：從**科學**觀點來重組生產過程，用以解除生產過程裡人類天生自然的「生物的」限制，從而使勞動生產力得以擴大，那麼，這無疑是對的。在技術與經濟領域上的這個理性化過程如今無疑也決定了近代市民社會「生活理想」的一個重要的部分；為人類的物質性物資供應的一個理

會為其成員基於職務之故以承攬的方式獲得赦罪。接下來記述的種種指示，以及稍前（第 63 章）要將利息與利潤全都以「禮物」記帳的命令，極為特徵性地顯示出當時資本利得屬於道德外的性質。相當於現今的證交所對於隱瞞買賣價差的券商列有黑名單那樣，當時向宗教法庭乞求自外於高利貸罪（exceptio usurariae pravitatis）者，往往也難免惡名昭章。

性組織而服務勞作，無疑也總是成為縈繫於「資本主義精神」代表人物心頭上的畢生事業的指標。人們只消看一看富蘭克林為費城的市政改善所做努力的描述，就自然會明白這個極為理所當然的事實。為許許多多的人「提供工作」、協力促成家鄉城市的經濟「繁榮」──與資本主義相結合下、以人口及貿易量之增長為取向的經濟繁榮──所感受到的喜悅與驕傲，所有這些明明白白全是近代企業家階層特有的人生喜悅，而且被認為無疑是「理想主義的」。同時，在嚴密**精算**的基礎上進行理性化，對致力追求的經濟成果進行妥善計畫且清醒冷靜的運籌帷幄，實乃資本主義私人經濟的一個根本特色，與農夫只圖糊口的生活、古老行會工匠依恃特權的陳腐老套、以政治機會與非理性投機為取向的「冒險家資本主義」正相對反。

　　以此，將「資本主義精神」的發展看作是理性主義整體發展的部分現象，似乎是最好理解的，而且此種精神應該是從理性主義對於終極人生問題的原則態度衍生出來的。如此一來，基督新教唯有被當作只是扮演了純粹理性主義人生觀的一個「初熟果」的角色時，方才成為歷史觀察的對象。只是，當我們認真地試圖這麼做時，立即顯示出這樣的解題辦法根本是行不通的，因為理性主義的歷史顯示出它在各個人生領域裡**絕非平行應和地**向前發展的。例如私法的理性化，如果我們將之理解為法律素材在概念上的單純化與編整，那麼達到至今為止最高程度的，是古代末期的羅馬法，而在一些經濟最為理性化的國家裡，私法的理性化程度卻是最為落後的，特別是在英國，羅馬法的復興因為當時有勢力的法律家行會的作梗而失敗，反而是在南歐的天主教國家，羅馬法往往保持支配性的優勢。十八世紀時，純粹現世本位的理性哲學盛行之處，並不僅限於、甚或主要是在資本主義最高度

發展的國家。伏爾泰[39]思想迄今仍是拉丁語系天主教國家裡廣大的上流階層與（實際上更重要的）中產階層的共同財產。不僅如此，如果將「實際的理性主義」（praktischer Rationalismus）理解為：有意識地把世界上的一切聯結到**個我**的現世利益上、並且以此為出發點來做判斷的生活樣式，那麼這樣的生活形態過去是、現今仍是諸如義大利人與法國人那種骨子裡深植著「隨心所欲」的民族真正典型的特色；藉此，我們已可說服自己，此種理性主義絕非資本主義所需的那種、人以「職業」為使命的關係得以滋長茁壯的土地。人們正可從最為不同的終極觀點、循著相當歧異的方向來「理性化」生活——這個簡單卻又常被遺忘的道理，應當放在任何有關「理性主義」的研究的開端。「理性主義」是個歷史概念，其中包含著無數的矛盾，所以我們理應加以研究的是，那個曾經是而且至今一直都是我們資本主義文化最特色獨具的**構成**要素，亦即「天職」思想與為職業**勞動**獻身——一如吾人所見，這從享樂主義的利己觀點看來是如此的非理性——得以從中滋長茁壯的那種「理性的」思考與生活，到底是何種精神孕育出來的？在此，**讓我們**感興趣的，正是存在於此一「天職」觀（如同存在於任何「職業」概念）當中的那個**非理性的**要素，到底是從何而來的問題？

39　伏爾泰（Voltaire, 1694-1778），十八世紀法國哲學家。詳見附錄 13。
　　——譯註

3

路德的職業觀：研究的課題

　　如今明顯無誤的是，在德文的"Beruf"**這個字**裡，而且在或許更加
清楚表示的英文"calling"一字裡，　至少提示著一個宗教觀念：由神所
交付的**使命**（Aufgabe）；而且愈是強調這個字在具體情境裡的力道，
就愈能感受到這樣的意蘊。如果我們從歷史上就各種文化語言來追查
這個字，那麼首先便能得知，在天主教占優勢的民族裡，找不到我們
對所謂的「職業」一事（就生活上的地位與一定的工作領域而言），
涵義相類似的表達字詞，古典古代也是如此[1]，反之，這樣的字詞存
在於**所有**基督新教占優勢的民族裡。而且我們更可得知，這和各語言
的民族特性──諸如所謂的「日耳曼民族精神」──一點關係也沒有；
這個字的現代意義反倒是源自於**聖經的翻譯**，尤其是來自翻譯者的精
神，**而非**原文的精神[2]。在路德的聖經翻譯裡，似乎是〈西拉書〉的

1　韋伯的註釋，探討"Beruf"一字的根源。詳見附錄 2。

2　反之，在《**奧古斯堡信仰告白**》裡，此一概念只是含蓄且部分地開展。
　　其中第十六條（參見 Kolde 版，頁 43）教示：「因為福音……與世俗的
　　政府、警察、婚姻等並不衝突，毋寧是要求我們將這一切當作神的秩序

某處（XI: 20-21）[3]，首次以完全貼合現今意涵的方式運用此字[4]。其後，這個字很快地就在信奉基督新教的民族的日常用語裡帶有其現在的涵義，然而，在此之前，這些民族的世俗文獻裡從來就未曾出現過類似此一字義的蛛絲馬跡，即使是宗教文獻裡也未見任何端倪，而就我們所知，唯獨在一位德國的神秘主義者[5]那兒出現過，而他對於路德的影響是眾所皆知的。

如同此字字義，就連其**思想**也是新的，是宗教改革的產物——再怎麼說這也是眾人所知的。然而，這並不是否定，在中世紀、甚或（希臘化時代後期的）古代，曾經有過包含在這個天職概念裡的、對

來尊重，並且各就各位且各自**相應於自己的** Beruf 來證明基督徒的愛與善行」。由此得出的結論是各人具有服從政府的義務，並且此處所說的"Beruf"，至少在**第一義**上，是〈哥林多前書〉7: 20 意味下的**客觀的**秩序之意。此外，第二十七條（Kolde 版，頁 83 以下）所說的"Beruf"（拉丁文：in vocatione sua）只與神所安排的身分相關聯，諸如僧侶、政府、君侯與貴族等，並且在德文裡就連這點也不過是依據 *Konkordienbuch*（宗典全書）的語法，然而在德文版的初版裡，相關句子卻是從缺的。

只有在第二十六條裡（Kolde 版，頁 81）：「修苦行並不是為了以此獲得恩寵，而是要使身體嫻熟適應，不致妨害各人相應於其 Beruf（拉丁文：juxta vocationem suam）所受命要做的工」，這個字的使用才帶有我們現今的語義。

《奧古斯堡信仰告白》（Augsburg Confession），基督教路德派的基本信仰綱要，1530 年公布，共二十八條。詳見附錄 8。——譯註

3　耶穌賓西拉（Jesus ben Sira），西元前二世紀的以色列智者，被列為《聖經次經》的〈西拉書〉（*Book of Sirach*）據說即為他的著作。賓西拉、〈西拉書〉與此處提到的引文，詳見附錄 16。——譯註

4　韋伯的註釋，討論"Beruf"一字的翻譯過程。詳見附錄 2。

5　此處所指的是陶勒（Johann Tauler, 1300-1361），日耳曼宗教家，詳見附錄 13。——譯註

於世俗日常勞動的正面評價的一些苗頭。關於這點，後面會談到。但
無論如何，有一點絕對是全新的，那就是：將世俗職業裡的義務履
行，評價為個人的道德實踐所能達到的最高內容。這是承認世俗日常
勞動具有宗教意義的思想，所會帶來的必然結果，而且首度創造出此
種意涵的職業概念。換言之，在「天職」的概念裡表達出了所有基督
新教教派的中心教義，那就是摒棄天主教將道德誡命區分為「命令」
（praecepta）與「勸告」（consilia）的做法，轉而認為，經營為神所
喜的生活的唯一手段並不是藉著修道僧的禁慾來超越俗世的道德，反
而是端賴切實履行各人生活崗位所帶來的俗世義務，這於是也就成了
各人的「天職」。

　　此一思想是路德[6]在其改革活動的最初十年當中發展出來的。一
開始，他完全依循中古主流的傳統，例如托瑪斯·阿奎那所代表的
那樣[7]，認為世俗的勞動，儘管是神的意思，卻是屬於生物性的事，
縱然是信仰生活不可或缺的自然基礎，卻如同飲食一樣，無關乎道
德[8]。但是，隨著「因信稱義」（sola fide）的思想愈來愈成形且首尾

6　以下所述，參考 K. Eger, *Die Anschauung Luthers vom Beruf*（Gießen, 1900）
　的教導性討論。如同幾乎所有的神學著作一樣，作者對於「自然法」概念
　的分析並不夠清楚，這或許是本書唯一的缺陷。關於這點，參見托洛爾
　區對於 Seeberg, *Dogmengeschichte*（Gött. Gel. Anz, 1902）的書評，以及尤
　其是托洛爾區自己的著作 *Soziallehren der christlichen Kirchen und Gruppen*
　（Tübingen, 1912）的相關部分。

7　韋伯的註釋，關於阿奎那的職業觀。詳見附錄2。

8　在〈基督徒的自由〉（Von der Freiheit eines Christenmenschen）一文裡，
　首先，（1）人的「雙重本性」被用來解釋，作為自然法（此處等於現世
　的自然秩序）的世俗內義務之構成；由此得出（Erl. Ausg. 27 S. 188）人
　事實上是受制於自己的肉體與社會的共同體。（2）在這種情況下，人將

一貫化，再加上因此而起的、對於天主教修院生活所謂「由魔鬼口授」
的「福音的勸告」[9] 愈來愈尖銳強力的反對，職業的意義也隨之高漲。
這時，對他來說，修道院的生活樣式不止絲毫不具蒙神稱義的價值，
而且更是逃離現世義務、自私自利、無情冷漠的產物。相反的，世俗
的職業勞動在他看來是鄰人愛（Nächstenliebe）的外在表現，儘管，
此一見解的論據極為不切實際，並且與亞當斯密 [10] 的有名命題形成一
種幾乎是詭異的對比 [11]，因為他指出，分工迫使每個人為**他人**工作。

會（頁 196，這是關聯到上一點的**第二個**解釋根據）——**如果**他是個虔誠
的基督徒——下決心透過鄰人愛來**報答**神出於純粹的愛所下的恩寵決斷。
與「信仰」和「愛」之間這種相當鬆散的結合相交會的是，（3）（頁
190）勞動的古老禁慾解釋，亦即作為使「內在的」人得以支配肉體的手
段。（4）因此，勞動——繼續與上述相關聯下，於此再度以另一種語法
引用「自然法」思想（在此等於自然的道德）——乃是神植入於亞當（墮
落前）的固有本性，他之所以勞動「只是要為神所喜」。最後，（5）（頁
161,199）出現的是與〈馬太福音〉7: 18f. 相關聯的思想，亦即練達的職
業勞動是而且必然是因信仰而獲得新生的結果，不過，並未就此發展成喀
爾文派決定性的「確證」思想。——支撐此書的有力腔調，說明了運用諸
多異質性概念的事實。

〈基督徒的自由〉，路德於 1520 年 10 月發表的宗教論文。——譯註

9　福音的勸告（consilia evangelica），指的是福音書當中的三個勸告——清
　　貧、貞潔、服從。不過，在天主教裡，這三個戒律並不用來約束一般的
　　平信徒，而只用來約束特別中選者，尤其是修道士（即想要追求「完德」
　　之道的人），根據其修道誓願，有遵守此一勸告的義務，「福音的勸告」
　　也令人直接聯想到修道士的生活。韋伯在多處強調，基督新教已排除了一
　　般平信徒與「福音之勸告」的區分，「禁慾」也因之而轉為現世內的「天
　　職」。——譯註

10　亞當斯密（Adam Smith, 1723-1790），蘇格蘭社會哲學家和政治經濟學家，
　　詳見附錄 13。——譯註

11　「並不是由於屠夫、製酒人、麵包師的好意，我們才有得吃有得喝，而是

這個本質上帶有經院哲學風的見解，如我們所見的，很快就再度消失了。後來的說法、並且愈來愈加以強調的是：無論在什麼情況下，履行世俗內的義務是討神歡喜的唯一之道，此一道路且唯獨此道方為神之所願，也因此，任何正當的職業在神之前絕對具有同等的價值[12]。

如此賦予俗世職業生活以道德意義，事實上正是宗教改革、特別是路德影響深遠的一大成就，此乃無庸置疑之事，甚至可說是老生常談[13]。這樣的職業觀與**巴斯卡**[14]的冥思哲學實有天壤之別：後者深深相

　　由於他們顧及到本身的利益；我們訴諸的，並不是他們的鄰人愛，而是他們的自愛。可別向他們訴說我們的需求，而是訴說他們的利益」（*Wealth of Nations*, Book I, chap. 2）。

12　「因為，神有成千上萬的事要交到你手上來做。可能要用你的手把牝牛的乳搾取出來，也可能是要做最卑微的農奴的不管哪一種工。因此，最大的事業和最小的工作同樣都是為神所喜」（〈創世記〉講解，*Opera lat. Exeget.*, ed. Elsperger, VII, p. 213）。路德之前，陶勒即有這樣的想法：精神的與世俗的"Ruf"原則上具有同等的價值。與阿奎那主義的對立點，德國神秘主義與路德是共通的。若將此種對立加以定式化，那麼我們可以說：阿奎那特別是為了能夠固守冥思的道德價值，同時也是出於托缽僧的立場，在解釋保羅「不作者不得食」這個命題時，不得不提出這樣的說法，亦即，依自然法看來不可或缺的勞動，是要交由人類全體來承擔，而不是每一個個體。勞動評價的順位安排，從農民的「農奴的勞動」（opera servilia）開始依次往上，這和基於物質理由不得不居住在城市裡的托缽僧團的特殊性格是相關聯的，但相對遠遠不同於德國神秘主義者和農民之子路德的看法，亦即一切職業皆具同等價值，並且強調社會身分的編制乃出於神的意旨。關於阿奎那著作的重要段落，參見 Maurenbrecher, *Thomas von Aquinos Stellung zum Wirtschaftsleben seiner Zeit*, Leipzig, 1898, S. 65f.。

13　令人震驚的是，有些學者居然相信，這樣的一種創新可能對人們的**行為**一點影響也沒有。我承認，實在無法理解。

14　巴斯卡（Blaisel Pascal, 1623-1662），法國數學家、物理學家、篤信宗教的哲學家和散文大師。詳見附錄 13。──譯註

信，對於俗世活動的尊重只能出於虛榮或狡猾的動機，因而加以拒斥
且深恨之[15]。當然，此種職業觀與耶穌會士的或然論所導致的、對於
俗世之寬大的功利主義式的**妥協**，更是天差地別。然而，基督新教的
這項成就的實際意義，具體而言究竟為何，一般說來僅只是模糊地被
察覺到，而非被清楚地認知。

　　首先，幾乎無須加以指證的，是路德不能被說是與上文所述的意
義、甚或任何意義下的「資本主義精神」有什麼內在的親近關聯。現
今，經常對宗教改革的那種「事功」加以最熱烈讚揚的教會圈子，不
管怎麼說也絕非任何意義下的資本主義的友人。就連路德本身也毫無
疑問地會嚴厲駁斥與富蘭克林所表露出來的那種心態有任何的親近關
聯。當然，我們也不能就此把他對於富格之類的大商人的指責當作是
個例證[16]。因為，對十六、十七世紀的某些大貿易公司在法律上或事

15　「虛榮是如此地深植於人心裡，以致小兵、廚房幫傭與挑夫都自吹自擂，
　　還想要人羨慕」（Faugères Ausgabe I, 208, 參較 Köster, *op. cit.*, 17, 136
　　ff.）。關於波爾羅亞爾女修道院與詹森教派對於"Beruf"原則上的立場，後
　　面會有簡短的說明，目前可先參考一篇精彩的論文：Dr. Paul Honigsheim,
　　Die Staats- und Sozialiehren der französischen Jansenisten im 17. Jahrhundert
　　（Heidelberger historische Dissertation, 1914），這是其更廣泛的一本著作
　　Vorgeschichte der französischen Aufklärung（特別是 S. 138 ff.）的別刊。
　　波爾羅亞爾女修道院（Port Royal），法國天主教西篤會女修道院。詹森
　　教派（Jansenism），天主教的異端，十七、十八世紀出現在法蘭西、低
　　地國家和義大利。詳見附錄 12。──譯註
16　關於富格，路德認為：「人在一代間就累積起如此巨大且富可敵國的財
　　產，恐怕並非公正與高尚的」。本質上這是農民對於資本的不信任。
　　同樣的（*Grosser Sermon vom Wucher*, Erl. Ausg. 20 S. 109），年金買賣
　　（Rentenkauf）在道德上是可疑的，因為這「是一種新奇機巧地發明出來
　　的東西」。換言之，對他而言，因為這在經濟上是**諱莫如深的**，好比期貨
　　交易之於近代教士。

實上據有的**特權**地位所展開的鬥爭，正可相比擬於近代的反托拉斯運動[17]，而這同樣也不能說是傳統主義心態的表現。清教徒連同休格諾派教徒都曾對這批人、倫巴底人[18]、「錢莊」、以及受到英國國教會與英法國王和國會所庇護的獨占商人、大投機商與銀行業者展開激烈的鬥爭[19]。克倫威爾於頓巴戰役[20]之後致函長期國會：[21]「咨請改革一切行業的弊端：若有令許多人貧困而使少數人致富之事，實與共和體制不合」；然而，另一方面，我們會發現克倫威爾遵循著完全是「資本主義」特有的思考方式[22]。相反的，路德對於高利貸與放利取息的

17　反托拉斯運動，限制被認為是不公平或壟斷性的商業活動的運動。詳見附錄 15。──譯註

18　倫巴底人（Lombard），十二、三世紀歐陸主要的金融借貸商人之一。詳見附錄 15。──譯註

19　此種對立，在李維（H. Levy）的著作裡有適切的說明（*Die Grundlagen des ökonomischen Liberalismus in der Geschichte der englischen Volkswirtschaft*, Jena, 1912）。另參照 1653 年克倫威爾軍隊裡的平均派指責獨占與大企業所提出的請願，收於 Gardiner, *Commonwealth*, II, S. 179. 反之，勞德政權則致力於組成一個在王室與教會帶領下的「基督教─社會黨」的經濟組織，而國王則希冀從中獲得政治與國庫─獨占的利益。清教徒的鬥爭所針對的，正是在此。
平均派（the Levelers），英國清教徒內戰時期的一個急進黨派。詳見附錄 7。勞德（William Laud, 1573-1645），坎特伯里大主教（1633-1645）和查理一世的宗教顧問。詳見附錄 11。──譯註

20　克倫威爾（Oliver Cromwell, 1599-1658），英國軍人和政治家。頓巴戰役（Battle of Dunbar），1650 年 9 月克倫威爾的國會軍在蘇格蘭頓巴一帶擊敗保皇軍，詳見附錄 14。──譯註

21　長期國會，英王查理一世在 1640 年 11 月召開的英國國會，為了與 1640 年 4-5 月召開的短期國會相區別，故名。此一國會歷經清教徒內戰，一直持續到 1653 年。──譯註

22　為了讓我此處所說的得以明瞭，且舉出一例，亦即克倫威爾於 1650 年 1

許多批判言論裡，都一再表露出他對於資本主義營利本質的看法，相較於後期經院哲學，真的是（從資本主義的觀點看來）很「落伍」[23]。尤其是貨幣毫無生產性的說法，更是早就被聖安東尼‧佛羅倫斯所駁斥。在此我們根本不用再詳究細節——畢竟，宗教意義上的「天職」思想對於現世內生活樣式的影響，花樣可是繁複得很。宗教改革的這等成效其實僅止於：和天主教的見解相對反，使得現世內的職業勞動

月對愛爾蘭發動殲滅戰時所發布的檄文，而這是針對克朗麥克諾伊斯的愛爾蘭（天主教）僧侶於 1649 年 12 月 4 日與 13 日所發檄文的回應。核心的文句如下：「英國人（在愛爾蘭）擁有龐大的世襲財產，其大部分是**用他們的錢買來的**。……他們長期以來以好條件從愛爾蘭人那兒取得租借地，**在那上頭廣置資產，以他們自己的資金與花費**建設起房屋與農場。……你們破壞了同盟……就在愛爾蘭處於全盛的和平之時，這時依循**英國工業的榜樣，透過通商與交易**，而使得國民掌中所有的，比起以前全愛爾蘭都為他們所有時，變得更加的美好。……**上帝會、或將會站在你們這邊嗎**？我確信祂不會」。這篇檄文，讓人想到波爾戰爭（Boer War）時，英國的新聞論調，但由於是以英國人的資本主義「權益」為戰爭的法律依據，所以無法成為其特點。不過倒是很可以拿來作為，例如，威尼斯與熱內亞之間在談判關於各自在東方的權益範圍時的立論根據（雖然我已在此指明這點，但有夠奇怪的是，布倫塔諾仍於前引書頁 142 反駁我）。此篇檄文的特殊之處毋寧是在於，克倫威爾——就像任何熟知其性格的人都會知道的那樣，基於最深沉的主觀確信——召請**神**來見證，英國人的**資本**教育了愛爾蘭人學會**勞動**的這個事實，乃是對愛爾蘭人本身進行征服具有**道德**正當性的基礎。（這篇檄文除了見於卡萊爾的著作之外，並且在 Gardiner, *History of the Commonwealth*, I, pp. 163f. 中重印並分析，德文譯本收錄於 Hönig, *Cromwell*）。
克朗麥克諾伊斯（Clonmacnoise），愛爾蘭香農（Shannon）河左岸早期基督教中心。波爾戰爭，1899-1902 年英國殖民者與南非歐洲移民波爾人之間的戰爭。——譯註
23　此處不宜詳論這點。參見註 27。

在道德的重視與宗教的**獎賞**上大為提升。將這一點表現出來的「天
職」思想，如何再有進一步的發展，取決於各個新教教會裡正在茁長
中的宗教心的進一步特徵為何。路德認為自己的天職思想是源自聖經
的，但聖經原典本身整體上卻有利於傳統主義的傾向。特別是舊約聖
經，形塑出一種雷同傳統主義的宗教思想，在其純正的先知書裡根本
找不到高抬世俗道德的蛛絲馬跡，而其他書卷裡也僅見一些零星的痕
跡與端倪。每個人都要謹守自己的「生業」，讓那些不信奉神的人去
追求利得，這就是直接與世俗行當有關的所有章句的意義。只有猶太
律典 24 在這方面部分地——但也不是根本地——立場有所不同。**耶穌**
個人的態度在「我們日用的飲食，**今日賜給我們**」25 這句典型古代東
方的禱告詞裡，以古典的純粹性明顯標示出來，而他以「不義之財」
（μαμωνᾶς τῆς ἀδικίας）的用語所表達出來的、激進的現世拒斥，一
舉排除了近代的職業思想與他個人的任何**直接**關聯 26。新約聖經所記
述的基督教的使徒時代，特別是保羅，對於世俗職業生活的態度，要
不是漠不關心，就是根本抱持著傳統主義的心態，這是由於首代的基
督教徒心裡充滿著末世期盼之故：所有的人都等待著主的再臨，所以
各人都只消謹守蒙主「召喚」時的固有身分與世俗行業並工作如故，
如此一來便不致成為窮人而造成弟兄的負擔，況且這不過只是短暫的
事。路德是順著自己各個當下的精神態度來閱讀聖經，而在大約 1518
到 1530 年間的這一段發展過程中，他的整體心態不止保持在傳統主

---

24 猶太律典（Talmud），與舊約聖經同為猶太教的聖典，詳見附錄 16。
　　——譯註

25 〈馬太福音〉6: 11。——譯註

26 參見邱立舍（Jülicher）在其精彩著作裡的論述：*Gleichnisreden Jesu*, Bd.
　　II, S. 636, S. 108f.。

義上，而且愈來愈加傳統主義[27]。

　　路德在其宗教改革活動的最初幾年裡，由於認為職業基本上不過是被造物的事，所以關於現世內的活動應該是何**種性質**的問題，支配著他主要見解的，是精神上與保羅相親近的末世論的冷漠態度，一如保羅在〈哥林多前書〉第七章裡所表示的[28]：人可以在任何身分上獲得救贖，所以在人生短暫的旅程裡，在乎職業的**種類**是沒有意義的。追求超出一己之需的物質利得，必然是欠缺恩寵狀態的表徵，而且利得顯然得要損及他人，所以正合該加以譴責[29]。當他愈來愈被捲入俗世的事務當中，他對於職業勞動的意義也就評價愈來愈高。但同時，各人的具體職業對他來說也愈來愈是神對各人的特殊命令，而**此**一具體的地位正是神意所指定，要各人來完成的。在與「狂信者」（Schwarmgeistern）及農民騷動的鬥爭過後，各人在神的安排下的客觀歷史秩序，對路德來說，愈來愈變成神的意志的直接展現[30]；隨著

27　韋伯的註釋，文獻資料的討論。詳見附錄 2。

28　見 1523 年路德對〈哥林多前書〉第七章的講解（Erl. Ausg. 51 S. 1f.）。路德在此仍以「所有的職業」在神前一概無礙為本章句的思想來解釋（1）某些**人為制度**應該拒斥（諸如修道院的誓約、不同身分的通婚禁止等等），（2）對鄰人履行（對神而言**無關緊要**）傳統的世俗內義務，要強化為**鄰人愛**的誡命。實際上，例如頁 55, 56 之處的特徵性敘述是在處理，對於神的義，**自然法**的二元性的問題。

29　桑巴特在敘述「手工業精神」（＝傳統主義）之前，正確地引其著作 *Von Kaufhandlung und Wucher*（1524）中的一段為題詞：「因此你必須下決心，一點兒也別企圖在這行當上獲取優渥的生計，然後評估計算費用、辛苦、勞動與危險，為物品定價、漲價或降價，從這樣的勞動與辛苦裡取得報酬」。於此，基本命題完全是在阿奎那主義的意味下被定式化的。

30　在 1530 年他寫給史特恩堡（H. v. Sternberg）的信裡，將他對〈詩篇〉117章的講解呈上時，他就已經道出，（下級）貴族儘管道德頹廢，但其「身

他日益強調神意在人生個別過程裡的作用，相應於「天意」思想的傳統主義色彩便越趨濃厚：原則上，各人應**堅守**在神一旦安排下來的職業與身分上，並且要把各人在地上的營求限制在這個既定的生活地位範圍裡。起初，路德的經濟傳統主義是保羅那種漠視現世的結果，後來卻變成愈來愈強化的天意信仰（Vorsehungsglaube）的表現 [31]，在此信仰下，無條件地服從神 [32]，與無條件地順服於既定的環境，是二而一的。以此，在一個原則上新的，或者不管怎麼說，根本的基礎上，將職業勞動與**宗教**原理結合起來一事，路德是做不到的 [33]。以**教理**的

分」卻是神所定的（Erl. Ausg. 40 S. 282 unten）。閔采爾起義事件（Müntzer Disturbances）對於此一見解的發展具有決定性意義一事，躍然於此一書信中（S. 282）。另參見同書 S. 150。

閔采爾（Thomas Müntzer, 1490-1525），馬丁路德的學生與支持者，宗教改革運動的激進派領袖，領導 1525 年的日耳曼農民戰爭。詳見附錄 9。

——譯註

31　在 1530 年對〈詩篇〉111: 5, 6 的講解裡（Erl. Ausg. 40, S. 215, 216），也是從批判修道院優於世俗秩序的論戰出發。不過，此時業已將自然法（相對於皇帝與法律家所制訂的實定法）直接**視同**為「神的正義」，是神所賜定的，其中特別包含了各人的身分等級安排（頁 215），只是，其中仍大力強調這些身分在**神**面前價值是相同的。

32　如同他特別在 *Von Konzilien und Kirchen*（1539）與 *Kurzes Bekenntnis vom heiligen Sakrament*（1545）這兩本書中所教示的。

33　對我們而言非常重要的一個思想，亦即基督徒要在職業勞動與生活樣式裡**確證**救贖的這個喀爾文派的中心思想，在路德那兒已退居於何等次要地位，顯示於 *Von Konzilien und Kirchen*（1539, Erl. Ausg. 25 S. 376 unten）以下這段：「（人們藉以分辨真正教會的）這七大信條之外，還有些**較為表面的徵候**，讓人認知神聖的基督教會，……如果我們既不淫亂、酒醉，也不高傲、自大、浪費，而是守貞、純潔與清醒」。因此，在路德看來，這些徵候並不如「上述那些」（純正教理、祈禱等）那麼確實，「因為某些異教徒也力行此種善業，而且往往比基督徒還顯得聖潔」。喀爾文本

純粹性來作為判別教會的唯一無誤的判準，是路德在歷經二○年代的
鬥爭之後愈來愈信守不渝的理念，而光是這點即已阻礙了在倫理領域
上新觀點的發展。

　　結果，路德的職業概念無從擺脫傳統主義的束縛 [34]。職業就是人

身，如後所述的，與此無大差別，但清教就不是如此了。總之，在路德
來說，基督徒只是「在職業裡」（in vocatione）而不是「**透過**職業」（per
vocatione）來侍奉神（Eger, S. 117ff.）。**確證**的思想（以較為虔敬派的取
向而不是喀爾文派取向）反倒是在德國的神秘主義者那兒看到些端倪（例
如 Seeberg, *Dogmengeschichte*, S. 195 引用蘇索（Suso）的章句，以及前引
的陶勒的話語），儘管那是純就心理上作用。

34　他的終極立場顯示於〈創世記〉講解的某些註解處（Op. lat. Exeget.,ed.
　　Elsperge）：
　　「從事自己的 vocatio（＝職業），而且不為餘事煩心，絕非小**試煉**。……
　　滿足於與身分相應的生活者，少之又少。……」（卷 4，頁 109），「但
　　我們的本分就是要**服從神**的召喚。……」（頁 112），「各人依此**堅守那
　　個 vocatio，滿足於依靠那個賜物的生活**，而不為餘事煩心就是了」（頁
　　112）。結果，這完全相應於阿奎那的那種傳統主義的定式化：「所以，
　　與此相關的，人的善必定是在一定程度上的堅持。換言之，人若致力於
　　在一定程度上取得**與身分相應的生活所必要的**外在財富，那麼就是善。
　　因此，若超過那個程度，便是罪過。也就是說，若有人取得的超過適當的
　　分量，或者想要將它保存起來，那便是罪，是貪慾」（*Secunda secundae*,
　　Quest. 118, Art. 1 c）。營利慾超過和自己身分相應的需求這個界限便是有
　　罪，這定罪的基礎，在阿奎那是根據自然法──如其於外在財富的目的
　　（ratio）中所透露出來的；然而在路德是根據神的意旨。關於信仰與職業
　　之間的關係，路德是這麼說的：「你若有信仰，那麼諸多事物都是為神所
　　喜的，不管是肉體上的、被造物的，或者是吃、是喝，或是醒著、睡著，
　　完全是屬肉的或屬獸的。**重要的是信仰**。確實，**不信者的精誠與職業上的
　　勤勉**，亦是為神所喜的。（此種職業生活裡的**活動**，是**基於自然法**的德
　　性）。但是，不信與虛榮是阻礙，無法將他們的善功歸於神的榮耀。（近
　　似喀爾文派的說法）……因此，不信者的善功雖**值得**在現世**得到**報償

應將之視為神的旨意而**甘願接受**且「順從」的事。此一色彩的強調，掩蓋過了天職觀裡的另一種思想，亦即職業勞動本來就是一種或**唯一**那種由神所賦予的任務[35]。而且，正統路德教派的發展更是加強了這樣的色調。所以，此時唯一的倫理收穫不過是消極性的，亦即藉由禁慾的義務來超越現世內的義務一事已被消除，但連帶著訓誡人們要服從當局並順應既有的生活狀態[36]。正如我們後面說到中世紀的宗教倫理時還會再加以討論的，在路德這種教理下的職業思想，早已有許多德國的神秘主義者走在前端，特別是陶勒已視僧侶的聖職與世俗的職業為原則上具有同等價值，並且由於唯獨推崇靈魂在恍惚忘我的冥思裡引接聖靈一事的重大意義，所以**較不看重**傳統的禁慾善功形式所具有的價值[37]。在某種意義上，路德教派甚至比神秘主義者還要落後，

（與聖奧古斯丁「披著道德外衣的惡」相對反），但在來世這些全不作數」（卷7，頁225）。

35 在《講道集》（*Kirchenpostille*, Erl. Ausg. 10, S. 233, 235/6）裡這麼說：「**任何人**都蒙召於某一種職業」。各人皆應善事於**此**一職業（頁236直接說成「命令」），並在其中侍奉神。神所喜的並不在於其成果，而是在於這當中的**順從**。

36 這和現代企業家時而有之的看法相一致。他們認為——和我們上述虔敬派的信仰對女工的經濟合理性產生促進的作用正相對反的——**現今**例如熱烈的路德教會信仰者的家內工業生產者（譬如在西伐利亞地區），往往特別抱持著高度傳統主義的思考方式，而且儘管較有賺頭的機會就在眼前，也不願改變其勞動方式——即使在尚未走入工場制度的情況下；理由是，反正到了來世這一切作為都不算數。顯然，光是隸屬教會與信仰心這回事，對於整體生活樣式而言並不具有什麼本質上的意義。在資本主義發展成形的初期發揮影響作用的，而且至今（較有限度地）仍扮演角色的，其實是更加具體的宗教生活內容。

37 參見 Tauler, Basler Ausg. B1, 161f.。

因為在路德那兒——在路德派教會那兒則更甚——理性的職業倫理所需的心理基礎，相較於神秘主義者（他們關於這點的見解再三令人想起虔敬派與教友派的信仰心理）[38]，變得非常不穩定，並且如後文所示的，正**因為**禁慾的自制自律的這種特性在他看來頗有以善功稱義的偽信之嫌，故而此一性格在路德派教會裡必然愈來愈退步。

　　單是路德意義下的「職業」思想——在此，我們所應確認的只是這一點[39]——對我們正在探索的問題而言，就目前所知，總之頂多具有不明確的重要性。但至少這並不是說，路德的宗教生活改革形態對我們的考察對象而言沒什麼實際意義。恰恰相反。只是，這樣的意義顯然無法**直接**從**路德**及路德派教會對於俗世職業的態度當中推導出來，而且或許不像從基督新教的其他教派那裡做推衍比較好掌握。因此，我們最好從其他教派的那些形態觀察起，畢竟，在其中，生活實踐與宗教出發點的關聯，比起在路德教派裡，較易於理解。我們先前就提過**喀爾文教派**與基督新教**諸教派**在資本主義發展史上所扮演的突出角色。就像路德在茲文利身上發現到比自己更活躍的「另一種精神」，路德的精神後裔也特別在喀爾文教派裡發現這樣的精神。而且，天主教向來、而且直到今日都把喀爾文教派視為真正的對手。首先，這確有其純粹政治的理由：若無路德本身個人的宗教發展，宗教改革是無法想像的，而且他的人格也一直在精神上影響著這改革，但是若無喀爾文教派，路德的事業也就沒有具體的持續性。然而，天主教與路德派共有的這種嫌惡的理由，根本還是在於喀爾文派的倫理特

38　參見前引陶勒特色獨具情感豐富的講道，以及隨後的 17, 18, verse 20。
39　由於我們此處關於路德的敘述，目的僅止於這點，所以也只能限制在如此不充分的簡短素描，若從評價路德的觀點來看，自然是絕對不足的。

性。光是一瞥即可得知，喀爾文派在宗教生活與塵世行為間所築起的
關係，是完全異於天主教與路德派的。即使是在純粹出於宗教動機而
寫的文學作品裡，也能看出這點。例如看看《神曲》的結尾處，詩人
（但丁）在天堂裡心滿意足地寂立默想上帝的奧秘，再較之於常被稱
為「清教之神曲」的那一個詩篇的結尾。彌爾頓[40]在描述了**逐出**樂園
的情節後，用以結束《失樂園》的最後歌詞是這樣的[41]：

> 他們回頭引望樂園的東邊，
> 這曾是他們快樂的住所，
> 現在已被燃燒的火炬所淹沒，
> 門前遍繞可怕的面孔與火灼的武器；
> 他們不覺掉下眼淚，但隨即拭去；
> **整個俗世橫在他們面前，那裡他們可以尋找**
> **安息之處，並以上帝為其引導。**
> 他們以緩慢而躊躇的步調，
> 並且兩人攜著手，從樂園徘徊出去。

又在稍前一段中，天使長米歇爾曾告訴亞當說：

> 只要添增與你知識相稱的行為，

40　但丁（Dante Alighieri, 1265-1321），義大利詩人。彌爾頓（John Milton,
　　1608-1674），英國詩人。詳見附錄 13。——譯註
41　以下《失樂園》的譯文引自張漢裕譯，《基督新教的倫理與資本主義的精
　　神》（台北：協志工業叢書，1960），頁 37-38。——譯註

添增信仰，添增美德、忍耐、節制，

添增愛──應以仁慈之名稱呼的愛，**這樣，你們就不會**

不喜離開樂園，反而在你們心中

將占有更快樂的樂園。

　　任何人都會立刻感覺到：將清教徒嚴肅的現世關懷，亦即將其視現世內生活為**任務**的態度，如此強而有力地表達出來的文句，是不可能出之於中世紀著述者筆下的。但這樣的表達也同樣迥異於諸如路德與葛哈德[42]的讚美詩所表露的路德派精神。所以現在我們應該要做的，是用一種比較精確的思維**定式**來取代這種模糊的感覺，並且探索上述那種差異的內在原因。若訴諸「國民性」的不同，則一般而言不僅是自認無知，而且在我們的這種情形下更是不管用的。若說十七世紀的英國人具有一種統一的「國民性」，根本是歷史錯誤。（清教革命之際的「保皇黨」與「圓顱黨」[43]，不僅自認彼此是異黨，而且更加感覺彼此是極端不同的人種，任何細察此事的人，必然會有同感[44]。另一方面，英國的所謂商人冒險家與古老的漢撒商人[45]之間，看不出任

42　葛哈德（Paul Gerhard, 1607-1676），德國讚美詩作者，所作詩歌至今仍為路德派教會所詠唱。──譯註

43　圓顱黨（Roundhead），指英國清教革命（1642-1651）和戰後時期的國會派。許多清教徒剪短頭髮，與查理一世宮廷中（保皇黨）流行的長髮截然不同，故此得名。──譯註

44　凡分享平均派之史觀者，大可方便地再把這點歸結為人種差異：他們相信自己乃盎格魯撒克遜種族的代表，所以起而對抗征服者威廉與諾曼人的子孫，以捍衛其「天生權利」。奇怪的是，至今竟然還沒有人將這個平民的「圓顱黨」理解成人體測量學上的「短頭型」（round-headed）！

45　漢撒同盟（Hanseatic League），十三至十六世紀德意志北部城市和德意

何性格的對立，就像中古末期的英國人與德國人之間，一般說來也沒
什麼根本差別，若有的話，也不外乎是以彼此在政治命運上的不同
即可直接加以說明[46]。我們現今所感覺到的上述那種差異，正是由於
宗教運動的力量——不是唯一的，但是首要的力量——所創造出來
的[47]。

　　所以在研究早期基督新教倫理與資本主義精神發展之間有何關聯
時，我們要以喀爾文、喀爾文教派與其他「清教」教派的成就為出發
點，只是，這可不能被理解成，我們期望在這些教團的創建者或代表
性人物身上，發現其中任何人曾是以喚起我們此處所謂的「資本主義
精神」為其終身事業的**目標**。我們實在不能相信，他們當中有任何人
會認為，視俗世財貨的追求即為目的本身這件事，是有倫理價值的。
我們尤其要謹記在心不可或忘的是：倫理的改革綱領從未是任一宗教
改革者——就我們的研究目的而言，其中還得加上諸如門諾（西蒙）、
福克斯及衛斯理等人[48]——的中心著眼點。他們並非為「倫理文化」

　　志海外貿易集團創立的組織，詳見附錄 17。——譯註
46　特別是英國人的自負，此乃「大憲章」（Magna Charta）與大戰役的結果。
　　每當看到漂亮的外國女孩時，就說「她看來像個英國女孩」，這樣一個當
　　今如此典型的用語，據說早在十五世紀就有了。
47　此種差異當然也還存在於英國。特別是「鄉紳」（squirearchy）至今仍
　　為「愉快的老英格蘭」的擔綱者，而且自宗教改革以來的那整個時代，
　　可以被視為兩種類型的英國人氣質之間的鬥爭。在這點上，我贊同波恩
　　（刊載於《法蘭克福報》上）對於舒澤蓋弗尼茲的佳作（*Der britische
　　Imperialismus*）所作的評論。另參見李維的評論：*Archiv für Sozialwissen-
　　schaft und Sozialpolitik*, 46, 3。
48　門諾西蒙（Menno Simons, 1496-1561），門諾派（Mennonite）創始人。
　　福克斯（George Fox, 1624-1691），教友派（公誼會、貴格會）創始人。
　　衛斯理（John Wesley, 1703-1791），美以美教派（即衛理公會）的創始人。

而結社的社團創立者，也非人道主義的社會改革運動或文化理想的代表人。靈魂的救贖，而且只此一端，才是其生涯與事業的核心。他們的倫理目標及講道的實際影響全都鎖定在這點上，亦即不外乎是純粹宗教動機的**結果**。所以我們必須老實承認，宗教改革的文化影響有相當部分——就我們此一研究的特殊觀點來看，恐怕是大部分——是改革者的事業未曾想見、甚或正**非自己所願見的**結果，也就是往往和他們自己所想的一切，頗為隔閡，甚至正相悖反。

　　所以，以下的研究或許稍微可以幫助我們了解，「理念」（Idee）是以何種方式在歷史當中發揮作用的。不過，為了避免各位一開始就誤會我們此處主張純粹理念具有此種作用的用意，所以容我在這篇序論的研討結束前，稍加一些簡短的說明。

　　在此研究中，我們絕無企圖——這點尤其是要清楚聲明的——對於宗教改革的思想內容加以**價值判斷**，無論是從社會政策方面或從宗教方面。為了本文的目的，我們經常要提到的宗教改革的層面，就純正的宗教意識看來，必然顯得是邊緣的，甚至是表面的。因為，我們所企求的不過是弄清楚，在我們這個由無數歷史個別因素所形成的、近代特有的「此世」取向文化的發展之網中，宗教動機曾提供了什麼絲線。換言之，我們只是要問，這個文化的某些特色獨具的內容中，有哪些可以**歸因於**宗教改革——作為歷史原因——的影響。與此同時，我們當然也必須從這樣的觀點脫身出來，亦即認為可以從經濟的變革中推衍出宗教改革這個「歷史必然的」結果。因為既無法切合「經濟法則」、也無法用任何一種經濟觀點來解釋的無數歷史景象，特別是純粹的政治發展過程，也必須加入其中共同作用，才能使新創

　　詳見附錄 7, 9。——譯註

立的教會得以存續。但另一方面，我們也絕對無意主張荒謬而教條式
的命題[49]，譬如認為：「資本主義精神」（如前文所暫用的意義上）
只能夠是宗教改革的某些影響的結果，甚或認為，資本主義**經濟體制**
是宗教改革的產物。資本主義商業經營的某些重要**形態**，比起宗教改
革，**老早**就存在的這個歷史事實，已斷然駁斥了如上的主張。反之，
我們只是想明確指出：此種資本主義「精神」在世界上的質的形成與
量的擴張，宗教影響力是否曾**參與**發揮作用，並且發揮到何種程度？
還有，奠定於資本主義基礎上的這種**文化**的哪些具體**層面**可以溯源於
此一力量？面對宗教改革文化時期裡的物質基礎、社會與政治組織形
態以及精神內容之間，如此錯綜複雜的相互影響，我們也只能做這樣
的處理：首先，著手研究，某某宗教信仰形態與職業倫理之間，是否、
以及在哪些點上，有可辨認的某種「親和性」？同時，盡可能追究明
白，由於此種親和性，宗教運動影響物質文化發展的方式及一般**方向**
為何？唯有相當明白地確認這點時，我們才能**進而**試圖評估，近代的
文化內容在其歷史形成過程中，何種程度可歸因於宗教力量？又在何
種程度上可歸因於其他力量？

49　儘管在此我已說明，後面也一再說明，而且在我看來已經夠清楚、從頭到
　　尾也未曾改變過，可是卻一再被冠上這樣的主張，實在殊為可怪。

第2卷

禁慾新教的職業倫理

1

入世禁慾的宗教基礎

　　禁慾的基督新教（在我們此處的意味下）在歷史上的擔綱者主要
有四個：（1）特別於十七世紀傳播於西歐主要地區的**那種形態**的喀
爾文派；（2）虔敬派；（3）衛理公會；（4）從再洗禮派運動中生
長出來的諸教派[1]。這些運動中沒有任何一方是與他者完全分開的，
即使與非禁慾的改革教會間也不是那麼涇渭分明。衛理公會是於十八

1　對於茲文利派，我們不作個別討論，因為此派在一時盛行之後隨即失去重
　　要性。以拒斥極端的預定論為**教理上的**特質並排斥「入世禁慾」的阿明尼
　　烏派，只有在荷蘭（以及美國）組織成教派，在本章裡不是我們有興趣討
　　論的對象，有的話也不過是附帶的，亦即它在荷蘭成為商人貴族的信仰這
　　點上（見後文）。此派的教義為英國國教會及大多數衛理公會派所採用。
　　不過，其「國家至上主義的」（伊拉斯派，亦即擁護國家主權亦及於教
　　會事務的）態度，則是**所有**純粹只關心政治的權力當局所共通的，諸如英
　　國的長期國會、伊利莎白女皇以及荷蘭的聯邦議會、尤其是奧登巴內費爾
　　特。
　　阿明尼烏派（Arminianism），伊拉斯派（Erastian），詳見附錄7。奧登
　　巴內費爾特（Johan van Oldenbarnevelt, 1547-1619），詳見附錄11。——
　　譯註

世紀中葉才從英國國教會裡興起的，按其創立者（衛斯理）的意圖，
並不曾想要形成一個新的教會，只不過想從舊教會中把禁慾的精神重
新喚起而已，並且只是在其發展過程中，特別是在擴展到美國時，方
才與英國國教會分離。虔敬派最初是以喀爾文教派為基礎出現於英
國、特別是荷蘭，在毫不顯眼的轉化中與正統派維持著聯繫，直到
十七世紀末才在史賓納的領導下部分地修正基本教義而與路德派合
流。其後，虔敬派依舊是路德派教會**內部**裡的一個運動，只是，在摩
拉維亞教會裡殘存著胡斯派和喀爾文派的影響，受此影響而與欽岑朵
夫連結起來的那些人（「赫恩胡特派」），一如衛理公會之違背己意
那樣，被迫形成了一個特色獨具的教派[2]。喀爾文派與再洗禮派在發
展之初是截然對立的，但在十七世紀後半葉的再洗禮派裡，雙方有了
緊密的接觸，而早在十七世紀初葉的英國與荷蘭的獨立派[3]諸教派裡，
這樣的轉變也已逐步在進行了。如同虔敬派所顯示的，其之與路德派
的合流也是緩緩進行的，而喀爾文教派與英國國教會之間的情形亦是
如此，儘管後者最徹頭徹尾的信徒在外在性格與精神上都與天主教相
近似。最廣泛地被稱為「清教派」（Puritanismus, 意義曖昧的用語）[4]
的這個禁慾運動的信者大眾，特別是其首尾一貫的捍衛者，的確曾攻

2　此處及前面提到的各個教派與宗教人物，詳見附錄 7, 10。──譯註

3　獨立派（Independent），亦稱分離派（Separatist），十六、十七世紀要求
　　脫離聖公會，主張僅由真正信奉基督的人組成獨立地方教會的英格蘭基督
　　徒，他們後來通稱公理派。詳見附錄 7。──譯註

4　關於「清教」概念的發展，尤其參見 Sanford, *Studies and Illustrations of
　　the Great Rebellion*, p. 65 f.。當我們在本書裡使用到此一語彙時，無論何
　　處皆與十七世紀的一般用法的意味相同，換言之，是指在荷蘭與英國的禁
　　慾取向的宗教運動，並不區分教會制度綱領與教理的差異，因此包括了
　　「獨立派」、公理派、洗禮派、門諾派與教友派。

擊英國國教會的基本教義，但即使在此情形下，也只是在鬥爭的進行中才逐漸加深了彼此的對立。即使我們把目前暫不掛懷的政治制度與組織的問題全都丟開不管——而正是在這種情形下，事情也仍然是如此。教義上的差異，甚至最重要的差異，諸如有關預定論與稱義說的教義差異[5]，也以極其錯綜複雜的方式交相混合，甚至直到十七世紀之初都還經常——儘管未必盡然——阻礙著教會共同體的和諧。尤其是，我們相當關切的現象，亦即**道德的**生活樣式，一樣可以在極其不同的宗派的信徒身上看到，這些宗派或者是源於上述四個教派的其中之一，或者是其中的幾個教派的組合產物。下面我們會看到，類似的倫理準則可能與相當不同的教理基礎發生連結。對於靈魂司牧的經營具有一定影響力的文學輔助工具，尤其是各個宗派的決疑論手冊，也在時間過程中相互影響，而我們發現其中多有類似之處，儘管各宗派的實際生活樣式大不相同，這是眾所周知的。看來我們似乎最好是把教理基礎和倫理學說置之不問，而專心致意於道德實踐的問題——只要是可以確定的。只不過，這是不對的。各種不同的教理根基在歷經慘烈的鬥爭之後業已消失殆盡。但是，原本以那些教理為根基的這個事實，在後來的「非教條的」倫理中卻留下了有力的痕跡，所以，**唯有**了解這些原有的思想內容，才能幫助我們了解倫理道德與**來世**觀之間的關係，此種來世觀完全支配了當時最具靈性的人們，假如沒有此一觀念的那種超乎一切的力量，當時深刻影響著生活實踐的那種道德覺醒也就**不會**存在了。當然，我們所關切的並不在於當時的倫理綱要在理論上和官方形式上教了些什麼的問題——儘管這也透過教會薰

5　因信稱義說與預定論，詳見附錄 6 基督新教、預定論。——譯註

陶、靈魂司牧和講道而具有其實際意義[6]；我們關切的毋寧是完全另
外的一回事，亦即：洞察那些經由宗教信仰與宗教生活的實踐而產生
出來的心理**動力**，此種心理動力為生活樣式指定了方向，並讓個人固
守這樣的方向。只是，此一動力在很大的程度上也是發源於宗教信仰
觀念的特性。當時的人們對於乍看之下好似抽象的教理苦思不已，其
殫思竭慮的程度，唯有當我們洞悉教理與實際宗教關懷之間的關聯
時，才得以明白。所以，對教理作一番考察[7]，儘管對不熟悉神學的

6　在議論這類問題之際，這點遭到極重大的誤解。特別是桑巴特，還有布倫
　　塔諾，經常引用倫理著述者（其中大部分人他們是透過我才知道的）作為
　　生活規範綱領的文獻，卻**從來**不過問這些要領到底對誰在心理上產生了有
　　效的**救贖**激勵。
7　我幾乎無須特別強調，以下的簡述，只要是牽涉到純教理的領域，無論何
　　處皆需依靠教會史與教理史文獻的綱要，亦即依據「二手資料」，所以絕
　　不宣稱具有什麼「原創性」。當然，我已試圖盡己之可能地深入宗教改革
　　史的史料裡。然而這麼做時，若是想撇開數十年來既精深透徹又論理細
　　膩的神學研究於不顧，而不是──一如完全不可或缺的──讓自己由它們
　　來**引導**進而理解史料，那也實在太自以為是了。我只希望，記述所必要的
　　精簡扼要，不致於導致不正確的概括，而且至少已避免重大的事實誤解。
　　對於通曉最重要神學文獻的人而言，這篇敘述若有什麼「新意」，確實僅
　　止於一切（當然）全都聚焦於對**我們**而言重要的觀點上，而其中正是那些
　　關鍵性的重點，例如**禁慾的合理性格**及其對近代「生活形態」所具有的意
　　義，自然是不為神學家所眷顧的。這方面，以及一般而言社會學的側面，
　　自本論文發表之後，已有我們前引的托洛爾區的著作──其 *Gerhard und
　　Melancthon* 與刊載於 *Gött. Gel. Anz.* 的許多評論已包含了其大作的預先研
　　究──做了有系統的研究。限於篇幅，我們並未列出所有的參考文獻，而
　　僅限於本文徵引到的文獻出處及與其相關的作品。其中不少剛好是較古老
　　的著述，與本書的觀點相近。由於德國圖書館的經費奇缺，在「地方」上，
　　貴重的史料與研究書籍除了從柏林及其他大圖書館借閱僅僅數週之餘，別
　　無他法。譬如沃特、巴克斯特與衛斯理的著作，以及衛理派、洗禮派和教

讀者而言會有些吃力，而在神學專家看來又顯得草率與膚淺，但這卻是無可避免的。就此，我們所能做到的當然僅止於，用一種人為編排而令其前後一貫的方式，也就是用歷史真實裡難以得見的一種「理想型」的方式（idealtypisch），來把這些宗教思想表達出來。因為，要在歷史現實裡劃出涇渭分明的界限，畢竟是不可能的，故而我們也只能希望藉著研究其**最為首尾一貫的**形態，來找出其獨特的作用。

在十六與十七世紀的荷蘭、英國與法國等資本主義最發達的國家裡，引發大規模政治與文化鬥爭的宗教信仰[8]，非**喀爾文教派**莫屬，所以，我們首先從這個教派研究起[9]。當時，並且現在一般而言也一樣，被認為是喀爾文教派最具有特徵性的教義，應屬**上帝預選**（Gnadenwahl）之說。對於此說到底是改革教會「最本質的」教義，抑或是個「附屬品」，人們的確有過爭論。關於一個歷史現象的本質為何的問題，一方面，可以從價值與信仰上來判斷，此時，要問的是這現象裡獨獨「引人關心」或獨獨長久「具有價值」的是什麼的問題；另一方面，可以由其對於其他歷史過程產生影響一事，來追問具有**因**

友派的所有著述家，還有未收錄於 *Corpus Reformatorum* 裡的許多初期著述家的作品。任何問題若欲研究**透徹**，不免要去造訪英國、特別是美國的圖書館。對於以下的概述而言，當然必須（也可能）大致滿足於在德國所能到手的資料。在美國，近來由於大學刻意否認自己「教派的」根源的這種特徵性的傾向，大學圖書館裡少有或者往往根本就沒有新增那些種類的文獻——這是美國生活「世俗化」一般傾向的一個側面，在不久的將來，終將消解這個國家的歷史傳統的國民性，並完全且終極改變許多基本制度所具有的意義。人們必須要去正統的小型教派學院才行。

8　以下的討論**首先**並不是著重在禁慾運動的起源、前身與發展史，而是將之視為已充分發展的形態來考察其思想內容。

9　韋伯的註釋，文獻資料，詳見附錄 3。

果意義的是什麼的問題，而這就是歷史因果歸屬的判斷。此處所要採行的，是從後面這個觀點出發，也就是追查此一教義在文化史上的**影響**有多麼重大的意義，那麼，它必然無疑是要被賦予高度評價的 [10]。奧登巴內費爾特所領導的文化鬥爭之所以失敗 [11]，是因為這個教義，而英國國教會內部的分裂在詹姆士一世治下之所以無以彌合，也是因為王室與清教徒之間在教義上——同樣是關於此一教義——的分歧。總而言之，喀爾文教派之所以會被認為對國家有害而遭到當局的攻擊，最主要還是由於**此一教義** [12]。十七世紀的大型宗教會議，尤其是多爾德與西敏寺宗教會議 [13]，以及其他許多小型宗教會議，都是以高抬此一教義為教會權威教理作為其中心課題；「戰鬥教會」[14] 的無數

10　關於以下的概述，打一開始我們便要斷然強調，此處所要考察的，並不是**喀爾文**個人的見解，而是**喀爾文主義**，而且是在十六世紀末與十七世紀此一信仰發揮支配性影響之處、同時也是資本主義文化擔綱者所在的廣大地區上發展成型的**那樣一個**喀爾文主義。首先，德國得**全然置而不論**，因為純正的喀爾文信仰在此從未**支配**過廣大地區。「改革派」當然絕不等同於「喀爾文派」。

11　奧登巴內費爾特（Johan van Oldenbarnevelt, 1547-1619），政治家，是繼沉默者威廉一世之後的第二個荷蘭獨立之父，詳見附錄 11。——譯註

12　在劍橋大學與坎特伯里大主教的協議下，關於英國國教會信仰告白第十七條的宣言，亦即所謂的 1595 年蘭貝斯條款（Lambeth-Article），（異於官方見解地）明白教示，是有死滅的預定。對死滅的預定這種明白說法（而不是如較溫和的教說僅止於滅亡的「默認」）賦予決定重要性的，正是激進派人士（一如其於《漢撒諾理斯信仰告白》裡那樣）。

　　《漢撒諾理斯信仰告白》（Hanserd Knollys Confession），通稱《第二倫敦信仰告白》（The Second London Confession）。詳見附錄 8。——譯註

13　多爾德會議（Synod of Dort）與西敏寺會議（Westminster Assembly），詳見附錄 8 多爾德信條、西敏寺會議。——譯註

14　戰鬥教會（ecclesia militans），傳統上，基督教會可分成三種：（1）戰

英雄則奉此教義為堅固的要塞，而此一教義還在十八與十九世紀引發了教會的分裂，並且為大規模的宗教覺醒運動發出吶喊助威之聲。所以，我們無法置之不論，而為獲知此一教義的內容——如今再不能認為這是任何有學養的人都知悉的——我們最好引用 1647 年《西敏寺信仰告白》中的權威章句，而關於這個教義，獨立派與洗禮派的信仰告白也不過是重複此一告白而已[15]：

第九章（關於自由意志）第三條：人由於墮落在有罪的狀態中，已經完全喪失一切行任何關乎得救的屬靈善事之意志力；所以他既是一屬血氣的人，與善完全相反，又死在罪中，就不能憑自己的能力去改變自己的心，或預備改變自己的心。

第三章（關於神永遠的定旨）第三條：按照神的定旨（聖定），為了彰顯神的榮耀，有些人和天使被選定得永生，並其餘者被預定受永死。

第五條：在人類中蒙神選定得生命的人，是神從創立世界以前，按照祂永遠與不變的目的，和自己意志的隱秘計劃和美意，已經在基督裡選了他們得到永遠的榮耀。此選定只是出于神自由的恩寵與慈愛，並非由于神預見他們的信心、善行，或在信心

鬥教會，包括所有仍生活於現世的教徒，他們要不斷地與原罪戰鬥以爭取永生；（2）勝利教會（ecclesia triumphans），所有成功地克服原罪的教徒死後即登上天堂，成為勝利教會的一員；（3）受苦的教會（ecclesia penitens），原罪雖然被壓制、但沒能完全克服的教徒，死後則暫時停留在煉獄，等待完全克服後再回到勝利教會。最後這一項是天主教特有的。
——譯註

15　此處及後段引用的喀爾文派信條的本文，參見 Karl Müller, *Die Bekenntnisschriften der reformierten Kirche*, Leipzig, 1903。其他文獻見各別引用處。

與善行中的耐久性，或以被造者中其他任何事，作為神選定的
條件或動因，總之這都是要使祂榮耀的恩典得著稱讚。

第七條：至於其餘的人類，神乃是按照祂自己意志不可測的計
劃，隨心所欲施與或保留慈愛，為了祂在受造者身上彰顯主權
能力的榮耀之故，祂就樂意放棄他們，並指定他們為自己的罪
受羞辱、遭忿怒，使祂榮耀的公義得著稱讚。

第十章（關於有效的恩召）第一條：凡神所預定得生命的人，
而且只有這些人，祂喜歡在指定與悅納的時候，本著祂的道與
靈，有效地召他們出離本性之罪與死的狀態，⋯⋯除掉他們的
石心，賜給他們一顆肉心，更新他們的意志。用祂的大能使他
們決定向善，⋯⋯

第五章（關於神護理之功）第六條：論到那些因以往的罪而盲
目頑固的邪惡與不敬虔之人，為公義審判者的神，不但不施恩
給他們（藉此恩典就能光照他們的悟性，影響他們的內心）；
而且有時也收回他們已得的恩賜，因他們敗壞的緣故就使他們
遇到犯罪的時機；同時把他們交付給自己的私慾，世界的引誘，
與惡魔的勢力。因此，他們甚至在神所使用令別人軟化的手段
之下，反而令自己剛硬[16]。

「即使要將我下地獄，也不能強令我尊敬這樣一個神」，這是彌

16　參見《薩伏依宣言》與（美國的）《漢撒諾理斯宣言》。關於休格諾派的
　　預定論，尤其參見 Polenz, I, S. 545 ff.。
　　此處引用的是 Dr. Charles Chao D. D. 的中譯（Copyright by Reformation
　　Translation Fellowship, P. O. Box 366, Peitou, Taipei, Taiwan）。——譯註

爾頓對於此一教義有名的評語[17]。不過，此處我們所關切的並不是價
值判斷的問題，而是教義的歷史地位的問題。在此問題上，我們只能
簡單扼要地描述一下，此一教義是如何形成的，而它又是如何與喀爾
文派神學的思想脈絡相契合的。可能的路徑有二條。自奧古斯丁以
來，基督教史上一再發生的現象，正是在那些最積極且最熱情的崇信
者身上所見的宗教救贖之感，總是與下面這種確固的感受連結在一
起，亦即：感覺一切莫非是基於一種客觀力量的作用，一丁點也不能
歸功於自己的價值。在喜悅安穩的強烈感情裡，他們心頭上重壓著的
巨大罪惡感被卸除，而此種好似突如其來的強烈衝擊感也因而杜絕了
以下想法的任何可能性，也就是認為這空前的恩寵賜物可以歸功於他
們本身的行為，或者可以和他們自身信仰與意志的功績或品質相連
結。在路德發揮其最高的宗教創造力而寫下《基督徒的自由》時，對
他而言最確切不移的還是：神的「奧秘旨意」乃是其宗教恩寵狀態絕

17　關於彌爾頓的神學，參見 Eibach, *Theol. Studien und Kritiken*, 1879 所收
　　錄的論文。1823 年所發現的 *Doctrina Christiana*（Tauchnitz ed., 185, S. 1
　　ff.）在桑默（Sumner）翻譯之際，參考萊（Macaulay）關於此一問題的論
　　文是膚淺的。詳細的細節，自然是要參照馬松（Masson）形式上過於分
　　章斷節的六本英文主要著作，以及史特恩（Stern）據此所寫出的德文彌
　　爾頓傳。彌爾頓早就脫離了以正反聖定為形式的預定論，及至老年則達到
　　完全自由的基督教信仰。就其解脫自己時代的所有束縛這點而言，在某種
　　意味上可與法蘭克相比。只不過，彌爾頓是個實際又積極的人，而法蘭克
　　本質上是批判性的。唯有在廣義的意味上，亦即喀爾文派留給後世的永恆
　　遺產的那種在現世的生活裡依循神的意旨過活的**理性**取向的意味上，彌爾
　　頓是個「清教徒」。法蘭克可謂是個「清教徒」也完全是在這個意味上。
　　作為「孤絕者」的這兩個人，我們無法考究其細節。
　　法蘭克（Sebastian Franck, 1499-1542），德國基督教領袖、宗教改革家、
　　神學家。詳見附錄 11。——譯註

對唯一終極的根源[18]。後來他也並未在形式上捨棄此一思想，只不過此一思想在他那兒不但未獲中心地位，而且隨著他因負責領導教會而日趨成為「現實政治」人物的情況下，愈來愈退居幕後。梅蘭希頓全然刻意迴避將那個「既危險又隱晦」的教義納入《奧古斯堡信仰告白》裡[19]，路德派的教會長老也在教理上確信，恩寵是可能喪失的（amissibilis），並且也能藉悔改謙卑與虔誠信賴神的話語和聖禮來重新獲得。在喀爾文那邊，發展過程則正好相反[20]：在他與教理上的對手的爭論過程中，該教義的重要性明顯提高。這教義在他的《基督教原理》第三版中才充分展開，並且在他死後的大規模文化鬥爭當中才占取中心地位，而這些大鬥爭正是多爾德與西敏寺宗教會議所力圖終結的。對喀爾文來說，神的這種「可怕的裁定」（decretum horribile）並**不是**像路德那樣由**體驗**得到的，而是**思索**而來的；因此，

18　「賜給少數者救贖的神是慈愛的，在此仰望下，將我們擲入滅亡的神是公義的，若信此，便是信仰的最高階段」——在《奴隸意志論》（*De servo arbitrio*）的著名章節裡這麼說。

19　梅蘭希頓（Philipp Melanchthon, 1497-1560），路德教派《奧古斯堡信仰告白》的作者、宗教改革家和教育家。路德之友，為其宗教觀辯護。詳見附錄6。《奧古斯堡信仰告白》，詳見附錄8。——譯註

20　其實路德與喀爾文二人基本上都已辨識出雙重的神（參見 Ritschl, *Geschichte des Pietismus* 裡的說明，以及 Köstlin, *Realenzyklopädie für protestantische Theologie und Kirche*, 3. Aufl. 的"Gott"條），亦即新約裡啟示救恩又慈愛的父（《基督教原理》的開頭幾篇都是在敘述這一面），以及背後那個像恣意專斷的專制君主般的「隱身的神」（Deus absconditus）。在路德，新約的神完全占上風，因為他愈來愈認為形上問題的反思是無益且危險的；但在喀爾文，超越的神性之思想支配了生活。喀爾文派於民眾裡發展之際，此一思想自然是無法存續下去的，不過取而代之的，並不是新約裡的天上的父，而是舊約裡的耶和華。

隨著喀爾文只想念神而不想念人的宗教關懷在思想上的一貫性愈益提高，這教義的重要性也更加高升 [21]。並非神為人而存在，反倒是人為神而存在，並且，宇宙萬象——包括喀爾文確信不疑的，世人當中僅有一小部分才能蒙召得救贖這件事——若有什麼意義可言，也僅止於作為神榮耀自己尊高的手段而已。援引塵世的「公義」判準來衡量神的至高定奪，是毫無意義的，並且有損祂的尊嚴 [22]，因為祂是、而且唯有祂是**自由的**，也就是說，不受任何法則的束縛；祂的旨意也只有在祂樂於透露時，我們才能了解甚或知道。我們所能把握的只是永恆真理的吉光片羽，其餘的一切，包括我們個人命運的**意義**在內，全都隱藏在幽深的奧秘之中，探究它既是不可能又是僭越。被神捨棄者若抱怨其命運之不濟，正猶如動物哀慟其不曾生而為人。因為，一切被造物與神之間橫亙著一條無可跨越的鴻溝，除非神為了增耀自己的尊嚴而別有旨命，否則一切生物只值永死而已。我們所知唯有：部分人得永生，其餘的注定死。若設想人的功或過有參與決定此種命運的作用，也就是說認為，神自亙古以來所絕對自由地決定的旨命會受到人的影響而有所改變，這無非是痴心妄想。新約聖經裡的「天上的父」，喜悅罪人的悔改，猶如婦人尋回遺失的銀幣，親切而易於理解，在此變成一個遠非人所能理解的超越性的存在，自亙古以來即按全然不可思議的旨命，指派了各人的命運，並支配了全宇宙的一切枝微末節 [23]。既然神的旨命確固而無可變更，神的恩寵，在祂所賜予的人身

---

21 關於以下所述，參見 Scheibe, *Calvins Prädestinationslehre*, Halle, 1897。關於喀爾文派神學的通論，參見 Heppe, *Dogmatik der evangelischreformierten Kirche*, Elberfeld, 1861。

22 *Corpus Reformatorum*, Vol. 77, pp. 186 ff.

23 以上關於喀爾文教說的陳述可以比照以下形式來查閱，例如 Hoornbeek,

上不可能失去，如同那些被祂拒絕的人之不可能獲得。

　　此一教說，以如此悲壯的不近人情，對於信奉這堂皇邏輯的那一代人，必然造成重大的結果，尤其是：**個人各自**內在空前的**孤獨**感[24]。對宗教改革那個時代的人而言，人生最大的事莫過於永恆的救贖，如今就此他只能獨行其道，去面對那自亙古以來既已確定的命運。沒人能幫助。牧師不能幫他，因為唯有被揀選的人能在心靈上了解神的話語。聖禮不能幫他，因為聖禮是神為增耀自己的榮光而制定的，所以要嚴格遵守，但聖禮絕非獲得神恩的手段，只不過是主觀上信仰的「外在輔助」（externa subsidia）而已。教會也不能幫他，因為儘管「教會之外無救贖」（extra ecclesiam nulla salus）的命題沒錯，意思是，不在真正教會裡的人，永遠不可能屬於神所揀選者的行列[25]，然而，神所捨棄者也在（外在的）教會裡，他們**應該**屬於教會並服從教規，並非為了藉此得到救贖——這是不可能的，而是為了神的榮耀，他們必得恪遵祂的誡律。最後，神也不能幫他，因為就連

Theologia practica（Utrecht, 1663）L. II c. 1: de praedestinatione（關於預定），此章特徵性地**直接**置於標題為 De Deo（關於神）這一章之後。其聖經的典故依據是《以弗書》第一章。試圖將預定及神的意旨與個人的責任及經驗性的意志「自由」關聯起來的種種首尾不一貫的嘗試——奧古斯丁最初構想此一教說時就開始這麼試圖的——我們在此沒有分析的必要。

24　道登（Edward Dowden）在其佳作 *Puritan and Anglicans*（p. 234）裡以「（與神）最深刻的交會並不是在制度、團體與教會之中，而是在孤獨之心的幽微之處」，將這個決定性重點加以定式化。個人的這種深沉的內在孤獨也同樣發生在預定論者波爾羅亞爾女修道院的詹森派教徒身上。

25　「蔑視如此的集會（亦即維持純正的教義、聖禮與教規的教會）者，其救贖無法確實。而且，抱持著此種蔑視者，是不會被揀選的」。Olevian, *De subst. foed.*, S. 222.

基督也只為了被揀選者而死[26]，為了他們，神自亙古以來即已裁定了基督的犧牲殉難。以此，教會──**聖禮**的救贖之道就此斷絕（路德教派從未推展到如此終極的境地），而這也就是與天主教分道揚鑣的絕大關鍵所在。打從古猶太先知開始，再結合希臘的科學思想，拒斥一切**巫術性的**救贖追求手段為迷信與褻瀆，乃是宗教史上的偉大過程，亦即現世的**除魅**（Entzauberung der Welt）[27]，在此走到終點。純正的清教徒甚至在送葬時，將一切宗教儀式的蛛絲馬跡都加以排除，即使埋葬最親近的人，也無歌唱與音樂，為的是不讓任何的「迷信」（superstition），任何仰望巫術──聖禮以發揮救贖作用的心理乘虛而入[28]。凡是神決定拒絕賜予恩寵的人，不但無法用任何巫術手段來獲

---

26 「有人說，神派祂的兒子來，是為了拯救人類，但這並不是祂的目的。神只想救出數人免於墮落。……所以我告訴你們，神只為被揀選者而死」（1609 年在 Rogge 附近的 Broek 所作的講道，收錄於 Wtenbogaert, II, S. 9；另參照 Nuyens, *op. cit.*, S. 232）。對於基督作為中介者的角色的解釋，在《漢撒諾理斯信仰告白》裡亦是夾纏不清。其實無論何處皆為前提假設的是，神根本不需要這樣的中介。

27 關於這個除魅的過程，參見我有關「世界宗教的經濟倫理」的諸論文。古代以色列的倫理，相對於內容上與之親近的埃及與巴比倫的倫理，之具有特殊地位，以及其自先知時代以來的發展，徹頭徹尾是奠基於這樣的根本事實：對於作為救贖之道的聖禮巫術的拒斥。

28 在最徹底的見解看來，洗禮只不過是因其為既有的教會規定而有義務遵守，並非救贖上的必要。因此，嚴正的清教裡的蘇格蘭與英格蘭的獨立派能夠恪守這樣的原則：神明白**厭棄者**的子女（例如酒鬼的子女）不應該授以洗禮。1586 年的埃丹宗教會議（第 32 條第 1 款）建議，請求洗禮的成年人，若尚未「成熟」到參與聖餐式，則只有當他品行無可非議且使這請求「撇開迷信」（sonder superstitie）時，才可授予洗禮。
埃丹（Edam），荷蘭西北部的小城鎮。1586 年的埃丹宗教會議（The Synod of Edam）在此召開，其中有一條規定是：禁止用教堂的鐘與管風

得恩寵，甚至任何手段都不管用。這種個人內在的孤寂，相結合於相信神的絕對超越性與一切被造物之毫無價值的嚴苛教義，一方面說明了，清教徒對於文化與信仰裡的所有感官—**情感**的要素，何以抱持著絕對否定的態度——因為這些要素既無濟於救贖，倒反而會增進多愁善感的幻想與被造物神化的迷信；而這也就是清教徒根本厭棄一切感官文化的道理 [29]。然而，另一方面，此種孤寂感卻也成為毫無幻想且帶悲觀色彩的那種個人主義的一個根源 [30]，在具有清教歷史的民族之「民族性」與制度裡，此種個人主義現今仍起著作用，而與後世「啟蒙運動」藉以看待人生的另一種完全不同的觀點形成顯著對比 [31]。此

琴演奏「輕浮的與世俗的歌曲」。——譯註

[29] 對於「感官文化」的這種負面的態度，正如道登於前引書高明地指出的，乃是清教最本質性的構成要素。

[30] 「個人主義」一詞包含了可能想見的最異質性的東西。**此處**它所指的意涵，希望能透過以下說明而得以釐清。有人因為路德派**並不**持守禁慾的生活規律——也就是在和我們此處用語的不同意味下——而稱其為「個人主義的」。又如 Dietrich Schäfer 於論文"Zur Beurteilung des Wormser Konkordats"（*Abh. D. Berl. Akad.*, 1905）裡在另一種完全不同的意味下稱**中世紀**為「顯著個人性」的時代，因為，就那些在史家看來**重要的**事件而言，非理性的因素在當時具有於今不再具有的重大意義。他是對的，然而，被他駁斥的那些人所說的，恐怕也沒錯，因為當他們說到「個人性」與「個人主義」時，指的是完全不同的意思。布克哈特原創性的定式化，如今部分而言是過時了，所以現今再做一次根本的、歷史取向的概念分析，應該是學術上極有價值的事吧。但是，若有歷史學者半開玩笑似的，為了能給某個時代貼上標籤而以廣告標語的方式來給這個概念下「定義」，那麼自然是完全相對反的兩回事了。

布克哈特（Jacob Burckhardt, 1818-1897），傑出的瑞士文化藝術史家，著有《義大利文藝復興時代的文化》。詳見附錄 13。——譯註

[31] 同樣的，亦與後來的天主教教說形成——當然沒那麼強烈的——對比。反

種恩寵揀選說的影響痕跡，在我們所考察的時代，即使在其作為教條的有效性已經示微之處，都在在清楚顯現於生活樣式與人生觀的根本現象裡，而我們此處所要加以分析的，也只是那種**專**一信賴**神**的**最極端**形態罷了。例如特別是英國清教徒的著作一再明白提出告誡，切勿相信他人的幫助與人間的友誼[32]。就連溫和的巴克斯特也勸告人們，即使至親好友也切不可信賴，而貝利[33]則乾脆直截了當地勸說，不要信任任何人，也別對任何人說出令人困窘的話，唯有神才是真信友[34]。與此種人生態度相關聯的，是在喀爾文教派充分發展的地方，

之，巴斯卡深沉的、同樣基於恩寵預選說的悲觀主義是源於詹森派，結果由此而產生的逃離現世的個人主義，與天主教的官方立場絕非一致。參見1-1-3 註 15 所引何內斯漢（Paul Honigsheim）關於法國詹森派的著述。

32　詹森派的信徒也全然相同。

33　貝利（Lewis Bayly, 1565-1631），英國清教傳道者，對德國的虔敬主義影響很大，著有《虔敬的實踐》（*Praxis Pietatis*）一書，有許多譯本。巴克斯特（Richard Baxter, 1615-1691），英格蘭清教徒領袖。詳見附錄 9。
　　——譯註

34　貝利，《虔敬的實踐》（德文版，萊比錫，1724），頁 187。史賓納，《神學思辨》（此處引用其第三版，哈勒，1712）亦持相同立場：友人的忠告少有慮及神的榮耀，而多半是出於肉體的（未必是利己的）意圖。「他（精明的人）並非不知他人的利害，但最深知自己的。他自顧自己的事，不去染指不必要的事物。……他見到這裡（現世）的虛偽，所以學會信賴自己，並且只在免於受到外來損害的程度上信賴別人」，這是亞當斯的哲學（*Works of the Puritan Divines*, p. 11）。貝利（《虔敬的實踐》，頁176）進一步勸諫人，每天早上出門走入人群之前，想像自己是要踏入充滿危險的荒野，並向神祈求賜予「審慎與正義的外衣」。這種感覺全然擴及到所有禁慾的教派，並且在虔敬派那兒常直接導致不少信徒走向一種世俗內的隱遁生活。史邦根堡在其（摩拉維亞派的）著作 *Idea fides fratum*（p. 382）裡特別提示〈耶利米書〉17: 5：「倚靠人血肉臂膀的，那人有禍了」。為了估量此種人生觀特有的厭惡世人心態，我們最好也要注意到洪貝克

個人告解制度的無疾而終——喀爾文本身則只是擔心這可能會導致對聖禮的誤解而已；這點與路德教派形成極為強烈的對比，並且意義重大。首先，這對此一宗教信仰的影響方式而言，是一種象徵。並且，這也是刺激喀爾文教派發展其倫理態度的心理動力。定期「解除」激情的帶罪意識的手段 [35]，就此被取消。這對於日常道德實踐的影響，容我們後面再談。但其對於人們的整個宗教處境所造成的影響，是顯而易見的。儘管要得救贖就必須加入真正的教會成為教友 [36]，但喀爾文教徒與神的交通，卻是在深深的心靈孤獨中進行的。若想體會此種獨特氣氛的特殊效果 [37]，只需讀一讀整個清教徒作品中擁有最多讀者的即可，那就是班揚的《天路歷程》[38]。書中描寫「基督徒」在意識

（Hoornbeek）關於**愛敵人**的義務之陳述（*Theologia practica*, I, p. 882）：「總之，我們不要向鄰人復仇，而將這事託給降下復仇的神，這樣我們才是復了更多的仇。……自己多行復仇，因這緣故，神則少降復仇」。這與舊約聖經寫於俘囚期之後的部分裡面出現的「復仇的轉換」，是同一思想，是與古代「以眼還眼」相對比的、復仇情感的洗練昇華與內向化。關於「鄰人愛」，參見本章註46。

35 懺悔告解的影響當然絕非僅止於此。例如 Muthmann, *Z. f. Rel. Psych.*, I, Heft 2, S. 65 的定式化，對於告解的極為複雜的心理問題而言，是太過簡單了。

36 對於判定喀爾文派社會**組織**的心理基礎而言，**這點**極具重要性。其社會組織**全都**奠基於內在「個人主義的」、「目的理性」或「價值理性」的動機。個人絕未憑**感情**加入社會組織。「神的榮光」與**自己的救贖**總是**超過**「意識的門檻」。這點即使至今仍賦予具有清教歷史的各民族的社會組織某種特徵性的樣貌。

37 喀爾文派教說的**反權威**的根本特色，亦即打從根本就貶斥教會與國家對於倫理與靈魂救贖的照料有任何價值，這導致此派一再地遭到禁止，特別是荷蘭的聯邦議會。結果往往是宗教的形成（1614 年之後即是如此）。

38 班揚，《天路歷程》（*The Pilgrim's Progress*）。關於班揚，參見收錄於

到自己乃居住在「死亡之城」、並接到應即刻前往天上之城朝聖的召
命時所抱持的態度。在妻子兒女的糾纏下，他用手指塞住耳朵，一邊
呼喊著「生命，永恆的生命！」一邊毅然向前穿行過原野。這個在牢
房裡寫作的補鍋匠，博得了信仰界的喝采，再怎麼洗練的文筆也無法
企及他那天真的情感，無邪地再現根本上純屬個人問題、唯一己的救
贖是慮的清教徒心情：一如主角在途中與朝聖同行者的熱誠談話裡所
表現的，讓人想到凱勒所著的《正直的製梳匠》。直到他自己安然抵
達時，他這才想到：如果這時家人同在的話，該有多美好。這樣一種
面對死亡與死後的苦惱焦慮，我們在多林格所描繪的阿豐斯‧利久歐
里身上，也到處強烈感覺得到[39]。這與馬基維利為了佛羅倫斯市民的
名譽所表達出來的那種高傲的此世性精神，真有天壤之別──這些市
民在與教宗及其禁行聖事（Interdict）的鬥爭中堅持：「對於故鄉之
城的愛，高過於對自己靈魂救贖的憂慮」。當然，與此更甚於天差地
別的，是華格納[40]藉齊格蒙之口所表達出來的那種感情：在最後決戰

English Men of Letters Series（by Morley）裡 Froude 執筆的傳記，以及麥
考萊（膚淺的）素描（*Miscell. Works*, II, p. 227）。班揚並不在乎喀爾文
派裡的各宗派差異，不過他本身是個嚴格的喀爾文派的洗禮派信徒。
班揚（John Bunyan, 1628-1688），英國清教徒牧師，詳見附錄 13。──
譯註

39 凱勒（Gottfried Keller, 1819-1890），瑞士德語作家，韋伯提到的著作，
　　原名是《三個正直的製梳匠》。多林格（Johann Joseph Ignaz von Dollin-
　　ger, 1799-1890），德國歷史學者、天主教神學家。阿豐斯‧利久歐里
　　（Alfons von Liguori, 1696-1787），義大利聖職者。詳見附錄 13。──譯
　　註

40 華格納（Richard Wagner, 1813-1883），德國音樂家，其歌劇與音樂對西
　　方音樂的發展方向有革命性的影響。最著名的作品是《尼布龍根指環》
　　（*Der Ring des Nibelungen*），以北歐神話裡諸神之黃昏為主題。齊格蒙

之前他說：「代我向沃坦致意，代我問候英靈殿，……但真的別再跟我說什麼英靈殿易逝的歡樂[41]」。只是，上述那種焦慮不安，對班揚與對阿豐斯·利久歐里卻產生了如此性質迥異的作用：同樣的不安，驅使後者盡其可能地自卑自微，卻鼓舞了前者與人生作永不休止且有系統的鬥爭。此種差別究竟從何而來？

　　首先，喀爾文派在社會組織方面無可懷疑的卓越性，與上述那種在精神上將個人從牢牢綑綁的現世束縛中解放出來的傾向，如何能結合在一起，似乎是個謎[42]。儘管乍看之下如此稀奇，但此種卓越性卻是基督教的「鄰人愛」，透過喀爾文派的信仰，在個人內心孤獨的壓力下，被迫採取特殊形式的結果。這結果，首先是從教義上衍生出來[43]。現世注定是為了——而且只是為了——神的自我光耀而存在，被神揀選的基督徒的使命，而且唯一的使命，就是在現世裡遵行神的誡律，各盡其本分來增耀神的榮光。但是，神要的是基督徒的社會事功，因為，祂要社會生活形態依照祂的誡律，並相應於此一目的而被組織起來。喀爾文派信徒在世上的社會活動[44]，單只是「為了榮耀**神**」（in majorem gloriam Dei）。所以，為了此世的整體生活之故而從事的**職業**勞動，也就帶有這種性格。我們已看到，在路德，分工的職業

（Siegmund），《尼布龍根指環》一劇的主角人物之一，齊格飛（Siegfried）之父。——譯註

41　沃坦（Wotan）即是奧丁（Odin），北歐神話中的主神。英靈殿（Walhall, 亦譯瓦爾哈拉），詳見附錄 17。——譯註

42　韋伯的註釋，有關改革派基督教的社會性格，詳見附錄 3。

43　教義上的「歸結」和實踐—心理上的「歸結」兩者間的關係，後文會經常論及。至於這兩者並非二而一的，幾乎無需再交代。

44　此處「社會的」一詞完全不帶有其於現代裡的意含，而光是指在政治的、教會的及其他共同體組織裡的活動。

勞動也是發源於「鄰人愛」。但在他那兒仍停留在不確定且純屬思想建構苗頭的東西，在喀爾文教徒那兒卻是其倫理體系的一個特徵性的部分。由於「鄰人愛」是唯**神**的榮耀是事[45]，而非服務**被造物**[46]，所以**最首要的**是表現在履行那透過自然法所交付的**職業**任務，依此，鄰人愛取得一種特別為事而**不**為人的性格——一種為了我們周遭社會秩序的理性建構而服務的性格。此一秩序之滿富奇妙目的的建構與安排，無論依聖經的啟示或依人的天生直覺看來，顯然都是為了人類的「生聚利用」（Nutzen）而設的，因而，為了此種社會效用而非為了人的福祉服務的勞動，乃被認為能增益神的榮光且為神所喜。神義論的問題，以及那些苦惱其他人的、有關世界與生命之「意義」的一切問題，全都被排除捨棄，這在清教徒來說根本是不證自明之理，對猶太人來說也是如此——只是出於完全不同的理由。此外，在某種意義上，這點對於非神秘主義的基督教信仰而言，也不外如此。就省事省力的這個層面之外，喀爾文教派還再添上另一個往同樣方向作用的特色。（祁克果[47]所謂的）「個人」與「倫理」之間的衝突矛盾，對喀爾文教派而言並不存在，儘管它將宗教上的事全都交給個人自行負責。其中的道理，以及此一立場對於喀爾文教派的政治與經濟理性主義有何意義，在此並非分析之處。但喀爾文教派倫理的**功利主義**性格卻是根源於此，喀爾文教派的職業觀念的重要特性亦由此而來[48]。不過，此

45　善功若非為了**神**的榮耀，而是為了其他**任何**目的而施行，乃是**有罪的**。——《漢撒諾理斯信仰告白》，第 16 章。
46　韋伯的註釋，關於鄰人愛的問題，詳見附錄 3。
47　祁克果（Søren Kierkegaard, 1813-1855），丹麥宗教哲學家和理性主義的批判者，被視為存在主義的創始人。詳見附錄 13。——譯註
48　在所有這些方面上，波爾羅亞爾女修道院的倫理——儘管同樣是取決於預

處且讓我們再回頭來觀察一下上帝預選說。

因為，對我們來說，關鍵的問題在於：在一個認為彼世，相較於對此世生活的一切利害關懷，不僅更加重要，而且在許多方面也更加確實的時代[49]，人們怎堪**忍受**這個教義[50]？必然會立即湧上信徒心頭且將其他一切關懷都壓退到後頭的一個問題是：**我**是被揀選的嗎？而**我**又如何能確知這預選[51]？對喀爾文本身來說，這根本不是問題。他自覺是神的「戰鬥工具」，並且確信自己的恩寵狀態。對於各人如何能確知自己為神所選的問題，他的答案頂多是：我們只要知道神已作了裁決就足夠，並且應以憑藉真的信仰而堅守對基督的信賴為滿足。原則上，他拒斥這樣的臆斷：認為人可以從他人的行為察知自己是被揀選或被捨棄。這不啻是強行窺探神之奧秘的狂妄企圖。被揀選的人在現世生活的外表上和被捨棄者並沒有什麼兩樣[52]，而且，被揀選者所有的主觀經驗，基於「聖靈的戲弄」（ludibria spiritus sancti），

定論——採取了完全不同的立場，這是由於其神秘主義的、**出**世的、因而就此而言天主教的取向使然（參見 Honigsheim, *op. cit.*）。

49　就像班揚的《天路歷程》以如此強烈的方式所表達出來的那種基調。

50　韋伯的註釋，關於預定論的問題，詳見附錄3。

51　即使撇開預定論的教義不談，這樣的問題對後來的路德派信徒而言，相對於喀爾文派的信徒，比較沒那麼重要。這並不是說他們較不在意自己的靈魂救贖，而是因為在路德派的發展過程中，突顯出教會的**制度救贖**恩寵性格，換言之，個人感覺到自己是教會活動的客體並在其中受到護持。直到虔敬派的人才喚起——此事乃具特徵性的——路德派信徒對此一問題的意識。救贖確證的問題**本身**，對於任何非側重聖禮的救贖宗教而言，無論是佛教、耆那教或其他，絕對是根本中心，這點千萬不可或忘。**這**正是一切純**宗教**性格的心理動力的根源**所在**。

52　這點清楚地表達於布塞爾（Martin Bucer）的書信（*Corp. Ref.*, 29, p. 883f），另參照 Scheibe, *op. cit.*, S. 30。

也可能發生在被捨棄者身上，唯獨那種憑藉信仰而堅守「到底」
（finaliter）的信賴是例外。所以，被揀選的人是、而且永遠都是神的
不可見的教會。很自然的，這種態度對於他的追隨者——早從貝札開
始[53]——尤其是廣大的一般群眾而言，是不可能的。對他們來說，絕
對沒有比**得知**恩寵狀態的「救贖確證」（certitudo salutis）更重要的
事了[54]，所以舉凡預選說被信奉不渝之處，就會有這樣的問題在人心
騷動：是否有確實的標誌，能夠讓人據以認知自己的確屬於「選民」
（electi）之列。首先從改革派教會的基礎上生長出來的虔敬派，在
其發展過程中，此一問題始終占據著中心的重要性，而且在某種意義
上，甚至可說是該派的根本；不止如此，當我們檢視改革教會有關聖
餐式的教義與實踐，在政治上與社會上具有如此重大的意義時，我們
便會知道，在整個十七世紀裡，即使是在虔敬派之外，個人的恩寵狀
態能否確定的問題，扮演了多麼重大的角色，例如，這決定了個人是
否能獲准參加聖餐式，而這中心的宗教儀式又決定了參加者的社會地
位。

　　至少當個人對**自己的**恩寵狀態浮現疑問時，他根本不可能依照喀
爾文的指示，滿足於恩寵作用在人身上所帶來的堅定信仰[55]，儘管正

53　貝札（Theodore Beza, 1519-1605），法國宗教家，喀爾文繼承者。詳見附
　　錄 6。——譯註
54　《西敏寺信仰告白》裡（XVIII, 2）也向被揀選者保證**無疑的**恩寵**確定**，
　　儘管我們無論有什麼作為也總歸是「無用的僕人」（XVI, 2），而且與惡
　　的戰鬥也將終其一生（XVIII, 3）。只是，被揀選者往往必須長期奮戰以
　　獲得救贖確證，由於這是經由義務履行的意識所得到的確證，所以信仰者
　　絕不會被整個奪了去。
55　純正的喀爾文派教理指示了**信仰**和與神交通的意識，並且只附帶提到「聖
　　靈的其他果實」。參見 Heppe, *Dogmatik der ev. Ref. Kirche*（1861），p. 425

統教理至少在原則上從未正式放棄此一自得自證的指示 56；尤其靈魂
司牧的實踐工作，必須日夜不斷應付此一教義所引發的內心苦悶的問
題，所以更不可能依循那指示。他們用各種辦法來緩解這些困難 57。
除非恩寵預選說被重新解釋、降低調子或根本放棄，否則就特別是有
兩種彼此相關的牧師勸告出現 58。其一是，每個人都有義務**相信**自己
是選民，並且將任何懷疑都視為魔鬼的誘惑而加以拒斥 59，因為缺乏
自信就是信仰不足、亦即恩寵作用不夠的結果。使徒（保羅）要人「堅
守」一己召命的勸勉，在此被解釋成個人有義務在日常生活的鬥爭中
贏取自己已得揀選與義認的主觀確定。如此一來，路德所推重的謙卑
罪人——只要他們悔改、虔誠信賴神，即得應許恩寵——被取代，培

<hr/>

各段落。喀爾文本身，和路德派一樣，同意善功是信仰的果實，但他極
力駁斥此乃得神應許的**標誌**（*Instit.*, III, 2, 37, 38）。在行為裡（以禁慾為
其特徵）證明信仰的這種實踐上的更動，實與喀爾文教說的漸趨緩和相應
並行，據此（如同路德），真正教會的表徵**首要**在於純正的教理與聖禮，
後來「教規」也與二者並列為標誌。此一演變可以在 Heppe（*op. cit.*, pp.
194-195）的描述裡捕捉到，同時也表現在十六世紀末荷蘭的教會成員資
格獲得的方式裡（明白表示出如契約般服從**教規**乃核心條例）。

56 參見例如 Olevian, *De substantia foederis gratuity inter Deum et electos*（1585），
　 p. 257; Heidegger, *Corpus Theologiae*, XXIV, p. 87; Heppe, *Dogmatik der ev.
　 Ref. Kirche*（1861），p. 425 的其他幾個段落。
57 關於這點，參見史奈肯堡，前引書，頁 48 的述說。
58 所以，在巴克斯特那兒就再度出現（完全天主教式的）「死罪」（mortal
　 sin）與「輕罪」（venial sin）的區別。前者是毫無恩寵或當下未獲恩寵
　 狀態的表徵，唯有透過整體人格的「悔改皈依」才能獲得救贖保證。後者
　 則不是與恩寵狀態不相容的。
59 在種種不同層次上，巴克斯特、貝利、謝茲維克（Sedgwick）與洪貝克是
　 屬於這一類型。其他例證見史奈肯堡，前引書，頁 262。

養出來的是充滿自信的「聖徒」[60]，我們在資本主義英雄時代的鋼鐵般堅定的清教徒商人身上，以及在至今的個別範例裡，一再看到他們的身影。其二是，諄諄教誨人要以**孜孜不倦的職業勞動**來作為獲得那種自我確認的最佳手段[61]。這樣，而且唯有這樣，才能消除宗教的疑慮，並且帶給人恩寵狀態的確證。

　　世俗的職業勞動之所以被認為能造就**此種**事功——也就是說得以被視為消解宗教不安的適切手段，可以從改革教會所培養起來的宗教情操的根本特色裡得到說明。這種特色最最明顯地表現在改革派與路德派之間關於因信稱義的教義之對反差異。此種差異，在史奈肯堡[62]

60　將「恩寵狀態」視為一種社會身分（Stand）性質（類似古代教會裡的禁慾苦行者的身分）的見解，經常可見，尤其出現在熊廷休（Schortinghuis）的著作（*Het innige Christendom*, 1740.——被聯邦議會**禁止**！）。

61　如後文所要論及的，巴克斯特所著《基督徒指南》的無數段落裡以及特別是結論處如是說。這種獎勵職業勞動來作為消解自己在道德上無價值感的不安的做法，讓人想起巴斯卡對於財貨慾與職業裡的禁慾的心理詮釋——作為想要蒙蔽自己在道德上的無價值所設想出來的手段。在他來說，預定的信仰結合起所有被造物原罪性的無價值之確信，全在於促成現世的斷念與冥思的鼓勵，而這是作為解除罪的重擔與獲得救贖確證的唯一手段。關於正統天主教與詹森派的職業概念的特色，何內斯漢（Paul Honigsheim）在其前引博士論文（希望繼續完成為一本更大部頭的著作）裡已有透徹的論述。在詹森派裡，看不到救贖確證與入世**行動**相結合的任何跡象。其「職業」觀比路德派、甚至比正統天主教帶有更強烈的順應於既有生活環境的意味，不止如天主教那樣要順從社會秩序，更要順從自己良心的呼喚（Honigsheim, *op. cit.*, S. 139f）。

62　史奈肯堡（Matthias Schneckenburger, 1804-1848），德國新教神學家。曾任教波昂大學（1834）。韋伯此處提到的作品是 *Vorlesungen über die Lehrbegriffe der kleinen protestantischen Kirchenparteien, Herausgeg. Von Hundeshagen*（Frankfurt, 1863）。——譯註

出色演講集裡有非常精妙且毫無價值判斷、純粹切事的分析[63]，所以下面的簡短意見，基本上只不過是依據他的說法而已。

　　路德派的虔敬之心，特別是在十七世紀的發展過程中所竭力追求的最高宗教體驗，就是與神靈的「神秘的合一」（unio mystica）[64]。

63　羅伯斯坦（Lobstein）發表於 *Festgabe für H. Holtzmann* 裡的精闢概論所展現出的觀點，可以和以下論述相參照。有人駁斥這篇短論太過於強調「救贖確證」的主調。只是，此處必須加以區分的是喀爾文的神學與**喀爾文主義**，以及神學體系與靈魂司牧的需求。襲捲廣大群眾階層的**所有**宗教運動，莫不是從「我如何能**確信**我的救贖」這個問題出發。如前所述，這問題不僅在此，而是在一般宗教史上，例如在印度，扮演了中心的角色。要不然，還會是別的嗎？

64　無可否認的是，此一概念的**完全**發展要一直等到**後期**路德派的時代（Praetorius, Nicolai, Meisner）才完成。（在 Johannes Gerhard 處亦呈現出此一概念，而且完全與此處所指涵一樣）。里敕爾在其著作《虔敬派的歷史》（Bd. II, S.3 f.）的第四篇裡主張，此一概念之導入路德派的宗教意識裡，乃天主教虔敬心的再生與轉借。他並不反對（頁 10）個人的救贖確證的問題在路德和在天主教的神秘家來說是一樣的，但他相信雙方在解決的方式上是正相對反的。關於這點，我確實無法做出自己的判斷。迴盪在《基督徒的自由》裡的氣氛，一方面不同於後代文獻裡所見的那種對「幼年耶穌」（liebe Jesulein）的甜蜜媚態，另一方面也不同於陶勒的宗教情感，這當然是任何人都感覺到的。同樣的，路德的聖餐論裡所固持的神秘──巫術要素，在宗教動機上當然也有別於「聖伯納式的」虔敬情感──「雅歌之情」，里敕爾一再推論此為與基督的「新娘」關係的培養泉源。雖然如此，難道路德的聖餐論不也是**促使**神秘的感情宗教意識復活的原因之一嗎？此外，要說（同前書，頁 11）神秘論者的自由根本在於現世的**逃離**，那可絕對不然。特別是陶勒，在其於宗教心理學上看來非常有趣的敘述裡，認為夜裡的冥思──倘若睡不著，他推薦這麼做──的**實際**效果之一是**秩序**的形成，這秩序會藉著此種冥思而被帶入到關於世俗職業勞動的思考裡：「唯有藉此（藉著夜晚睡覺前與神的神秘的合一）會使**理智清明，並因而頭腦強健**，拜真正與神合一之賜，人在一整天裡會愈來愈

這種語彙，在改革派的教理脈絡中是沒有的，它暗示著，一種實體沉浸在神性內的感覺，亦即神靈真的進入信徒靈魂裡的感覺，性質上和德國神秘主義者的冥思作用一樣，其特色在於全心渴望**安息**在神那裡的**被動**性格，以及純粹感情性的內在。哲學史告訴我們，帶有神秘傾向的宗教意識，很可以與經驗領域裡顯然是現實主義的實在意識相結合，甚至因其拒斥辯證性的教理而常成為這實在意識的直接支柱。不止如此，神秘主義甚至還恰好間接有助於理性的生活樣式。然而，在其與世俗的關係上，自然是對外在的活動欠缺正面的評價。加上，路德派更將「神秘的合一」與那種因原罪而來的深刻無價值感相結合，而此種無價值感則細膩地護持著路德派信徒的「日日的悔改」（poenitentia quotidiana）──為的是保持赦罪所不可欠缺的謙卑與純潔。反之，改革派特有的宗教意識，與巴斯卡的寂靜主義 [65] 的逃離現世相對反，自始即拒斥了路德派這種完全內向的感情性虔誠。由於神相對於一切被造物的絕對超越性，所以神性之實在進入到人的靈魂裡是不可能的，亦即「有限無法包容無限」（finitum non est capax infiniti）。神與得其救贖者的交通，唯有靠神在他們身上**作用**

和平且靈性地受此內在訓練所引導，如此一來，所有的工作便能**并然有序**。以此，當人預先提醒自己（＝做好準備）要做的事並堅定於美德上，那麼一旦踏入現實裡，他的工作就會是**既有美德又神聖的**」（*Predigten*, Fol., 318）。總之，我們看到，而且還會再回到這點：神秘的冥思與理性的職業觀兩者本身**並不是相互排斥的**。相反的情形，唯有當宗教意識直接帶有歇斯底里的性格時才成立，然而，所有的神秘家甚或所有的虔敬派信徒都不是這樣的。

65　寂靜主義（Quietism），基督教靈修理論之一，謂純真在於靈魂的無為沉靜，人應當抑制個人的努力以便上帝充分施展作為。詳見附錄 12。──譯註

（operator）並且他們也意識到此作用，才能發生並且為他們所知覺。換言之，他們的**行為**源自神的恩寵作用下的信仰，而這信仰又因該行為的性質而證實是受到神作用的。將一切實際的宗教意識加以分門別類時，一般有效的辦法是，明確展示關鍵性救贖狀態的根本差別[66]，亦即：宗教達人可以從兩方面來確信自己的恩寵狀態，**要不是**感覺自己乃神力的容器，**就是**感覺自己為神力的工具。在前一種情形下，其宗教生活傾向於感情的陶冶，在後一種情形下，傾向於禁慾的**行為**。路德近乎前一類型，喀爾文派則屬於後一類型。改革派的信徒也企求「因信稱義」（sola fide）的救贖。但在喀爾文看來，光是感覺與情感，不管表面看似多麼崇高，也不過是虛妄[67]，為了給救贖確證提供可靠的基礎，信仰必須用其客觀的**作用**來證明，也就是說，信仰必須是「有效的信仰」（fides efficax）[68]，救贖的召命必定是「有效的召命」（effectual calling）——《薩伏依宣言》[69]的用語。如果我們進一步問，改革派信徒要用**什麼**成果來明確識別真正的信仰？回答是，基督徒的生活樣式，用以增加**神的榮耀**的生活樣式。至於那是指什麼，我們可以從神的意志知道，而這個意志則直接透過聖經的啟發，或間接透過神所創造的、自有章法的世界秩序（自然法）[70]顯示出來。特別是，

66　關於這點，參見〈世界宗教的經濟倫理〉的導論。

67　在此前提裡，喀爾文主義與官方天主教有了接觸點。然而，對天主教徒而言，由此產生的是悔罪聖禮的必要性，而在改革派信徒來說，則是有必要透過現世內的活動來實際**證明**救贖。

68　韋伯的註釋，討論喀爾文派的虔敬感情與預定論，詳見附錄3。

69　《薩伏依宣言》（Savoy Declaration），1658年英國基督教公理派的信仰綱要。由在倫敦薩伏依宮舉行的薩伏依會議制訂。詳見附錄8。——譯註

70　關於**自然法**對於社會倫理的實質內容所具有的意義，前面已有若干說明。此處我們所著重的並不在於其**內容**，而是在於其對於道德行為的**啟動力**。

經由相互比較自己的靈魂狀態與聖經所講的選民——例如那些以色列
族長——的靈魂狀態，個人即能檢視一己的恩寵狀態[71]。只有選民才
真正**具備**有效的信仰[72]，也只有選民才能透過再生（regeneration）及
因此而來的整個生命的聖化（sanctification），用真正的而不只是虛
有其表的善功，來增加神的榮耀。在其中，他自覺自己的行為，至少
在基本性格上與恆久的決意上（propositum oboedientiae），是奠基在
自己心裡為增耀神之榮光而作用的**力量**[73]，因而並不只是神的意志所
致，同時尤其是神的**作為**所致[74]，以此自覺，他達到此一宗教所追求
的最高善境，亦即恩寵的確定[75]。〈哥林多後書〉第十三章第五節證
實了，信徒是可以達到這種恩寵確定的[76]。然而，即使選民也仍然是
被造物，他的一切作為都距離神的要求無限遙遠，所以，以善功作為
獲取救贖的手段，是絕對不適切的，可是，作為被選的**表徵**，善功卻

71　這樣的想法必然多麼有力地促成舊約—猶太精神滲入於清教裡，是很明白
　　的。
72　關於純正教會（ecclesia pura）的成員，《薩伏依宣言》是這麼說的：他
　　們是「**有效**召命下的聖徒，由他們的職業與**舉止清楚見證**出來」。
73　查納克（S. Charnock）所謂的「善的原則」（a principle of goodness），
　　Works of the Puritan Divines, p. 175。
74　信仰是，如謝茲維克時而這麼說的，一種「恩寵預選決斷的如實複製」。
　　舉凡被揀選的，即蒙召順從者，且使其**有能力**順從，貝利這麼教示。**唯有**
　　蒙**神**召喚於信仰（在行為裡表現出來）者，是真正的信仰者，而不僅只是
　　「一時的信仰者」（temporary believers），此乃（洗禮派的）《漢撒諾理
　　斯信仰告白》的教示。
75　可與巴克斯特《基督徒指南》的結尾作比較。
76　例如 Charnock, *Self-examination*, p. 183 即是如此，在於反駁天主教關於
　　"dubitatio"（疑惑）的教理。

是不可或缺的 [77]。它是一種技術手段，並非用來購買救贖，而是用來
解除關於救贖與否的不安。在此意義上，善功時而被直接指稱為「救
贖所不可或缺的」[78]，或者，「救贖的擁有」（possession salutis）是
與善功相連結的 [79]。而實際上這結果則意味著：自助者，神助之 [80]。所
以，正如常有人這麼說的，喀爾文教徒的救贖——正確的說法應該是
救贖的**確信**——是自己「**創造**」的 [81]；然而，此種創造**不可能**如同天
主教那樣，藉著個別善功的慢慢累積而形成，而是要在**時時刻刻**都面
對被選或被棄的、**有系統的**自我**檢視**下形成。以此，我們來到此番觀
察非常重要的一點。

　　眾所周知，來自於改革教會與教派日漸鮮明地倡導的這種思想路
線 [82]，一再遭受路德派指斥為「善功得救」（Werkheiligkeit）[83]。儘
管受攻擊的這一方，對於自己**教理上的**立場被視同為天主教教說這一
點，所提出的反駁是正確的，但是，當那些非難所指的是，此種思

77　此一論斷一再反覆申說於 Joh. Hoornbeek, *Theologia practica*, I, p. 160; II, p. 70, 72, 182。

78　例如 *Conf. Helvet*, 16 即說「本來不就是救贖應歸屬於善功」。

79　以上所有敘述參照史奈肯堡，頁 80 以下。

80　據說奧古斯丁即曾說過：「倘若你不是被預定的，那麼去做出讓你被預定的來」。

81　這讓人想起歌德本質上意味相同的話語：「人何以自知？千萬別憑觀察，而要透過行動。試圖盡你的義務，那麼你就會知道自己是什麼。但你的義務是什麼呢？那日日的工」。

82　因為儘管喀爾文本身堅持，「救恩」必然也會浮現於表象上（*Instit.*, IV, 1, § 2, 7, 9），但得救者與未得救者之間的界線並非人的知識所能究竟的。我們必須相信，凡神的話語在按其律法組織且管理的教會裡純正地被宣講之處，被揀選者——即使我們無法指認——也存在其中。

83　韋伯的註釋，討論「宗教體驗」與「非理性」的問題，詳見附錄 3。

想對於改革派一般信徒的日常生活所造成的**實際**結果，那麼這可沒
錯[84]。因為，喀爾文教派在其信徒身上所造成的那種、對於道德**行為**
抱持著強烈無比的宗教上的尊重，恐怕是空前未有的。但是，若就這
種「善功得救」的實際意義而言，決定性的關鍵首先在於認識，讓改
革派信徒相應的生活樣式，之所以如此獨具一格，並且與中世紀一般
基督徒的日常生活有所區別的那些**獨特資質**。我們或可加以如此的
定式化：中世紀一般的天主教俗人信徒[85]，從倫理上來說，可說是過
著一種「過一天算一天」的生活。他們尤其認真履行傳統的義務。

84　巴克斯特（《聖徒的永恆安息》I，頁6）對於這個問題：以救贖為我們
　　的目的，是否不是為了圖利，是否合於律法？他的回答是：「若我們指望
　　救贖是所做善功的**代價**，那的確是圖利的。……否則的話基督所命令的就
　　是這樣一種唯利是圖，……如果尋求基督是為了圖利，那麼我正要這樣唯
　　利是圖」。然而，不少被視為正統的喀爾文派信徒也陷落到一種非常粗野
　　的善功得救之說。根據貝利的說法（《虔敬的實踐》，頁262），施捨是
　　避開**現世一時的**懲罰的手段。其他神學家建議被神捨棄者行善，理由是如
　　此一來他們身受的詛咒懲罰或許會好過一點，而被揀選者也要行善，因為
　　如此一來神就不止不是毫無道理的、而是有理有據的愛他們，遲早會給他
　　們報償。有些護教者也對於善功之於救贖的影響程度做出些許讓步（史奈
　　肯堡，前引書，頁101）。
85　在此，首先為了突顯特徵性的差異，絕對**有必要**使用「理想型的」概念來
　　加以說明。儘管如此做法在某種意義上有對歷史真相施加暴力之嫌，但若
　　非如此，在冗雜繁複的長篇大論之下，清楚的定式化實無可能。在何種程
　　度上，此處盡可能加以尖銳對比的差異只是相對性的，必須另外討論。不
　　證自明的是，天主教官方**教說**本身在中世紀時業已提出**整體生活**的有系統
　　聖化的理想。然而，毫無疑問的是：（1）教會的日常實踐正因為透過其
　　最有效的訓育手段，懺悔告解，從而**易於**造成本文裡所說的那種「無系統
　　的」生活樣式，再說，（2）喀爾文派信徒那種根深柢固的嚴肅冷峻的精
　　神氣氛和完全獨自奮戰的孤寂，必定是永遠不可能出現在中世紀天主教俗
　　人信徒的生活裡的。

但超過這之外的「善行」，一般說來就只是一種未必關聯的個別行為，或者至少是一種不一定會形成理性化生活**體系**的**個別**行為，各按當下情況，用以彌補具體的罪過，或因應靈魂司牧的感化，或用來當作臨終時的一種保險費。天主教的倫理固然是種「心志」倫理（Gesinnungsethik）。但是**個別**行為的具體「動機」（intention）決定了行為的價值。並且，**個別的**善行或惡行的功過，都要計算在行為者身上，從而影響其一時與永恆的命運。天主教會極為現實地算到，人**並不是**絕對依照一貫動機行事並作價值評斷的統一體，其道德生活（一般說來）常在相互衝突的動機左右下，充滿矛盾。當然，天主教會的理想也要求個人生活有**原則上的**轉變。但即使是這個要求（對一般人來說），卻因為天主教會最重要不過的一個權力手段與教育手段而再度弱化，那就是悔罪聖禮，其功能與天主教宗教意識最最內在的特質深刻結合在一起。

現世的「除魅」，亦即作為救贖手段的**巫術**去除[86]，在天主教的虔敬裡，並沒有做到像在清教（以及之前只有猶太教）宗教意識裡那樣的徹底。對天主教徒來說[87]，教會的**聖禮恩寵**[88]是彌補自己之不足

---

86 **此一契機所具有的絕對根本重要性**，就像我們曾經提過的，在〈世界諸宗教的經濟倫理〉當中才會漸次明朗清晰起來。

87 並且，在某種程度上，**包括**路德派教徒。路德並不**想要**去除聖禮巫術的最後這一點殘跡。

88 聖禮恩寵（Sakramentsgnade），「有一種（本質上是巫術性的）觀念認為，一個人可以經由攝食某種神聖的實體——例如某些屬害的精靈所化身的神聖的圖騰動物，或者某種經過巫術轉化為神之身體的聖餅——而取得神的力量。另一種（同樣也是巫術性的）觀念則認為，一個人可以經由參與某種聖禮而直接擁有神的性質、以及免受諸惡力的侵害」（《經濟與社會·宗教社會學》2-5-10-10）。——譯註

的手段。教士是個巫師，他在彌撒裡實行變體的奇蹟，手中掌握著天
國的鑰匙。信徒在告解與悔改裡求助於他，自他那裡得到贖罪、恩寵
希望與赦罪的確信，從而得以解脫那種可怕的緊張——生活在這種可
怕的內在緊張裡，是喀爾文教徒無法逃脫也無法借助他力來緩解的命
運。對他來說，既無友誼也無人情的安慰，他不能像天主教徒和路德
派的信徒那樣，希望借助他日善功的提高、來彌補心志軟弱和輕浮草
率時所犯下的過錯。喀爾文派的神所要求於其信徒的，不是個別的
「善行」，而是提升成**體系**的聖潔生活[89]。天主教徒犯罪、悔改、贖
罪、平安、然後再犯罪的那種真正屬於人性的起伏循環，在喀爾文信
徒是不可能的，更甭談用地上的懲罰來赦罪，或藉教會的恩寵手段來
清償整個人生的差額。所以，平常人的倫理實踐裡的那種無計畫性
與無系統性，就此被解除，並且因而形塑出籠罩整體生活樣式的一
套首尾一貫的**方法**。十八世紀清教思想最後一次大復興的擔綱者，
被冠上「方法主義者」（Methodist, 即衛理派）的稱號，是絕非偶然

89　參見例如 Sedgwick, *Buß- und Gnadenlehre*（deutsch v. Röscher, 1689）。
悔改者有個「**堅定不移的守則**」，切實不逾地加以奉行，並依循它來整
飭生活全體與行動（頁 591）。他遵從律法，明智、清醒且謹慎地過生活
（頁 596）。**唯有**當一**整個**人有了堅定永久的改變才可能如此，因為此乃
恩寵揀選的結果（頁 361）。「道德上的」善功與「聖靈的所為」（opera
spiritualia）之間的區別在於，譬如洪貝克（*op. cit.*, 1, IX, c. 2）闡述的，
後者乃再生者的生活的結果（*op. cit.*, Vol. 1, S. 160），在其中可以察覺到
持續不斷的進步，一如唯有藉神恩的超自然的作用才可能致此（*op. cit.*, S.
150）。救贖就是透過神的恩寵的一**整個**人的改變（*op. cit.*, S. 190 f.）。
這些是基督新教全體共通的思想，而且當然也出現在天主教最高的理想
裡；**但是**，只有在清教鎖定**入**世禁慾的方向當中才能展現出其對於現世生
活徹底的影響結果來，尤其是，唯有在清教那裡，這些思想才造成足夠強
大的心理**激勵**。

的，正如同意義上完全同等評價的「嚴謹派」（Präzisist）這個名稱
被加在其十七世紀的精神先行者身上一樣[90]。因為只有在每一時刻、
每一行為裡的整個生活意識的根本轉變[91]，才能證明那使人從自然狀
態（status naturae）移轉到恩典狀態（status gratiae）的恩寵作用。
「聖徒」的生活絕對只追求一個超越的目標——救贖；但正因如此，
在此世的生涯便徹底地被**理性化**，並且完全被增加神在地上的榮耀這
個觀點所支配。「一切都是為了增加神的榮耀」（omnia in majorem
dei gloriam），此一立場，從來沒有人比他們更認真地奉行過[92]。唯
有藉著不斷恆常反省來引領生活，方能克服人的自然狀態：笛卡兒[93]
的「我思故我在」，在此一倫理的重新解釋下，為當時的清教徒承接
了去[94]。此種理性化，帶給改革派的虔敬一種獨特的**禁慾**性格，並且

---

90 後面這個名稱在荷蘭特別是從那些嚴謹遵從聖經誡律過生活的「虔敬的信
　　徒」（Feinen）而來（例如沃特）。此外，十七世紀的清教徒當中也零星
　　出現「方法主義者」這個名稱。

91 因為，就像清教佈道者（例如班揚在其作品 *The Pharisee and the Publican,
　　Works of the Puritan Divines*, p. 126）所強調的，**任何**個別的罪過都足以毀
　　滅**一切**，一切在人的一生當中藉著「善行」所累積起來的「功績」，如果
　　——這是無法想像的——人可以憑一己之力做出些連神都必然要**承認**為
　　功績的事，或者一直持續完美地過著生活。清教並不像天主教那樣有一種
　　精神上的差額決算戶頭——在古代業已常見的一種想法，取而代之的是**畢
　　生**都要面對的一種險峻的二者擇一：恩寵狀態或捨棄滅亡。只是，清教也
　　有些戶頭清算想法的痕跡，參見本章註128。

92 這其中有著「律法上的正確」與「禮儀的正確」之區別，班揚視此為居住
　　在所謂「道德」之城裡的「世間智」先生（Mr. Worldly-Wiseman）的伙伴。

93 笛卡兒（René Descartes, 1596-1650），法國科學家和哲學家，人稱近代
　　哲學之父。詳見附錄13。——譯註

94 Charnock, *Self-examination*（*Works of the Puritan Divines*, p. 172）：「**反省**
　　與自知是**理性**者的特權」。附加註腳：「我思故我在（cogito ergo sum）

成為改革派與天主教之間既相互對立、但又有其內在親和性（innere Verwandtschaft）的基礎 [95]。因為，類似的事，天主教實在並非一無所知。

　　基督教的禁慾，無論就外在現象或內在意涵而言，無疑包含了極為不同的種類。但在西方，禁慾的最高形態早在中世紀即已具足了**理性的**性格，而且某些現象甚至早在古代就已如此。與東方的修道僧生活相對比，西方修道僧的生活樣式——雖非全體，但其一般類型——在世界史上所具的意義，便是基於這點。在聖本篤的教規裡，修道僧生活已從無計畫的現世逃離與達人式的苦行路徑解脫出來，克呂尼派與西篤僧侶莫不如此，而耶穌會修士 [96] 則更是如此。此種修道僧生活已發展成一套理性生活樣式之系統化建構的方法，目標在於：克服自然狀態，讓人擺脫非理性的衝動與人對俗世與自然的依賴，使人服從於有計畫的意志的支配之下 [97]，不斷自我**檢視**一己的行為且**審慎**

是新哲學的第一原則」。

95　此處還不到時候來討論鄧斯・司各脫的神學（這神學從未據有支配地位，多半只是被容忍，有時僅被視為異端）與禁慾的基督新教裡某些思考方式的親和性。虔敬派信徒後來對亞里斯多德哲學的特殊嫌惡，與路德（在稍有不同意味上）和喀爾文之有意識地敵視天主教的態度（*Inst. Chr.* II, c. 2, S. 4; IV, c. 17, S. 24）是一樣的。如卡爾（Kahl）所稱的，「意志之優位」（Primat des Willens），是所有這些流派所共通的。
　　鄧斯・司各脫（John Duns Scotus, 1266-1308），經院哲學家和神學家。詳見附錄 12。——譯註

96　聖本篤（St. Benedict of Nursia, 480-547?），克呂尼派（Cluny），西篤會（Cistercian），耶穌會（Jesuit）。詳見附錄 12。——譯註

97　與天主教的《教會詞典》（*Kirchenlexikon*）的"Ascese"條目裡所下的定義完全相同，其意涵和歷史上所見的最高的現象形態全然一致。*Realenzyklopädie für protestantische Theologie und Kirche* 裡齊貝格執筆的條目亦相

思量自己行為的倫理價值，藉此，客觀上把僧侶培育成服事神的國
度的工人，並因而在主觀上確保僧侶的靈魂救贖。此種**積極的**自制
（Selbstbeherrschung），不但是聖依納爵[98]的修行（exercitia）的目標，
也是一般理性的僧侶品德的最高形式[99]，同時更是清教徒在實踐生活
上具有絕對重要性的理想[100]。在清教殉教者的審問記錄裡，面對信徒
冷靜自制的沉靜態度，審判書記對於貴族教士與官員的慌亂叫囂，流
露出深切的鄙視[101]，而這種冷靜自制的崇尚，仍可見之於今日英國的

同。為了此番研究的目的，禁慾的概念必得被容許如在本文中的用法。他
人對此可能有別的、或廣義或狹義的看法，而且通常多半是怎樣的見識，
我是瞭然於心的。

98　聖依納爵（St. Ignatius of Antioch, 西元 40-110），安提阿主教、神學家，
　　基督教早期的殉教者。詳見附錄 12。關於「禁慾之理性地系統化」，可
　　以參考韋伯對印度正統瑜伽的討論，詳見《印度教與佛教》3-2-2-6。──
　　譯註

99　在巴特勒的《修提布雷斯》裡（第一歌，18, 19），清教徒被拿來與方濟
　　會的赤腳修道僧相比照。熱內亞的使節菲希（Fieshi）在一份報告裡稱克
　　倫威爾的軍隊為「修道僧」集團。

100　這種世俗外的修僧禁慾與世俗內的職業禁慾之間的內在連續關係，是我在
　　此表達得一清二楚的主張，而布倫塔諾（前引書，頁 134 及他處）卻徵
　　引**修道僧**的勞動禁慾及其推薦之事來**反對**我，真令人驚訝！此書所附的
　　"Exkurs"全都是對我的批判，而在這個論調上達到最高潮。只是，那樣的
　　連續關係，不管誰都能看到的，本來就是我的整體主張的一個根本前提，
　　亦即：宗教改革將理性的基督教的禁慾和講求方法的生活態度從修道院裡
　　拿出來，然後置入於世俗的職業生活裡。參見下文我連動都沒動過的敘
　　述。

101　收錄於 Neal, *History of the Puritans* 與 Crosby, *English Baptists* 裡的許多對
　　清教徒的異端審問記錄，呈現出如此情景。

「紳士」與英裔美國紳士的最佳典型[102]。以我們的用語來說[103]，清教
的禁慾，如同任何一種「理性的」禁慾，致力於使人有能力抑制「一
時的感情」，堅守並啟動「一貫的動機」，尤其是禁慾所「鍛鍊」出
來的動機，換言之，在這層形式─心理的意義上，培養人形成一種「人
格」（Persönlichkeit）。與某些流行的看法相反，此種禁慾的目標在
於，使人過一種警醒、自覺而明徹的生活，而其最迫切的課題則是去
除無拘無束的、本能的生活享樂，最重要的手段則是讓信徒的生活樣
式有秩序。所有這些決定性的重大觀點，在天主教的修道僧生活規律

---

102 桑福特（前引書及在他之前之後的許多人）已發現，「克制」（reserve）
的理想是源於清教。關於這理想，另參見 James Bryce, *American Common-
wealth*, Vol. II 當中有關美國大學的記載。「自我克制」的禁慾原則也使
得清教成為近代的軍事紀律的源頭之一。（關於近代軍隊制度的創始者
馮奧拉寧，參見刊載於 *Preuß. Jahrb.*, 1903, Bd. III, S. 255 的 Roloff 之說
法。）克倫威爾的「鐵衛騎兵團」（Ironsides）據說是手握上膛手槍，一
槍未發地策馬旋風般捲入敵營，他們之所以能勝出於保皇黨的「騎士團」
（Cavalieren），並不是在於其有如伊斯蘭修道僧得未使那般的熱情，而
是反之，由於其冷靜的自我克制，這總是使得他們可以聽任其領袖如臂指
使，不像保皇黨軍隊騎士風的襲擊老是讓自己的隊伍瓦解得零零落落。關
於這點，參見 Firth, *Cromwells Army* 的種種記述。
馮奧拉寧（Moritz von Oranien, 1567-1625），較常見的名字為 Maurice of
Nassau（莫里斯·拿騷），Prince of Orange。父親為荷蘭開國元首沉默的
威廉（William the Silent），他繼承父志領導荷蘭脫離西班牙統治的解放
戰爭。對軍隊的組織、訓練、補給以及戰術──特別是攻城戰──有極重
大的貢獻與發展，被視為近代軍隊制度的創始者。──譯註
得未使（dervish），詳見附錄 16。──譯註
103 關於這點，特別參見 Windelband, *Ueber Willensfreiheit*, S. 77 f.。

中，與在喀爾文教徒的生活樣式原則裡 [104]，全都同其顯著 [105]。兩者驚人的俗世克服力量，乃奠基於此種對整體人格的、講求方法的掌控上，特別是喀爾文教之所以不同於路德派，能夠作為「戰鬥教會」而維護基督新教的存在，也正是根源於此。

　　另一方面，喀爾文教的禁慾與中世紀的禁慾之間的**對比**是很明顯的，亦即，在喀爾文教派裡，「福音的勸告」被廢除，並且藉此而使禁慾轉變為純粹現世**內**的事。這並不是說，天主教內部「講求方法的」生活只局限在僧房裡。無論就理論上或在實踐上，情形都絕非如

---

104 依巴克斯特的說法，舉凡違背神所賜予為生活規範的「理性」的**一切**事物，皆是**有罪的**：不止是帶有罪之實質的熱情，而且包括一切無意義與無節度的感情**本身**。因為這些會摧毀「從容冷靜」（countenance），並且是純粹的被造物本色，使我們背離一切行為與感情在信靠神上的理性關係，從而侮辱了神。參較他對於發怒的罪惡性的說法（《基督徒指南》2. Aufl., 1678, I，頁 285 以及引用陶勒之說的頁 287）。關於不安的罪惡性，見頁 287, Sp. 2。至於我們的食慾若成為「飲食的基準或尺度」，乃是被造物神化，這點非常強調於頁 310, 316, Sp. 1，而且往復談論。這類的敘述被引用者，首先是到處都可見到的所羅門的箴言，此外還有浦魯塔克（Plutarch）的 *De tranquilitate Animi*（關於靈的平安），中世紀的禁慾的文獻也不少，諸如聖伯納及波拿文都拉等人。「有誰不愛酒、女人與歌唱」，反對這話的最尖銳立場可能就屬下面這個態度，亦即將被造物神化的概念擴及到一切的感官愉悅上，除非那是出於衛生保健上的理由（在此限度下諸如競技及其他「休閒活動」）才被許可（下一章還會討論到）。希望大家注意，在此及其他各處所引用的史料，並不是教義上、也不是教化用的著述，而是基於靈魂司牧的實踐所產生的話語，所以清楚顯示出其發揮影響的方向。
波拿文都拉（St. Bonaventura, 1217-1274），基督教神學家、方濟會會長、樞機主教，生於義大利。——譯註
105 只是沒這麼純淨。冥思，時而與感情相結合，往往和這些理性的要素交離在一起。但以此，冥思再度受到**講求方法的**規制。

此。實情毋寧是如前面所強調的，天主教的道德要求儘管較為和緩，
但倫理上毫無系統的生活卻**無法**企及其最高理想——即使是對現世內
的生活，也是標舉這樣的理想[106]。例如聖方濟創辦的第三修道會[107]就
是將禁慾注入日常生活的一項有力嘗試，而且如眾所知，這絕非僅有
的一回。其實，像《效法基督》[108]這類的作品，**透過**其發揮重大影響
的方式顯示出，書中所宣揚的生活樣式，讓人感覺要比最低限度的日
常道德還**更高**一層，而這日常生活正是**並未**以清教所秉持的那種尺度
為判準。除此，教會的某些制度的**施行**，尤其是贖罪券的販賣，必然
一再地扼殺了有系統的入世禁慾的萌芽，正因為如此，在宗教改革的
時代，人們覺得這些措施並不是無關緊要的濫權，而是關鍵性的根本
禍害。然而，決定性的重點還在於：能夠卓然特立地過著宗教意味上
講求方法之生活的人，一向都**僅止於**修道僧，所以，禁慾對個人的掌
握愈是有力，就愈是會迫使個人**脫離**日常生活，因為，**凌駕**於世俗
的道德之上[109]，自有神聖至福的生活。首先起而排除這點的，是路德

---

106 順帶一提，以上敘述若被解讀成是這種或那種宗教意識的**價值判斷**，那我
　　深表遺憾。這根本不是此處所關切的。我們在乎的不外是一定特徵——也
　　許對純宗教的價值判斷而言相對上枝微末節的，但就實踐態度上卻是相當
　　重要的特徵——的**影響**。

107 聖方濟（St. Francis of Assisi, 1181-1226），天主教方濟會創始人。第三修
　　道會（Tertiarierorden），詳見附錄12。——譯註

108 托瑪斯坎普（Thomas von Kempen, 1380-1471），天主教修士，神秘主義
　　者。著有《效法基督》（*Nachfolge Christi; Imitation of Christ*, 1418）一
　　書，大為轟動，號稱「聖經之外對基督徒影響最重要的作品」。詳見附錄
　　13。——譯註

109 關於這點，參見 *Realenzyklopädie für protestantische Theologie und Kirche*, 3.
　　Aufl. 當中，托洛爾區執筆的條目 "Moralisten, englische"。

——路德並不是什麼「發展趨勢」的實行者，而是純粹從自己個人的經驗出發，起初難免在實踐的結果上有所動搖，後來由於**政治**情勢而再向前推進——，喀爾文派只不過是從他那兒將此承接過來罷了[110]。法蘭克[111] 發現，宗教改革的意義乃在於，此後**任何一個**基督徒都必須是個僧侶終其一生，而事實上這可說是抓住了此一宗教意識之性質的核心所在。禁慾之逃離世俗日常生活的潮流，如今已被一道堤防給防堵住，先前成為修道僧最佳代表人物之來源的那些真心熱切的信徒，如今不得不在世俗的職業生活**當中**追求禁慾的理想。不過，喀爾文教派在其發展過程中，為此添加了某種積極的要素，亦即，必須要在世俗的職業生活裡作出**信仰證明**的這個想法[112]。此一想法為一心嚮往宗教的廣大階層帶來禁慾的**積極動力**，並且隨著其倫理之奠定於預選說（Prädestinationslehre），身處俗世之外之上的修道僧精神貴族，便由蒙神自亙古以來即預先選定的俗世聖人這種精神貴族所取代[113]。此一

110　**全然具體的**宗教上的意識內容與情勢——看似「歷史的偶然」——到底發揮了多大的影響力，其實清楚地呈現於：從改革派的基礎上產生出來的虔敬派的信徒有時甚為遺憾沒有修道院，並且，拉巴迪及其他人的「共產主義的」實驗不過是修道院生活的代替品。

拉巴迪（Jean de Labadie, 1610-1674），法蘭西神學家。原為天主教徒，後改奉新教，成立虔敬主義的拉巴迪派，詳見附錄9。——譯註

111　法蘭克（Sebastian Franck, 1499-1542），詳見附錄11。——譯註

112　這早已出現在宗教改革時代的一些信仰告白裡。里敇爾（《虔敬派的歷史》I，頁258f.）儘管認為後來的發展是改革派思想的墮落，但他也不否認，在例如 *Conf. Gall.* 25, 26, *Conf. Belg.* 29, *Conf. Helv.* Post, 17 這類信仰告白裡，改革派教會已由全然經驗性的標誌作出界定，並且，**不具道德活動的標誌**的信徒，**不會**被算作是屬於這個真正的教會者（另參見本章註55）。

113　「讚美神，我們並不屬於多數者」（Thomas Adams, *Works of the Puritan*

貴族，以其不可抹除的印記 [114]，與那些自亙古以來即被捨棄的其他人分隔開來，兩者間相隔著一道原則上無可跨越的鴻溝，而正因這鴻溝之不可目見 [115]，所以比中世紀時將僧侶與現世分隔開的外在壁壘還要可怕——這是一道深刻嚴峻地滲入到一**切**社會意識裡的鴻溝。因為，在面對鄰人的罪惡時，選民也就是聖徒之具足恩寵的應有態度，並不是意識到自己的軟弱而伸出寬大的援助之手，反倒是視他們為身負永被定罪之印記的神的敵人，而加以憎恨與鄙夷 [116]。此種意識可以是如

Divines, p. 138）。

114 不可抹除的印記（character indelebilis），根據天主教教義，七大聖禮中的浸禮、堅信禮、品級禮都賦予靈魂以「不可抹除的印記」，接受這些聖禮的人將永遠保有此一印記，因此這些聖禮只行一次。——譯註

115 歷史上如此重要的"birthright"（天生權利）思想，藉此在英國獲得有力的支撐：「長子被記名在天上。……就像長子的繼承權不會無效且他被記的名也永不會被註銷一樣，他們當然會承繼永恆的生命」（Thomas Adams, *Works of the Puritan Divines*, p. xiv）。

116 路德派發願悔罪者的後悔之情，對於往禁慾方向進展的喀爾文派的內在而言，真的不止在理論上，而且也在實踐上，都是陌生的。換言之，這樣的感情在倫理上是無價值的，對於被捨棄者而言全然無益。況且，對於確信自己乃是被揀選者的人而言，自己承認的罪乃成長不足與救恩不完全的徵兆，對此，並非懊悔之事，而是**憎恨**，是力求透過行為以增耀神的榮光來加以克服。參見何奧於 *Of Men's Enmity against God and of Reconciliation between God and Man*（*Works of the English Puritan Divines*, p. 237）當中的論述：「屬肉的心是**敵對**神的。因此，正是這樣的心，不光是在思考上，也有必要在實踐上積極地更換一新」。並且（頁 246），「和解是這樣開始的……首先必須深深確認……你以前的**敵對**神……曾經**疏離**神……其次（頁 251），清楚且真切地理解到，……那是極為荒謬不正且邪惡的」。此處言及的憎惡，專只針對罪惡，而不是針對罪人。埃斯特公爵夫人（Eleonora 之母）致喀爾文的著名信件裡談到，她將對自己的父親與丈夫抱著「憎恨」之心，**如果**她最後確信他們是被神捨棄者；這顯示，憎

此的高漲，以致有時甚至造成**教派**的形成。譬如十七世紀的「獨立派」運動，就發生這樣的情形：當時，純正的喀爾文信仰——認為為了神的榮耀，被捨棄者也應該要服膺於教會的律法之下——被另一個信念所壓倒，此一信念認為，一個非再生者之摻入神的羊群裡並參與聖禮，甚或受雇為牧師來司牧教會，是對神的侮辱[117]。如此，一言以蔽之，就是當義證的思想（Bewährungsgedanken）造成多納圖派[118]的教會概念浮現出來的結果時，就會有教派的形成發生，如喀爾文主義的洗禮派便是如此。此外，「純粹」教會的要求，亦即要求教會應該是再生選民的共同體，若未徹底到結果造成教派的形成時，也會促成種種教會制度的產生，這是因為試圖要去區分再生的基督徒，與非再生而不夠格參與聖禮的基督徒，並且企圖將教會的治理與某種特殊地位

恨已轉移到人身上，同時也是個例證，證明我們前面所說（本章頁111以下），個人的內在是如何在預定論的教義下，從基於「自然的」感情所連結起來的共同體的牽絆當中解放出來。

埃斯特公爵夫人（Duchess Renata d'Este, Renée of France, 1510-1574），法王路易十二世的次女，義大利和法國宗教改革史中的重要人物，詳見附錄9。——譯註

117 「唯獨那些證明自己**再生或成聖**的人可以被接納或算作可見教會的合適成員。若非如此，即**喪失教會的實在本質**」，這是歐文（John Owen）定式化的原則；歐文為獨立派喀爾文派的信徒，克倫威爾治下牛津的副校長（Owen, *Inv. Into the Origin of Ev. Ch.*）。另參見作者下一篇論文〈基督新教教派與資本主義精神〉。

韋伯此處所提到的書可能是 *Inquiry into the Original, Nature...and Communion of Evangelical Churches*（1681）。——譯註

118 多納圖派（Donatist），西元四、五世紀時盛行於北非基督教的一派，詳見附錄12。——譯註

保留給前者，而且只准許再生者擔任牧師一職[119]。

　　此種禁慾的生活樣式，顯然需要一種不斷可以作為行為取向的確固規範，而此種規範自然就在聖經裡找到了。人們常提到喀爾文教派的「聖經至上主義」（Bibliokratie），但對我們來說緊要點倒在於：**舊約**聖經與新約聖經同樣都是受聖靈的啟示而記下的，所以舊約聖經裡的道德命令，只要不是明顯僅針對猶太教的歷史情境而規定的，或是已被基督明白否定的，那麼完全與新約同具**一樣的**尊嚴。對喀爾文派的**信徒**而言，律法儘管不是全能實現的，但仍不失為理想的規範[120]，而路德原本反倒稱揚，不奉律法的**自由**是信徒的神聖特權[121]。希伯來人虔誠而又全然清醒的人生智慧——記錄於清教徒最熟讀的聖經篇章裡，亦即所羅門的箴言與某些詩篇——所起的影響，我們可以從清教徒的整個生活氣氛裡感覺到。其中，特別是**理性的**性格，亦即抑制宗教意識裡神秘的、一般而言**感情的**側面這點，桑福特業已正確指出[122]，正是由於舊約聖經的影響。舊約的理性主義本身即帶有小市民的傳統主義的性格，同時，其中不止包含著先知與許多詩篇的強力

---

119 參見〈基督新教教派與資本主義精神〉。

120 *Cat. Genev.*, p. 149. 貝利，《虔敬的實踐》，頁125:「我們所必須過的生活，是除了摩西之外誰也不能加給我們命令那樣」。

121 「律法對改革派信徒而言是理想的規範，在路德派信徒看來卻是無法企及的規範，從而削弱了力量」。在路德派的教理問答裡，律法位居**前頭**，為的是喚起必要的**順服**，在改革派的教理問答裡，律法一般是位於福音**之後**。改革派指斥路德派，「對於得救成聖真是畏首畏尾」（Möhler），而路德派則指斥改革派是「不自由的律法奴僕」且桀驁不馴。

122 桑福特（John Langton Sanford, 1824-1877），著有描述英國清教革命的歷史作品 *Studies and Illustrations of the Great Rebellion*（London, 1858），韋伯此處提到的可詳見該書頁79。——譯註

激情，而且還混合著促成中世紀時獨特的感情性宗教意識發展的諸要
素[123]。由此可見，最後畢竟還是喀爾文教自己**固有的**、而且正是那禁
慾的根本性格，從舊約的虔敬心之中篩選出與自己同質的諸要素，並
使之同化於自己。

　　喀爾文派基督新教的禁慾，與天主教修院生活的理性形態，兩者
共通的那種倫理的生活樣式的系統化，純就外在而言，明白地顯露於
「嚴正的」清教徒**審查**自己是否處於恩寵狀態的方式裡[124]。和信仰最
熱切的改革教會信徒一樣，起初由耶穌會所創造的近代天主教的虔敬
信仰（特別是法國），也是藉著信仰日記，將罪惡、懷疑與恩寵裡的
進步，持續地或填列表格式地一一記錄下來[125]。但在天主教裡，信仰
日記的目的是為了信徒懺悔的完整，或為「靈魂司牧者」（directeur
de l'âme）教導基督徒（多半是女性信徒）提供基礎；反之，改革教
會的基督徒則是藉信仰日記之助來**自我**「探查」自己的「脈搏」。所
有著名的道德神學家無不提到這點，而富蘭克林對自己各項品行上的
進步所做的表格─統計式的簿記，更是個經典的例子[126]。另一方面，
自中古早期（甚至古代）所傳下來的神的簿記這個觀念，被班揚推展

---

123 其中特別不可或忘的是〈雅歌〉──清教徒多半根本對它視而不見；其東
　　方式的性愛情色也影響了例如聖伯納那種類型的虔敬感情的發展。
　　聖伯納（St. Bernard, 1090-1153），天主教修士，詳見附錄12。──譯註
124 關於這種自我審查的必要性，參見例如已引述過的查納克對於〈哥林多後
　　書〉13: 5 的講道（*Works of the Pur. Div.*, p. 161 f.）。
125 大多數的道德神學家都這麼建議，如巴克斯特（《基督徒指南》II，頁 77
　　以下），然而他並未隱諱其中的「危險」。
126 此種道德生活的簿記當然在其他地方也是很普遍的。不過所欠缺的是將**重
　　點**擺在：作為自互古以來即已決定的揀選或滅亡的唯一**認識**手段，以及因
　　此而對此種「計算」的細心與嚴謹的決定性心理**激勵**。

到乏味至極的特別地步，也就是將罪人與神的關係比喻成顧客與店東的關係：無論是誰，一旦欠了債，或許能以一切功德的成果來抵銷累積的利息，但本金卻無法清償[127]。後期的清教徒，一如審視自己的行為那樣，也審視神的行為，並且在所有的生活細節裡看到神的手指。因而，與喀爾文本來的教論相反，他能夠知道，神為什麼做這種或那種處置。以此，生活的聖化幾乎就這麼帶上了企業經營的性格[128]。與路德派相反，喀爾文派所要求的倫理生活樣式的這種**方法論**（Methodik），所造成的結果是，整個生活的徹底基督教化。此種**方法論**對於生活的影響，實在是決定性的關鍵所在，若想對喀爾文派的影響有正確的理解，這點是不可或忘的。由此，我們得出兩個結論：一方面，正是**此**一顯著特質，才能產生那樣的影響，另一方面，即使是其他信仰，只要在這決定性的一點上，亦即在義證思想上，具有同樣的倫理啟動力，就必定能產生同一方向的影響。

　　至此，我們是以喀爾文派的宗教意識為基礎來進行討論，因此，前提是以預選說乃清教徒道德——意指講求方法地理性化倫理的生活

---

127 **這**就是與其他表面類似的行動樣式的決定性差異之所在。

128 巴克斯特在解釋神的**不可見性**時，是這麼說的（《聖徒的永恆安息》第12章）：就像人們可以透過通訊的方式來與未曾謀面的陌生人進行有利得的交易，人們也可以透過與不可見的神的「神聖交易」而賺取「無償的珍珠」。——此種商業的譬喻，而非以前的道德學家與路德派信徒一般的審判的譬喻，正是清教的特徵所在，事實上就是讓人去為自己「購得」自己的救贖。此外，參見下面這一段講道辭：「我們估算某物的價值時，是以智者會用什麼來交換為基準，並且這智者並非對此物一無所知或急切需求；基督，神的智慧，交出自己和珍貴的寶血，為要拯救靈魂，而這靈魂是他知之甚深且並不需求的」（Mattew Henry, *The Worth of the Soul, Works of the Puritan Divines*, p. 313）。

樣式——的教義背景。能夠這樣做，原因在於，此一教義的影響已遠
遠超出那個單一宗派的範圍——亦即無論在哪一點上都嚴格固守喀爾
文之立足點的「長老派」，成為改革教會教理的基石而廣受信奉。不
僅 1658 年的獨立派的薩伏依宣言裡包含著此一教義，1689 年的洗禮
派的《漢撒諾理斯信仰告白》，也得見此一教義[129]。在衛理派內部亦
是如此，儘管此一運動的偉大組織者衛斯理是普遍恩寵論的信奉者，
但衛理派第一代中的大煽動家與最透徹的思想家懷特菲爾德，以及圍
繞在韓廷頓夫人[130]身邊的那群一度相當有影響力的人，都是「特殊恩
寵論」（Gnadenpartikularismus）的信奉者。在十七世紀那個變故迭
起的嚴峻時代裡，正是此一教義之堂皇的嚴整一貫，支撐著那些「神
聖生活」的戰鬥代表們，讓他們堅信自己乃是神的戰鬥工具，是神
聖天意的執行者[131]，從而防止了一以此世為取向的、純粹功利主義的
事功至上思想提早癱瘓人心，要不然，在這種推崇事功的思想下，就
絕對沒有那種為非理性的理想目標做出空前犧牲的可能。此一教義以
其極為獨創的形式，結合起對無條件有效規範的信仰、與絕對的決定
論及神的完全超越性，而且比起那牽就感情、且將神也置於道德律之
下的較溫和的教義，原則上遠遠更是「**近代的**」。尤其是，如下文還

---

129 《漢撒諾理斯信仰告白》，詳見附錄 8。韋伯此處所說的「教義」，詳見《信
　　仰告白》的第三章〈神的旨意〉：「三、按照神的旨意，為了彰顯神的榮耀，
　　有些人和天使被選定因著耶穌基督得永生，以致祂榮耀的恩典得著贊美。
　　其餘者遺留在他們的罪行中，被公平定罪，以致祂榮耀的審判得著贊美。
　　四、神如此選定和預定的這些天使和人，都是經過個別地又不可變地計
　　畫；而且他們的數目是確定無疑的，既不可增，又不可減」。——譯註
130 懷特菲爾德（George Whitefield, 1714-1770），韓廷頓夫人（Selina Hastings,
　　Countess of Huntingdon, 1707-1791），詳見附錄 9。——譯註
131 反之，路德自己說過：「淚水先行於作為，受苦超越一切事功」。

要反覆看到，對我們的探討而言具有根本意義的**義證**思想，作為講求方法的道德實踐的心理出發點，可以就著預選說及其對日常生活的意義，進行如此「純淨培育」的研究，再加上，這義證思想作為連結信仰與道德的架構，相當一致地反覆出現在下面將要研究的各種教派中，所以，我們才必須以那最為徹底整合形態的預選說作為下手研究的起點。在基督新教內部，預選說對其最初信奉者的禁慾生活樣式所必然造成的結果，與路德派在道德上（相對的）軟弱無力，形成**最根本的**對比。路德派的「可能喪失的恩寵」（gratia amissibilis），由於藉著悔改懺悔可以隨時恢復，所以顯然**根本**欠缺驅動力，去促成本文認為禁慾的基督新教最重要的結果，亦即整個倫理生活之有系統的理性安排[132]。因此，路德派的虔敬信仰並沒有去壓抑本能行為與天真感情生活的自然活力，其中欠缺喀爾文派可怕的教義所具有驅動力，亦即驅動人不斷地自我檢視，因而有**計畫**地規制自己的生活。像路德那樣的宗教天才，生活在這種自由開放的氣氛裡，可謂怡然自得，而且，只要其羽翼仍力足翱翔，就不致有墮入「自然狀態」的危險。路德派最高代表人物所懷抱的那種質樸、典雅而又滿富情感的虔敬信仰，及其不受律法束縛的道德意識，在純正的清教地盤上是罕見的，反倒是在溫和的英國國教派裡看到較多類似的例子，諸如胡克、奇林渥斯[133]等人。但是，對於路德派的一般信眾來說，即使再怎麼優秀者，所確知的不過是，他們只是暫時被救出自然狀態罷了──只要各個懺悔和

---

132 韋伯的註釋，討論路德派與喀爾文派宗教性格的差異，詳見附錄3。

133 胡克（Richard Hooker, 1554-1600），英國神學家，安立甘派神學的創立人，詳見附錄9。奇林渥斯（William Chillingsworth, 1602-1644），英國神學家。
　　──譯註

教說還發揮夠力的影響下。眾所周知，當時人莫不明白感受到，改革
派的王公貴族，與經常陷溺於醉酒與粗野的路德派王公貴族，兩者間
的倫理水平差距有多大 [134]，如同相對於洗禮派的禁慾運動，路德派牧
師只是不斷宣說純粹信仰所表現的無能為力。德國人給人的感覺是
「和藹可親」與「天真率直」，相反的，英裔美國人的生活氣氛，乃
至相貌，至今仍留存著根本去除「自然狀態」之安樂所帶來的影響，
而這常讓德國人覺得是偏狹、不自由與精神受束縛，不是同路人。此
種生活樣式的相對反，根本上完全是由於路德派，與喀爾文派相反，
生活**並未十足**禁慾所致。無拘無束的「俗世之子」（Weltkind）對於
禁慾的反感，全都表現在那樣的感覺裡。路德派特別由於其恩寵論而
欠缺促使生活樣式系統化的心理驅動力，亦即迫使生活在講求方法的
方式下理性化。決定信仰之禁慾性格的這種驅動力，本身無疑**是可以**
從不同種類的宗教動機產生出來，我們很快會看到，喀爾文派的預定
論只不過是種種可能性中的**一個**而已。雖然如此，我們可以確定，它
不僅有一種獨特的首尾一貫性，而且其心理作用又格外有力 [135]。若純
就禁慾的宗教動機這個觀點來看，**非**喀爾文派的禁慾運動，似乎不過
是喀爾文派的內在一貫性的**和緩淡化**而已。

　　不過，即使就現實的歷史發展來看，雖非盡然、但大半如此的情
形是：改革派的禁慾形態，要不是被其他的禁慾運動所模仿，就是成
為從它那兒偏離出來、或越過它自成一家的種種準則的對比與補充。

---

134 有關這些，參見透拉克（Tholuck）漫談集 *Vorgeschichte des Rationalismus*。
135 關於**伊斯蘭的**預定論（正確地說：**決定論**）全然不同的影響及其原因，
　　參見先前引用的（海德堡神學學位）論文 F. Ulrich, *Die Vorherbestimmung-
　　slehre im Islam und Christentum*, 1912。關於詹森主義的預定論，詳見 P.
　　Honigsheim, *op. cit.*。

倘若信仰基礎儘管全然不同，但仍出現同樣的禁慾結果，那通常是由於教會**制度**的緣故，這點我們在別的關聯處再談 [136]。

　　無論如何，在歷史上，恩寵預選的思想乃是通常被稱之為「**虔敬派**」的這個禁慾流派的出發點。在此一運動仍留守於改革教會內的情況下，我們幾乎不可能在虔敬派喀爾文教徒與非虔敬派喀爾文教徒之間劃上一道明顯的界線 [137]。幾乎所有傑出的清教代表都時而被算作是虔敬派信徒，而且，就算把預定論與義證思想之間的所有關聯，連同其根本關注所在，亦即上文所說的主觀「救贖確證」的獲得，看作是虔敬派對純正喀爾文教義的進一步推展，這一點也不能說是錯的。改革派教團內部之發生禁慾的信仰復興，特別是在荷蘭，通常莫不與一時被遺忘或不再堅信的恩寵預選說之重新燃起，有密切的關聯。因此，在英國，「虔敬派」這個概念通常根本不為人所用 [138]。但即使是歐陸（尼德蘭─萊茵河下游地區）的改革教會裡的虔敬派，至少就重點而言，如同貝利的宗教意識，首先也不過是改革派禁慾的強化而已。由於如此地強調「虔敬的實踐」（praxis pietatis）這個決定性的重點，以致於教義的正統性退居幕後，有時甚至根本無關緊要。預定的選民有時也會犯教義上的錯誤，就像犯下其他罪惡，而且經驗顯

---

136 關於這點，參見本書下一篇論文〈基督新教教派與資本主義精神〉。

137 韋伯的註釋，對里敕爾論點的批判，詳見附錄 3。

138 *Realenzyklopäkie für protestantische Theologie u. Kirche*, 3. Aufl. 當中收錄的 Mirbt 執筆條目"Pietismus"，儘管頗富教益，但完全無視其改革派的前事，而僅將虔敬派的成立歸諸史賓納個人的宗教體驗，有點讓人錯愕。有關虔敬派的入門書，Gustav Freytag, *Bilder aus der deutschen Vergangenheit* 當中的敘述仍然值得一讀。若欲知英國虔敬派的起源而想讀讀當時的文獻，可參見 W. Whitaker, *Prima institutio disciplinaque pietatis*（1570）。

示，對學院神學一竅不通的基督徒，多的是信仰最明顯的果實，而另
一方面，光是神學的知識，絕對不能保證行為上的信仰確證[139]。所以，
恩寵揀選根本無從藉著神學知識之有無來證明[140]。因此，虔敬派對神
學家的教會抱持著深刻的不信任感[141]，儘管在形式上仍屬於教會——
這是它的一個特徵，開始將「虔敬的實踐」的信奉者聚集到遠離世俗
的「集會」（Konventikel）[142]。它想要讓聖徒的不可見的教會變成顯
現於地上的教會，並且在還不至於另行成立教派的情況下，讓信徒在
集會的共同體裡，過著棄絕俗世勢力、一切細節皆按神的意志而行的
生活，並藉此得以從日日生活樣式的外在表徵來確定自己的再生。這
真正皈依者的「小教會」（ecclesiola），也是所有虔敬派團體共通的，
希望藉著禁慾的強化，在此世就能品味與神交會的至福喜悅。後面這
種意圖，與路德派的「神秘的合一」倒有些內在的相似性，而且比起

---

139 韋伯的註釋，討論西歐宗教寬容思想的根源，詳見附錄 3。

140 將此種想法在實踐上清楚適用的，例如克倫威爾的「查核局」，亦即對牧
　　師職候補者的考試官。他們試圖加以確認的，與其說是神學的專業知識，
　　倒不如說是候補者的主觀的恩寵狀態。參見〈基督新教教派〉。

141 對於亞里斯多德與古典哲學一般性的不信任之為虔敬派的特徵，其原型已
　　見之於喀爾文本身（參見 *Instit. Christ*, II, chap. ii, p. 4; III, chap. xxiii, p. 5;
　　IV, chap. xvii, p. 24）。路德早期的不信任感亦不少於此，這是眾所周知的，
　　但是後來由於人文主義者的影響（尤其是梅蘭希頓）以及訓育與護教的必
　　要，立場有所轉變。為了獲得救贖所**必要的一切**，即使對未受教育者而
　　言，聖經所載已一應俱全，這當然也是《西敏寺信仰告白》所教示的（c.
　　I, 7），而且與基督新教的傳統完全一致。

142 官方教會對此提出抗議，例如蘇格蘭長老教會 1648 年的（小）教理問答
　　的第七項：**非**屬同一家族成員者之出席家庭祈禱會，是被禁止的，因其侵
　　害到**教職**的權限。如同任何禁慾的教團形成那樣，虔敬派意圖將個人從家
　　內的家父長制——與教職特權的利害相連結——的束縛中解放出來。

普通的改革派信徒，往往更加側重培養宗教的**感情**面。就**我們的**觀點而言，**這**可說是「虔敬派」在改革教會的地盤上發展的決定性特徵。因為，此種感情要素原本就是喀爾文派的虔敬意識全然陌生的，反而是與中古宗教意識的某些形態有著內在的親和性，以致引領實際的宗教意識走上在此世享受得救的喜悅之路，更甚於為了確定彼世的未來而做禁慾的戰鬥。而且，此種感情**有可能**昂揚到，直接使信仰帶有歇斯底里性格的地步，結果，由無數的實例可知，而且基於神經病理學可以理解的，在半意識的宗教恍惚狀態，與被感覺是「神已遠離」的精神虛脫狀態，交替出現的情境下，造成如此的**影響**：正對反於清教的系統化神聖生活所要求於人的清醒冷靜與嚴格的訓練，也就是，「抑制」的弱化，喀爾文教徒的理性人格之免於「感情」騷亂的抑制被弱化 [143]。同樣的，強調被造物之墮落的喀爾文派思想，也**可能被感**

---

143 此處我們很有理由刻意略開這些宗教的意識內容的「心理學」——就此字的專業學術意義而言——關係層面不談，並且盡可能避免使用相應的術語。包括**精神病學**在內的心理學上，真正被確定的概念成果，迄今尚不足以能直接被利用來進行我們的問題領域裡的歷史研究而不妨害歷史判斷的不偏不倚。運用其術語不過是徒生誘惑，將一些立即能明瞭而且往往是枝節的事實，披上一層半調子的陌生語彙面紗，然後製造出一種更具概念精確性的錯誤表象；令人遺憾的，蘭普雷希特就是個典型的例子。用比較認真的態度，嘗試運用精神病理學的概念來解釋某些歷史大量現象的例子，如 W. Hellpach, *Grundlinien zu einer Psychologie der Hysterie*, 12. Kapitel, 以及同作者的 *Nervosität und Kultur*。我無法在此嘗試闡明，在我看來就連這位非常多面取向的作者也受到蘭普雷希特一些理論的壞影響。相較於前此的文獻，蘭普雷希特關於虔敬派的套格式說明（*Deutsche Geschichte*, 7. Bd.）是多麼的毫無價值，只要略通文獻一二者無不盡知。蘭普雷希特（Karl Gottfried Lamprecht, 1856-1915），德國歷史學家，最早開展心理歷史學的學者之一。1885 年任波昂大學教授。1885-1886 年他

情地——例如以所謂「蟲的感覺」的方式——理解成職業生活裡的活動力的消除[144]。除此，預定論思想**可能**變成宿命論，如果，與純正的喀爾文派理性宗教傾向相對反，以情緒與**感情**的方式來思量預定論的話[145]。最後，聖徒從俗世隱退而去的渴望，在強烈的**感情**推升下，有**可能**導致一種半帶共產主義性格的修道院教團組織的出現，一如虔敬派，甚至在改革教會內部裡，一再展現的[146]。然而，只要這種極端的效果，亦即透過那種感情的培養所產生的效果，並未出現，也就是，只要改革派內部的虔敬派仍致力於在世俗的職業生活裡追求其救贖確證，那麼，虔敬派基本原則的實際效果，毋寧只是**更加**嚴格地以禁慾方式來檢視職業裡的生活樣式，為職業道德添加更為穩固的宗教基礎，比起被「純良的」虔敬派信徒視為次級基督教的那些普通的改革派信徒，光有世俗的「名譽」要來得強。在改革派的禁慾發展所到之處，此種禁慾愈是被嚴格實踐，就愈是肯定會出現宗教聖徒貴族，而此種宗教貴族主義進而會——像在荷蘭那樣——在教會內部自發性地組織起集會的形態；而在英國的清教裡，則部分是在教會制度裡產生

的名著《中世紀的德意志經濟》（*Deutsches Wirtschaftsleben im Mittelalter*, 3 卷）問世。1890 年在馬堡大學任教，一年後任萊比錫大學歷史教授，直至去世。他的傑作《德意志史》（*Deutsche Geschichte*, 12 卷；1891-1901），對德意志文明史學派的發展有重大貢獻。——譯註

144 熊廷休的「真實的基督教」（Innige Christendom）的信奉者即是如此。就宗教史而言，這可回溯到第二以賽亞的神的僕人篇章及〈詩篇〉第 22 章。熊廷休（Wilhelmus Schortinghuis, 1700-1750），荷蘭神學家。——譯註

145 這偶爾出現在荷蘭的虔敬派信徒身上，以及受史賓諾沙影響者。

146 諸如拉巴迪、特爾斯特根等人。
特爾斯特根（Gerhard Tersteegen, 1697-1769），日耳曼改革教派作家、神學家。——譯註

積極信徒與消極信徒的形式區別，部分是如先前所說，導致教派的形成。

在路德派的基礎上生成，且與史賓納、法蘭克及欽岑朵夫等人的名字相連結的**德國**虔敬派[147]，當我們對其發展作考察時，得暫且擱置預定論不談。但這絕不是有必要自外於他們因預定論而形成其理論高峰的那些思想過程的領域，因為，特別是像史賓納就自己證言，英國—荷蘭的虔敬派對他的影響，以及例如在其早期的集會裡誦讀貝利的著作，即可為證[148]。總之，從我們的特殊觀點看來，虔敬派不過是

---

147 上述諸宗教家與虔敬派的關係，詳見附錄 7 虔敬派。此處及下文提到的法蘭克是 A. H. Francke（1663-1727），而非上述十六世紀的法蘭克（Sebastian Franck, 1499-1542）。——譯註

148 最清楚地表現出這點的，或許是當他——人們想的是史賓納！——否定官方有控制集會的權限（除非出現無秩序或濫權的情況），因為這牽涉到的是經由使徒秩序所保證的基督徒的**基本權利**（《神學思辨》II，頁81f.）。原則上，這正是清教的立場：有關依據神的法（ex jure divino）而來的、因此是不可讓渡的個人權利，到底與官方當局的關係為何，以及其有效的範圍為何的立場。里敕爾並未忽略此一異端（《虔敬派的歷史》II，頁 157），而本文裡進一步提到的那個異端也難逃他的法眼（頁115）。不管他加之於「基本權利」思想——我們受惠於此一思想的感激之情，其實並不怎麼少於現在即使是「最極端的反動分子」心裡所感念的個人自由的最低限度的一切——的實證性的（更別說庸俗的）批判是多麼的不合歷史，我們還是完全贊同他認為，在以上兩種情況裡都欠缺與史賓納的路德派立場之間的有機連結關係。
史賓納憑藉著名的「虔敬慾望」（pia desideria）而在理論上奠下基礎並於實踐上打造出來的集會（collegia pietatis），本質上完全相應於英國的「聖經集會」（prophesyings），後者始於 1547 年拉斯可的倫敦聖經研究會（London Bible Classes），自此即成為反抗教會權威而受迫害的、各種清教虔敬形態特有的一種景象（所謂秘密集會，Slijkgeuzen）。最後，眾所周知的，他拿以下事實作為拒斥日內瓦教會紀律的基礎，亦即，此教

意味著，將講求方法地培育並審視生活的那一套，亦即**禁慾的生活樣式**，滲入到非喀爾文派宗教意識的領域裡去 [149]。不過，路德派必定感覺這種理性的禁慾是種異物，而且德國虔敬派的教理之所以欠缺首尾一貫性，便是由此而生的困難所造成的結果。為了給有系統的宗教生活樣式奠定教義上的基礎，史賓納將路德派的思考方式與改革派特有的善功標誌——「為了神的**榮耀**」——結合起來 [150]，並且，也將之連結於同樣是改革派的基調，亦即相信再生者在某種相對程度上有達到基督徒之完美境界的可能 [151]。只是，同樣欠缺理論的一貫性。儘管基督徒生活樣式的體系性性格，對於史賓納的虔敬派而言也是根本重要的，但深受神祕主義者影響的史賓納 [152] 卻寧可以一種相當不明確、但本質上是路德派的方式，試圖去加以描繪，而不是去辯證清楚。他並

會聘任的紀律擔綱者「第三階層」（status oeconomicus：基督教平信徒）甚至**並非**路德派教會組織裡的一部分。另一方面，在討論破門律的問題上，由於承認領邦君主所派遣的宗教法院的俗人成員是「第三階層」的代表，路德派的色彩因而被弱化。

拉斯可（John a Lasco, 1499-1560），波蘭宗教改革家。1543 年後曾在英國逗留過一段時間。——譯註

149 在路德派支配的地區裡，最初出現的“Pietismus”這個**名稱**已顯示出，在當時人的看法裡，其特徵之所在，是從“pietas”（虔敬）裡孕生出一種講求方法的**經營**。

150 當然必須要承認的是，此種動機在喀爾文派特為顯著，但**不僅**是它所固有的。在**最古老的**路德派的教會秩序裡也特別經常看到。

151 〈希伯來書〉5: 13, 14 的意味上。參見史賓納，《神學思辨》I，頁 306。

152 除了貝利與巴克斯特（*Consilia theological*, III, 6, 1; 1, 47; 3, 6），史賓納還特別重視托瑪斯坎普、尤其是陶勒（只是並不完全了解他，*Consilia theological*, III，6, 1; 1, 1）。對於後者的詳論，特別參見 *Consilia theological*, I, 1, 1, No. 7。對史賓納而言，路德是從陶勒直接衍生出來的。

不從聖化來推導出救贖確證，反倒是選擇前述路德派較鬆散的、結合
信仰與善功的方式，來取代義證思想 [153]。雖然如此，只要理性禁慾的
要素在虔敬派裡仍壓倒過感情的側面，那些就我們的觀點而言具有決
定性重要的觀念，就必定一再地躍居於優位，亦即：（1）以講求方
法的方式，使自己的聖潔生活在依循**律法**的審查下，愈來愈趨於堅定
不移與完美，此乃恩寵狀態的**表徵** [154]；（2）「在如此臻至完美之境
者身上起作用的，是神的意旨」，準此，因他的耐心守候與**講求方法
的慎思熟慮**，神必有所暗示 [155]。職業勞動對法蘭克而言，也是極佳的
禁慾手段 [156]。換言之，神本身正是透過勞動成果來祝福其信者，法蘭
克對此深信不疑，如同後文所見的清教徒。取代神的「正反聖定」[157]，

---

153 參見里敕爾前引書 II, S. 113。他拒絕接受後期虔敬派（與路德）的「懺悔
　　苦鬥」作為真正皈依的唯一判別標誌（《神學思辨》III，頁 476）。關於
　　聖化，作為從赦罪信仰當中生出的感恩果實——路德派特有的定式化（見
　　本書 1-1-3 註 8），參見里敕爾前引書 II，頁 115 註 2 所引。關於救贖確證，
　　一方面，《神學思辨》I，頁 324 裡說，真正的信仰與其說是**憑感情來感受**，
　　不如說是憑其**果實**（愛與對神的順從）而被**認知**，另一方面，《神學思辨》
　　I，頁 335f. 則說：「不過，凡是關於自己的救贖狀態與恩寵狀態應該憑什
　　麼來加以確定的憂慮，與其參考英國著述家的說法，倒不如信任我們——
　　路德派的——著述更來得可靠」。不過，關於聖化的本質，他倒是贊同英
　　國人的觀點。
154 法蘭克所推薦的信仰日記乃是這方面的外在表徵。聖化的講求方法的修練
　　與**習慣養成**，應該會助成其增長和善惡的**分辨**。——這就是法蘭克《關於
　　基督徒的完美》（A. H. Francke, *Von des Christen Vollkommenheit*）一書的
　　基本命題。
155 韋伯的註釋，詳見附錄 3。
156 A. H. Franke, *Lect. Paraenet*, IV, S. 271.
157 正反聖定（doppeltes Dekret），「聖定」是指全能全知的神在人的意志之
　　先已為萬事萬物預定好了。以聖經，尤其是新約聖經（就中以保羅的書信

虔敬派創造出種種觀念，本質上與此教說並無不同，只是方式較為緩
和，也就是說確立了一個奠基在神之特殊恩寵上的再生者貴族[158]，以
及上文為喀爾文派詳作說明的一切心理歸結。其中包括，例如，反對
者一貫歸之於虔敬派身上（當然並不正當）的所謂「限期悔罪論」
（Terminism）[159]，這是認為，恩寵是普遍施予眾人的，但不管任何
人，都只在生命的某個特定瞬間或者任何時候，被賜予一次，也是最
後的一次[160]。錯過此一瞬間者，即便是恩寵普遍論也救不了他，他等
於是處在喀爾文派教義裡為神所捨棄者的狀態。結果，此一理論相當
近似於法蘭克由自己的經驗概括出來且廣泛流傳於虔敬派裡──很可
以說是在虔敬派裡具有支配性的一種見解，亦即認為，恩寵是只出現

────────────

為著）為基礎，聖奧古斯丁、路德、喀爾文等人為此說的代表人物。所謂
「正反聖定」是指特別在喀爾文教義中所說的：神據其自由的恩寵，給予
某些人救贖，其他人則被毀滅，此種雙重預定即所謂的正反聖定。最簡要
的說明可見之於《西敏寺信仰告白》第三章（關於神永遠的定旨）第三條：
「按照神的定旨（聖定），為了彰顯神的榮耀，有些人和天使被選定得永
生，並其餘者被預定受永死」。詳見附錄 6 預定論。──譯註
158 里敕爾的批判特別是對準此種一再出現的觀念。參見法蘭克敘述此一教說
的著作《關於基督徒的完美》。
159 這也發生在並不信奉預定論的英國虔敬派信徒身上，例如古德溫。關於他
及其他人，參見 Heppe, *Geschichte des Pietismus in der reformierten Kirche*,
Leiden, 1879; 在里敕爾的權威性著作出現之後，關於英國及部分而言荷蘭
方面的情形，此書仍為不可或缺之作。即使到了十九世紀的荷蘭，柯勒
（根據其著作 Köhler, *Die Niederl. Ref. Kirche* 所述）都還被詢問到其再生
的**時間點**。
古德溫（Thomas Goodwin, 1600-1680），英國清教徒。詳見附錄 9。──
譯註
160 人們欲藉此來打破路德派恩寵回復可能的教說（特別是一般常見的臨終的
「皈依」）的寬鬆歸結。

一回的獨特現象，是唯獨在前此的「懺悔苦鬥」之後有所「突破」才能獲得[161]。因為，按照虔敬派信徒自己的看法，並不是每個人都備有經歷這種體驗的才具，那些依照虔敬派的指示，運用禁慾的方法以便導引出此種體驗而未果的人，在再生者看來，只不過是一種消極的基督徒。另一方面，為了導致「懺悔苦鬥」而創發出一種**方法**，並藉之以獲得神的恩寵，事實上便是人類**理性**活動的目標。再者，雖非全體（例如法蘭克就不是），但有許多虔敬派信徒，對於個人的懺悔告解抱持懷疑的態度，特別是如史賓納一再反覆質疑所顯示的，虔敬派的靈魂司牧者尤其對此有所疑慮，這也是由於那恩寵貴族主義而引發的，同時也是個人告解在路德派裡喪失根基的原因。透過懺悔所獲得的恩寵，是否發揮作用而表現在聖潔的行為裡，必然成為赦罪是否被認可的決定性關鍵，因此，光憑「悔改」（contrition）就足以得到赦罪，根本是不可能的事[162]。

欽岑朵夫的宗教見解，儘管在面對正統派的攻擊時曾經有所動搖，但在他的**自我**診斷下，總是一再回歸到神的「戰鬥工具」這個觀念。不過，除此之外，就我們的研究重點而論，這個詭異的「宗教業餘者」——里敕爾[163]這麼稱呼他——的思想立場，幾乎是沒有辦

---

161 與此相連結的是，確知皈依神的時與日的必要性，作為皈依乃真實無誤之事的無條件的判準；史賓納反對這點（《神學思辨》II, 6, 1，頁 197）。他不知所謂的「懺悔苦鬥」，正如同梅蘭希頓之不知路德的 terrores conscientiae（良心的恐怖）。

162 除此，所有的禁慾特有的「萬人祭司論」（allgemeiner Priestertum; universal priesthood）的反權威的解釋，自然也起了作用。有時教區牧師被建議將赦罪延期，直到真實悔改的「證明」出現為止；里敕爾說的對，原則上這是喀爾文派的作風。

163 里敕爾（Albrecht Ritschl, 1822-1889），德國路德派神學家。詳見附錄

法加以明確掌握的 [164]。他一再宣稱自己是「保羅—路德派立場」的代表者，而與固守**律法**的「虔敬派—雅各立場」相**對立** [165]。但是，兄弟教團本身及其實踐，根據其 1729 年 8 月 12 日的公證議定書，已採取了一種在許多方面都與喀爾文派聖徒貴族主義完全相對應的立場 [166]，而欽岑朵夫儘管總是強調自己為路德派 [167]，卻對此加以承認並

11。——譯註

164 韋伯的註釋，參考資料，詳見附錄 3。

165 德文此處是"pietistisch-jakobischen"，對照前面所說的「保羅—路德派立場」，"pietistisch-jakobischen"應該是「虔敬派—雅各（Jakob）立場」。英譯者帕森思（T. Parsons）在此將「雅各」譯為詹森（Jansen），不知何故（英譯頁 135）？不過，根據韋伯一向的觀點，保羅代表的是突破猶太人律法的解放思想（例如支持與外邦人「同桌共食」等），而雅各及其所領導的耶路撒冷教團則代表比較保守、堅持猶太律法（至少是最低限度的）立場。詳見《古猶太教》3-3-3-7；《宗教社會學》2-5-12-4。——譯註

166 「無論在什麼宗教裡，我們都不會承認那些未經基督的寶血洗浴且在聖靈的聖潔之中**不斷徹底更新**的人為兄弟。我們不承認任何公然的（＝可見的）基督教團，除非那兒純正地宣揚教誨神的話語，那兒的人像神子般**遵從神的話語，過聖潔的生活**」。後面這句話的確取自路德的小理問答，不過，就像里敕爾指出的，**在那兒**是用來回答如何使**神**的名為聖的問題，而**在此**是用來劃定**聖徒教會的界限**。

167 確實，他只在一種情況下承認《奧古斯堡信仰告白》是切合路德派基督教信仰生活的文獻，那就是如果人們——如其令人噁心的術語所說的——把「傷口流下的肉汁」淋在那上頭的話。讀他的東西有如贖罪之舉，因為他柔軟得溶成一團的思想，使他的語句比起菲舍爾（在與慕尼黑的「基督的松脂樹」派論爭時）如此恐怖的「基督的松節油」（Christoterpentinöl）還要糟糕。

菲舍爾（Friedrich Theodor von Vischer, 1807-1887），德國文學評論家和美學家，以建立一個文學寫實主義的理論基礎著稱。——譯註

鼓勵有加。將長老職務歸於耶穌基督（新約教會）的立場[168]，儘管議論紛紛，終究在 1741 年 11 月 12 日底定，這同樣是類似態度的外在表現。此外，在兄弟教團的三種「立場」當中，喀爾文派與摩拉維亞派根本上打從一開始就是以改革派的職業倫理為取向。欽岑朵夫完全以一種清教式的風格說出他反對衛斯理的見解，亦即，獲得義認者即使自己未必知道，但**他人**可以經由他的行為來**識別**他的義認[169]。但另一方面，赫恩胡特派特有的虔敬意識裡，感情的要素位居前導，特別是欽岑朵夫個人一再於其教團內部，全力阻擋清教意味下的禁慾聖化的傾向[170]，並以路德派的方式扭轉善功得救的解釋[171]。在拒斥集會與保留懺悔告解的影響下，教團內發展出依憑聖禮得救的這種本質上是路德派思想的立場。再者，欽岑朵夫特有的原則，認為宗教感情裡的**童心**（Kindlichkeit）乃是感情真摯性的表徵，還有，例如利用**籤**作為承接神意啟示的手段，在在強烈反作用於生活樣式的理性主義，以致

---

168 英譯者將「長老職務」（Ältestenamt）誤讀為「舊約」（Alte Testament）。十六世紀宗教革命後，大多數新教派（尤其是喀爾文派）都認為教會是僅由信徒組成的自治團體，應按新約教會的模式（也就是選舉產生的長老）來進行管理，此即長老制的起源，詳見附錄 7。——譯註

169 參見 Plitt, *op. cit.*, I, p. 346。更加明確的是 Plitt, *op. cit.*, I, p. 381 所引用的，對於「善功之於救贖是否必要」這個問題的回答：「沒有必要，且有害救贖的獲得，不過，在得救贖之後則極為必要，若不行善功，就不是真正得救」。所以，在此，不是救贖的原因，而是唯一的（！）識別根據。

170 例如透過「基督徒的自由」的諷刺畫——遭到里敕爾猛烈的攻擊（前引書，III，頁 381）。

171 尤其是透過救贖論裡更加極力強調懲罰而得恩赦的思想。在他意圖以傳道進而親近的嘗試被美國的教派拒絕之後，他即據此為聖化方法的基礎。後來，他將保持**童心**與謙卑自制推升到前導地位，成為赫恩胡特派禁慾的目標，而與教團裡極為類似清教禁慾的傾向形成尖銳的對比。

在虔敬派裡，整體而言，（欽岑朵夫）伯爵的影響所及之處[172]，赫恩胡特派的虔敬意識中的反理性、感情性的要素，要遠比其他宗派強烈得多[173]。道德與赦罪間的連結，在史邦根堡[174]的《信仰弟兄的理想》裡，如同路德派一般地鬆散[175]。欽岑朵夫之排斥衛理公會的致力追求完美，相應於——在此如同其餘各處——其根本上幸福主義的理想，也就是讓信徒在**當今**就在**感情**上體驗到永恆的救恩（他稱之為「幸福」）[176]，而不是引導他們以理性的勞動來確保其於**彼世**的至福[177]。

---

172 這自有其限度。光是這個理由就足以斷定，欲將欽岑朵夫的宗教意識嵌入到一種「**社會**心理的」發展階段裡，是錯誤的，一如蘭普雷希特之所為。此外，強烈影響其整體宗教意識者，再沒有比他身為**伯爵**、根本上具有封建本能的這個因素更巨大的了。再者，這宗教意識的**感情側面**，從社會心理學觀點看來，適合騎士階層感傷頹廢的時代之程度，絲毫不亞於適合這多愁善感的時代。若就社會心理角度而言，其與西歐的理性主義的反差，借鏡於德國東部的家父長制的束縛，是最容易獲得理解的。

173 這點顯現於欽岑朵夫與笛普爾（Dippel）的論爭當中，如同——在他死後——1764 年的宗教會議宣言明白表露赫恩胡特教團之作為救贖**機構**的性格。參見里敕爾對此的批判，前引書，III，頁 443f.。

174 史邦根堡（August Gottlieb Spangenberg, 1704-1792），德國基督教摩拉維亞弟兄聯盟主教，北美摩拉維亞教會的創建者。詳見附錄 10。——譯註

175 參見此書 §151, 153, 160。**即使**真正的悔改與赦罪也有可能不能達到聖化，這點特別在頁 311 的註解裡說得很清楚，而這立場與路德派的救贖論一致，正如同與喀爾文派（及衛理派）的論點相衝突。

176 參見 Plitt, *op cit.*, III, S. 345 所引的欽岑朵夫的見解。同樣的，Spangenberg, *Idea fidei*, p. 325。

177 參見例如 Plitt, *op cit.*, III, S. 131 所引欽岑朵夫關於〈馬太福音〉20: 28 的論述：「當我看見一個人，神賦予他美好賜物（＝才能），我就感到高興，並愉快地享用這賜物。但是當我注意到他並不滿足於自己的這份賜物，而想要使之更加美好，那麼我認為這就是那人毀滅的開始」。欽岑朵夫否認——特別是他在 1743 年與衛斯理的對話裡——聖化裡會有**進步**，因為他

另一方面，兄弟教團有別於其他教會的決定性價值，在於基督教徒生活的積極性，在於傳道及與此相關聯的職業勞動[178]，這思想仍熱烈地保留下來。此外，從**效用**的觀點上，將生活實際地理性化，也是欽岑朵夫的人生觀裡非常本質性的部分[179]。一方面，這是由於他（其他虔敬派代表人物也一樣），極為厭惡有危害信仰之虞的哲學思維，以及相應於此，偏好經驗性的個別知識[180]，另一方面，則是由於職業傳道

將聖化視同義認，而且**唯有**在與基督的**感情**關係裡才能發現（Plitt, *op cit.*, I, S. 413）。人作為神的「工具」的感覺，被神聖的「擁有」所取代，亦即神秘而非禁慾（其中的意涵，〈世界宗教的經濟倫理〉的導論裡會有說明）。當今的、**現世裡的**心靈狀態（如那篇導論裡所論述的），當然也是清教徒**真正**追求的。但是，被詮釋為救贖確證的這種心靈狀態，在他來說，是**感覺**自己為積極的**工具**。

178 然而，正因為是這樣（神秘傾向地）推衍出來的結果，所以並未irdnownt下首尾一貫的倫理基礎。欽岑朵夫拒絕路德在職業裡「侍奉神」——並以之為對職業忠誠的**決定性**觀點——的理念。對職業忠誠毋寧是對「救主的信實作為」的**回報**（Plitt, *op cit.*, II, S. 411）。

179 他的名言：「一個有理性的人不應該沒有信仰，而一個有信仰的人則不該沒有理性」，是眾所周知的，見其著作 *Sokrates, d. i. Aufrichtige Anzeige verschiedener nicht sowohl unbekannter als vielmehr in Abfall geratener Hauptwahrheiten*（1725）。再者，他偏好像貝利這樣的著述者，也是大家知道的。

180 基督新教的禁慾對於在數學的基礎上被理性化的經驗主義的顯著偏好，是眾所周知的，但此處無法進一步詳論。關於學問之轉向數學—理性的「精密」研究，其哲學動機及其與培根的立場的對抗，參見 Windelband, *Geschichte der Philosophie*, S. 305-307，特別是頁 305 底下的註解，適切地駁斥了將近代自然科學理解為物質—技術的利害關懷**產物**之思想。兩者間極為重要的關係是存在的，只是遠遠複雜得多。此外，參見 Windelband, *Neuere Philosophie*, I, S. 40 f.。對於基督新教的禁慾的立場採取而言，最具決定性的**觀點**在於，如同史賓納的著作（《神學思辨》I，

者機敏的世俗常識所致。作為傳道中心的兄弟教團，同時也是個企業經營體，引領其成員走上入世禁慾之路，也就是說不管在生活的哪一個領域裡，首先要問「任務」為何，然後冷靜而有計畫地加以實現。只是，這也構成一種障礙：我們在神以「恩寵預選」而揀選出來的「弟子」[181] 身上看到，由於以使徒的傳道生活為榜樣，因而景仰讚美使徒

頁 232；III，頁 260）最為清楚地表達出來的，基督徒是依其信仰的果實而被認識，神及其聖意也唯有靠著認識其**聖業**才有可能獲知。所有的清教徒、再洗禮派與虔敬派的信徒偏愛的學科是物理學，然後是運用相同的方法來進行研究的其他的數學—自然科學的學門。人們相信，從對自然裡的神的法則的經驗性把握，是有可能揚升為對世界之「意義」的認知，這是採取概念思索的辦法所不可能達到的，原因在於神的啟示的片斷性格——喀爾文派的思想。對禁慾思想而言，十七世紀的經驗論是探求「自然裡的神」的手段。它似乎把人引向神，而哲學思索則是偏離神。在史賓納看來，特別是亞里斯多德派的哲學，於基督教最是根本有害。**所有**其他的哲學都比較好，特別是「柏拉圖派的」哲學（*Cons. Theol.*, III, 6, 1, Dist. 2, Nr. 13）。進一步參見下面這段富有特徵性的話：「因此我沒什麼要為笛卡兒申言的（他沒讀過笛卡兒），然而，我總是想了再想，神讓人覺醒的，不是任何人類的權威，而是不為學者所知的，一心唯健全的理智是依的哲學本身，展現在人的眼前」（Spener, *Cons. Theol.*, II, 5, Nr. 2）。禁慾的基督新教的這種見解，對於**教育**的發展，特別是**實業**教育的發展，具有何等意義，是眾所皆知的。在與其對「信仰之默示」的態度相結合下，他們自身的教育學綱領於焉完成。

181 「那是一種人，他們以下述四種方式求得幸福：（1）讓自己變得微不足道、被蔑視、受辱罵；（2）凡在事奉主的事上用不著的一切，都不執著；（3）要不是一無所有，就是將所得的再給出去；（4）做**計日酬**的工，不是為了報酬，而是**為了蒙召於天職裡**服侍神及其鄰人」（*Rel. Reden*, II, S. 180; Plitt, *op. cit.*, S. 445）。**並非所有人**都可以或能夠成為「弟子」，而是只有那些蒙主召喚的人——不過根據欽岑朵夫自己的告白（Plitt, *op. cit.*, S. 449），這其中尚有難處，因為山上訓詞形式上是昭示**所有人**的。這種「自由的愛的無等差主義」與早期再洗禮派的理想之親和性是顯而易見的。

一無**所有**的那種卡理斯瑪，結果實際上意味著「福音的勸告」部分的
復活。這總是阻礙了見諸喀爾文派的那種理性職業倫理的樹立，只不
過，例如再洗禮派運動的轉化所顯示的，這也並非完全不可能，反倒
可以藉著**只是**「為天職之故」而勞動的思想，為此做好穩固的內在準
備。

　　總而言之，當我們從眼下**對我們的**研究而言緊要的觀點來檢視德
國的虔敬派時，就不得不承認，其禁慾的宗教基礎是動搖且不安定
的，相較於喀爾文派強固的首尾一貫性，實在遠為遜色，並且部分是
由於路德派的影響，部分是由於其宗教意識的**感情**性格所致。誠然，
將此種感情要素說成是虔敬派對反於**路德**派的獨有特色，實在非常偏
頗 [182]。但是，相較於喀爾文派，生活理性化的強度必然是較低的，因
為必須對許諾永恆**未來**的恩寵狀態不斷加以重新證明的那種思想的內
在驅力，在虔敬派裡被感情性地移轉到**現在**，並且，預定論信徒在不
休不止且成功有效的職業勞動裡一直想要重新獲取的自我確信，也
被謙遜與自卑的態度所取代 [183]，而這態度部分是純粹以內在體驗為取
向的感情興奮所造成的結果，部分則是由於路德派的懺悔告解制度
所致，儘管虔敬派對此總是抱持著深刻的疑慮，但多半是加以容忍

---

182 因為虔敬意識的感情性的內化，對於路德派來說，即使是在後來的時代
　　裡，也絕非全然陌生。在路德派信徒眼裡看來帶有「善功得救」之嫌的**禁
　　慾的**生活規制，**於此**則是本質性的差異。

183 史賓納認為「真心的憂慮」是比「確信」更好的恩寵徵兆（《神學思辨》I，
　　頁 324）。我們在清教的著述者身上當然也看得到對「假的確信」發出嚴
　　正的警告，但至少預定論說——只要其對於靈魂司牧還發揮決定性影響
　　——總是起著相反方向的作用。

的 [184]。所有這些全都顯示，路德派特有的那種追求救贖的方式：決定性關鍵並不在於生活實踐上的「聖化」，而在於「罪的赦免」。取代有計畫且理性地努力獲得並固守關於未來（彼世的）救贖的確實認知，於此是**感覺**現在（此世）與神和好與交會的需求。如同經濟生活裡，當下享樂的傾向，與基於對未來的考量而做理性的「經濟」安排，兩相衝突一樣，在宗教生活的領域裡，某種意義上情形也是如此。換言之，很顯然的，以現下的內在感情激昂為取向的宗教需求，對於改革派「聖徒」唯彼世的救贖確證是求、而致力於將現世內的行為理性化的驅動力而言，是一項**負數**，然而，相對於正統路德派信仰之執著於傳統主義的經言與聖典，此種感情取向則又更加適合於宗教之講求方法地滲入到生活樣式裡的發展。整體而言，從法蘭克、史賓納到欽岑朵夫，虔敬派是**愈來愈**往強調感情性格的方向移動。但是，此中所表達的，絕對不是什麼虔敬派的內在「發展傾向」。那樣的差異性毋寧是來自於各派別的領導人物所生長的宗教（與社會）環境的反差。對此，我們在此無法深入探討，而且也不便詳論，德國虔敬派的特色是如何展現於其社會與地理的**擴張**上 [185]。此處，我們必須再次提醒自己，從這感情性的虔敬派，到清教聖徒的宗教生活樣式之間，包含著僅有些微色差層次的種種過渡階段。如果非得對此種差異的實際結果暫時做一番特徵描述的話，那麼我們可以說，虔敬派所培育的品德較多展現於，一方面是「職業忠誠的」官吏、雇員、勞動者與家內生產

---

184 因為告解的**心理**效果無論何處皆為解除個人對自己行為所該負的責任——正因如此而被渴求；但如此一來便會鬆解了嚴格徹底的禁慾的要求。
185 純粹**政治的**因素也在其中（包括對虔敬派的虔信方式）扮演了多麼重大的角色，里敕爾已在其關於烏騰堡的虔敬派的敘述中稍有提及（經常加以引用的 Bd. III）。

者[186]，另一方面主要是家父長作風的雇主，在為神所喜的那種（欽岑朵夫式的）**屈尊謙卑**姿態下。相較之下，喀爾文派似乎與市民—資本主義的企業家的嚴格、正直與積極，更加有相互的親和性[187]。最後，**純粹的**感情性虔敬派，如里敕爾所指出的[188]，是一種為「有閒階級」而設的宗教遊戲。不管這番特色描述再怎麼不足，今日那些在此兩種禁慾運動分別影響下的民族，仍舊於經濟特色裡呈現出與此相應的一定差別。

　　結合起感情與禁慾的宗教意識，並且愈來愈無視或拒斥喀爾文派禁慾的教義基礎，這刻劃出歐陸虔敬派的英美對應版的特性，此即**衛理公會**（Methodism）[189]。此一名稱本身業已顯示出此派信徒令當時人印象深刻的特性：為了獲得救贖確證而「講求方法」地將生活樣式系統化。**這**打從開始而且一直都是此派的宗教努力的核心。儘管有種種差異，其與德國虔敬派的某些方向無疑是相近似的[190]，這尤其顯示

---

186 參見本章註181所引的欽岑朵夫的話。

187 當然，喀爾文派——至少純正的喀爾文派——也是「家父長制的」。例如巴克斯特的活動成果，與基德明斯特的產業的家內工業特色之間的關聯，清楚呈現在他的自傳裡。參見 *The Works of the Puritan Divines*, p. 38 所引的一段話：「這城市是靠基德明斯特紡織品的織造過活。當他們在織布機前作活時，也把書本架在前頭，或者互相請益……」。然而，奠基於改革派、尤其是洗禮派倫理上的家父長制，和奠基於虔敬派上的家父長制，迥然有別。這個問題我們只能在其他關聯裡加以討論。

188 Ritschl, *Lehre von der Rechtfertigung und Versöhnung*, 3. Aufl., I, S. 598。當腓特烈‧威廉一世說虔敬派是適合**坐食者**的一種宗教，那麼，他所指的，與其說是史賓納或法蘭克的虔敬主義，倒不如說是他自己的。國王自己深知為何要以寬容令來為虔敬派敞開國家大門的道理。

189 韋伯的註釋，參考資料，詳見附錄3。

190 撇開衛斯理個人的影響不談，這樣的親近性是由歷史所決定的，一方面，

在，此種方法特別被轉用於誘發「皈依」的**感情性**行為。衛斯理本身因受赫恩胡特派─路德派的影響而被喚起的這種感情性，由於衛理派打一開始即以向大眾宣教為其使命之故，所以帶有一種強烈的**情緒性**性格，特別是在美國。在某些情況下，懺悔苦鬥甚至高昂到一種極為嚇人的恍惚忘我狀態，在美國偏好發生於（信眾集會的）「焦慮之席」（anxious bench）上，致使信徒產生一種無功而受神恩寵的信仰，同時因而直接導致義認與赦罪的自覺。即使要面對不小的內在困難，這情緒性的宗教意識還是與禁慾的倫理──因清教而徹底被烙上**理性**印記的禁慾倫理，產生某種特異的連結。首先，與喀爾文派認定一切光是感情的東西都是可疑的欺瞞相對反，此派認為，蒙神恩寵者純粹感情的、直接從聖靈印證產生的絕對確信──至少通常到了時候就肯定發生──乃是救贖確證唯一確實的基礎。衛斯理將聖化的教理推展到理論的極致，但明顯偏離正統的解釋；根據衛氏的教說，這樣的再生者可以在現世的生活裡，因那已在其身上起作用的恩寵之力，經由一種通常是一個個次發性的、但往往又是突如其來的內在經歷，亦即「聖化」（Heiligung），而達到自覺**完美**（意味著無罪）的意識。不管達到此一目標有多麼困難──多半要到生命終了之時，但仍須全力以赴，因為，這終究保證救贖確證，並以開朗的信心取代了喀爾文派

由於預定論教義的消退，另一方面，由於衛理公會的創始者們「因信稱義」（sola fide）的有力復活，尤其是後者特殊的**傳道**性格產生了強大的推動力。這使得中世紀的「覺醒」佈道的某些方法（變形地）復活，並且和虔敬派的形態相結合。此一現象的確並不屬於往「主觀主義」發展的一**般**基本路線，因為在這方面不僅不及虔敬派，也落後於中世紀聖伯納的虔敬意識。

「陰鬱沉重的」焦慮 [191]。以此，真正的皈依者必然會以罪惡至少「對
他已無能為力」這個事實，來向自己及他人證示自己真正的皈依。不
過，**感情**的自我驗證即使具此決定性意義，但以**律法**為取向的聖潔行
為當然還是要堅持的。每當衛斯理在抨擊當時的善功義認說時，不過
是一再重振古老的清教思想，就是說善功善行並非救贖狀態的真正原
因，而只是識別的根據，即便如此，行為也只單為了神的榮耀而已。
一如他的親身體驗，**僅只**善行義舉是不夠的，還得加上身處恩寵狀態
的**感情**才行。他自己時而稱善行為恩寵的「條件」，並且在 1771 年 8
月 9 日的宣言裡強調 [192]，不為善行者，即非真信徒。衛理公會的人也
常強調，自己之有別於國教者，不在教理，而在信仰的方式。信仰之
「果實」的這層意義，大抵是奠基於〈約翰一書〉第三章第九節 [193]，
行為被視為再生的清楚**徵示**。雖然如此，但是仍有許多困難 [194]。對信
奉預定論的衛理派信徒而言，救贖確證並非在於禁慾的生活樣式本身
歷經不斷重新證明所得出的恩寵意識，而是在於當下的恩寵與完美**感
覺** [195]——因為此時「堅忍」（perseverantia）的確信與**只此一回**的懺

---

191 衛斯理本身便常標舉這點為衛理派信仰的功效。這與欽岑朵夫的「幸福」
的親和性不言可喻。

192 例如見於 Watson, *Leben Wesleys*（德譯本），S. 331。

193 「凡從上帝生的，就不犯罪，因上帝的道（原文作「種」）存在他心裡。
他也不能犯罪，因為他是由上帝生的」（〈約翰一書〉3:9）。——譯註

194 J. Schneckenburger, *Vorlesungen über die Lehrbegriffe der kleinen protes-
tantischen Kirchenparteien*, Herausgeg. Von Hundeshagen（Frankfurt, 1863），
S.147.

195 懷特菲爾德——信奉預定論教說的一群人的首領，這群人在他死後由於缺
乏組織而星散——打從根底拒斥衛斯理的「完美」的教說。實際上，這教
說只不過是喀爾文派的確證思想的**代用品**。

悔苦鬥連結在一起──，這意味著以下二者的其中之一。第一，要不是，軟弱的信徒這一方，可以對「基督徒的自由」做反律法主義的解釋，亦即講求方法的生活樣式鬆垮下來，第二就是，拒斥此種結論，聖徒的自我確信高揚到令人目眩的極致頂點[196]，亦即清教類型的**感情**性昂揚。面對對手的攻擊，此派中人試圖為這結果做出辯護，一方面是更加強調聖經的規範妥當性與救贖證明的不可或缺性[197]，另一方面則是實際上造成在此運動內部以恩寵可能喪失的教說，更加強化衛斯理反喀爾文派傾向的局面。在兄弟教團的媒介下，衛斯理自身無以免脫的路德派的強烈影響[198]，加強了此一發展，並且使衛理派的道德之宗教取向更加**不穩定**[199]。最後，結果根本上被首尾一貫地固守著的，唯有作為不可或缺之基底的「再生」的概念──再生乃作為**信仰**果實而直接顯現的感情性救贖確信，以及，作為恩寵狀態之證明的聖化概念──聖化乃（至少有可能）自罪惡力量中獲得解放的結果。與此相

---

196 史奈肯堡，前引書，頁 145。Loofs, *op. cit.* 的記述稍有不同。這兩個歸結對所有類似性質的宗教意識而言毋寧是典型的。
197 譬如 1770 年的會議。早在 1744 年的第一次會議裡即已承認，聖經的話語一方面在喀爾文派、另一方面在反律法主義「僅有毫髮之差」。既然如此模糊，只要聖經作為**實踐**規範的妥當性仍被堅持，即不應以教義上的不同而區隔彼此。
198 衛理派有別於赫恩胡特派，在於其無罪完美的可能性的教說，而這特別是連欽岑朵夫也拒斥的。然而，另一方面，衛斯理覺得赫恩胡特派的宗教意識的**感情**側面是「神秘的體驗」，並且說路德對於「律法」的見解是「褻瀆神的」。於此顯示出，任何一種**理性的**宗教生活樣式與路德派之間一直無可避免的障礙。
199 衛斯理時而如此強調：無論何處，教友派、長老派也好，高教會派也罷，信徒都必須信仰教理，只除了衛理派。關於上述各點，參見極簡要的論述 Skeats, *History of the Free Churches of England, 1688-1851*。

應的是，不再著重外在的恩寵手段，特別是聖禮的意義。無論如何，
隨衛理派而來的「一般的覺醒」（general awakening），無論何處，
也包括例如新英格蘭，是皆意味著恩寵與揀選教說的發揚[200]。

　　以此，就**我們的**觀點而言，衛理派是如同虔敬派那樣，倫理基底
不穩定的信仰宗派。不過，追求「更高生活」與「再次被祝福」的努
力，在此派有如預定論的一種代替品，並且，由於生根茁壯於英國，
所以其倫理的實踐也一以英國改革派基督教的倫理為取向，一心渴望
成為後者的「復興」。皈依的情緒性行為，是以**講求方法**的方式來誘
導出來。並且，在到達此等情境後，並不是像欽岑朵夫的感情性虔敬
派那樣，虔誠地享受與神的交會，而是馬上將這被喚醒的情感導引到
理性地致力於完美的方向。因此，此一宗派信仰的感情性格並未走向
德國虔敬派那樣一種內在感情性的基督教。這點和**罪**感的較不那麼強
烈（部分而言這正是皈依的情緒性過程所造成的結果）有所關聯，史
奈肯堡早已指出，而且也是在對衛理派的批判討論裡最常被提出的一
點。其中，關鍵還是在於宗教感情上**改革派的**根本性格。感情的興奮
只是時而被「奇碧莉式地」[201]撩撥成狂熱狀態，但絕不致於有傷生活
樣式的理性性格[202]。準此，衛理派所創造的只不過是純粹善功得救教

---

200 參見例如 Dexter, *Congregationalism*, p. 455 f.。
201 奇碧莉（Cybele, Kybele），小亞細亞弗利基亞（Phrygia）一帶的大地女神。
　　本來只是個豐饒多產的女神，後來卻成為最高之神，被認為具有預言、治
　　療、保佑戰事等所有方面的能力。奇碧莉女神的崇拜大約於西元前五世紀
　　左右傳入希臘，再於西元前二世紀傳入羅馬。奇碧莉與其夫神亞提斯被當
　　作是偉大的母神而成為狂熱的密儀崇拜的對象。——譯註
202 不過自然**可能**有所損傷，就像現今美國黑人的情形。此外，衛理派的感情
　　激動往往清楚帶有的病態性格，對比於虔敬派相對溫和的感情性，**或許**和
　　衛理派普及的地區裡，**禁慾**愈來愈強烈滲透到生活當中有所關聯也說不

說的一種**補充**，在預定論被放棄之後，為禁慾的生活樣式奠立宗教基礎。行為所顯示的識別標誌，作為真正皈依之不可或缺的審視基準，甚或如衛斯理常說的，作為真正皈依的「條件」，事實上和喀爾文派所主張的如出一轍。作為後起之論[203]，衛理派對於職業觀的發展既然毫無新的貢獻[204]，我們在接下來的討論裡，基本上可以撇開不談。

　　歐陸的虔敬派與盎格魯撒克遜民族的衛理派，無論就其思想內容或就其歷史發展來看，都是派生的現象[205]。反之，除了喀爾文派，基督新教的禁慾還另有一個**獨立的**擔綱者，那就是**再洗禮派**，以及從這運動直接分枝出來，或透過採取其宗教思考形式，而於十六、十七世紀間成立的諸教派[206]，亦即**洗禮派**、**門諾派**、尤其是**教友派**[207]。這些教派所形塑出來的教團的倫理，是根植於一種原則上完全不同於改革派教說的基礎上。以下的簡短描述，僅僅彰顯那些對**我們**而言重要的

定。不過，這只有精神病理學者才能斷定。

203 Loofs, *op. cit.* 極力強調衛理派不同於其他禁慾運動之處在於，它興起於英國啟蒙時期**之後**，並且將之與十九世紀初葉德國虔敬派的（當然相當微弱的）復興相提並論。不過，按照里敕爾的見解（*Lehre von der Recht-fertigung und Versöhnung*, Bd. I, S. 568 f.），把它和欽岑朵夫的虔敬派運動風格相對應來看也不妨——不同於史賓納與法蘭克，這**亦**已是對啟蒙思想的反動。只是，同為反動，衛理派所採取的方向迥異於赫恩胡特派——至少，只要此派是在欽岑朵夫的影響下。

204 不過，就像後面引用的（頁 215-216）衛斯理的那段話所顯示的，衛理派完全如同其他的禁慾宗派發展出職業觀並得出同樣的結果。

205 並且，如所見的，是清教徹底禁慾的倫理的**緩和**形態。然而，如果有人，就像世間喜好的方式，想要將這些宗教觀念理解為不過是資本主義發展的「指數」或「反映」，那麼事實必然是**正相對反**的。

206 韋伯的註釋，洗禮派、教友派及相關文獻，詳見附錄 3。

207 韋伯的註釋，有關再洗禮派，詳見附錄 3。

側面，至於此一運動繁多的模樣是無法給予清晰概念的。當然，我們
要再度把重點放在先進資本主義各國的發展上。所有這些教團在歷史
上與原則上最為重要的思想，是我們對其萌芽狀況已有所了解的「信
者的教會」（believers' church）[208]，而關於此一思想對於文化發展的
影響力，當然得在另外的關聯裡加以討論才能釐清。所謂「信者的
教會」意指：宗教共同體，或依宗教改革期間新教各教派的用語來
說，「可見的教會」[209]，不再能被理解為一種目的在彼世的信託遺贈
基金，或一個必然包括義者與不義者在內的**機構**——不管是為了增加
神的榮耀（喀爾文派），或是為了將救贖財施予人（天主教與路德
派）——，而全然是個**個別再生者信徒**的共同體，而且單止於這些
人，換言之，它並不是個「教會」，而是「教派」[210]。唯有個人於內

---

208 參見本章註 117。

209 關於其起源與變遷，參見 A. Ritschl, *Gesammelte Aufsätze*, S. 69 f.。

210 當然，再洗禮派信徒總是拒絕被稱為「教派」。他們是〈以弗所書〉5:
27 意味下的**那種**教會。但是，在我們的用語裡，他們是「教派」，**不止**
是因為他們與國家並無任何關係。原始基督教時代的教會與國家之間的關
係，是他們的理想，甚至教友派（巴克萊）也一樣。因為，就像許多虔敬
派信徒（特爾斯特根）那樣，對他們而言，**唯有**十字架下的教會的純正性
才是無可懷疑的。但是在一個**不**信仰的國家底下，甚或是在十字架底下，
即使是喀爾文派——在同樣情況下，天主教也一樣——也必然要贊同，作
為次善的方法（faute de mieux），國家與教會的分離。再者，他們是個「教
派」的道理，也**不**在於納入為教會成員**事實上**是要透過教團與求道者之間
的加入契約。因為，例如荷蘭的改革派教團在**形式上**也是如此：由於原本
的政治情勢使然，這些教團必須依循古老的教會制度（參見 v. Hoffmann,
Kirchenverfassungsrecht der niederl. Reformierten, Leipzig, 1902）。他們之
為教派，原因毋寧在於：他們當中不可以包含未再生者，以免偏離原始基
督教的模範，亦即，教團**只可以**透過自由意志的方式，作為教派，而被組
織起來，並不是依機構的方式而組織成教會。在改革派看來這不過是歷史

在已獲得信仰並加以告白的那些成年人才給施行洗禮的原則──本身
純粹是外在的原則，所象徵的盡在於此 211。憑藉此一信仰而來的「義
認」，對再洗禮派信徒而言，一如他們在所有的宗教討論裡不厭其煩
地一再重複的，大大有異於將基督事功「經判別」（forensisch）而**賦
予**人的那種思想，亦即支配早先的基督新教正統教理的思想 212。對他
們來說，義認毋寧是**於內心裡**將基督的救贖事功**占為己有**。不過，這
得靠個人的**啟示**，亦即憑藉聖靈在個人身上的作用，並且**唯**此憑藉。
啟示是提供給每一個人的，所以只要靜待聖靈並且不要深深執著於塵
世而抗拒它的到來也就足夠了。結果，對教義的認識與藉悔改而獲得
神的恩寵等意味下的信仰，盡失其重要性，從而出現一種原始基督教
的聖靈宗教思想的復興──當然是頗為變形的。例如門諾西蒙以其著
作《原理》（*Rondamentboek,* 1539）而為之首創出稍具體系的教說的
那個教派，如同其他的再洗禮教派，希望成為真正無罪的基督的教
會，亦即目的在於成為像原始教會那樣一種、只由**親身**被神所喚醒且
獲召命的人所形成的教團。再生者，而且唯有他們，是基督的弟兄，

事實的景況，但對再洗禮派的教團而言這關係到「教會」的**概念**。當然，
改革派裡也有特定的宗教動機，要求走向「信者的教會」，我們業已提及。
關於「教會」與「教派」，我們會在下一篇論文裡詳論。此處所採用的「教
派」的概念，幾乎同時而且，我認為，完全獨立於我之外的，也為卡登
布許所運用，見 *Realenzyklopädie für protestantische Theologie und Kirche,*
Art. "Sekte"。托洛爾區在其《基督教社會思想史》裡也採納此一概念，並
且更加深入討論。此外，也參見筆者〈世界宗教的經濟倫理〉的導論。
211 歷史上，此一象徵對於教會的教團性之維持有多麼重要──因為此乃一清
二楚且不會有錯的標誌，孔尼流斯前引書已有十分明瞭的論述。
212 門諾派的義認教說裡也有與此相近的部分，但不是此處所要討論的。

因為，就像基督一樣，他們是神藉著靈直接生出的[213]。這理念為初期
的再洗禮派諸教團所帶來的歸結是，嚴格的「現世」迴避，亦即迴避
一切與世人非絕對必要的往來，結合以第一代基督教徒的生活為榜樣
這種意義下的、再嚴格不過的聖經至上主義，並且，此一迴避現世
的原則絕不會完全消失，只要古老的精神仍然健在[214]。作為永續的遺
產，再洗禮派從支配其早期信徒的這些動機裡掌握住一個原則，亦即
絕對**拒斥一切「被造物的神化」**，以其乃有損專一敬畏神的意念[215]。

---

213 對於基督的道成肉身及其與處女瑪利亞的關係，到底該作何種想法的問
題，早在再洗禮派最古老的文獻裡（例如孔尼流斯，前引書，II 附錄，所
錄的諸《信仰告白》），作為**唯一的**純教義上的論點特別突顯出來，而在
討論此種問題時的宗教關懷，恐怕就是奠基於上述這樣的思想。關於這
點，參見 Karl Müller, *Kirchengeschichte*, II, 1, S. 330。改革派與路德派的
基督論的差異——關於所謂「屬性相通」的教理——應該也是奠基於類似
的宗教關懷。
屬性相通（communicatio idiomatum），基督教教理之一。主張基督既是
神又是人，身兼神性與人性，兩性聯於一個位格，而每一屬性又都能表
明另外一個屬性，此之所謂屬性相通，否認此一教理者（例如阿利烏教
派）即是否認道成肉身。西方神學稱此為 hypostatic union，拉丁文則為
communicatio idiomatum。——譯註
214 這特別表現在原先即使是市民生活也要嚴格迴避與被破門出教者往來的
這點上——認為市民關係原則上不應受宗教干涉的喀爾文派，在這一點上
做出了重大讓步。見〈基督新教教派與資本主義精神〉。
215 此一原則是如何地被教友派表現在看似無關緊要的外在枝節上（拒絕脫
帽、曲膝、鞠躬或使用正式稱呼），是眾所周知的。不過，那**根本**思想在
某種程度上是**任何**禁慾所固有的，因此禁慾在其最**純正**的形態上經常是
「反權威的」。在喀爾文派裡，這表現於一個原則：**教會**裡唯有**基督**行
支配。在虔敬派則讓人想到史賓納之致力於為**稱呼頭銜**一事尋求聖經的
根據。天主教的禁慾，只要事涉**教會**權威，是以**服從**的誓言來破除此種
傾向，既然服從本身是作禁慾之解。基督新教的禁慾裡的這個原則的「翻

此一原則，我們業已在關於喀爾文派的探討裡有所認知——只是其基礎稍有不同，而且其根本重要性將一再顯現出來。瑞士與南德的第一代再洗禮派信徒，以類似聖方濟早期的激進態度，將聖經的生活樣式理解為，與一切現世享樂斷然決絕，並且嚴格遵循以使徒為模範的生活。而且，其實，許多此派早期代表人物的生活，直讓人想起聖艾吉迪斯的生活[216]。不過，這樣的嚴格恪守聖經[217]，在其宗教意識的聖靈性格跟前，並不怎麼站得住腳。神對先知與使徒所啟示的，並不是祂能夠與願意啟示的全部。相反的，神的話語綿延不絕，並不是作為被記載下來的文書，而是作為在信徒日日生活中起作用的一種聖靈的力量，是聖靈直接對那願意聆聽的個人所說的話語，此即真教會的唯一標誌。而且正如史文克費爾德[218]之反對路德、及後來福克斯之反對長老派的說法，此乃原始基督教團的證言。從永續的啟示這個思想，產生出後來教友派徹底開展的著名教說，亦即聖靈在理智與**良心**中的內在證明之作為終極權威的決定性意義。以此，被去除掉的，並不是聖

轉」，是如今受到清教影響的各國的**民主**的特質、及其之所以有別於「拉丁精神」下的民主，的歷史基礎。同時這也是美國人那種「不矜持」的歷史根源，對上面兩者而言，一是造成反感，另一則反有快感。

216 艾吉迪斯（St. Aegidius, 640-720?），歐洲中世紀著名的基督教隱士與聖徒。生於希臘雅典，後來隱居於法國南部森林，與鹿為伴。Aegidius是他的拉丁名，此外他還有Gilles（法文名）與Egidio（義大利名）兩個名字。有關他的傳說故事甚多，他是殘障者的保護聖者，以他為名的城市與教堂遍佈歐洲各地。——譯註

217 當然，再洗禮派根本上打一開始就只是如此尊奉**新約**聖經，對於舊約並未達如此程度。特別是山上訓詞，被所有教派敬奉為社會倫理的綱領。

218 史文克費爾德（Kaspar Schwenckfeld von Ossig, 1489-1561），西里西亞基督教佈道家、作家。福克斯，教友派創始人。詳見附錄9。——譯註

經的價值，而是聖經的獨尊性，同時，導引出一種發展，亦即教會所有其餘的救贖教義全被掃除盡淨，最後教友派甚至激進到連洗禮和聖餐都一併去除 [219]。再洗禮派的諸宗派，以及預定論的信奉者及嚴格的喀爾文派信徒，以最為激越的手法貶抑了一切作為救贖手段的聖禮，從而在其最終極徹底的形式下完成了宗教上的現世「除魅」。唯有藉永續啟示的「內在之光」，才能夠讓人對聖經裡的神的啟示有真正的理解 [220]。另一方面，至少根據此處教友派徹底推究的教說，這內在之光的作用，更可擴及於那些對聖經裡的啟示形式一無所知的人。「教會之外無救贖」的命題，獨獨適用於這個受到聖靈光照的**不**可見的教會。若無內在之光，自然人，包括接受自然的理智引導的人 [221]，就單

219 史文克費爾德早就認為聖禮的外在履行是無所謂的事，但「普救洗禮派」與門諾派卻嚴格固守洗禮與聖餐式，門諾派除此還嚴格奉行洗腳禮。但是，對所有聖禮——除了聖餐之外——的不重視，甚至可以說是質疑，如同預定論的信奉者那樣，是非常顯著的。見〈基督新教教派與資本主義精神〉一文。

220 關於這點，再洗禮派系的諸教派，尤其是教友派（Barclay, *Apology for the True Christian Divinity*, 4. ed., London, 1701. 感謝伯恩斯坦的好意讓我用得上），是援引喀爾文的《基督教原理》第三卷頁二的話語為典據，這些話語事實上無疑相當接近再洗禮派的教理。再者，「神的話語」——神對族長、先知與使徒的啟示——的權威，與那些啟示被**書寫**下來的「聖經」的權威，兩者間有所**區分**的古來思想，就內在而言的確與再洗禮派對於啟示的本質的見解有交會之處，儘管其中並無歷史的關聯。喀爾文派機械式的靈感論與嚴格的聖經主義，是進入十六世紀時才開始發展的某個方向裡所產生出來的，而奠基於再洗禮派的教友派的「內在之光」的教說，則是往正對反方向進行的發展之產物。以此，兩者間的強烈分殊，部分而言可說是不斷相互對抗的結果。

221 這點被極力強調相對反於索齊尼派的某些傾向。對於神，「自然的」理智根本**一無所知**（Barclay, *op. cit.*, p. 102）。以此，「自然法」在基督新教

純只是個被造物；再洗禮派及教友派甚至比喀爾文派都要更加嚴峻地意識到，這樣的被造物與神的緣遠乖隔。另一方面，聖靈因我們的**期待**與真心相委所帶來的再生，基於神力的作用，**可以**讓人達到完全克服罪惡之力的狀態[222]，以致於實際上再度墮落甚或喪失恩寵狀態根本不可能。雖然，如後來的衛理派那樣，此一狀態的獲得並不被認為是原則上理應如此，而是會隨著個人完美的程度循序漸進而來。但是，**所有的**再洗禮派教團全都希望自己是個「**純粹的**」教團，意思是其成員的行為皆無可非議。打從心裡遠離現世及其利害關係，無條件地服

裡原本占有的地位也再度喪失。原則上，根本沒有所謂的「一般法則」，也沒有道德法典，因為，人人都有且**因人而異**的「天職」，是神透過個人的**良心**而顯現給各人的。我們所應做的，**不是**「自然的」理智的普遍化概念下的「善」，而是**神**藉新的盟約寫在我們心扉上、顯現在我們良心裡的**聖意**（Barclay, *op. cit*., p. 73 f., 76）。這種從神與被造物之高昂對立而來的道德**非理性**，在教友派據以為基礎的這個命題裡表現出來：若人違背自己的信仰而行事，**即便這信仰是錯的**，也絕不為神所接受，⋯⋯**即使這事於他人是合法的**（Barclay, *op. cit*., p. 487）。在實踐上這當然無法貫徹。「所有的基督徒都承認的道德上的永久法則」，對於例如巴克萊而言，是**寬容**的界限。實際上，當時的人覺得教友派的倫理，雖然自有某些獨特性，但與改革派中的虔敬派的倫理並沒有什麼不同。史賓納一再指出，「舉凡教會裡的好事物都被懷疑是教友派的」。這讓人感到史賓納是在嫉妒教友派的這種聲望。*Cons. Theol*., III, 6, 1, Dist. 2, No. 64. 因聖經的一句話便拒絕發誓，可見真正從聖經文字當中解放出來的步伐走得多有限。許多教友派信徒認為**整個**基督教倫理可以總歸為「己所欲，施於人」的這句話所具有的**社會**倫理意義，此處不再多談。
索齊尼派（Socinian），十六世紀基督教理性主義派別，見附錄7。——譯註
[222] 有必要假設有這種可能性的理由，巴克萊認為在於：若無此可能，則「沒有任何聖者得知可供他們解脫懷疑與絕望的去處，這⋯⋯**荒謬至極**」。我們看到，救贖確證有賴於此。見巴克萊，前引書，頁20。

從於在良心裡對著我們說話的神的支配之下，是真正再生的不二表
徵，而與此相應的行為則是救贖的必要條件。救贖是神的恩寵賜物，
固然無法藉事功來獲取，但唯有按照良心來過活的人才可以自視為再
生者。在此意義下的「善行」，是個「不可或缺的原因」（causa sine
qua non）。如所見的，我們在此所引用的這個巴克萊[223]的思想系列，
實際上與改革派的教說並無二致，並且確實是在喀爾文派的禁慾的影
響下發展起來的。在英國與荷蘭，喀爾文派比再洗禮派先一步立腳，
福克斯初期的傳道活動也全都投注於鼓吹人要誠摯且由衷地採納喀爾
文派的禁慾。

但是，由於摒棄預定論，再洗禮派的道德獨具的**講求方法的**性
格，在心理上，尤其根植於「**期待**」聖靈作用的思想。至今，這仍是
教友派的「聚會」（meeting）之特徵，而巴克萊則對此有精彩的分析：
此種靜默期待的目的，在於克服「自然的」人所具的本能衝動與非理
性、激情與主觀的傾向；**人必須要靜默**，以便製造出靈魂裡的深沉寂
靜──唯獨在此，神的話語可以被聽見。當然，這種「期待」的作用，
可能導向歇斯底里的狀態、預言，以及在某些狀況下──只要末世論
的期望仍未止息──甚至導致一種狂熱的千禧年思想[224]的爆發，如同
虔敬意識的基礎相類似的所有宗派都可能發生的那樣，而事實上，在
閔斯特被殲滅的那一派就是這樣[225]。不過，以再洗禮派的宗教意識之

---

223 巴克萊（Robert Barclay, 1648-1690），蘇格蘭教友派領袖，見附錄 9。
　　──譯註
224 千禧年（millennium），流傳於古代基督教、在啟示文學中關於至福千年
　　之描繪的教說。在歐洲，每逢社會和宗教紛擾不安的時代，為了對抗教會
　　的權威，千禧年的觀念往往會再度流行。詳見附錄 16。──譯註
225 閔斯特（Münster）事件，十六世紀再洗禮派的一支，流傳於德意志西北

灌注於日常的世俗職業生活的情形看來，神只在被造物靜默之時發話
的思想，顯然意指一種教人要冷靜**估量**自己的行為，並仔細琢磨個
人的**良心**的意思[226]。後期的再洗禮派諸教團的生活實踐，尤其是教友
派，全都具有此種恬靜、清醒、極為訴求**良心**的性格。現世的根本除
魅，唯內在的入世禁慾可以企及，容不得其他旁門左道。也因此，雅
不願與政治權力及其相關作為有任何丁點關係的教團，從外在上，顯
現此種禁慾美德浸透到職業勞動裡的結果。再洗禮派運動起步之初，
領導者固然是義無反顧地堅決與現世斷絕，但自最初的世代開始，便
沒有極力要求**每一個**信徒都要無條件地嚴格遵循使徒的生活樣式以作
為再生的證明。早在這個世代裡及門諾之前，富裕的市民要素即已溶
入，這些人所堅持的是現世內的職業美德與私有財產制，所以，再洗
禮派嚴峻的道德態度實際上是轉向了改革派倫理早已鋪好了的那條道
路[227]。**正因為**，禁慾之朝向**超出**現世、修道僧式的發展途徑，自路德
以來──在這點上，再洗禮派也是追隨路德的──已被視為背離聖經

部和荷蘭。1534 年他們在德意志閔斯特建立烏托邦式公社，等候末日來
臨，1535 年閔斯特被德意志軍隊攻占，這些信徒受到血腥鎮壓。詳見附
錄 7 再洗禮派。──譯註

226 以此，就生活的理性化而言，喀爾文派與教友派之間仍有著色調上的差
異。但是，當巴克斯特在對此差異作定式化時說，在教友派，「靈」對於
靈魂的作用就如對死體的作用，而（在特徵性定式化下的）改革派的原則
則是「理性與靈乃一體的原理」（《基督徒指南》II，頁 76），那麼，**這
樣**一種對照在他的時代裡實際上是不再管用的。

227 參見 *Realenzykl. f. Prot. Theol. u. K.* 所載克拉默非常細膩下筆的"Menno"與
"Mennoniten"這兩條，特別是頁 604。相對於這兩個條目的優異，同書的
"Baptisten"這條就不夠透徹且部分來說根本不正確。例如這位執筆者並不
曉得對洗禮派歷史而言不可或缺的文獻 *Publications of the Hanserd Knollys
Society*。

與善功稱聖而加以斥絕。總之，撇開此處不擬加以討論的、初期的半
共產主義的教團不談，有個再洗禮派系的教派，所謂的「浸體派」[228]，
至今仍堅持排拒教育與棄絕一切超出生活必須的財產。不止如此，譬
如連巴克萊也都認為──不是以喀爾文派的、甚或路德派的觀點，
而毋寧是以聖托瑪斯・阿奎那的方式──對職業的忠誠，作為一種
「自然理性」（naturali ratione），是信徒要立足於現世不可避免的**歸
結**[229]。這樣的見解，類似史賓納及其他德國虔敬派人士的許多看法，
意味著喀爾文派職業觀的一種鬆緩，但另一方面，在再洗禮派諸教派
裡，對職業的經濟利害關懷的強度，卻由於種種不同因素而基本上**高
漲**起來。因素之一，是拒絕就任公職──原本是基於與現世的斷絕而
導致的宗教義務；再者，原則上加以放棄之後，至少在門諾派與教友
派裡，此一因素更因其嚴格拒斥使用武器與宣誓而產生實際效用，因
為擔任公職的資格因此而喪失。與此並行的另一因素，是再洗禮派的
所有宗派共通的現象，亦即，對任何一種貴族式的生活樣式的頑強敵

---

228 浸體派（Tunker, dompelaers, dunkards），德國的洗禮派，因受迫害而移
　　居美國賓州。後分裂為數派，其中最保守的一派堅持在流動的水裡進行全
　　身浸泡的洗禮，並拒絕現代化的用具，包括汽車在內。──譯註
229 所以，巴克萊說明（前引書，頁404），飲食與**營利**並非精神行為，而是
　　自然的行為，即使**沒有**神的特殊召命也能發生。這番說明是針對以下異論
　　的回答，這異論是，如果，如教友派所教，人沒有特殊的「靈的運動」便
　　不會禱告，那麼若無此種特殊的神的驅動，便不會耕作。即使是現代的教
　　友派會議的決議裡也勸導，在賺取足夠的錢財之後便從營利生活中引退，
　　以便跳脫俗世的汲汲營營，從而能夠安穩沉靜於神的國度裡，這當然是教
　　友派的獨到之處，但這樣的思想確實也時而出現在其他的宗派裡，包括喀
　　爾文派。其中也透露出，市民的職業倫理藉由其擔綱者而被接受的這個事
　　實，乃是原本現世**逃離**的禁慾的入世轉向。

對態度,一方面,這和喀爾文派的情形一樣,是禁止被造物崇拜的結果,另一方面,則是上述那種非政治的、甚或正是反政治的原則所導致的結果。再洗禮派的生活樣式的那種完全清醒冷靜與追究良心的方法論,在在因此而被推往**非**政治的職業生活的軌道。同時,再洗禮派的救贖論賦予良心的監察——作為神對個人的啟示——如此重大的意義,以致個人於職業生活裡的經營態度帶有一種獨特性格,而此性格對於資本主義精神諸多重要側面的發展,意義殊為重大,容我們後文再加詳論,只是,若要對此有所認知,也只限於盡量能不全面涉及基督新教禁慾的整體政治與社會倫理才行。那麼,我們會看到——至少先說這點,再洗禮派、尤其是教友派的入世禁慾所採取的那種特殊形式[230],即使早在十七世紀的人們眼裡看來,的確映照出資本主義「倫理」的一個重要原則的實踐確證,此一原則通常被公式化成「誠實為最上策」(honesty is the best policy)[231],並且也在我們上文所引的富蘭克林的小冊子裡見著其古典的文字表達。反之,我們倒要在私人經濟的營利精力之解放這個方向上,估量喀爾文教派的影響,因為,儘管「聖徒」在形式上全然是合法的,但就結果而言,歌德[232] 的這句話

---

230 在此要再度明白提出伯恩斯坦(前引書)的精彩論述。至於考茨基關於再洗禮派運動極為格式化的敘述,及其關於一般「異端派的共產主義」的理論,將於他處再論(K. Kautzky, *Die Vorläufer des Sozialismus*, Bd. 1)。
231 芝加哥大學的范布倫在其引人入勝的著作(*Theory of Business Enterprise*)裡表示,這句格言不過是「前資本主義的」。只是,超越善與惡的經濟上的「超人」,如同現今的「企業領袖」,是每個時代都有的,而對在這之下的廣大資本主義經營階層而言,這句話仍是妥當的。
232 歌德(J. W. von Goethe, 1749-1832),歐洲浪漫主義時期最偉大的詩人、小說家、劇作家及哲學家,公認的世界文學巨人之一,其作品多產而又多樣。在逝世前幾個月,完成了他最偉大的作品《浮士德》,此外為人所熟

往往便足以派用在喀爾文教徒身上：「行動者總是沒良心的，有良心的唯獨旁觀者」[233]。

　　另外一個促使再洗禮派諸宗派的入世禁慾更加強化的重要因素，同樣還是得在別的關聯裡才能充分究明其全盤意義。不過，理應先做些提示，同時也證明這兒的陳述方式並沒有錯。在此，非常刻意地**不**以早期基督新教諸教會的客觀社會制度及其倫理影響為出發點，特別不是打從如此重要的**教會風紀**出發，而是從**各個人**之**主觀的**浸淫於禁慾的宗教意識所可能帶給生活樣式的影響開始。這麼做，不僅僅是因為事情的這個側面迄今鮮少受到注意，同時也因為教會風紀的影響絕非總是往同一個方向作用。教會對個人生活的監察管制，譬如喀爾文派的國家教會嚴密施行到形同宗教裁判的地步，反倒**有可能**對於個人力量的解放──個人講求方法地追求救贖的禁慾努力所帶來的解放──恰好起了**正對反**的作用，而且在某些情況下事實正是如此。就像國家的重商主義規制固然可以培植出產業，但──至少光靠如此──培植不了資本主義「精神」，當規制帶有警察─威權的性格時，則多

知的作品尚有《少年維特的煩惱》。韋伯此處所引文句，出自《警句與反省》（*Maximen und Reflektionen*, 1840），第一部第六章 Nr. 378。──譯註

233 例如亞當斯便認為，「在市民行為上最好**如同多數人**，在宗教行為上最好如同最善者」（*Works of the Puritan Divines*, p. 138）。這話的意在言外處，要比字面上更深遠些。它意指，清教的正直是**形式主義的**合法性，正如同具有清教歷史的民族之聲稱其國民美德的「誠實」（Wahrhaftigkeit 或 uprightness）之對比於德國人的「真實」（Ehrlichkeit），是獨特的**兩回事**，是形式主義與反省下的改造產物。關於這點，參見從教育學者的立場來作評論的好意見：*Preuß. Jahrb.*, Bd. 112（1903）。清教倫理的**形式主義**本身無非是其與**法律**之緊密關係的自然結果。

半正好會令其癱瘓；同樣的，教會的禁慾規制，若太過於查察為明，也很可能會產生這樣的作用：它強制規定了外在行為，但往往弱化了追求方法之生活樣式的主觀推動力。關於這點的任何討論[234]，都必須注意以下二者間的重大差異，一是國家**教會**的威權道德警察所起的作用，二是基於自願服從的**教派**的道德警察所帶來的影響。總之，原則上，再洗禮派運動的所有宗派所創立的是「教派」，而不是「教會」，這有利於其禁慾的強化，就像喀爾文派、虔敬派、衛理派諸教團**事實上**不得不走上自發性宗教共同體之路的情形一樣，只是程度有異罷了[235]。

以上概略的描述已試圖說明清教天職觀的宗教基礎，接下來，我們必須加以探究的是此一觀念對於**營利**生活的影響。各個禁慾的教團，儘管在細節上有諸多差異，在我們認為具決定性的問題點上也各有強調與否的不同，但這些關鍵問題全都存在於所有教團中並起著作用[236]。但是，要言之，對我們的研究始終位居關鍵點的，毋寧是所有的宗派共通的一個觀點，亦即將宗教的「恩寵狀態」視為一種身分（Stand, status），具此身分的信徒因而與被造物的墮落、與「現世」相分隔[237]，而此一身分的擁有，儘管因應各宗派的教義而各有不同的

---

234 下一篇論文（〈基督新教教派與資本主義精神〉）還會再談一下。

235 （禁慾的）基督新教，而非天主教，的**少數派**之所以具有強烈的經濟影響作用的原因**在此**。

236 教義基礎的差異無不與那決定性的救贖「確證」關懷相連結的道理，**究極**而言，在於基督教一般的宗教史的特性，此處尚無法論及。

237 例如巴克萊也說「神既已將我們集合為同一國」（前引書，頁357），而我自己在賓州哈佛福特學院也聽過教友派的講道，極力強調「聖徒」等於「選民」的解釋。

獲取手段，但**無法**藉由任何的巫術—聖禮手段、懺悔赦罪或個別的虔敬善功而獲得保證，能夠加以保證的唯一辦法，是**證明**一己的行為舉止迥然有異於「自然」人的生活方式。結果，每一個信徒的心裡都產生那種想要在生活樣式裡**講求方法地審視**自己的恩寵狀態的**動機**，以及將生活**禁慾**化的**驅動力**。此種禁慾的生活方式，如上所述，就是一以神的意志為取向，**理性地**建構起一己的整體存在。並且，這種禁慾已不再是超出義務的行為（opus supererogationis），而是每個想確知自己得救的人都必須做出的成績。宗教要求於聖徒有別於「自然」人的這種特殊生活，已不再是在俗世之外的修道院裡，而是**內在於**現世及其秩序裡實行的，此乃決定性的關鍵之所在。著眼於彼世而在現世內進行生活樣式的理性化，這是禁慾的基督新教的職業觀所造就的結果。

　　基督教的禁慾，起初是逃離俗世而隱於孤寂，雖然也從修道院裡伸手，藉由教會來支配其所棄絕的俗世；不過，對俗世日常生活自然天成無拘無束的性格，卻也大體上任其自由。如今，此種禁慾則封起了修道院的大門，轉身步入市井紅塵，著手將自己的方法論灌注到俗世的**日常**生活裡，企圖將之改造成一種**在現世裡**、卻又**不屬於**俗世也**不是為了**此世的理性生活。其結果如何？我們將在下文裡試圖說明。

2

禁慾與資本主義精神

　　為了洞察禁慾基督新教的宗教基本觀念與經濟日常生活的準則之間有何關聯，我們有必要徵引一些神學著作，尤其是那些從靈魂司牧的實際工作中產生出來的作品。因為，在一個彼世就是一切、獲准參加聖餐式與否就足以左右基督教徒社會地位的時代裡，聖職者於靈魂司牧、教會訓育與講道中的感化作用，發揮出我們現代人**簡直無法想像**的影響──只要一瞥《勸告集》（*consilia*）、《良心問答》（*casus conscientiae*）等書便可理解。在這樣的時代裡，經**此種司牧的實踐**所運作出來的宗教力量，實為形塑「國民性」的決定性因素。

　　為便本文的討論，我們決定有別於下篇論文的討論方式，將禁慾的基督新教當作**一個單一的**整體來處理。有鑑於自喀爾文派發展出來的英國清教為天職思想奠下了最為首尾一貫的基礎，我們遂就此處整體考量的原則，取清教的一名代表性人物來作為討論的中心。**巴克斯特**以其異常實際且平和的態度，且著作又經再三改版與翻譯而普獲各界的賞識，所以在許多清教倫理的著述者當中卓然出眾。他是個長老派信徒及西敏寺宗教會議的辯護者，但如同許多當代的傑出人物般，

在教義上與純正的喀爾文派漸行漸遠；在內心裡，他反對克倫威爾的篡位，因為任何的革命、教派分離與「聖徒」的盲目狂熱都為他所嫌棄，但對於外在的差異卻十分寬容大度，對於反對者也公正客觀；他盡量把工作範圍集中在實際促進教會道德生活這方面，為此，他不僅效力於國會統治，也出仕於克倫威爾政權與（查理二世的）復辟王政，成為歷史上最成功的司牧者之一[1]；直到王政時代，在聖巴特羅繆節（St. Bartholomew's Day, 8 月 24 日）之前，他才退休。他所著的《基督徒指南》（*Christian Directory*）是清教道德神學最為集大成的一部綱要，並且處處都是以其司牧工作的實際經驗為憑據。為了做比較，我們將引用史賓納的《神學思辨》（*Theologische Bedenken*）作為德國虔敬派的代表，巴克萊的《辯護集》（*Apology*）作為教友派的代表，另外也引用其他一些禁慾倫理的代表作[2]，不過，為顧及篇幅，儘可能放在註解裡[3]。

1　參見道登，《清教與安立甘派》精彩的性格描寫。關於巴克斯特逐漸放棄對「正反聖定」的嚴密信仰之後的神學，參見 Jenkyn 為收錄於 *Works of the Puritan Divines* 當中巴氏的許多斷篇所寫的還算可以的導論。他企圖將「普遍的救贖」與「個人的受選」結合起來的嘗試，沒有人滿意。對我們而言，關鍵緊要處唯在於，即使那時他還是斷然堅持**個人的**揀選，亦即預定論教說在倫理上位居決定性的要點。另一方面，重要的是，他鬆緩了義認的**審判**觀點，有點類似再洗禮派的見解。

2　亞當斯、何奧、亨利、傑尼威、巴克斯特、班揚等人的宗教小冊子與講道，收錄於 *Works of the Puritan Divines*（London, 1845-48）的第十冊當中，儘管選文的方式往往恣意而行。貝利、謝茲維克、洪貝克等人的著作版本已在前文第一次出現處註明。

3　我們也很可以徵引諸如沃特及其他歐陸的入世禁慾代表人物的著作。布倫塔諾認為此一發展「只不過是盎格魯撒克遜的」，真是大錯特錯。我以上的選擇是基於希望儘可能（雖非全然）揭示十七世紀後半葉、也就是即將

　　若讀讀巴克斯特的《聖徒的永恆安息》（*The Saints' Everlasting Rest*）與《基督徒指南》及其他人的類似著作[4]，第一眼便要驚訝於他們在論及財富及其獲得時[5]，是那麼的強調新約聖經所教示的伊比奧尼派要素[6]。財富本身非常危險，財富的誘惑永無止境，財富的追

　　轉化為功利主義之前的禁慾運動。透過傳記文獻來描繪出禁慾基督新教的生活樣式——特別是在德國較不為人所知的教友派的事情——的這種吸引人的課題，在此簡單的敘述範圍裡儘管遺憾但也不得不放棄。

4　因為實際上也大可參照沃特的作品或休格諾派宗教會議的議事錄或荷蘭的洗禮派的文獻。極為不幸地，桑巴特與布倫塔諾正好拿我極力強調的巴克斯特的「伊比奧尼派的」要素來批駁我，說那是巴氏的**教說**無疑（就資本主義而言「落後」的證據。但是，（1）人們必須真正徹底**通曉**這一整個文獻，以期能正確地加以利用，（2）千萬別錯看，我正是致力於證明，此一禁慾**宗教意識**的精神，**儘管**其「反拜金主義的」**教說**，是如何孕生出——如同在修道院經濟裡——經濟的理性主義，因為，這教說激勵出決定性的要素，亦即基於禁慾的理性的**驅動力**。這才是我們要琢磨的問題，也是這通篇研究的焦點所在。

5　喀爾文也一樣，他從來就不是市民財富的擁護者（見其對威尼斯與安特衛普的猛烈攻擊：*Jes. Opp.*, III, 140a, 308a）。

6　巴克斯特，《聖徒的永恆安息》10, 12 章；另參見貝利，《虔敬的實踐》，頁 182。Matthew Henry, *The Worth of the Soul, Works of the Puritan Divines*, p. 319：「那些急切追求俗世財富的人，蔑視他們的靈魂，並非因為靈魂被忽視且肉體居於優先，而是因為靈魂被用在這些追求上」（〈詩篇〉127: 2）；同一頁裡，關於各種時間的浪費，尤其是為了休閒而浪費時間，乃是罪惡的描述，後文裡還要引用。英國—荷蘭的清教的所有宗教文獻無不如此。例如洪貝克（前引書, 1, X, ch. 18, 18）對於貪慾的激烈攻擊。這位作者也受到感情性虔敬派的影響，見其稱揚靈魂的平安（tranquilitas animi）為神所喜，更甚於此世的「憂心操勞」（sollicitudo）。貝利也引聖經名句說那意指「富人不易得救」（前引書，頁 182）。**衛理公會**的教理問答也勸人不要「聚積地上的財寶」。在虔敬派，這當然是自明之理。教友派亦如出一轍。參照巴克萊，前引書，頁 517：「……因此，要小心

求比起神之國度的無上重要[7]，不僅毫無意義而且道德可疑。此處的禁慾似乎遠比喀爾文更加嚴厲**反對**營求地上財貨的努力；在喀爾文看來，聖職者的財富並不妨其活動，反而很能希冀藉此增加其聲望，所以只要不致憂心煩惱，投資獲利並無不可。在清教徒的著作裡，嚴詞譴責錢財追求的例子可說是隨手可得不勝枚舉，相較於中古晚期的倫理著作之自由開放的態度，實為對比。而且，對財富的這層疑慮，真的是非常嚴肅的；若要了解其於倫理上的決定性意義與關聯，只需稍加進一步考察即可。道德上真正要拒斥的，是在財產上的**安然歇息**，是財富的**享受**及隨之而來的怠惰與肉慾、尤其是離棄「神聖」生活的追求[8]。**光是因為**財產會帶來這種安逸歇息的危險，就夠可疑的了。

這樣的誘惑，就是利用天職**越發富有**」。

伊比奧尼派（Ebionite），早期基督教會苦修派別，傳說主要是由耶穌基督的猶太信徒所組成的一個教派。詳見附錄 12。——譯註

7　因為不止財富，而是連同**衝動性的利得追求**（或諸如此類），也受到同樣強烈排斥。譬如在荷蘭所發生的事：1574 年南荷蘭宗教會議針對某一質疑而宣告，「倫巴底人」（放貸者）不許參與聖餐，儘管放貸業務是法律容許的；1598 年代芬特爾（Deventer）地方宗教會議（第 24 條）更將此擴及於放貸者的雇員；1606 年霍林赫姆（Gorichem）宗教會議為准許「高利貸者」之**妻**的參與設下更激烈且屈辱的條件；直到 1644 與 1657 年還在議論是否容許倫巴底人參與聖餐（反對這說法的，特別是布倫塔諾，他徵引其天主教祖先為證。其實整個歐亞世界數千年來一直都有外來的商人與金融業者存在），連沃特（*Disp. Theol.*, IV, 1667, *de usuries*, p. 665）都希望把「通貨兌換商」（倫巴底人、皮蒙特人）排除在聖餐式之外。在休格諾派的宗教會議裡，情形也沒有兩樣。**這種**資本家階層決**不是**我們此處所探討的那種心態與生活樣式的典型擔綱者。相較於古代與中世紀，他們也不是什麼**新**生事物。

8　關於這點，《聖徒的永恆安息》第 10 章裡有深入的探討：凡試圖歇息在神所賜財產的「居所」者，神甚至在此世的生活裡便會予以痛擊。既得財

畢竟，「聖徒的永恆安息」是在彼世，人生在世為求確證自己的恩
寵狀態，就必須「趁著白日，做那差我來者的工」[9]。根據神明白啟
示的意旨，唯有**行動**才能增耀神的榮光，而非怠惰與享樂[10]。因此，
浪費時間是首惡，基本上也是最重大的罪過。為求「確證」自己的蒙
恩受召，人生實在苦短且彌足珍貴。把時間消耗在社交、閒聊[11]、享
樂[12]、甚至超出健康所需──六到八小時──的睡眠上[13]，絕對是該加

富的快意享受幾乎便是道德沉淪的徵兆。如果我們得到這世上我們所能得
到的，難道這就是我們所有的想望？慾望的通盤滿足，在地上是不可能
的，因為神的聖意已如此規定。

9　〈約翰福音〉9: 4。──譯註

10　《基督徒指南》（I，頁375-6）：「為了**行動**，神照應我們與我們的活動；
工作是道德，同時也是**體力的**自然**目的**。……最能侍奉神且榮耀神的，便
是行動。……**公眾的福祉與多數人的福利**應高於我們自己的之上」。於此
顯露出，從神的意旨轉向後來自由主義學說中純粹功利主義觀點的銜接
點。關於功利主義的宗教源頭，見下文所述及本書1-2-1註180。

11　**靜默**的誡命──從聖經對「任何無用的話語」提出懲戒性的警告出發──
特別是自克呂尼派的修道僧之後即為一種禁慾的自我審視之訓練的確實
手段。巴克斯特亦詳論無益言談的罪惡。其於性格學上的意義，桑福特已
有評論（桑福特，前引書頁90）。當時人深深感覺清教徒的「憂鬱」與「陰
沉」，正是由於破除「自然狀態」的**天真無邪**的結果，並且，嚴禁無厘頭
式的閒扯也是為了這個目的。厄文探求此種性格的根源於（1）資本主義
「計算」的精神，（2）促成自我責任感的政治自由的作用（Washington
Irving, *Bracebridge Hall*, chap. xxx）。我們對此見解可附數言，首先，厄
文所舉的要因對於拉丁民族並未產生同等的效用；再者，英國的情形毋
寧是：（1）清教使其信徒有能力創造出自由的體制，而且事實上成為世
俗的勢力，（2）清教讓實在是資本主義的本質性要素的那種「計算性」
（Rechenhaftigkeit, 一如桑巴特稱之為其「精神」）轉化為整體**生活樣式**
的**原則**。

12　前引書，I，頁111。

13　前引書，頁383。

以道德譴責的[14]。像富蘭克林「時間就是金錢」的那種說法，雖然尚
未曾聽聞，但此一命題就精神意義而言在一定程度上是成立的，換言
之，時間無限寶貴，喪失每一刻鐘就是喪失為增耀神的榮光而勞動的
每一刻鐘[15]。因此，無為的冥思亦屬毫無價值，至少就其因而犧牲職
業勞動這點而言，甚至應該直接摒棄[16]。因為，相較於在職業勞動裡

14　巴克萊也同樣論及時間的可貴（前引書，頁14）。

15　巴克斯特，前引書，頁79：「要高度重視時間，並且每天都更加小心不
　　浪費丁點時間，那麼你就會是個不曾失去一金一銀的人。如果無謂的休
　　閒、裝扮、宴飲、閒談、交無益之友或睡懶覺等誘惑，掠奪走你的一分一
　　秒，你就得提高警覺了」。亨利則認為：「揮霍時間者便是瞧不起自己的
　　靈魂」（*Worth of the Soul, Works of the Puritan Divines*, p. 315）。此處亦
　　踏循於基督新教的禁慾自昔日以來便行走的軌道。我們已習於認為「沒時
　　間」便是現代職業人的特徵，並且譬如，就像歌德在其〈漫遊歲月〉一書
　　已這麼做的，以**時鐘**每一刻鐘便敲打一回來衡量資本主義發展的程度（桑
　　巴特在其《近代資本主義》裡亦是如此）。不過，我們也別忘了，起初（中
　　世紀時）**劃分時間**過活的人是**修道僧**，而教堂的鐘便是為了因應**他們**劃分
　　時間的需求才設置的。
　　〈漫遊歲月〉（*Wanderjahren*），詳見附錄16威廉麥斯特。——譯註

16　參見巴克斯特關於職業的討論（前引書，頁108f.），其中尤其是下面這
　　段話：「問：難道我不能丟下世界以便專心思考自己的救贖嗎？答：這
　　世上的憂心或操勞會無謂地妨礙你靈魂的部分，通通丟棄亦無妨。但是，
　　你能夠在其中**為公眾的福祉效力**的肉體工作與精神勞作則不可丟下。每個
　　人，作為教會或合眾體的一員，必須為教會與公眾的福祉在自己的崗位上
　　竭心盡力。若無視於此而說，我想要祈禱與冥思默想，便如同你的僕人拒
　　絕做你**最大**的工，而盡撿些容易的做。**神已命令你為自己日日的麵包而勞
　　動，並且不可像寄生蟲似的光只依賴他人的汗水而過活**」。此外，再徵引
　　神對亞當的命令「以你額頭的汗水」，以及保羅「不作者不得食」的指示。
　　教友派信徒自始即為人所知的是，即使他們當中最為富有的人家，也都
　　督促其子弟去習業謀職（基於倫理的理由，而不是——如阿伯蒂所建議的
　　——基於功利主義的道理）。

積極實行神的意旨，冥思默想**難以**討神的歡喜[17]。此外，為冥思還設
有禮拜天，依巴克斯特之見，正是那些在職業上怠惰的人，明明到了
禮拜天還沒空禮拜神[18]。

　　是以，巴克斯特在其主要著作裡一再反覆熱切地勸勉人，要刻苦
地持續肉體**勞動**或精神**勞動**[19]。這裡結合了兩個動機[20]。首先，勞動自
古以來即為驗之有效的**禁慾手段**，而西方教會對勞動的此種評價[21]，

17　在這點上，虔敬派由於其宗教意識的感情性格所致，立場有所不同。對史
　　賓納而言（《神學思辨》III，頁445），儘管他全然以路德派的立場強調
　　職業勞動的確是**侍奉神**，但堅持——也是路德式的——職業活動的**紛擾**讓
　　人遠離神。這是對清教的一種極富特徵性的反論。

18　前引書，頁242：「沒時間做禮拜的，正是那些怠忽職守的人」。因此產
　　生這樣的見解：特別是**城市**——致力於理性營利的市民階層的居處——是
　　禁慾美德的所在。所以，巴克斯特在其自傳裡談到接受其教誨的基德明斯
　　特手織工說：「他們與倫敦的**不斷接觸與進行交易**，的確大大提升了工商
　　業者的道德禮節與信仰虔敬」（*Works of the Puritan Divines*, p. 38）。與
　　首都靠得近會提升道德，在現今倒要叫——至少德國的——聖職者吃驚。
　　但虔敬派也表示了同樣的觀點。史賓納偶爾與其年輕聖職同事談論道：
　　「至少情況顯示，在為數甚夥的市民裡，的確大多數人異常墮落，但總有
　　一些良善的靈魂善盡善行，而在鄉村裡，有時一整個村落幾乎看不到什麼
　　正直的善事」（《神學思辨》I, 66，頁303）。換言之，農民並不合於禁
　　慾的理性生活樣式。農民的**倫理**光環是非常新近的事。有關禁慾的**階級**限
　　制問題的這些及類似表述所包含的意義，在此無法深入討論。

19　譬如下面這幾段話所說的（前引書，頁336f.）：「要全心全意地致力於
　　你合法職業的工作，如果你不是從事更直接的神的侍奉」。「夙夜匪懈於
　　你的職業」。「要知道，你有個要叫你時時刻刻履行不墜的職業，唯有直
　　接侍奉神時才能得免」。

20　勞動及其「尊嚴」的特殊倫理尊重，並不是基督教**原本的**固有思想，甚或
　　不是基督教所特有的，這點最近**哈納克**（Adolf von Harnack）再度極力強
　　調（*Mitt. Des Ev.-Soz. Kongr.*, 14 Folge, 1905, Nr. 3, 4, S. 48）。

21　虔敬派也一樣（史賓納，《神學思辨》III，頁429, 430）。虔敬派的獨特

不僅與東方、甚而是與幾乎全世界所有的修道僧規律都形成尖銳的對比 [22]。勞動特別是一切誘惑──清教在「不淨的生活」這個概念下概括稱之為誘惑──的特效預防針，其效用絕不可小覷。清教徒與修道僧在性方面的禁慾，只有程度上的不同，而非根本原則的差異；若就前者的性禁慾尚且擴及婚姻生活而言，影響範圍實則大上許多。因為，婚姻裡的性交只不過是因應「要生養眾多」的誡命才被允許，是一種為神所喜的手段，用以增耀神的榮光 [23]。一如對抗宗教上的懷疑與斤斤計較的自我責難那樣，對於抗拒一切性的誘惑，除了節制飲食、不肉食與沖冷水浴之外，同樣的一個教誡是：「在自己的職業裡刻苦勞動」[24]。

尤有甚者，勞動根本上尤其是神所規定的生活目的**本身** [25]。保羅的告誡：「若有人不肯作工，就不可吃飯」[26]，無條件地適用於任何

點在於：職業的忠誠乃人類墮落於罪時被課以的懲罰──為了**殲滅**一己的**恣意**。職業勞動，作為對鄰人愛的付出，是一種感謝神之恩寵的義務，因此，若是心不干情不願地去做，就不為神所喜（路德的觀念！）。以此，基督徒也應該「在勞動上表現出如同世人那般勤奮」（《神學思辨》III，頁 278）。這顯然不如清教的觀點那麼激進。

22　此種重要的差異──自本篤會的修道士清規以來即已清楚顯示──到底根源於何處，非要有更廣泛的研究才能理解。

23　韋伯的註釋，有關婚姻、性與婦女地位，詳見附錄 4。

24　巴克斯特一再複述這句話。聖經的出處通常要不是我們從富蘭克林那兒熟知的〈箴言〉22: 29，就是〈箴言〉31: 16 以下所見的對勞動的讚美。參見巴克斯特，前引書，頁 377, 382 以下。

25　欽岑朵夫自己就時而這麼說：「人勞動不光是為了過活，而是活著本就為了勞動，當人不再需要勞動，便會苦痛或長眠不起」（Plitt, *op. cit.*, I, S. 428）。

26　〈帖撒羅尼迦後書〉3: 10。──譯註

人 [27]。不願勞動即是欠缺恩寵狀態的表徵 [28]。

　　這點，與中世紀的立場明顯不同。托瑪斯・阿奎那對那告誡也有所詮釋。只是，在他看來 [29]，勞動不過是維持個人與群體生活所必須的自然事理（naturali ratione）。此一目的一旦達成，那誡命也就失效。而且，它只適用於人類，而非各個人。它也不適用於依靠財產即可過活而不用勞動的人，同樣的，冥思作為在神之國度裡的精神活動形式，當然要比這告誡的字面上的意義來得重要。況且，就當時的通俗神學而言，修道僧的「生產性」的最高形態，即在於藉禱告與聖詩唱頌來豐富「教會的寶庫」（thesaurus ecclesiae）。然而，加諸勞動之倫理義務的這些個七折八扣，不僅被巴克斯特斷然取消，而且還更加極力強調一個原則：即使財富也不能使人擺脫那無條件的誡命 [30]。即

27　摩門教的一個信條亦以下面這段引文作終結：「但是一個懶散或好逸惡勞的人，不能成為基督徒並且得救。他注定要被刺殺並且丟出蜂巢」。這其中最突出的莫過於巍巍然的、介於修道院與手工坊之間的**紀律**，置個人於勞動或剔除的選擇之前，並且——當然是與宗教狂熱相**結合**且**唯有藉此**方有可能——孕生出此一教派令人驚嘆的經濟成就。

28　因此（前引書，頁 380）對種種徵候作了仔細的分析。**因此**「懶散」與「怠惰」尤為重罪，以其具有**積累的**性格之故。它們甚且被巴克斯特視為「恩寵的破壞者」（前引書，頁 279f.）。所以，它們是**講求方法的**生活的對立面。

29　參見本書 1-1-3 註 7。

30　巴克斯特，前引書，I，頁 108ff.。尤其引人注目的是下面這幾段：「問：難道財富不成其為擺脫的理由嗎？答：在使你更能為他人服務的道理下，財富可以讓你擺脫無謂的勞動，但如同最赤貧的人，……富者亦無不勞動服事的道理」；然後，前引書，頁 376：「他們（富人）雖無非勞動不可的外在必要，但他們同樣大有必要服從神。……神如此嚴格命令所有人（勞動）」。另參見本書 1-2-1 註 61。

使富人，若不勞作亦不得食，因為，儘管他不必為了滿足生活需求而勞動，但神的誡律依然存在，他必須和窮人一樣加以遵從 [31]。神已毫無差別地為每個人預先安排了一份職業（天職），各人應認清這天職，並在這天職裡勞動，而且，這天職不同於路德派所認知的那樣 [32]，要人聽天由命卑微順從的一種旨意，而是神要求各人為增耀神之榮光而勞作的命令。此種表面上些微的差異，造成了重大的心理結果，並且與早為經院哲學所熟知的那種解釋——視經濟秩序為**神意**的思想——之進一步發展相關聯。

　　阿奎那——再次引用此人是最方便的，也如同其他人，將社會分工與職業分化的現象理解為神之世界計畫的直接結果。但各人在這秩序裡所占的位置，卻是由於自然的原因（ex causis naturalibus），是出於偶然（依經院哲學的用語是"contingent"）。對路德而言，如前所述，各人在客觀歷史發展過程中被編派到的身分與職業，乃是神的意志的直接結果，**堅守**神為各人所指派的位置與界限，是宗教上的義務 [33]。由於路德派的宗教意識對於「俗世」，一般而言自始至終都缺

31　同樣的，史賓納（《神學思辨》III，頁 338, 425）也據此理由駁斥提早退休的傾向為道德上的可疑，並且，在駁斥反對放款取息的論調——享用利息導致怠惰——時強調，即使能靠著利息生活的人，按照神的命令，仍有勞動的**義務**。

32　包括虔敬派。史賓納在事涉職業**變更**的問題上，是這麼處理的：人一旦從事某個職業之後，便有義務順從神的旨意執守並適應這職業。

33　**印度**的救贖論是將職業的傳統主義與再生機會相結合而無與倫比激烈地支配著整體生活樣式，這在〈世界宗教的經濟倫理〉裡會說明。從中，我們會認識到，光是倫理**教說**的概念之不同於基於某種心理**驅動力**的宗教所達致的創造。虔誠的印度教徒**只能**透過嚴格履行其出身種姓的**傳統**義務來獲得有利的再生，這是所能想見的最強固的、傳統主義的宗教基礎。事實

乏明確的態度，故而這樣的義務越發顯著。在路德的思想領域中，打造現世的倫理原則是無法找到的，其實他從未完全捨去保羅那種對現世冷漠的態度；因此，各人必須接受世界本來的模樣，而**這**才是人唯一的宗教義務。於此，我們再次看到，私人經濟的利害交互作用裡所見的神意性格，在清教看來，又別有那麼一點不同。依照清教實用主義的解釋模式，神在職業分工上的目的為何，可由分工的**成果**來認識。巴克斯特關於這點的清楚闡釋，在很多方面都直接讓人想起亞當斯密著名的分工讚美論 [34]。職業的專門化，由於能使勞動者的技術熟練，所以促成勞動成果在質與量上的提升，也因此而對公共福祉有所貢獻，也等於是為最大多數人謀福利。到此為止，這僅止於純粹功利主義的動機說明，並且與當時世間一般作品裡流行的見解並無不同 [35]。然而，當巴克斯特開宗明義地提出下述理由時，清教獨具的特

上，印度的倫理在這點上是清教倫理最徹底的對反版，一如在另一觀點上（身分性的傳統主義），與猶太教形成最為徹底的反差。

34 巴克斯特，前引書，頁 377。

35 但也不能因此就說，這在歷史上是從這些世俗的立場上發展出來的。這毋寧是純正喀爾文派觀念的表現：「現世」的秩序在於光耀神的榮譽、神的自我稱頌。功利主義轉而表現：經濟秩序是為了所有人的生活生計的目的（所謂多數人的福祉、共同的福利）。這其實是以下想法的結果：若非如此詮釋，便會導致（貴族主義的）被造物神化，或者不是為了神的榮耀，而是為了被造物的「文化目的」。神的意志，一如經濟秩序合於目的的形成裡所表現出來的（見本書 1-2-1 註 46），無非在於（只要是著眼於**此**世的目的的話）「全體」的福祉——**非關**個人的「效益」。以此，功利主義，如前所說的，實乃「鄰人愛」**非關**個人的那種形態的結果，也是由於清教一以「增耀神的榮光」為原則的排他性而導致拒斥一切光大尊崇現世的結果。任何被造物尊榮化都有害神的榮耀，因此該無條件拒斥，此一思想是如何強烈地支配了整個禁慾的基督新教，清楚呈現在史賓納身上：這個

徵就立即表露出來：「沒有固定的職業，人的勞動成效只是不安定的臨機勞動，遊手好閒的時間要多過於工作」；然後，在結論裡他說：「專職勞工**有規律地**完成他的工作，不同於他人常處於混亂之中，不知何時工作、何處工作[36]，……所以，不管對誰來說，有個確定的職業（"certain calling"，另外也稱"stated calling"）是最好不過的」。普通的日酬勞工被迫接受不安定的工作，這往往是不可避免的，但總是非所願的過渡狀態。「無職業者」的生活，如我們所見的，欠缺現世內禁慾所要求的那種有系統—講求方法的性格。教友派的倫理也認為，人的職業生活應該是一種始終如一的禁慾美德的鍛鍊，是經由良心的態度來證明自己的恩寵狀態，而此種良心的態度乃表現於職業工作裡的關注周到[37]與方法講求。神所要求的，並非勞動本身，而是理性的職業勞動。清教的職業理念裡所著重的，總是職業禁慾生活裡的這種講求方法的性格，而不是像路德那樣聽天由命地安於神一旦分派的命運[38]。因此，關於任何人是否可以兼任多種職業的問題——只要這有益於公眾或一己的福祉[39]，而且又不妨害他人，並且不致讓人對

猶未受到「民主」洗禮的人，幾經躊躇與費神才在面對眾多的質疑下，主張**稱號**的使用其實也無妨。後來他總算安心，因為聖經裡，使徒也以大人（κράτιστος）來尊稱總督非斯都（〈使徒行傳〉26: 25）。這事的**政治**側面，不在此討論關聯裡。

36 亞當斯也這麼說：「**沒定性的人**即使在自己家裡也是個陌生人」（*Works of the Puritan Divines*, p. 77）。

37 關於這點，特別參見福克斯的話：*Friends' Library*（ed. W. & Th. Evans Philadelphia, 1837 ff.），Vol. I, p. 130。

38 尤其是，宗教倫理的這個取向當然不可以被視為實際經濟關係的反映。義大利中世時期的職業分化自然要比當時的英國前進許多。

39 因為神——一如清教文獻經常強調的——從未命令人要愛鄰人甚於愛己，

所兼之職沒良心（「不忠實」，unfaithful），答案絕對是肯定的。不
止如此，職業的**轉換**也絕不會被視為引人非議的，只要這並非輕率之
舉，而是在於選取一個更為神所喜的職業[40]，也就是說，符合一般的
原則，選取一個更有效益的職業。其中尤可注意者是，決定職業之是
否有益及能否討神歡心的標準，首先是職業的道德水平，其次是職業
所生產的財貨對於「全體」的重要性，第三而實際上自然是最重要的
一個判 ，是私人經濟的「收益性」[41]。由於清教徒在生活的所有層面
上都看到神的作用，所以當神對祂的某個信徒指示一個利得機會時，
祂自有其用意。因此虔信的基督徒必須順應此一召喚，好好利用這個
機會[42]。「如果神指示你一條道路，按此道路你**可以**以合於律法的方

而是**如同**愛己。所以人也有自愛的**義務**。例如凡確信自己比鄰人更能切合
目的地、也就是更能光耀神地利用自己的資產者，就沒有義務要因鄰人愛
而退讓。

40　史賓納也接近這個立場。只是，當問題牽涉到從（道德上看來特別危險
　　的）商業轉換到神學時，他的態度就顯得極為消極且保留（《神學思辨》
　　III，頁 435, 443；I，頁 524）。針對這個問題（職業的變更是否許可）
　　——史賓納自然左思右想地下判斷——的回答，之所以一再出現，顯示出
　　對〈哥林多前書〉第七章的各種詮釋在日常生活裡是多麼地突出**實際**。

41　這樣的立場，至少在歐陸虔敬派的領導人物身上是看**不**到的。對於「利
　　得」，史賓納的立場一再擺盪於路德派（「生計」的立場）與重商主義的
　　爭論（「商業繁榮」的收益性）之間（《神學思辨》III，頁 330, 332；I，
　　頁 418：**煙草種植**為國家帶來鈔票，**因此**是有益的，**所以**不是罪惡！），
　　另參見 III，頁 426, 427, 429, 434。不過，史賓納也不忘指出，如教友派與
　　門諾派的範例顯示，人既賺錢也還是能信仰虔誠，況且，特別的高獲利
　　——如我們後面還要談到的——可能正是虔誠正直的直接**結果**（《神學思
　　辨》，頁 435）。

42　這些看法並**不是**巴克斯特生活於其中的經濟環境的反映。**相反的**，根據他
　　的自傳，他在家鄉傳道的事業之所以有成，部分原因在於，居住在基德明

式比其他道路賺取**更多的利益**，而無害於你或他人的靈魂，但你卻拒
不接受而選取另一條獲利較少的道路，那麼你就是**違逆了你的召命**
（calling）**中的一個目的，拒絕作神的管事**，不接受祂的賜物以利用
於祂有所要求之時。**你可以為神勞動而致富**，但當然不是為了肉慾與
罪惡」[43]。財富之所以可疑，唯當其可誘人於怠惰安息與罪惡的享樂
之時，而財富的追求也唯有當其僅只是為了日後的生活安逸無憂而計
時，方為不可取。若作為職業義務的履行，則財富的追求不僅是道德
上允許的，而且正是神的命令[44]。僕人因為沒有增加主人託付給他的

斯特的商人並不富裕，而是只賺到了「食物與衣服」，而經營手工業的師
傅也好不過他的勞工，僅是「糊口」過日子罷了。「接受福音書的好消息
的，是**窮人**」。關於利得的追求，亞當斯是這麼說的：「他（曉事者）知
道，……金錢使人更富裕，而不是更好，所以寧可選擇和一個好良心睡一
起，而不是荷包滿滿的人，……因此不要想望**比一個正直的人所能拿到的
更多的財富**」（*Works of the Puritan Divines*, LI.）──但就**這麼些，他是
會要的**，換言之，任何正直賺得的，都是正當的。

43　巴克斯特，前引書，I，章 10, 1, 9（par. 24）；I，頁 378, 2。〈箴言〉23:
　　4：「不要勞碌求富」，只不過被解釋為「為了我們肉體目的的財富，不
　　可成為終極的追求」。以封建──領主的形式來**利用**財產，才是令人憎惡的
　　（參見前引書頁 380 關於「鄉紳的墮落一族」的談話），而不是財產**本身**。
　　彌爾頓在最初的 *Defensio pro populo Anglicano* 裡有個著名的理論：唯有「中
　　產階級」才可能是**美德**的擔綱者。「中產階級」在此被理解為，與「貴族」
　　對舉的「市民階級」，其道理在於，「奢侈」與「困乏」均有礙於美德操守。
44　**這**是關鍵所在。對此還可再做些一般性的論述：我們此處當然並不是那麼
　　在乎神學的倫理學說在概念上有些什麼發展，而是要關切在信徒的實際
　　生活裡什麼是**起作用的**道德，亦即，職業倫理的宗教取向**如何實際發揮
　　作用**。我們至少時而可以在天主教、特別是耶穌會的決疑論文獻裡讀到一
　　些討論──例如關於是否容許放貸取息的問題（於此我們不多做討論），
　　看似相近於許多基督新教決疑論的內容，而且好像在「被容許的」或「所
　　見不怪」的事上還更進一步（清教徒後來往往十足被批判，說耶穌會的倫

銀子而被革除的譬喻[45]，似乎直接表明了這層意思[46]。希望貧窮，就像
常人所說的，如同希望生病[47]，是一種令人憎惡的善功誇耀想法，而
且有損神的榮光。畢竟，有勞動能力者而去乞討，不止犯了怠惰之罪，
而且，照使徒的話來說，是有違鄰人之愛的[48]。

理和他們的倫理根本上簡直一模一樣）。如同喀爾文派經常引用天主教的
道德神學（不止阿奎納、聖伯納、波拿文都拉，也包括當代人），天主教
的決疑論也經常摘取異端（基督新教）的倫理（此處不做進一步討論）。
但是，即使完全撇開對**平信徒**給予宗教**激勵**去過禁慾生活的這個決定性事
實不談，兩者在理論上已是天差地別，亦即：天主教裡的這種放任派的見
解，乃某些特殊鬆緩的倫理學說的產物，既不為教會權威所承認，也是教
會裡最認真且最嚴格的信奉者所否定的，反之，基督新教的職業理念，結
果看來，是讓禁慾生活**最認真的**信奉者去服務資本主義的營利生活。在天
主教裡有條件地**被容許**的事，在基督新教裡卻是積極的道德的**善**。存在於
兩者的倫理之間，就實踐層面而言極為重要的根本差異，即使到了近代，
都還從耶穌會的論爭與「克雷蒙諭令」之後，確切地顯現出來。
克雷蒙諭令（Bull Unigenitus, 正式名稱 Unigenitus Dei Filius），教宗克
雷蒙十一世於 1713 年應法王路易十四的請求為譴責詹森主義而發布的諭
令。詳見附錄 12。——譯註
45 〈馬太福音〉25: 14-30。——譯註
46 「你可以依你最為成功且合法獲利的那種方式去做。你**非得讓**你的才幹全
盤伸展出來。……」，接下來就是本文所引的話。在天國裡追求財富，直
接對應於在地上追求成功，這說法出現在例如 Janeway, *Heaven upon Earth*
（*Works of the Puritan Divines*, p. 275 下半段）。
韋伯此處「本文所引的話」裡的「本文」指的應該是本章註 43 所引巴克
斯特的話。——譯註
47 在特倫特宗教會議上提出的烏騰堡公爵克里斯多夫（Herzog Christoph）
的（路德派）信仰告白裡，已表明反對貧窮的**誓言**：「凡在自己身分上貧
窮者，就該忍耐，但如果他發誓要**一直**貧窮下去，那就如同發誓要一直**生
病**或**名聲不佳**」。
48 巴克斯特和例如克里斯多夫信仰告白裡也都這麼說。另參見以下這段：

　　強調固定職業具有禁慾的意義，賦予了近代**專業人士**一種倫理光環，同樣的，對利得機會的神意詮釋，也給予**企業**人士倫理上的榮耀[49]。封建領主的高傲放縱與暴發戶的浮華虛榮，同為禁慾之道所嫌惡。反之，清醒冷靜白手起家的中產市民卻博得全面的倫理讚揚[50]，

「……浮游的惡棍，人生不過是非份之旅；大半在乞討」等等（Thomas Adams, *Works of the Puritan Divines*, p. 259）。喀爾文已嚴禁乞討，荷蘭的各宗教會議也竭力聲討托缽許可書及目的在乞討的證書。斯圖亞特王朝時期，特別是查理一世治下的勞德政權，官方的濟貧與為失業者介紹職業的原則有系統地展開，而清教徒則大聲吶喊：「施捨非慈善」（Giving alms is no charity, 後來笛福有名著作的標題），並且在十七世紀末時開始對失業者實施（強制勞動的）「習藝所」的威嚇制度（參見 Leonard, *Early History of English Poor Relief*, Cambridge, 1900; H. Levy, *Die Grundlagen des ökonomischen Liberalismus in der Geschichte der englischen Volkswirtschaft*, Jena, 1912, S. 69 ff.）。

英國的濟貧法與習藝所，參見附錄 17 濟貧法。──譯註

49　大英洗禮派同盟（Baptist Union of the Great Britain and Ireland）的會長懷特（G. White）在 1903 年倫敦大會的就職演說裡強調：「我們清教教會的名簿裡的最佳人士是**實業家**，他們抱持著宗教應該浸透到整體生活裡的信念」（*Baptist Handbook*, 1904, p. 104）。

50　**此中**包含著與一切封建觀點的特徵性對立。若依封建的觀點，暴發（政治上或社會上）的新貴只有其**子孫後裔**才能享受到其成功與血統的好處。此事特徵性地表現於西班牙語 Hidalgo（小貴族），在語源上，hijo dàlgo=filius de aliquot（出色者之子），而 algo=aliquid（出色者），意指父祖傳下來的**財產**。雖然這兩者間的差別如今在美國「國民性」的急速變化與歐洲化之際已變得非常模糊，但市民特有的觀點卻**正好對反**，他們讚美營業上的**成功**與**獲利**乃精神**成就**的象徵，而對光是（繼承而來的）**財產**並未有什麼尊敬，此種觀點仍時而出現在美國。然而，在歐洲（如同布萊斯曾說的），金錢實際上幾乎可以買到任何社會名譽──只是資產者並不**親自**站在櫃檯後頭，而是只要進行其財產的必要轉形（信託遺贈基金等等）就行。對於**血統**尊貴的**批判**，參見例如 Th. Adams, *Works of the Puritan Divines*, p.

「神祝福他的事業」，是常套用在那些遵從神的安排而成功的聖徒身上的一句話[51]。而就在**此**世即獎賞其子民之虔敬的**舊約上帝**[52]，其整個力量也必然對清教徒產生了同樣的影響，他們服膺巴克斯特的忠告，藉著和聖經上的偉人之心靈狀態相比較的方式來檢視自己的恩寵狀態[53]，同時將聖經的話語當作「法典的章句那樣」來解釋。只是，

216。

51 例如對家庭派的創始者尼克萊斯——一個商人——來說已是如此（Barclay, *Inner Life of the Religious Societies of the Commonwealth*, p. 34）。
家庭派（Familist），又稱「愛的家庭」（Family of Love），起源於荷蘭的基督教派。由十六世紀荷蘭商人尼克萊斯（Hendrik Niclaes）首創。詳見附錄7。——譯註

52 例如對洪貝克來說，這是確固不移的。因為，〈馬太福音〉5: 5 及〈提摩太前書〉4: 8 已對聖徒做了純粹地上的應許（前引書，頁193）。一切都是神意的結果，但祂特別是照應祂的子民。前引書，頁192：「然而，比起其他人，神的子民身旁有神的照顧與特別的意旨在運作」。接下來則是討論，人如何能知道，幸運**不是**來自「一般的神意」（communis providentia），而是來自特別的照應。貝利（前引書，頁191）也以神意來解釋職業勞動的成功。興盛繁榮「往往」是虔信生活的獎賞，這是一再出現於**教友派**著作裡的表述（例如直到 1848 年還有這樣的說法出現於 *Selection from the Christian Advices*, issued by the general meeting of the Society of Friends, London, 6th Ed., 1851, p. 209）。我們會再回頭討論與教友派倫理的關聯。

53 這種以舊約的族長為取向——同時也是清教的人生觀的特徵——的一個例子，可舉亞當斯對雅各與以掃的爭端的分析（*Works of the Puritan Divines*, p. 235）：「他（以掃）的愚行可以從他對長子家主權的低估來論難（這一段對長子權思想的發展而言也是重要的，後文再論），他是如此輕易地就捨棄，而且在一碗羹湯**這樣輕易的條件**下」。不過，他若因吃虧上當而不願承認那交易，他便是**背信棄義**。他簡直就是個「狡猾的獵人、鄉野人」，過著非理性生活的未開化人，反之，雅各則是個「住在帳篷裡的正直人」，代表「有恩寵的人」。柯勒（前引書）發現，在羅斯福

舊約聖經的話語並非一逕地清楚明確。我們已看到，路德在翻譯〈西拉書〉的一個段落時，首次在用語上運用了世俗意味裡的「職業」（Beruf）概念。不過，〈西拉書〉儘管含帶著泛希臘文化的影響，但按其躍然於書中的整個調子，卻是屬於（包括次經在內的）舊約聖經裡傳統主義鮮明運作的部分。特別具有表徵性意義的是，路德派的德國農民至今似乎仍特別偏愛這部書[54]，而德國虔敬派的諸多宗派之具有路德派的性格，也經常表現於他們對於〈西拉書〉的喜愛[55]。清教徒則依其對屬靈與屬物之間非彼即此的嚴格分判，拒斥外典次經為非受聖靈啟示之物[56]。所以，在正典當中，〈約伯記〉的影響才會如此巨大，因其結合了兩大層面，一是這部經典裡對於神之超乎人所能理解的絕對至高權柄盛加讚美，這點與喀爾文派的觀點極其吻合，一是這經典裡表現出那終究無法抑止得住的確信（對喀爾文來說是附帶性的，對清教而言卻是重要的確信），相信神總會在此世——〈約伯記〉裡則以為只有在此世（！）——包括物質方面在內，賜福給祂

（Roosevelt）的著名作品裡所表白的那種與古猶太教的內在親近感，在荷蘭的農民當中也相當普遍。然而，另一方面，清教清楚意識到其與猶太人的倫理在實踐神學上的**對立**，就像普林（於克倫威爾的寬容令草案推出之際）的猶太人批判書所明白顯示的。見本章註 62 末尾。

54　*Zur bäuerlichen Glaubens- und Sittenlehre. Von einem thüringischen Land-pfarrer*, 2 Aufl., Gotha, 1890, S. 16。書中所描述的農民很富特徵性的是**路德派**教會的產物。在這位優秀作者於書中推測為一般「農民的」宗教意識之處，我一再地於其旁註記「路德派的」。

55　參見例如里敕爾，《虔敬派的歷史》II，頁 158 所引。史賓納對於職業變更與利得追求的反感，也部分援引〈西拉書〉為據。史賓納，《神學思辨》III，頁 426。

56　雖然如此，貝利確實仍推薦閱讀此經，並且也時而徵引次經，不過當然不多就是了。就我記憶所及並不曾引用〈西拉書〉（偶有也說不定）。

的子民 [57]。至於散在〈詩篇〉與〈箴言〉裡的許多極為優美的詩句所含帶的東方式寂靜主義，便這麼被忽略過去，就像巴克斯特對〈哥林多前書〉裡於天職概念至為重要的段落中所帶有的傳統色彩視而不見那樣 [58]。反之，舊約聖經裡，讚揚**形式的合法性**乃為神所喜的行為的那些章節則備受重視。依清教的教理，摩西的律法因新約聖經而不再適用的部分，僅止於那些基於儀式或歷史因素而為猶太民族所制定的誡律，其餘部分則是「自然法」的表現，自古以來且從今而後皆具效力 [59]。因這教理，一方面使得不切合近代生活的那些誡律能夠被移除，另一方面則為基督新教的入世禁慾所固有的、充滿自信且冷靜嚴謹的合法性精神，打開了一條大道，使之得以藉舊約道德的許多類似特徵而大為強化 [60]。因此，當同時代的人們以及後來的著述者把英國的清教特有的倫理基調稱作是「英國的希伯來氣概」（English Hebrism）時 [61]，若正確加以理解，倒是正中鵠的。只不過，此時應想到的，並

---

57 每當看到明明是被捨棄者卻獲得外在成功的情形時，喀爾文派信徒（例如洪貝克）依據「頑固說」而得以心平氣和，亦即他們確信，神之所以賜給那些人成功，是為了使他們愈來愈冥頑不靈，因而也愈發注定要滅亡。

58 詳見〈哥林多前書〉7: 20-24：「各人蒙召的時候是什麼身分，仍要守住這身分。你是作奴隸蒙召的嗎？不要因此憂慮；若能以自由，就求自由更好。……弟兄們，你們各人蒙召的時候是什麼身分，仍要在神面前守住這身分」。——譯註

59 在這點上，我們在此關聯裡無法進一步詳論。此處所關切的僅止於「合法性」的形式主義的性格。至於舊約倫理之於「自然法」的意義，托洛爾區在其《基督教社會思想史》裡已多所論及。

60 在巴克斯特看來（《基督徒指南》III，頁 173f.），聖經的倫理規範之具約束力，在於（1）其僅為自然法的「複印」，或（2）其具有「普遍與永恆的明顯性格」時。

61 例如道登，前引書，頁 39（關於班揚的敘述）。

不是舊約聖經形成之時的那個巴勒斯坦的猶太教，而是在歷經數百年形式主義—律法的、猶太法典的教育之影響下漸次形成的猶太教，而且在作比對時也必須十分的注意。古猶太教對生命本身整體而言的那種天真自然的珍重，與清教的固有特性是相隔甚遠的。同樣的，中古與近代猶太教的經濟倫理，相較於清教的經濟倫理，若就資本主義**風格**（Ethos）的發展當中決定二者之位置的諸特徵觀之，距離也同其遙遠。猶太教是站在政治或投機取向的「冒險家」資本主義這一邊，其風格，一言以蔽之，即**賤民**資本主義（Paria-Kapitalismus）風格，而清教則是具有理性的市民**經營**與理性的組織**勞動**的風格。清教自猶太教倫理那兒所採用的，只是適合於此一範圍的東西罷了。

要表明舊約聖經的規範之滲透到整個生活裡，到底對性格的形塑會產生出什麼影響，固然是個饒富興味的課題，但有鑑於這事在猶太教身上迄今仍未十分明朗[62]，所以在此概述的範圍內討論亦屬不可能。除了上面已指出的那些關係之外，對於清教徒內在的整體態度尤其緊要的是，相信自己乃神之選民的信仰，在他們之中大大地復甦[63]。就像寬和如巴克斯特者都還感謝神讓他降生於英國、於真正的教會裡，而非別處，這種感謝神的恩寵以使個人在道德上無可非議的心情，浸透於清教市民階層的整個生活氛圍裡[64]，並且塑成了資本主

62　韋伯的註釋，比較清教與猶太教的差異。詳見附錄 4。

63　對巴克斯特來說，聖經的**真理**，究極而言，乃是從「信神者與不信神者的奇妙差異」中被推論出來，也就是從「新生者」與其他人的絕對不同，從神對其子民的靈魂救贖的全然特殊的眷顧（這當然也**可以**在「**試煉**」裡表現出來）來推斷。《基督徒指南》I，頁 165。

64　作為這點的特徵性呈現，我們只消讀讀班揚本身——仍時而接近路德《基督徒的自由》的氣氛（例如 *Of the Law and a Christian, Works of the Puritan*

義英雄時代的代表人物發展出特有的、形式主義嚴正且堅韌的性格。

在此，我們特別試圖澄清，清教的職業觀及其對禁慾生活樣式的要求，對於資本主義生活形態之發展，必然**直接**有所影響的那些點。我們看到，禁慾尤其極力反對的是，**無拘無束地享受人生及生命所提供的一切樂趣**。此一特色最具代表性地呈現於關於〈遊藝條例〉[65] 的鬥爭裡 [66]：此條例由詹姆斯一世（1603-1625 在位）與查理一世（1625-1649 在位）明定為法律，明顯為了達到壓制清教的目的，而後者更下令此條例必須在所有的教會講壇上宣讀。對於國王以法律命令，星期日除上教堂禮拜的時間外，應允許民眾有些娛樂活動一事，清教徒之所以那麼激烈反抗，**不僅因為聖日的安息被干擾**，更因為這會使聖徒井然有序的生活樣式受到有意的擾亂。但國王這方面之

Divines, p. 254）——是如何歷經曲折才總算能接受法利賽人與稅吏的寓言即可得知（見講道：The Pharisee and the Publican, *op. cit.*, p. 100 f.）。為什麼法利賽人會被棄絕？他並未真正保守神的誡命。因為，他顯然是個**宗派主義者**，只在乎外在的瑣事與儀式（頁 107）。但尤其是他把功績歸給自己，而且「像教友派那樣」，濫用聖名為自己的美德感謝神，並以罪惡的方式仰賴這美德的價值（頁 126），藉此暗暗否定**神的恩寵揀選**（頁 139f.）。因此，他的禱告是被造物神化，所以有罪。稅吏則反之，如其告白的正直所顯示的，是靈裡的再生者，因為，就像清教將路德派的罪感加以獨特緩和後所說的，「在正確且真誠的罪的意識下，必有恩寵**指望**的信念」（頁 209）。

65　〈遊藝條例〉（Book of Sports），或稱〈遊藝詔〉（Declaration of Sports），英王詹姆斯一世專為蘭開夏發布的詔令，其目的在解決清教徒與大都信奉天主教的鄉紳之間就星期日娛樂問題所發生的爭執。詳見附錄 8。——譯註

66　例如收錄於 Gardiner, *Constitutional Documents*。吾人可以將此一對付（反權威的）禁慾的鬥爭，相比擬於路易十四之迫害波爾羅亞爾修院與詹森派的舉動。

所以要藉嚴懲來嚇阻那些針對這遊藝之合法性的一切攻擊，目的不外是要粉碎那**反威權的**、因而對於國家也是危險的**禁慾**傾向。君主—封建社會之對抗新興的市民道德與反威權的禁慾集會而保護「享樂意慾者」，其情況猶如現今的資本主義社會之抵制勞動者的階級道德與反威權的工會而保護「勞動意慾者」那樣。對此，清教徒所護衛的是其決定性的特質，亦即禁慾生活樣式的原則。除此之外，清教絕不是打從心眼裡嫌惡遊藝的，即使是教友派亦然。只是，遊藝必須是為了使肉體活動力獲得必要的休憩這個理性的目的。若遊藝純粹是全憑衝動想要恣意享樂的手段，那麼在清教徒看來的確可疑，而且只要遊藝變成純粹的享樂手段，或者是基於競技上的名譽心，或者激起競賽的粗野本能或非理性慾望，那麼理所當然是非加以拒斥不可的。讓人背離職業勞動與宗教虔敬的**本能**享樂，不管是「貴族的」遊藝活動，或一般庶民的流連舞池酒肆，都是理性禁慾的仇敵[67]。

以此，對於宗教上並無直接價值的文化財，他們同樣抱持著懷疑的態度，而且往往是敵視的。但這並不是說，清教的生活理想裡帶有輕蔑文化的蒙昧庸俗性。至少對於學問，情形正好相反——除了令人嫌惡的經院哲學之外。而且，清教運動的偉大代表人物均深受文藝復

---

[67] 在這方面，喀爾文的立場本質上較為溫和，至少，就較優雅的貴族形式的享樂而言。聖經是唯一的界限。凡是恪守聖經並保有良心者，沒有必要惶恐不安地緊盯著自己的任何享樂衝動。《基督教原理》第 10 章裡關於這點的討論（例如「即使是被視為非關必要而屬享樂之事，我們也不必拒斥」），可能已為相當鬆弛的慣習打開了大門。對此，後來的追隨者之所以仍勇猛精進，除了對於救贖確證的不安愈來愈大之外，更由於——我們在別處還要再加評論——在「戰鬥教會」的領域裡，**小市民**成為喀爾文派倫理發展的擔綱者這件事。

興教養的薰陶。此一運動中的長老派人士的說教，揚溢著古典的引喻[68]，即使是激進派的人士，儘管對此並無好感，卻也不排斥在神學論爭上的那種博學。恐怕沒有哪個地區曾像成立之初的新英格蘭那一世代一樣，擁有那麼多的「大學畢業生」。來自對手的嘲諷，譬如巴特勒的《修提布雷斯》[69]，也正是針對著清教徒的學究派頭與練達的辯證本事。**部分**而言，這與其宗教上重視知識有關，而此種重視又是來自於其對天主教的「信仰之默示」[70]所抱持的態度。然而，一涉及學問之外的文學[71]以及感官藝術的領域，情形就大不相同了。在此，

68　例如亞當斯（*Works of the Puritan Divines*, p. 3）在關於「神聖三姊妹」（「但愛是其中最大的」）的講道開頭便說：連巴黎都把金蘋果給了阿芙羅黛蒂！

　　金蘋果選美的故事出自希臘羅馬神話。金蘋果上刻有「給最美麗的女人」，參與爭奪的女神有天后赫拉、戰神雅典娜和愛神阿芙羅黛蒂（即羅馬人的維納斯），特洛伊的王子巴黎（Paris）被選為裁判。三個女神紛紛提出各種賄賂，最後巴黎接受了阿芙羅黛蒂的條件——世界上最美麗的女子海倫——把金蘋果給了她。根據荷馬的史詩，此事引發了特洛伊戰爭。——譯註

69　《修提布雷斯》（*Hudibras*），十七世紀英國詩人巴特勒（Samuel Butler, 1612-1680）所作的長篇諷刺詩。此一詩篇由三部構成，於 1662-1678 年完成。詩中的主角修提布雷斯是個長老會騎士，率領他的侍從拉爾福（Ralpho）外出遊俠。他們經常爭論宗教問題，並在一連串的歷險中，表現出無知、頑固和怯懦。故事顯然從塞萬提斯的《唐吉訶德》中得到啟示。此詩的根本意圖在抨擊當時擁有強大勢力的英國清教徒並揭發其偽善。——譯註

70　信仰之默示（fides implicita），指隨時準備將自己的確信置於教會權威的規範下。與其相對者為信仰之宣示（fides explicita），亦即公開的、個人性的承認教義。兩者皆為天主教的術語。——譯註

71　小說之類只會「浪費時間」，不該讀（巴克斯特，《基督徒指南》I，頁51 右欄）。英國的伊利莎白王朝之後，不止戲劇，就連抒情詩與民謠都

禁慾當然有如嚴霜般降落在愉快的老英格蘭的生活上。而且，嚴霜當
頭的，還不僅止於世俗的節日歡慶。清教徒對於一切帶有「迷信」氣
息的事物都憤怒憎恨，不止憎惡所有巫術性或祭典性恩寵授與的殘餘
痕跡，連基督教的聖誕節、五朔節[72]以及天真無邪的教會藝術行事，
都要迫害。在荷蘭，一種偉大且往往帶有粗獷風味的寫實主義藝術之
所以還保有發展的空間[73]，不過是證明了，喀爾文派神權政治在短期

枯竭了，這是眾所周知的。形象藝術方面似乎並未遭到清教太大的壓抑。
但令人驚訝的是，原先顯得非常優秀的音樂天份（英國在音樂史上絕非小
角色）卻消失到真空狀態，此後，盎格魯撒克遜民族在這方面，甚至至今，
都是如此。在美國，除了黑人教會──如今成為教會「招牌」的職業歌手，
波士頓的三一教會 1904 年即花費了一年八千美金的雇用費──我們多半
只聽到一種德國人的耳朵無法忍受的尖叫聲，叫做「教會歌唱」（**部分**而
言，荷蘭的情形也相去不遠）。

72 在荷蘭也完全一樣，如各宗教會議的記錄所顯示的（見 Reitsma'schen
Sammlung, VI, 78, 139 及其他各處所見的關於五月樹的決議）。
五朔節（May Day），或稱五月節。五月一日，中古和現代歐洲傳統慶祝
春季的節日，歡慶在漫長寒冬之後陽光普照大地。各地慶祝活動習俗不
同，但最重要的活動一般包括：遊園會上選出美女，稱為「五月王后」，
然後乘花車遊行市街，作為春天的象徵；豎立「五月柱」，在鄉村草地的
中央，用樹葉裝飾一根高柱，村民圍繞五月柱歌舞，慶祝萬物生長；拂曉
時先到樹林採花，用露水洗臉，據說有助皮膚美白。1889 年國際社會主
義者大會選出五月一日為國際勞動節。──譯註

73 「舊約的復興」與虔敬派的取向──最終可以追溯到第二以賽亞及〈詩
篇〉第 22 章的、基督教對於藝術裡的美的某些敵意的感覺──必然多所
助長**醜惡事物**成為藝術對象的傾向；類似的，清教之拒斥被造物神化也起
了共同的作用。不過，細節上一切都還不怎麼確定。在羅馬教會裡，完全
相異的（煽動的）動機導致了類似的外在現象，但對藝術則造成完全不同
的結果。但凡站在林布蘭的「掃羅與大衛」（收藏在海牙莫里斯宮皇家繪
畫陳列館）之前的人，相信都可以直接感受到清教情感的強大影響。諾曼

支配後鬆解為平和的國家教會，同時喀爾文派的禁慾感召力也隨之明
顯喪失之後，當地官方當局的風俗規制是多麼不足以抵擋宮廷與貴族
階層（一種**坐食者**[74] 階層）的影響，以及富裕起來的小市民的生活享
樂追求[75]。劇院也是清教徒所拒斥的[76]，並且由於全面摒除色情與裸
露，激進的觀點也無從存在於文學與藝術裡。為了全力提振平實的目
標效用而抵制任何藝術題材的運用，「無聊」、「多餘」[77]、「虛浮」
等概念隨時可以信手拈來，套用在非理性、無目標、因此乃非禁慾的、

的《林布蘭》（1906）對於荷蘭文化影響力的精彩分析，在關於禁慾的基
督新教到底在多大程度上對於藝術起了積極助長作用的問題上，或許已給
了我們截至目前所**能夠**得知的充分說明。
諾曼（Carl Neumann, 1860-1934），德國藝術史家，任教於海德堡大學。
──譯註

74　坐食者（Rentner）一字來自 Rente，其意為所有定期收入的總稱，不管是
地租、股票利息、資本利息或其他任何收入。不過如薪俸等需要靠實際勞
動才能取得的收入，不得稱為 Rente。所謂「坐食者」即指依靠此種收入
生活的人，因此接近「不勞而獲者」之意。──譯註

75　韋伯的註釋，討論清教對荷蘭的影響。詳見附錄 4。

76　這點不禁令人想起，當莎士比亞還在世時，而且就在其度過晚年的所在
地，清教市府當局關閉了 Stratford-on-Avon 的劇院（莎士比亞不時表現
出他對清教徒的憎恨與鄙夷）。直到 1777 年，伯明罕市都還以助長「怠
惰」、因而不利商業為由，拒發許可給劇院（Ashely, *Birmingham Trade
and Commerce*, 1913, p. 7 f.）。

77　此時，具決定性的是，對清教徒而言，**只有**非此即彼的問題：是神的意志，
或是被造物的虛榮。所以，對他而言不可能有「無所謂」的情形存在。前
面提過，**喀爾文**在這方面的看法是不同的：吃什麼、穿什麼，只要不致於
使靈魂因慾望之力而受奴役，其實無所謂。擺脫「現世」的自由應表現於
──如耶穌會士那樣──不在乎，但在喀爾文則意指，不執著、無欲求地
使用地上供給的財貨（《基督教原理》初版，頁 409ff.）──這立場實際
上，比起其後裔的嚴謹派所持的，顯然更接近於路德派。

非為增耀神而是增耀人的行為表現上。在涉及個人的直接裝飾方面，例如服裝 [78]，這點尤其顯著。他們強烈傾向於生活模式的齊一化，從而助長了今日資本主義對於生產「規格化」的關注 [79]，其思想基礎則在於拒斥「被造物神化」[80]。當然，我們不可或忘，清教是個包含種種矛盾在內的世界，其領導人物對於不朽的藝術作品所具有的本能鑑賞力，確實比「保皇黨」的生活氛圍裡所見的還要來得高明 [81]，像林

---

[78] 教友派在這方面的態度是眾所周知的。早在十七世紀初，阿姆斯特丹的流亡者教團便因一個牧師的妻子穿戴流行的帽子與衣服而襲捲在十年之久的駭人風暴裡（生動地描述於 Dexter, *Congregationalism of the Last 300 Years*）。桑福特（前引書）已指出，現今男士的「髮型」就是可笑的「圓顱黨」髮型，而同樣可笑的清教男士服裝，在根本**原則**上和現今的服裝是一個模樣。

[79] 關於這點，參見先前引用過的 Veblen, *The Theory of Business Enterprise*。

[80] 我們一再地回到這個觀點上。從這觀點，像下面這樣的話便得以理解：「在你自己、子女與朋友身上花下每一分錢，都必須如同出於神的命令，為要侍奉祂並討祂歡喜。切切注意，否則，像小偷般肉慾的自己，不會為神留下一丁點」（巴克斯特，《基督徒指南》I，頁108）。關鍵點在於：「凡為**個人的**目的而花費，都是**袖手不顧**侍奉神的榮光的」。

[81] 譬如人們通常很有道理地便會想起（一如道登，前引書），克倫威爾搶救拉菲爾的畫作與曼特尼亞（Mantegna）的〈凱撒的勝利〉以免於毀損，而查理二世則試圖賣掉它們。眾所周知，王政復辟時期的社會，對於英國的國民文學，要不是極為冷漠，就是根本排斥。事實上，凡爾賽的影響在各處的宮廷裡無比輝煌。壓抑日常生活的天真享樂，對於清教及在其訓練下的人當中最佳類型的精神所產生的影響，若要詳細加以分析，實非我們這個簡要描述的範圍內所能擔負的任務。厄文（Washington Irving, *Bracebridge Hall*, 1822）以日常英語的口氣表達了這樣的影響：「它（厄文意指政治自由，而我們則說清教）顯現出的不是**空想**（fancy）的遊戲，而是**構想**（imagination）的力量」。我們只消想想**蘇格蘭人**在學術、文學、技術發明及英國的經濟生活當中的地位，便能充分感覺，厄文的這個定調

布蘭[82]那樣一個獨一無二的天才，儘管其「德性」在清教之神的眼前根本不配什麼恩寵，然其創作方向卻全然本質性地受到其教派環境的制約[83]。然而，這些矛盾並未使整體局面有所改變。清教生活氛圍的後續深耕所能促進、而且事實上的確也有所助益的，是人格的強力向內深化，而且主要是對文學產生良好的作用，只是，直到後續的世代才能領會到這樣的效用。

　　在此我們無法詳論清教在所有這些方面的影響，不過倒想提醒一點，亦即純粹供應審美或遊藝之樂的文化財，無論如何只能在**一個**特徵性的限制下才容許加以享用，那就是**不可花費分文**。人只不過是因神的恩寵而被託付以財貨的管事，他必須像聖經譬喻裡的僕人，對所受託的每一分錢都得有所交代[84]，錢的花費若不是為了神的榮耀而是為了自己享樂的目的，至少是有嫌疑的[85]。至今，只消睜眼一瞧，有

　　實為一語中的，雖然稍微狹隘了些。至於其之於技術與經驗科學的發展所具的意義，此處姑且不論。其中的關聯在在表現於日常生活裡，例如對教友派來說，被容許的「休閒」是（依巴克萊的說法）：拜訪友人、閱讀歷史著作、**數學與物理實驗**、園藝、討論經濟或其他方面的世俗事務等等。其道理已於前文說明。

82　林布蘭（Rembrandt, 1606-1669），荷蘭畫家。詳見附錄 13。──譯註

83　諾曼的《林布蘭》已作了精彩分析，可以和上述所論相較參考。

84　巴克斯特，《基督徒指南》I，頁 108 如此說。

85　例如胡奇森在其寡妻執筆下的傳記裡的著名陳述（經常被引用，例如桑福特，前引書，頁 57）。在詳述了他的騎士美德與歡樂快活的性格之後，接著說：「他在生活習慣上極為簡約整潔、彬彬有禮，而且非常樂於其中；但他很早就**不再**穿戴**任何昂貴的服飾**……」。下面這位開明且有教養的清教仕女的理想也相當雷同，唯只慳吝於兩件事，一是時間，二是為「虛華」與遊樂的花費──記述於巴克斯特的 Mary Hammer 葬禮演說辭（*Works of the Puritan Divines*, p. 533）。

誰不會碰上抱持著這種想法的人[86]？人對於託付給自己的財產負有**義務**的思想，亦即將自己當作是服事這錢財的管事、甚或是「營利機器」的想法，有如冰冷重擔壓在人們的生活上。**只要**禁慾的生活態度經得起試煉，那麼財產越是巨大，責任感就越是沉重，亦即有責任要為神的榮耀而一直保有這財產，並藉著不休止的勞動來增益這財產。此種生活方式的起源，如同近代資本主義精神的許多構成因素，在某些根源上可追溯到中世紀[87]，但直到禁慾的基督新教的論辯當中，才找到其首尾一貫的倫理基礎。這對資本主義發展所具的意義是十分明顯的[88]。

胡奇森（Colonel John Hutchinson, 1615-1664），著名的英國清教徒領袖之一，清教內戰中的要角。曾為克倫威爾得力助手，不過在克倫威爾登上護國主一職掌握獨裁權力時與其決裂。查理二世復辟後死於獄中。他的妻子 Lady Lucy Apsley Hutchinson 曾寫過一本有關內戰的書。韋伯此處提到的是 Lucy Hutchinson, *Memoirs of the Life of Colonel Hutchinson, to which are Added the Letters and Other Papers*, revised by C. H. Firth（two volumes, London, 1885）。——譯註

86　除了其他**許多的**例子，我特別想起一位事業上極為成功且晚年坐擁龐大財富的企業家。當他因嚴重的消化不良而接受治療時，醫生建議他每日服食幾顆牡蠣，但這醫囑對他來說卻異常滯礙難行，另一方面，若從他在生前就捐贈巨款給慈善事業並且「出手大方」看來，這**無非**是那種「禁慾的」意識之遺緒，亦即，認為自己**享用**財產是道德上可疑的，與「吝嗇」毫不相干。

87　工場、店鋪、一般而言「營業」與私人住所的**分離**，商號與姓氏的**分離**，營業資本與個人財產的**分離**，以及將「事業」（首先至少是公司財產）轉化為一種「神秘團體」（corpus mysticum）的傾向，全都是順此方向進行。參見本人的論文"Handelsgesellschaften im Mittelalter," *Gesammelte Aufsätze zur Sozial- und Wirtschaftsgeschichte*, S. 312 ff.。

88　桑巴特在其《近代資本主義》（1. Aufl.）當中已適切指出此一特徵性的現

　　我們可以總括前文的要點如下：基督新教的入世禁慾舉其全力抵
制財產的自由**享樂**，勒緊**消費**，特別是奢侈消費。反之，在心理效果
上，將**財貨的取得**從傳統主義的倫理屏障中解放出來，解開利得追求
的枷鎖，不止使之合法化，而且（在上述意味下）直接視為神的旨意。
除了清教徒，偉大的教友派辯護者巴克萊也明白證言，對抗肉體慾望
與外物執著的鬥爭，**絕非**針對理性**營利**的鬥爭，而是對抗財產之非理
性使用的鬥爭。這點尤其是針對非常接近封建意識的那種該被譴責為
被造物神化的、注重奢侈**虛榮**的形態[89]，因為該受珍視的，反倒是神
所屬意的那種、為了個人與群體的生活目的而將財產做理性且功利的

　　象。要注意的是，財富的累積是出自兩個相當不同的心理來源。其一，自
　　遙遠的古代起即具影響力，並且以創設基金、家族財產、信託遺贈等方式
　　而更具純粹且清楚的姿態，性質如同本來那種想在尚未喪失財產上的分量
　　時即迎接死亡的努力，或者尤其是如同想要讓「營業」確實存續下去——
　　即使會損害到擁有繼承權的多數子女的個人利益——的努力。在**這樣的**情
　　況下，除了想要即使在來世也在自己所創造出來事物當中過理想生活的願
　　望之外，還牽涉到維持「家族名譽」的問題，亦即為了創建者人格擴大的
　　虛榮，總而言之，根本上無非是自我中心的目標。這和**我們**此處所處理的
　　「市民的」財富累積的動機，完全是兩回事。在此，「你要斷念、斷念」
　　的禁慾命題，轉化為「你要營利、營利」的資本主義的積極命題，以其非
　　理性之姿，直截且純粹作為一種無上命令，站在我們的面前。在清教徒來
　　說，動機唯其是神的榮光與自己的義務，而非人類的虛榮；在**今日**則**只是**
　　對「職業」的義務。凡樂於生動地想像某一思想的極端歸結者，不妨讓某
　　些美國百萬富翁的理論浮現心頭：人**不**應把賺來的千金萬貫遺留給子女，
　　以免此種必須付出血汗才贏得的道德善行，離己遠颺而去。**如今**，這當然
　　只不過是個「理論的」泡沫。
89　就像我們必須一再強調的，**這**是最後的、決定性的宗教動機（伴隨著扼殺
　　肉慾的純粹禁慾立場），特別明白地表現在教友派裡。

使用。這並**不**是要強迫有產者**苦行**[90]，而是要求他們把財產運用在必要的、**實際上有用的**事情上。「**舒適**」的概念以獨特的方式緊箍住倫理上許可的使用目的之範圍，而我們在這一整個人生觀最為首尾一貫的代表者——教友派信徒身上，最早也最清楚看到貼合此一概念的生活方式的發展，自然一點也不覺意外。相對照於封建騎士風的華麗光鮮——經濟基礎既不穩固，卻又寧捨平實簡樸，偏愛慳吝優雅——他們實以市民「家庭」的清白且紮實的幸福為理想[91]。

在私人經濟財富的**生產方面**，禁慾仇視的是不公正與純粹**衝動性的**物慾，因為，此種物慾乃是被稱之為「貪婪」、「拜金主義」而應加以拒斥的，換言之，就是以**致**富為終極目的而追求財富。因為，財富本身就是誘惑。不過，正是在這點上，禁慾是種「常求善又常生惡」的力量[92]——所謂惡，就是指這力量「造作出」財富及其誘惑。

---

90 巴克斯特也拒斥這點（《聖徒的永恆安息》，頁12），動機和耶穌會一樣：必須供給肉體必要的需求，否則人將成為肉體的奴隸。

91 這個理想，特別在教友派裡，早在其最初發展時期就已出現，正如韋格登（Weingarten）在其著作 *Die Revolutionskirchen Englands* 裡已揭櫫重要的各點。巴克萊的深入討論（前引書，頁519），也相當透徹地顯露這點。必須避免的是：（1）被造物的虛榮，亦即，所有的虛飾、浮誇及使用毫**無實際**目的或只因稀有（也就是出於虛榮心）而被珍現的東西；（2）財富的不符良心的使用，亦即，相較於生活所必需與將來的考慮，為那些不是那麼緊要的東西**不成比例地**支出，換言之，教友派信徒可說是活生生的「邊際效用法則」。「被造物的適度使用」是完全不成問題的，**特別是**可以講究物品的品質與耐用，只要不致於「虛榮」。關於所有這些，參見 *Morgenblatt für gebildete Leser*, 1846, Nr. 216 ff.（特別是，關於教友派裡舒適與財貨紮實的觀念，參見 Schneckenburger, *Vorlesungen*, S. 96 f.）。

92 韋伯此處改用了歌德《浮士德》裡的台詞，《浮士德》第一部「書齋」（上）一幕裡，（魔鬼）靡非斯陀對自己的描述是：「我是那種力量的一體，它

就禁慾看來——如同舊約的觀點，以及完全從「善功」的倫理評價來加以類推，將財富的追求視同為目的本身是極不可饒恕的，然而財富的獲得，作為職業勞動的成果，則是神的祝福。更重要的是，將孜孜不倦、持之有恆且系統性的世俗職業勞動，在宗教上評價為至高的禁慾手段，同時也是再生者及其信仰純正最為確實且最昭彰顯著的證明，必然成為本文稱之為資本主義「精神」的人生觀之得以擴展，所能想見的最有力槓桿[93]。若我們再把上述那種消費的抑制與營利枷鎖的解除合而觀之，那麼其外在的結果是相當瞭然的；亦即，透過**禁慾**

常常想的是惡而常常作的是善」（董問樵譯）。——譯註

93 我們前面說過，對於宗教運動的階級條件的問題，**此處**不予深論（相關問題參見〈世界宗教的經濟倫理〉）。不過，為了了解例如巴克斯特，這位我們在此多所引用的作者，並未以當時的「布爾喬亞」的眼光來看待事情，只消回想一下，甚至在他來說，在為神所喜的職業排行榜上，緊跟著學識人的職業之後，首先就是農民，然後依次是海員、布商、書商、裁縫等等林林總總即可。還有，這兒說的「海員」（mariners, 相當具特徵性的），恐怕除了船員之外，至少還包括漁夫。在這點上，猶太律典裡的許多文句倒是與此大有出入。例如 Wünsche, *Babylonische Talmud*, II, S. 20 f. 所引拉比伊利沙（Eleasar）的話，儘管未必前後一貫，但總之就是說：營利要比農耕好（在 II, 2, S. 68 當中，建議人聰明的投資方式是：土地 1/3，商品 1/3，現金 1/3）。

對那些若無經濟的（遺憾的是人們仍稱之為「唯物論的」）解釋，即無法令其因果的良心釋懷者，在此有些話要說：我認為經濟發展對於宗教思想的命運所產生的影響實具重大意義，而且後面會試圖說明，在我們的關聯裡，兩者的適應過程與關係是如何種姿態展現的。只不過，那些宗教思想總之**不**可能從「經濟的」物事**演繹**出來。它們**本身**，無可置疑的，毋寧是「國民性」最強大的形成要素，而且純然有自己的固有法則性與不可抗的力量。此外，最重大的差異——例如路德派與喀爾文派之間的差異，如若事關非宗教因素的影響，那麼主要也是來自**政治**的作用（而非經濟）。

的強制節約而導致**資本形成**[94]。阻止收入的消費使用，必然促使收入可作生產利用，亦即用來**投資**。此一作用到底有多強，自然無法以數字精確地估量。但在新英格蘭，這層關聯是如此的明顯，以致無以逃過卓越如道爾這位史家的法眼[95]。又如在荷蘭，嚴正的喀爾文派在此地真正的支配不過七年，然而宗教上較認真熱誠的圈子仍保持極為簡樸的生活，加上擁有巨大的財富，導致一種格外有力的資本累積趨勢[96]。還有，市民的財產「貴族化」的傾向，在任何時代、任何地方

94　當伯恩斯坦在我們前引的論文裡（前引書，頁 625, 681）說「禁慾是一種市民的美德」，指的就是這個意思。**最早**就此一重要關聯而論者，究屬他的論述。只是，這個關聯比他所推想的還要來得牽涉廣泛。因為，不光只是資本積累，而是整體職業生活的禁慾的理性化，才是決定性關鍵。就美國殖民地而言，清教的北方，由於「禁慾的強制節約」而尋求投資出口的資本總是充斥著，與南方的情形恰成對比，道爾業已清楚強調。
道爾（John Andrew Doyle, 1844-1907），英國史家。最重要的作品是《美國的英國人殖民地》（*The English Colonies in America,* 5vols, 1882-1907），此外還參與了《劍橋現代史》的編寫工作。——譯註

95　道爾，《美國的英國人殖民地》II，第一章。新英格蘭從殖民地建立的最初世代起，即有公司形態的鐵工場（1643 年）、供應市場的織布廠（1659 年）存在（其他手工業也非常發達），這從純經濟觀點看來，是種時代倒錯，和南方的情形及雖非喀爾文派但十足享有良心自由的羅德島形成極為顯著的對比。後者雖擁有優良的港口，但直到 1686 年，州長和議會的報告裡仍說：「經貿上的大障礙是我們這兒欠缺商人與大地主」（Arnold, *History of the State of Rhode Island*, p. 490）。事實上，毋庸置疑的是，在清教抑制消費的影響下，被節約下來的資本不得不一再地尋求再投資的機會，亦促成了此種情形。至於教會紀律亦在其中扮演了角色一事，此處尚無暇論及。

96　然而這個圈子的人數在荷蘭當然也急遽地減少，見 Busken-Huet, *op. cit.,* chap. 3, 4 的敘述便可明白。不過，即使就西伐利亞和平條約簽訂**之後**的情形而言，普林斯特仍說：「荷蘭人賣得多、花得少」（*Handboek der*

都曾出現，而且至今仍在我們這兒蓬勃發展，可是由於清教對於封建生活形態的厭惡，此一傾向必然大受阻撓，這是極為明顯的。十七世紀的英國重商主義作家即推論，荷蘭的資本力量之所以優於英國，是因為在那兒並不像英國這樣，通常把新賺取的財富投資在土地上——因為這不僅涉及土地買賣而已——，而且還轉而採用封建的生活習慣企求貴族化，也因此未能讓財富作資本主義的利用 [97]。清教也不乏珍視**農業**為非常重要且特別有益於宗教虔誠的一個營利部門，然而（例如在巴克斯特看來）這並不是就地主、而是就自耕農與佃農而言，而且在十八世紀時，這也不是就農莊貴族，而是就「理性的」**農業經營者**而言 [98]。英國社會自十七世紀以來即呈現出，「貴族地主階層」

---

geschiedenis van het vaderland, 3. ed., § 303 Anm., S. 254）。

西伐利亞和平條約（Peace of Westphalia），簽訂於 1648 年，結束了歐洲自 1618 年以來的三十年戰爭（Thirty Years' War）。三十年戰爭的起因相當複雜，不過，其中也包含了基督新教與天主教的對抗。此一條約基本上則承認了彼此的勢力範圍，換言之，一個教會——梵蒂岡的教宗為上帝在人間唯一之代表——的理想，至此遂告破滅。——譯註

97 關於英國，例如 Ranke, *Englische Geschichte*, IV, S. 197 引用了一位保皇黨貴族的陳情書。在查理二世進入倫敦城時被提出的這份陳情書上呼籲，立法禁止以市民的資本來獲取土地產業，並藉此迫使它轉向商業。荷蘭的"regents"（城市貴族）之所以是有別於城市的市民新貴的一種「身分」，便是**在於**其購入古來的騎士領地（參見 Fruin, *Tien jaren uit den tachtigjarigen oorlog* 引用 1652 年的陳情書，抱怨城市貴族已成坐食者，而不再是商人了）。這個圈子當然從未從心裡信奉嚴正的喀爾文派信仰。十七世紀下半葉荷蘭廣大的市民階層競逐頭銜與晉昇貴族的那種惡名昭彰的熱潮，顯示出至少就**這個**時期而言，有關英國與荷蘭兩國情況的比較對照，必須要十分小心才能採納。世襲化的貨幣資產之強大，在此挫折了禁慾的精神。

98 在英國，隨著市民資本之大舉購入土地資產而來的，是英國農業的大興盛

（Squirearchie），即「愉快的老英格蘭」的擔綱者，與社會勢力起伏相當大的各種清教徒圈子，這兩者的矛盾[99]。前者悠遊於自然天真的人生歡樂，後者則是嚴格律己、保守自制且循規蹈矩地恪遵倫理，這兩種特性至今仍並肩共存於英國「民族性」的形象裡[100]。同樣的，北美殖民地的早期歷史中貫穿著，藉長期契約工人的勞動力維持大莊園且樂於享受封建貴族生活的「冒險家」，與具有市民獨特心態的清教徒，二者之間強烈鮮明的對比[101]。

　　舉凡清教人生觀的力量所及之處，無論在何種情況下，都有助於市民的、經濟上**理性的**生活樣式的傾向——這比單是促進資本形成自然是重要得多。清教的人生觀實為此種生活樣式之最根本的、尤其是

99　甚至直到本世紀，國教派的地主拒絕非國教派信徒為其佃農的情形並不少見。（目前，兩派教會的勢力大概旗鼓相當，以前，非國教派總是少數）。

100　李維在最近發表的論文裡正確提醒我們，從英國國民的許多特徵裡歸結出來的「民族素質」看來，英國人接受禁慾風格與市民道德的取向，比其他民族來，毋寧是**較低的**，粗俗且痛快的生活享樂才是（現在仍是）其根本特質（*Archiv für Sozialwissenschaft und Sozialpolitik*, 46, S. 605 f.）。清教的禁慾於其最盛時期，在**適切調教**其信徒身上的這種民族素質一事上，展現出其驚人的強大力量。

101　此種對比一再呈現於道痾的敘述裡。在清教徒的生活態度上，宗教動機經常發揮決定性力量（當然並非總是**唯**一具決定性的）。對於士紳的移民到麻薩諸塞州一事，殖民地在溫索洛普（John Winthrop, 麻薩諸塞州首任總督）的領導下傾向於，**唯有當**這些士紳，即使是世襲貴族的高貴門第，加入**教會**時，才予准許。為了教會風紀，殖民地採取**排他性的**移民政策（新罕普夏與緬因的殖民是由國教派的大商人進行的，他們在那兒投資設立大型畜牧農場。與清教徒間的社會連繫非常有限）。關於新英格蘭人的強烈「利潤慾」，1632 年已聽得到非難之聲（參見例如 Weeden, *Economic and Social Histroy of New England*, I, p. 125）。

唯一首尾一貫的擔綱者，守護著近代「經濟人」的搖籃。當然，此種
清教的人生理想，在面對那連清教徒自己都十分熟稔的財富的「誘
惑」如此巨大的考驗下，也會有動搖的時刻。我們經常發現，清教精
神最為純正的信奉者，是屬於**正在興起中**的小市民與農民階層[102]，而
「富裕的人」（beati possidentes），即使是教友派信徒，卻傾向背棄
昔日的理想[103]。正如入世禁慾的先驅者、中世紀修道院裡的禁慾所一
再遭遇的命運一樣：在生活規律嚴格且節制消費的中世紀修院裡，理
性的經濟營運一旦充分發揮其效用時，所獲取的財富要不是直接——
像教會分裂之前那樣——朝著貴族化的方向墮落，就是使修道院的紀
律瀕臨崩潰的危機，以致必須著手那一再反覆的「宗教改革」。事實
上，修院紀律的整部歷史，在某種意義上，就是與財富世俗化的問題
相抗爭的循環史。清教的入世禁慾亦是如此，而規模更大。十八世紀
末英國工業興盛前夕，衛理公會強大的「信仰復興」，足可與此種修
院改革相比擬。此處我們或可引一段衛斯理自己的文章[104]，來為以上

---

102 佩蒂（前引書）業已強調這點，而且當時所有的史料特別說到清教**諸教派**
（洗禮派、教友派、門諾派等等）**的信徒**時，毫無例外地直指他們部分
是無產者，部分是**小資產階層**，並且將他們對比於大商人貴族與金融冒
險家。不過，正是從這個小資產階層，而不是從那些大金融業者——獨占
資本家、御用商人、御用貸款人、殖民地企業家、公司發起人等等——
的手上，打造出西方資本主義的**特色獨到**所在：工業勞動的市民的一私
經濟的組織（參見例如 Unwin, *Industrial Organization in the 16th and 17th
Centuries*, London, 1914, p. 196 ff.）。至於當時人本身亦深知此種對比一
事，參見 Parker, *Discourse Concerning Puritans*, 1641，其中同時也強調投
機的籌劃者與廷臣間的敵對關係。

103 關於這是以何種方式表現於十八世紀的賓州政治上，特別是在獨立戰爭期
間，見 Sharpless, *A Quaker Experiment in Government Philadelphia*, 1902。

104 文章引自 Southey, *Life of Wesley*, chap. 29（2nd American ed., II, p. 308）。

我們所說的林林總總作個結尾。因為這段文章顯示，禁慾運動的領袖本身是如此充分了解本文所述看似相當矛盾的關聯，並且完全是以本文所鋪陳的意義來加以了解[105]。他寫道：

「我覺得，舉凡財富增加之處，宗教素質即等比例地減少。所以，按道理，我不知道有什麼辦法能使真正的宗教復興長長久久。因為宗教**必然**產生勤勞與節儉，而這兩者無疑又產生財富。但財富一增加，傲慢、激情和各形各色的現世愛執也隨之增加。那麼，衛理公會這個心靈的宗教，儘管現在有如青翠的月桂樹欣欣向榮，但如何才能使它長保此態呢？由於衛理公會信徒在各處都是既勤奮又節儉，所以財富也增加了。相應的，他們的傲慢、激情、肉慾、眼色和生活的志得意滿也隨之高漲。如此一來，宗教的形式是保持住了，但精神卻迅速消失。難道沒法防止嗎──純正宗教的這種持續沉淪？我們是不該阻止人們勤奮與節儉；**我們必須勉勵所有基督徒賺取一切他們所能賺取**

　　我本不知此文，承蒙阿胥萊（Ashley）教授來信示知（1913 年）。托洛爾區（為參考目的我告知他此文）已數度引用。

105 當時的運動領導人及其同時代人，對於自己所做的事以及所冒的風險，可謂瞭然於心，現在凡是想要比他們**本身**對此問題有更多的認識且更加有慧見者，我建議他們應該讀讀此文。對於完全無可爭議而且迄今也未被任何人異議過的事實，實在沒道理──如一些批判我的人那樣──輕率地橫加批駁，遺憾的是事情竟至於此，而我不過是對這些事實的內在驅動力稍做深入的探討罷了。十七世紀時，誰也沒有懷疑過這些關聯的存在（參見 Manley, *Usury of 6 Per Cent. Examined*, 1669, p. 137）。除了前面徵引過的近代著述者之外，詩人海涅（Heinrich Heine）與濟慈，學者代表如麥考萊、康寧漢（Cunningham）、羅傑（Rogers），或者作家如阿諾德，全都視此為自明之理。相關最新的文獻，見 Ashley, *Birmingham Industry and Commerce*, 1913。他在當時的信件中表示完全同意我的看法。關於整體問題，可參見註 100 所引李維的論文。

的，節省一切他們所能節省的；也就是說，事實上，變成富有」。（他接著勸告，凡是「賺取一切他們所能賺取的，節省一切他們所能節省的」人，也應該「給予一切他們所能給予的」，如此才能添加神的恩寵並累積天上的財富）。——我們看到，他將我們此處所要闡明的關聯，巨細靡遺地表達了出來[106]。

那些強而有力的宗教運動——對於經濟發展的意義首要在於其禁慾的**教育**作用——全面展現出**經濟上的**影響力，正如衛斯理此處所說的，通常是在**純正**宗教熱潮已經過了巔峰之時，也就是追求天國的奮鬥開始慢慢消解成冷靜的職業道德，宗教的根基逐漸枯萎，並且被功利的現世執著所取代，換言之，套句道登[107]的話，就是在民眾的想像中，班揚所描繪的那個內心孤獨、匆匆穿過「虛榮之市」、奮力趕往天國的「朝聖者」，被《魯賓遜漂流記》[108]裡兼任傳道工作的**孤獨的經濟人**所取代[109]。後來，當「兼顧**兩個**世界」（to make the best of both worlds）的原則勝出時，結果必然亦如道登所指出的，純善的良心就只能變成享受舒適的資產階級生活的一種手段，正如「純善的

---

106 此一關聯莫不為古典時期的清教徒所熟知，最能證明這點的，恐怕莫過於班揚作品裡的「愛錢先生」如此論說：「**為了富有**，譬如說為了增加客戶，人不妨信教」，因為，不管是**為了什麼**目的而信教，都是一樣的（J. Bunyan, *Pilgrims Progress*, Tauchnitz Ed., p. 114）。

107 道登（Edward Dowden, 1843-1913），愛爾蘭文學評論家、詩人，曾任教於英國劍橋、牛津等大學。以莎士比亞的研究聞名於世，也寫過宗教方面的作品《清教與安立甘派》（*Puritan and Anglican*, 1900）。——譯註

108 《魯賓遜漂流記》（*Robinson Crusoe*, 1719-1722），膾炙人口的荒島歷險小說。作者笛福（Daniel Defoe, 1660-1731），曾被譽為英國小說和報刊文學之父。——譯註

109 笛福是熱心的非國教派信徒。

良心是柔軟的枕頭」這句德國俗諺所巧妙傳達出的意思[110]。然而，充滿宗教氣息的十七世紀所遺留給下一個功利世代的，最重要莫過於在營利上的驚人的純良之心——我們很可以說，一種**法利賽式的**[111] 純正良心——只要一切都是出之以合法形式的話。「總非上帝所喜」那樣的想法[112]，消失得無影無蹤[113]。獨特的**市民職業風格**（bürgliches Berufsethos）業已形成。市民階級的企業家，只要守住形式正當的範疇、道德行為沒有瑕疵、財富的使用無可非議，那麼他就能以充滿神的恩寵、受到神明顯可見的祝福之意識，來從事其營利的追求，而且也**應該**這麼做。不止如此，宗教的禁慾力量又將冷靜、有良心、工作能力特強、堅信勞動乃神所喜的人生目的的勞動者交在他的手中[114]。

---

110 純善的良心是柔軟的枕頭（Ein gutes Gewissen ist ein sanftes Ruhekissen），意思是「問心無愧，高枕無憂」。——譯註

111 法利賽人（Pharisees），約自西元前二世紀起活躍於猶太教內的有力派別。詳見附錄 16。——譯註

112 參見本書 1-1-2 註 34。——譯註

113 史賓納也是（《神學思辨》，頁 426, 429, 432），雖然他認為商人的職業充滿了誘惑與陷阱，但在回答某個問題時作了以下的說明：「我很高興看到，在有關商業這件事上，親愛的友人無所遲疑，而是認定它為一種生活方式，既可以為人類帶來利益，又可以依神的聖意實踐**愛**」。在另一處則以重商主義的論點更進一步詮釋這點。史賓納有時會十足路德派地指稱，富有的慾望——依〈提摩太前書〉6: 8, 9 及援引〈西拉書〉——為主要的陷阱，所以應該絕對拒斥，並採取「生計的立場」（《神學思辨》III，頁 435），另一方面，他又藉著再洗禮派系諸教派人士既繁榮發達、卻也過著受神祝福的正直生活為例，來修正那樣的立場（參見本章註 41）。作為勤奮的職業勞動的**結果**，財富對他而言也並不是危險的。但由於路德派的影響，他的立場並沒有巴克斯特那樣首尾一貫。

114 巴克斯特（前引書，II，頁 16）勸人不要雇用「遲鈍、冷漠、懶散、多慾且怠惰的人」來當「僕人」，而優先選擇「信仰虔誠的」僕人。這不光是

這力量讓他安然確信，現世財貨的分配不均乃神之具有特殊用意的安排，藉著此種差別，正如透過特殊的恩寵，神有祂奧秘的、非人所能了解的目的要完成[115]。喀爾文有句經常被引用的話：「民眾」，亦即勞動者與手工匠大眾，只有在貧窮中才會繼續順服於神[116]。荷蘭人（彼得庫爾及其他一些人）將這句話「世俗化」為：人民大眾唯有受迫於貧困時才肯勞動；而資本主義經濟主要調性之一的這番定式化，後來便匯入到低工資的「生產性」這個理論的洪流裡。在此，正如我們一再觀察到的發展模式，當思想的宗教根基枯死之後，功利的傾向不知不覺地潛入稱雄。中世紀的倫理何止是容忍乞討，根本就是對托缽僧團的乞討行為大加讚賞[117]。即使俗世的乞丐，也因為他們給了有

因為「沒有信仰的」僕人不過是「表裡不一的僕人」，而尤其是因為「真正信仰虔誠的僕人會因順從**神**而做你一切的工，**就好像神自己命令他這麼做**」。而其他人則傾向於「不把它當作**良心**上什麼大不了**的事**」。反過來，在勞動者這一方，其救贖的標誌並不是外在的信仰告白，而是「盡其義務的良心」。我們看到，神的利益與雇主的利益在此奇妙地混同起來。史賓納（《神學思辨》III，頁272）一方面強力勸導人要花**時間**想念神，但又認為勞動者應該滿足於最低限度的自由時間（甚至是禮拜天）無非是自明之理。英國的著述者稱基督新教的移民者為「熟練勞動的開拓者」，實非虛言。其他例證參見 H. Levy, *Die Grundlagen des öknomischen Liberalismus in der Geschichte der englischen Volkswirtschaft*, S. 53。

115 依人類的判準，只有少數人得救的「不公平的」預定，和同樣不公平的、但同是神意所定的財富分配，兩者之間的類比是再明白也不過的了。參見洪貝克，前引書，頁153。再者，巴克斯特（前引書，I，頁380）也認為貧窮往往是怠惰之罪的徵候。

116 亞當斯（*Works of the Puritan Divines*, p. 158）也認為，神之所以讓那麼多人處於貧困，可能特別是因為祂知道，他們無法抵擋隨財富而來的誘惑。因為財富往往只會讓人失去信仰。

117 托缽僧團（mendicant），天主教修會之一，這類修會的修士發願守貧，

產者藉慈善而積善功的機會，所以經常被當作是一種「身分」來對待。
連斯圖亞特王朝時英國國教會的社會倫理，在精神上也非常接近這種
態度。直到清教徒的禁慾參與使那苛刻的英國濟貧法[118]成立時，才讓
這局面有了根本的改變。之所以如此，不外乎是因為基督新教諸教派
與嚴格的清教諸教團內部當中，事實上根本就**不知**乞討為何物[119]。

　　另一方面，從勞動者這一側來看，例如虔敬派的欽岑朵夫宗派，
就讚美不求利得而忠於職業的勞動者，認為他們是以使徒為人生的榜
樣[120]，亦即具有耶穌門徒的卡理斯瑪[121]。再洗禮派早期也盛行同樣的
想法，只是更為激烈。當然，基督教幾乎**所有**宗派的整體禁慾著作，
全都瀰漫著這樣的觀點：生活上並無其他機會的人，即使工資低也仍
舊忠實地勞動，這是最為神所喜的。**在這點上**，基督新教的禁慾並未
帶來任何新的東西。雖然如此，它不僅最強而有力地深化了此一觀
點，而且為此思想規範創造出使其影響力得以發揮出來的、**最具關鍵
性的**一股力量，亦即藉著認定此種勞動為**天職**、為確證恩寵狀態最好

靠乞討募化或慈善捐贈為生。詳見附錄 12。——譯註

118 濟貧法（Poor Laws），詳見附錄 17。——譯註

119 見本章註 48 及該處所引李維的著作。任何討論裡都述及同樣的事情，譬
　　如曼雷（Manley）關於休格諾教徒的討論。

120 英國亦不乏相同的情形。例如那兒有個虔敬派是以 William Law, *Serious
　　Call*（1728）為起點，宣揚**守貧**、守貞及（原先還包括在內的）與世俗隔
　　絕的教說。

121 卡理斯瑪（charisma），這個字眼在此用來表示某種人格特質；某些人因
　　具有這個特質而被認為是超凡的，稟賦著超自然以及超人的，或至少是特
　　殊的力量或品質。這是普通人所不能具有的。它們具有神聖或至少表率的
　　特性。某些人因具有這些特質而被視為「**領袖**」（Führer）。參見韋伯，《經
　　濟與社會‧支配的類型》1-3-4-10。——譯註

的——最終往往變成**唯一的**——手段的這種想法，所產生出來的那種
心理的**驅動力**（Antrieb）¹²²。另一方面，基督新教的禁慾又視企業家
的營利為「天職」，從而正當化了這種特殊勞動意慾的剝削利用¹²³。
因視履行勞動義務為天職而**唯獨**天國是求的努力，以及教會紀律自然
強加於無產階級身上的嚴格禁慾，必然多麼強力地促進了資本主義意
義下的勞動「生產性」，是很明顯的。近代勞動者視勞動為「天職」
的這種特色，正如同企業家視營利為天職的相應特質。像佩蒂爵士這
樣一位英國國教派的敏銳觀察者，便對這個在當時仍屬新聞的事實做
了描述：他認為十七世紀荷蘭的經濟力量應歸功於該國「非國教派」
（喀爾文派與洗禮派）特多的緣故，那些人視「**勞動與產業為他們對**

---

122 巴克斯特在基德明斯特的活動——當他最初造訪時，那兒的教會已墮落無
比，而他的傳道成果則是教會司牧史上空前未見的——同時是個典型的範
例：顯示出禁慾**如何**教育大眾勝任勞動，或者，以馬克思主義的說法，
勝任「剩餘價值」的生產，並且**因此才**使得他們**有可能**被利用於資本主義
的勞動關係裡（家內工業、紡織業）。這就是通見於各處的因果關聯。從
巴克斯特這一側看來，自己的信徒之加入資本主義生產行列，是在為其宗
教—倫理關懷盡力。從資本主義發展這一方看來，後者（信徒為宗教—倫
理關懷效力）則有助於資本主義「精神」的發展。
123 此外還有一點：人們很可以懷疑，中世紀的手工業者對「自己的創作」感
到「喜悅」，是以造作不墜，而這種「喜悅」作為心理動機，到底有多麼
強大？然而，此中必定有些什麼，是毫無疑問的。無論如何，禁慾如今已
剝奪了勞動的這種此世的現世激勵——現今更經由資本主義而永遠滅絕
了它——並使之對準來世。**這樣的**職業勞動是順服神的意志的。現今，
勞動的物性，亦即從個人的立場看來，既無歡喜又無意義，在此卻含帶著
宗教的光芒。資本主義於其形成期間，需要因為自己的**良心**而甘願任由經
濟壓榨的勞動者。如今根基穩固之後，即使沒有來世的激勵，也能強索人
的勞動意願。

神的義務」[124]。斯圖亞特王朝治下的英國國教派所採納的、特別是勞德[125]的觀念裡所呈現出來的，那種帶有國庫—壟斷色彩的「有機的」社會體制，是清教所反對的；清教徒起而抵制這種立基於基督教—社會黨下層結構的國家、教會與「獨占業者」的同盟，並且標榜個人主義的**驅動力**，亦即憑藉自己的能力與創意來從事理性與合法的營利，所以其代表人物徹徹底底是**這種**基於國家特權的商人—批發業—殖民地資本主義的激烈反對者。在英國，雖然基於國家特權的獨占產業不久即再度全軍覆沒，但清教的這種心理驅動力卻對產業的建立——不依賴官方權力、部分而言反而抵抗這種權力來建立產業——起了決定性的協力作用[126]。清教徒（普林與帕克[127]）認為那些具有大資本家特

---

124 Petty, *Political Arithmetick, Works*, ed. by Hull, I, p. 262. ——譯註

125 勞德（William Laud, 1573-1645），坎特伯里大主教（1633-1645）和查理一世的宗教顧問。在職期間曾大肆迫害清教徒，1644 年被控叛國罪處死。詳見附錄 11。——譯註

126 關於此一對比與發展，參見李維前引書。英國的輿論非常強力地反獨占的立場是個獨特的現象，就歷史而言，實乃三股力量的結合，一是對抗王室的**政治**權力鬥爭——長期國會將獨占業者逐出國會，二是清教的倫理動機，三是十七世紀時市民的中小資本主義對抗大金融業者的經濟利益。1652 年 8 月 2 日軍隊的宣言，以及 1653 年 1 月 28 日平均派的請願，提出要求，除了廢除消費稅、關稅、間接稅，並實施土地單一稅制之外，尤其是「營業自由」（free trade），亦即以侵害人權為由，要求廢除獨占性的營業限制，無論對內或對外。「陳情書」已接近於此。
陳情書（Grand Remonstrance），1641 年 12 月 1 日英國長期國會向英王查理一世提出一份清單，詳列國會對王政的各種抱怨，此一清單即被稱為「陳情書」，亦為促成英國史上清教徒革命的因素之一。——譯註

127 普林（William Prynne, 1600-1669），英格蘭清教派小冊子作家，律師。詳見附錄 11。帕克（Henry Parker, 1604-1652），英格蘭清教徒作家，著有 *Discourse Concerning Puritans* 一書，韋伯在本書曾引用過。——譯註

徵的「廷臣與籌劃者」是個道德可虞的階級，所以一概拒絕與他們合
作往來，另外又以自己優越的市民營業道德為榮，這才是引來那個
圈子的人對他們施加迫害的真正原因。笛福亦曾提議，以杯葛銀行
票據和撤回存款來對抗對於非國教徒的迫害。這兩種資本主義作風
的對立，在相當大的範圍內，是與宗教上的對立形影相隨的。非國
教派的仇敵甚至到了十八世紀都還一再嘲笑他們是「市儈氣」的擔
綱者，並認為他們是老英格蘭理想的扼殺者而加以迫害。**此處**也明
擺著清教徒的經濟風格與猶太人的經濟風格的對立，而當時人（普
林）業已明白，前者，而非後者，才是**市民的**經濟風格（bürgerliche
Wirtschaftsethos）[128]。

　　近代的資本主義精神，不止如此，還有近代的文化，本質上的一
個構成要素——立基於**職業理念**上的理性的生活樣式，乃是由**基督教
的禁慾**精神所孕生出來的，而這就是本文所要加以證明的。我們只要
再讀一下本文開頭所引的富蘭克林的那段小文，便可看出那兒稱之為
「資本主義精神」的那種心態，在本質的要素上，實與稍前所究明
的清教的職業禁慾的內容並無二致[129]；只是，前者的宗教根基，即使

---

128 這點參見 H. Levy, *Die Grundlagen des öknomischen Liberalismus in der Ges-
chichte der englischen Volkswirtschaft*, S. 51 f. 。
129 我們在此尚未究明其宗教根源的其他諸要素，特別是「誠實為最上策」的
　　命題（富蘭克林關於**信用**的說法），亦有清教的淵源，這必須在另外的關
　　聯裡討論（見下一篇論文）。此處我僅止於徵引（伯恩斯坦告訴我的）J.
　　A. Rowntree（*Quakerism, Past and Present*, pp. 95-6）的一段話：「這究竟
　　是個**偶然**，還是個**結果**？教友派人士崇高的靈的事業，竟與其處理世俗問
　　題時的機敏與圓融齊頭並進？真正的信仰，確保人的廉正、培養謹慎與周
　　到的習慣——這是在追求穩定財富積累所必要的商業界裡，獲得地位與信
　　用的重要項目——有助於商業人的成功」。「正直如休格諾人」是十七世

是在富蘭克林那兒，也業已枯萎衰亡。近代的職業勞動具有一種**禁慾的**性格，這想法本身並不是件新鮮事。斷絕浮士德式的個人全方位完美發展的念頭，而專心致力於一門工作，是現今世界裡任何有價值的行動所必備的前提。因此，「事功」與「斷念」如今注定是互為表裡不可切割。市民的生活格式——若要成為格式而非不成個樣子的話——所具有的這種禁慾的基本格調，也是**歌德**在作品〈漫遊歲月〉[130] 及給予浮士德的一生之結局中，以其高度的人生智慧所想要教導我們的 [131]。對他而言，這樣的認知，等於是向一個完美人性的時代斷念訣別；這樣的時代，在我們的文化發展過程中，已無法重演，猶如古雅典文化的全盛時期已一去不返。清教徒**想要**成為職業人（Berufsmensch）——而我們則**必須**成為職業人。因為，禁慾已從僧院步入職業生活，並開始支配世俗道德，從而助長近代經濟秩序的（雖然受到機械生產的技術與經濟的前提條件所束縛）、那個巨大宇宙的誕生；而這宇宙秩序如今以壓倒性的強制力，決定著出生在此一機制當中的每一個人（**不**只是直接從事經濟營利活動的人）的生活方

紀如諺語般的話，一如田普爵士（Sir W. Temple）所仰慕的荷蘭人之遵從法律，以及——一個世紀後——比起並未經歷此種倫理訓練的歐陸人來，英國人的那種守法的精神。

130 歌德的長篇小說《威廉麥斯特》，分兩部：〈學習歲月〉（*Lehrjahren*, 1775）和〈漫遊歲月〉（*Wanderjahren*, 1828）。內容敘述主角威廉麥斯特走出家門尋求人生意義的故事，肯定實踐的重要意義。詳見附錄 16 威廉麥斯特。——譯註

131 A. Bielschowsky, *Goethe*, II, Kap. 18 有不錯的分析。關於科學的「宇宙秩序」的發展，例如溫德班（Windelband）在其著作 *Blütezeit der deutschen Philosophie*（*Geschichte der neueren Philosophie*, Bd. II）的結尾也表達了類似的想法。

式──而且恐怕直到最後一車的化石原料燃盡為止，都還是如此。依
巴克斯特的見解，對於外在事物的顧慮，應該只是像件披在聖徒肩上
的「隨時可以卸下的薄斗篷」[132]。然而，命運卻使得這斗篷變成了鋼
鐵般的牢籠。禁慾已著手改造世界，並在這世界踏實地發揮作用，結
果是，這世間的物資財貨，如今已史無前例地贏得了君臨人類之巨大
且終究無以從其中逃脫的力量。如今，禁慾的精神已溜出了這牢籠
──是否永遠，只有天曉得？總之，獲勝的資本主義，既已盤根在機
械文明的基礎上，便也不再需要這樣的支柱。其開朗的繼承者（啟蒙
運動），似乎已永遠地褪盡了她玫瑰般的紅顏。「職業義務」的思想，
亦有如昔日宗教信仰的幽靈，在我們的生活裡徘徊。舉凡「天職的履
行」無法直接與最高的精神文化價值有所關聯之處，或者說，當它已
不必再被主觀地感受到就是一種經濟的強制時，個人如今根本就已放
棄對其意義多加思量。營利追求最為自由解放之處，如美國，業已褪
除此種一貫追求的宗教─倫理意涵，如今傾向於和純粹競賽的激情相
連結，甚至往往使營利帶上運動比賽的性格[133]。沒有人知道，將來會
是誰住在這個牢籠裡？在這驚人發展的終點，是否會有全新的先知出
現？舊有的思維與理想是否會強勁地復活？**或者**！要是兩者皆非，那

---

132 巴克斯特，《聖徒的永恆安息》，第 12 章。
133 俄亥俄州某城的一個有力的雜貨商的女婿（從德國移民來美）如此簡要評
斷他的丈人：「難道這老人不能滿足於他七萬五千美元的年收入然後退休
嗎？不！店面必須擴大到四百呎才行。為什麼？這勝過一切，他說。晚
間，當他的妻女一起看書時，他只想上床睡覺。星期天，他每五分鐘看一
次鐘，看這天什麼時候才結束。──多麼無謂的人生！」這樣的評斷，
在「老人」這邊看來，無疑是全然不可理解的，而且可能正是德國人欠缺
活力的象徵。

麼是否會是以一種病態的自尊自大來粉飾的、機械化的石化現象？果真如此，對此一文化發展之「最終極的人物」而言，下面的這句話可能就是真理：「無靈魂的專家，無心的享樂人，這空無者竟自負已登上人類前所未達的境界」。

　　不過，這樣我們就涉入了價值判斷與信仰批判的領域，而這是此一純粹歷史陳述的論文所不該承擔的。我們的課題毋寧是：將上文剛開始剖析的禁慾的理性主義之意義，進一步闡述出其對於社會政策倫理的內容有何作用，亦即說明其之於私人宗教集會乃至國家等種種社會共同體的組織與功能所發揮的效用。然後，此一禁慾的理性主義，與其他諸領域，諸如人文主義的理性主義[134]及其生活理想和文化影響、哲學上與科學上的經驗主義的發展、技術的發展、精神的文化財等等層面，到底有何種關係，也必須加以分析。最後，我們還要對禁慾的理性主義的歷史演變，亦即從入世禁慾在中世紀時的萌芽開始，到它解體為純粹的功利主義為止的這段歷史，作一番**史學的**探究，而且是要深入到禁慾信仰的一個個普及的地方去追索。唯有如此，方能清楚評量出禁慾的基督新教，在和形塑出近代文化的其他要素相較之下，到底具有多大文化意義的**分量**。在此，我們不過是企圖在某一點上，而且是在這真的重要點上，追溯出事實及其影響**方式**的心理動機而已。但接下來，就有必要對基督新教的禁慾本身，在發展過程中及其特質上，是如何受到整個社會文化條件、特別是經濟條件的影響，

---

134 光是這話（自發表以來原封不動），應該已讓布倫塔諾明白，我從未懷疑人文主義的理性主義所具有的**獨立**意義。人文主義也並非**純粹的**「理性主義」，這點最近波林斯基（Borinski）再度大力強調，見 *Abhandlungen der Münchner Akademie der Wissenschaft*, 1919。

作出說明 [135]。因為，整體而言，近代人即使抱著最大的善意，也往往
無法理解，宗教意識內容對於生活樣式、文化與國民性，真的有過**如
此**巨大的意義。雖然如此，我們當然也並不打算，以片面的唯心論的
文化與歷史因果解釋，來取代同樣片面的「唯物論的」文化歷史觀。
對於歷史真實的解明，**兩者**是**同樣可能的** [136]，但任一者，如果不是用
來作研究的準備工作，反而是充作研究的結論，那麼，同樣會是一無
所成 [137]。

---

135 參見貝羅的學術演講，G. von Below, *Die Ursachen der Reformation*（Frei-
burg, 1916），所處理的並不是這個問題，而是關於整個宗教改革、特
別是路德方面的問題。關於此處所處理的主題，以及與本篇論文相關聯
的論爭，最後我要舉出一部著作 Hermelink, *Reformation und Gegenrefor-
mation*，雖然它主要是在處理另外的問題。

136 因為以上的概述刻意地僅止於處理某些關係，在其中，宗教意識內容對於
「物質的」文化生活確實無疑發生影響。跨越此一立場，將輕易做出一種
刻板的「圖式」，就此，從基督新教的理性主義邏輯地**演繹**出近代文化
裡**所有的**「特徵」。不過，那樣的事盡可留給那些半調子的業餘者來做，
他們相信「社會心理」的「齊一性」，並相信可將其化約到一**個**公式裡。
我們還能說的不過是，在我們所考察的階段之前的資本主義發展時期裡，
基督教的影響無處不起著部分決定性的作用，阻礙也好，**促進**也罷。到
底是哪一種，是後面的章節要討論的事。再者，本文中概略論及的其他
問題裡，是否可能在**此**刊物的有限篇幅下，針對這個或那個再加以討論，
就此刊的所專注的課題看來，尚無法確定。要不然，就得寫一本大部頭的
書，大到像現在這情形所不得不然的，必須仰賴他人（神學的與史學的）
既有的研究成果，這我可沒什麼興趣。（此處這幾句話我未曾更動過）。
關於宗教改革之前的「早期資本主義」時代裡，生活理想與現實之間的**緊
張性**，現在可參見 Strieder, *Studien zur Geschichte der kapitalistischen Orga-
nisationsformen*, 1914, Bd. II（此書對前文所引桑巴特利用的凱勒的著作，
抱持反對的立場）。

137 我想這句話和前面緊跟著的本文與註解，應該就足以排除有關本篇論文**想**

要達到之目的的誤解，所以並**不覺得有再添加什麼的必要**。原先我打算依前面所提的計畫直接繼續研究下去，但一來由於偶然的因素，特別是托洛爾區出版了他的大作《基督教社會思想史》（此書在我應該要研究的許多方面，以我這個非神學家力所不能及的方式獲得了成果），二來則是為了使本篇論文不致孤立，並且得以著落於文化發展的整體裡，所以當下決定，率先將宗教與社會的**普遍**歷史關聯的比較研究成果寫出來。就是後面這幾篇。在它們之前只置一篇即興的小論文，用以說明上面所使用的「教派」（Sekte）的概念，同時也闡明清教的**教會**（Kirche）的觀念對於近代資本主義精神所具有的意義。

第 2 部
基督新教教派
與資本主義精神[*]

* 這篇新出爐且篇幅大增的文稿曾經刊登於 1906 年的《法蘭克福通訊》（*Frankfurter Zeitung, Osternummer*, 1906），接著稍加潤飾後以〈教派與教會〉的篇名刊載於《基督教世界》（*Christlichen Welt*, 1906, S. 558ff., 577ff.），我也一再地徵引這篇文字來補綴前面的作品〈基督新教倫理與資本主義精神〉。翻修改寫的動機在於，我所推衍出來的教派概念（相對於「教會」的概念）在這期間足堪告慰地被托洛爾區所接納並精推細敲地運用於他的大作《基督教社會思想史》（1912），所以，概念性的討論在此可以輕鬆略過，而且有必要說明的地方既然已在本書頁 177 的註 210 裡說明了，這篇論文僅包含補足前作的最重要資料。

　　美國從好久以來就有著「政教分離」的原則。這原則甚至嚴格貫徹到就連教派屬性的官方統計也不存在，因為僅僅是去詢問國民屬於哪個教派都被認為是違法的。規範教會共同體與國家之相互關係的這個原則到底有何實際意義[1]，在此姑且不論。吸引我們注意的首先倒是這樣的情況：不過就在約莫四分之一個世紀之前，儘管國家絕對不過問教派，也儘管一切極有效用的獎助金一概沒有——當時多半的歐洲國家都對歸屬某些特權教會設有這樣的津貼，然而，美國（當時「不屬於教派者」的數目估計僅止於 6% 上下[2]，何況還有那麼大量的移民來此。不過，屬於某一教會共同體的這種歸屬性在那兒卻也意味著比起我們這邊的任何地方都高得不得了的負擔，特別是對不怎麼有錢的人來說。公開的家計預算證明了這點，而我個人則對艾瑞湖邊的某個城裡幾乎全由德國移民來的生手伐木工人所組成的一個社區有所認識，在那兒工人每年平均收入的一千美元裡，有將近八十美元要繳交為教會所用的例行奉獻，然而我們無人不知，這樣的財務負擔即使只是課上一小部分，就足以在我們這兒造成大量脫離教會的後果。撇開這點不談，就在十五到二十年前，也就是美國最近的急遽歐洲化開始之前，造訪這個國家的人，沒人會忽視當時還相當濃烈的宗教心（Kirchlichkeit），這氣氛瀰漫在所有尚未完全直接被歐洲移民所淹沒的地區裡[3]。正如較早的每一本遊記都透露出的，這種宗教篤信的風

1　就此而言，原則多半不過是紙上空談——由於天主教選票的緣故（還有補助教派學校的事）。

2　詳盡細節非此處關心所在。應當參照的是美國教會史系列（American Church History Series）的個別單冊（當然評價參差不齊！）。

3　不只美國最高法院的每次開庭，就連任何的黨「大會」開議，都要以祈禱來開場，這當然是行之已久而煩人的行禮如儀。

氣原先——比起最近幾十年來——還要更加強烈且理所當然得多。在此，吸引我們的尤其是此一事實的某個面相。在布魯克林，紐約的雙子城，就在前此不久還保守著某個老傳統，其強烈程度明顯可見，而在較少受到移民影響的其他地方則更是如此：不到一個世代前，剛要進職場上立足的商人在建構社會關係時，總要被問到這樣的問題——一個不著痕跡卻似乎又隨機拈來、但絕非偶然被提出來的問題：「你屬於哪個教會」？這情形就像四分之一個世紀前的典型蘇格蘭食堂裡，來自歐陸的人在星期天幾乎必定要面對某位女士的質問：「您今天做了啥禮拜」[4]？再進一步觀察，我們更容易確認，雖然美國當局如我們所說的**從未**過問教派屬性的問題，但是私人的社交往來，連同以永續與**信用保證**為基準的商業往來，我們幾乎可以這麼說，這問題總是會被提出來的。為何如此？首先，一連串小小的個人觀察（1904年）或許可望能得出個概要。

筆者曾在（當時的）印地安領地內有過一次長程的火車之旅，同車廂的是個「殯葬冥器」（鐵打墓銘）的行商，當他（不經意地）提到那顯然還相當濃烈的宗教篤信情況時，下了這麼個按語：「先生，對我來說，任何人都可以隨自己高興信仰什麼或不信；但是，如果我碰到個農夫或商人，他不屬於任何一個教會，那麼我連五十分錢也信不過他——**幹嘛付我錢，如果他什麼也不信**」。這總是個有那麼一點

4　或者，如果這人剛好是位於餐桌首席的長者，那麼侍者端上湯來時便會懇請他：「先生，請領祈禱」。在蘇格蘭斯開島的波特里（Portree, Skye）的一個美好的星期日，我自己便碰上了本文裡所提的那個典型問題，出於無可奈何，也只能這麼說：「我是巴登邦教會的成員，但我在波特里沒法兒找到這個教會的禮拜堂」。這說法得到那女士的首肯且欣然接受了（「哦，他不參加任何禮拜，除非是在自己的教派裡」！）。

曖昧的動機。稍微明朗的是一個德國出生的鼻咽喉專家所描述的實情。他在俄亥俄河邊的一個大城市裡落戶開業，說起他的第一位病人的造訪經過。應醫生的要求，這病人躺到沙發上，以便鼻鏡診察，然後他一度坐起，威儀堂堂地強調道：「先生，我是……街上……洗禮派教會的一員」。茫茫然，不知道這事實對於鼻病及其診治可能會有什麼意義，這醫生私下慎重地詢問他熟識的美國同仁，而對方則笑笑地給了回答：那不過意味著「您毋需擔心**診費**」。但**為什麼**那就單只意味這點？或許通過第三個案例就會更清楚些。

　　1904 年 10 月初的一個美麗晴朗的星期天午後，我陪同幾個親戚——居住在距離美國北卡羅萊納州的 M.（某郡的郡治）數哩外的邊地莊稼人——來到一個水塘邊參加洗禮派的洗禮儀式，那水塘是由遠遠可以望見的藍嶺山（Blue Ridge Moutains）流洩而下的溪水所匯聚而成的。水溫冰冷，夜間甚至有點結凍。小丘的斜坡上站滿了眾多農莊家族，他們駕著輕便的二輪馬車從附近來，不過有的是來自遠方。水塘裡站的是身著黑衣的牧師，水深及腰。經過各種準備後，身穿禮拜服的男女約十人循序踏入水塘，為信仰起誓，然後全身浸入水裡——女生則借助牧師的臂彎。他們唏噓作響地起身，裹著濕淋淋的衣服哆哆嗦嗦地走出水塘，受到周邊全體的「祝賀」。親友們飛快地用厚毛毯包住他們，然後驅車回府[5]。站在我身旁的一個親戚，按德國的傳統來說不算教會中人，吐著口水不屑地觀禮[6]。當其中一名青年

5　「信仰」鐵定防得了噴嚏，一個親戚這麼說。
　　關於韋伯 1904 年在美國訪問時的「宗教經驗」，可參見韋伯的妻子瑪利安妮所寫的《韋伯傳》第九章。——譯註
6　他對一個受浸者說：「哈囉，比爾，水不是冷得很嗎」？然後得到很認真的回答：「傑夫，我想著火熱之處（地獄！），所以不在乎水冷」。

浸水時，他瞪起眼來：「瞧他，我就跟你說嘛」！（儀式完畢後）我問他：「你怎麼料到他會來行浸禮」？回答是：「因為他想在 M. 開家銀行」。那一帶有那麼多洗禮派教徒可讓他維持生計嗎？「當然沒有。不過，一旦他受了洗，他就會贏得一整個地區的顧客，把誰都給打敗」。為什麼？憑什麼？追問的結果是：若要被認可加入當地仍堅守宗教傳統的洗禮派教團，就得先通過最嚴謹的「檢驗」和最深入的、甚至追溯到幼年時期的「品行」調查（違法亂紀？上酒館？跳舞？看戲？打牌？沒準時付帳？其他的輕浮草率？）；一旦得以加入，即被視同獲得紳士倫理資格的絕對保證，尤其是商業上所要求的資格，以此，保管他能匯集整個地方上的儲金，信用無限大，無人可匹敵。他是個「功成名就者」。進一步觀察可知，這些現象，甚或非常類似的現象，同樣一再發生於極其不同的地方上。那些（而且一般而言**唯有**那些）屬於衛理公會或洗禮派或其他**教派**（或教派似的聚會）者，在商業上功成名就。當教派成員遷居到別處，或者他是個遊走四處的業務員，都會隨身攜帶自己教團的證書，不只藉此和同教派弟兄取得連繫，而且尤其是獲致無處不通的信用。如果他陷入（並非自己招來的）經濟困境，教派就會出面處理他的事情，向債權人提出保證，並盡一切可能幫助他，一切都根據聖經的原則：「借給人而什麼也不指望」[7]。然而債權人終究會給他機會的決定性關鍵，並不在於期望教派為顧及本身的威信而不讓他們的權益受損，而毋寧在於這個事實：相當有名望的教派**只**會接納「品行」令其顯得在倫理上毋庸置疑**夠資格**的人進

7 借給人而什麼也不指望（mutuum date nihil inde sperantes），見《聖經·路加福音》6: 35。中文聖經的翻譯是：「借給人不指望償還」。參見本書 1-1-2 註 36。——譯註

來。也就是說，成為教派的一員意味著**人格**的一紙倫理資格證明書，特別是商業倫理上的資格證明。這相對於成為「教會」的一員，因為人是「生來」屬於教會，而教會的恩寵光照於義與不義者。「教會」甚至是個恩寵**機構**[8]，經營宗教救贖財有如經營一個信託遺贈基金，加入教會（在概念上！）是義務性的，因此無所謂保證成員的品質。相反的，「教派」是唯獨（在概念上）符合宗教—倫理資格的人所組成的自願性團體，當個人經由宗教的**檢證**而自發性地尋求接納，他是基

8　恩寵機構（Gnadenanstalt），在〈宗教社會學〉裡，韋伯討論過不同的恩寵授與的觀念。有關「制度恩寵」（因此也就是一個恩寵機構）的概念如下：「救贖所需的恩寵乃是在一持續性的基礎上，經由某些神或先知所認可而創設的制度化組織（Anstaltsgemeinschaft）來授與。這個機構可以直接透過純粹巫術性的秘莊手法，或者是透過其所掌握的、由於其執事者或信奉者之實踐而累積下來的多餘的業績（可以產生神恩或恩寵的業績），來發揮其力量。只要是制度性恩寵一貫地營運之處，即涉及三個基本前提。一、教會之外無救贖：除非本身為某一特定的、被賦予掌理恩寵之機構的成員，否則即無法得救。二、恩寵授與之有效與否，取決於機構所賦予的職權，而與祭司個人的卡理斯瑪資質無關。三、需要救贖的個人之宗教資質，與有權授與恩寵的機構全然無關。換言之，救贖乃是普世性的，而非僅止限於宗教達人。宗教達人若想憑一己之力接近神、求取恩寵，而不思依賴最根本的制度性恩寵，他的得救機會以及宗教的純正性就不免——而且實際上也無法避免——要受到威脅。根據此一理論，所有的人皆可能得救，只要他們能充分履行神的要求，即可獲得足以使他們得救的制度性恩寵的授與。因此，對於個人倫理成就所要求的水準，必須與一般人的平均資質相當——實際上則意味相當的低。誰如果能在倫理領域成就更多（亦即宗教達人），那麼，除了確保自己之得救外，他還可以為其機構積聚善功，而由此一機構再將這些善功授與那些需要的人。我們剛剛所敘述的觀點即為**天主教會**的獨特立場，同時也決定了其之為一個恩寵機構的性格」（《經濟與社會・宗教社會學》2-5-10-10）。——譯註

於自由意志而加入教派[9]。因倫理過失而被逐出教派，意味著經濟上
的信用喪失與社會上的降格淪落。接下來幾個月的許多觀察，不止證
實了宗教心本身的意義正相當迅速地消逝中，儘管在當時（1904 年）
仍頗為旺盛[10]，同時卻也確證了宗教心的這個特別重要的面向。現今，
屬於哪個教派看來差不多都無所謂了[11]。不管是共濟會[12]或基督教科學

9　教派間的靈魂爭奪戰——部分說來是大大受到牧師的物質利害所左右
——往往使得這種成員遴選招來**非常**強烈的反彈，特別在美國，這當然是
個不爭的事實。因此，常見到相互競爭的教派間聯合以限制這種靈魂爭奪
戰（譬如說聯合起來排除那些——按宗教原則——離婚理由不夠充分者輕
易得以再婚，因為，任一教派方便再婚，畢竟是個強大的吸引力）。於此，
聽說有幾個洗禮派教團有時是比較寬鬆的，而天主教以及（密蘇里）路德
教會則被稱賞持正嚴格，不過，（據說）兩者都減少了成員。

10　在大都會區裡好多次有人（主動）告訴我，土地投機業者通常會先蓋起一
座「禮拜堂」（往往極不起眼），然後以五到六百美元聘用一位從林林總
總的神學院當中某處出身的人，許諾他會有個當牧師的光明生涯，如果他
能聚集起一個教團並在禮拜堂一帶「功德圓滿地傳教」。我可看到了破落
的教堂式建築訴說著失敗的故事。不過，多半應該是成功的。左鄰右舍的
交往、主日學等等對新居民而言畢竟是不可或缺的，尤其是，與「倫理上」
可信賴的鄰人交往。

11　教派間儘管競爭激烈——就連教團晚間茶會的物質與精神奉獻種類都互
別苗頭，上流的教堂還競逐音樂會的奉獻（波士頓三一教會的一個男高
音，據說只需在禮拜天獻唱，當時就有八千美元的收入）——但彼此往往
都還保持相當友好的關係。譬如在我列席的衛理公會的禮拜式裡，前文所
述的洗禮派的洗禮式都還被推舉為無人不為之動容受教的場景。教團多半
全然拒絕聆聽「派別分殊之教」，以及一般而言教義說教。**唯有**倫理才能
帶進佈道裡。在我聆聽為中產階級所做的那些佈道裡，牧師所宣講的無非
是穩健又紮實的典型的市民道德，而且當然是既家常又審慎清醒的那種，
但卻是出自講者內心充沛的確信，而且往往是真心感動的。

12　某個東部大學的閃語系「助理」告訴我，他很遺憾沒能當上「共濟會分會
長」，否則的話他就會轉回商業界。當被問到這能有什麼好處時，回答是：

派也好[13]，或者是耶穌再臨派、教友派或其他什麼的也罷，全都一樣。
關鍵點端在於：先就基督新教的入世禁慾、也就是古老的清教傳統所
稱賞的種種美德來加以**審查**並作倫理**證明**，然後通過「投票」才允許
入會；其後的作用，可以看到並沒什麼兩樣。再深入觀察，更可了解
到：這類源自宗教觀念的現象到了近代悉數被襲捲進去的那種特色獨
具的「世俗化」過程，在此也正穩定進行中。對生活發揮作用力的，
不再**只是**宗教團體──教派。毋寧說教派所占的分量正在逐漸縮減。
稍微留意的話，（就在十五年前）便可得見：在美國的市民中產階層
裡（往往是純屬現代大都會與移民中心點之外的地方），竟然有那
麼多的人在鈕扣眼上別著個小徽章（各種顏色都有）──馬上讓人想
到那彷彿是法國榮譽勳章的玫瑰花飾。當被問到那是啥東西時，人們
通常是道出個名字有時是出奇幻想的團體。至於其意義與目的則不外
乎如此：此種團體大抵總扮演著生命保險的角色，此外也發揮其他非
常不同的功能，然而特別就在那些最少被近代的崩解作用所觸及的地
區，此種團體仍提供其成員（倫理上的）請求權，亦即當他非因一己
的過失而陷入經濟的困境時，可以向任何有錢的團體兄弟要求弟兄般
的援助，而且在我所得知的許多情況裡，此種援助所遵循的同樣又是
借人而什麼也不指望的原則，或者只收取很低的利息。這樣一種請求
權看來也是團體兄弟所樂於回應效勞的。再者，而且也是此處的重點

如果他作為一個業務員或行商而能夠證明自己擔當了這麼一個眾所周知
的誠正角色的話，他便得以擊敗任何的競爭者，而且身價如金。
共濟會（Freemasonry），世界上最大的祕密團體，旨在傳授並執行其祕
密互助綱領。詳見附錄7。──譯註
13　基督教科學派（Christian Science），1879年愛迪（Mary Baker Eddy, 1821
-1910）在美國創立的教派。詳見附錄7。──譯註

所在，成員資格的取得同樣是在事前的調查及倫理證明的確定之後經由投票所決定的。因此，扣眼上的小徽章乃意味著：「我是個經過調查與證明而得到授權，並且在我的成員資格保證下的紳士」。同樣的，這尤其在商業上意味著經過檢證的**信用力**。在此同樣可以確認的是，商業上的機會往往決定性地受到此種認證的左右。

似乎正在非常快速消失中的所有這些——至少宗教方面的——現象[14]，基本上是局限於市民中產階層裡頭。凡此種種，尤為晉升中產市民企業家圈子的典型工具，並且擴大且維持著此一中產市民階層（包括農民在內）廣大圈子裡頭的市民資本主義的商業精神。眾所周知，不少（老一輩更可說是大多數）美國的「公司創辦人」、「產業龍頭」、百萬富翁與信託鉅子，形式上是教派成員，特別是洗禮派。不過，這些人往往只是自然而然地按照舊章行事，就像我們德國這邊一樣，而且只不過是為了取得私人—社交上的身分證明，而不是商業上。因為，早在清教時代，這樣的「經濟超人」自然毋需那樣一種枴杖，**他們的**「信仰心」當然往往超越於曖昧的誠信。中產階層，尤其是在其中往上爬、以及出於其中且更上層樓的那些階層，就如同在十七與十八世紀那樣，乃是那種獨特宗教取向的擔綱者，而我們必得小心留意，那種取向在他們身上**只不過**是取決於機會主義罷了[15]。然

14　一些有學識的美國人常帶點兒忿怒地將這些事實鄙夷為「詐欺」或落伍，甚或全盤否定。當中有好多人實際上對這些事實根本一無所知——就像威廉·詹姆斯向我證實的。然而，在極為不同的許多領域裡，這些事實的痕跡依然健在，只不過有時是以怪異的方式存活著。
　　威廉·詹姆斯（William James, 1842-1910），美國哲學家和心理學家，1904年韋伯赴美訪問時曾與其有交往。——譯註
15　在這些事情上，「偽善」與慣習性的機會主義在美國並不會比在我們這兒

而絕不可錯判的是，若非這些宗教共同體的守護，使得講求方法的生活樣式的那些特質與原則得到普遍的擴展，那麼資本主義至今，即便在美國，也不會是現在這個樣子。地球上任何一個經濟地區的歷史裡，除非是全面牢牢束縛在封建制與家產制之下，沒有任何時代會缺乏像摩根、洛克菲勒、古爾德 [16] 之類的人物，只不過他們所使用的營利技術**手段**已然改變（當然！）。**他們**無論在過去或是現在都立足於「超越善與惡」，然而，不管人們再怎麼高度評估他們在經濟翻轉上的重要性，對於某個時代某一地方什麼經濟**精神**是具**支配性的**這點，他們從未起過決定性的作用。尤其是，他們並非西方獨特的**市民的**「精神」的創造者，也不會成為那種精神的擔綱者。

　　此處不宜再深入討論這類團體和許多類似的、藉著投票來遞補成員的排他性團體或俱樂部。直到最近一代的典型洋基人一生都在遍歷這樣一連串的排他性的社團，從學校的青少年俱樂部到體育俱樂部或希臘字母社團 [17]、或其他不管什麼樣的一種學生俱樂部，再到林林總

更嚴重。畢竟，在德國「無宗派所屬的」軍官或官吏是無法想像的。有個柏林的（「雅利安人」！）市長未獲公認，原因是他的一個小孩沒受洗。不同的只是此種慣習性的「偽善」運行的**方向**有別罷了：在我國是官吏的晉升，在美國是商業的機會。

16　摩根（John Pierpont Morgan, 1837-1913），美國金融家和工業組織家，第一次世界大戰前二十年間世界金融巨頭之一。洛克菲勒（John D. Rockfeller, 1839-1937），美國實業家、慈善家，標準石油公司創辦人。古爾德（Jay Gould, 1836-1892），美國鐵路企業家、金融家和投機者。是一位重要的鐵路創建人物，又是十九世紀美國資本主義中最惡名昭彰的「強盜貴族」。詳見附錄 15。──譯註

17　希臘字母社團（Greek Letter Society），美國大學裡常見的一種以希臘字母為其社名的榮譽性學生社團。其中，創立最早且最著名的無疑是大學榮譽生協會（Phi Beta Kappa Society），當初是 1776 年 12 月美國維吉尼亞

總的商業界和市民的名士俱樂部之一，最後到大都會裡的金權制的俱
樂部。得以加入社團就等於是取得晉升的門票，尤其是如同在**自己本
身的**自我感情法庭上獲得證書：已「證明」自己。大學生若**從未**獲准
加入任何一種俱樂部（或俱樂部似的社團），通常就是一種賤民（據
我所知也有因不得其門而入而自殺的例子），有著同樣命運的商人、
伙計、技師和醫生，多半服務能力有問題。如今，無數的這種俱樂部
成為身分性貴族化傾向的擔綱者，而此一傾向與赤裸裸的金權制比肩
並行──值得注意的是，部分而言與之相抗衡──乃是美國當代發
展特色獨具的一面。不過，從以前到現在，這正是美國特有的民主制
的一個標記 [18]：這民主制**並非**個人的一種不成形狀的沙堆，而是嚴格

州威廉與瑪麗學院的一些學生在獨立宣言的激勵下所成立的一個祕密社
團，他們以希臘文 Φιλοσοφία Βιού Κυβερνήτης（愛好智慧，引導生活）
為社團宗旨，並取其希臘文縮寫 ΦΒΚ 三個字母（發音 Phi Beta Kappa）
為社團名稱。1779 年哈佛、耶魯等名校相繼成立此一社團的分會，並逐
漸擴展至其他各校，截至今日此社團在全美各大學共有 283 個分會。在其
發展過程中，大學榮譽生協會也逐步從原先兄弟會性質的祕密結社，轉變
成一個以獎勵大學部學生課業成績為主的榮譽性社團，正如其協會宗旨所
說的：「培育與表彰卓越者」。由於歷史源遠流長兼且考核嚴謹，大學榮
譽生協會至今仍被視為美國大學部最有聲望的榮譽社團，獲選為成員的大
學生亦視此為最高榮譽。Phi Beta Kappa Society 之後，類似的以希臘字母
為名的學生社團亦相繼在全美各大學校園出現。──譯註

18 在美國，光用「金錢」也可買得權力，但並非社會聲譽。當然，那也是一
種手段。這和我國及其他各處一樣。只不過在我們這兒的通路是這樣的：
買入騎士領地、成立信託遺贈基金、取得名目爵位，然後讓**孫子**得以加入
貴族「社會」。在美國，靠**自力**起家的人比繼承遺產者更得**老**傳統的尊敬，
而獲取社會聲譽之道在於：在名大學加入上流社交團體，以前是加入著名
教派（例如長老派，在紐約的長老教會裡，會堂坐席上就備有白色坐墊與
扇子），而現在是加入著名的**俱樂部**。此外還有住家（在中等城市大概都

排他性但自發性的**團體**的一種堆砌。直到不久之前,這些團體並不承認出生與**世襲**財產的威信,甚或官職與學歷的威信,即使承認,其程度之低也是全世界絕無僅有的。儘管如此,他們也遠遠不是不分斥兩地張開雙臂接受任何人進來。當然,一個美國農夫(就在十五年前)在帶客人穿過他農場、經過正在耕作的雇工(土著!)之時,不會不作正式的介紹然後讓彼此「握手」。當然,從前在一個典型的美國俱樂部裡,譬如說有兩個會員在打撞球,任誰也不會回想到他們曾經是一種老闆與伙計的關係:在這兒,紳士的平等優先[19]。當然,美國勞工的妻子陪同參加工會成員的午餐時,穿著打扮與言談舉止均與布爾

有的「大街」上)、衣著與運動的種類。最近才重要起來的是:早期清教徒移民父祖的後代、波卡洪塔斯及其他印地安裔女士的後代等等。此處無法再深入追究細節。各式各樣忙於追查金權制系譜的鑑定翻譯事務所及其代理店多得不勝枚舉。所有這些往往極為詭異的現象皆屬美國「社會」歐洲化的廣大領域。

清教徒移民父祖(Pilgrim Fathers),指搭乘五月花號前往美洲、並建立美洲新英格蘭地區第一個永久性殖民地(1620),麻薩諸塞普里茅斯(Plymouth)的移民,總共 102 人。1820 年紀念 200 週年慶典上首次使用「清教徒移民父祖」的名稱。——譯註

波卡洪塔斯(Pocahontas, 1595-1617),維吉尼亞印地安酋長波瓦坦(Powhatan)之女。據說維吉尼亞殖民地的建立者史密斯(J. Smith)被印地安人俘虜時,她挺身相救。史密斯歸國後,她被英國人當作人質逮捕(1612年),後來成為基督教徒,1614 年與英人羅爾夫(J. Rolf)結婚,赴英定居,後因感染天花歿於英國。——譯註

19 德裔美國人的俱樂部裡並非總是如此。當一個紐約的年輕德國商人(有著漢撒同盟最高貴的姓氏)被問道:為什麼你們全都試圖加入美國人的俱樂部,而不是美輪美奐的德國人俱樂部?回答是:他們的(德裔美國人)老闆偶爾會和他們打打撞球,但不免讓他們感受到老闆們自認為這麼做是「親切得很」。

喬亞的仕女們一般無異——稍微簡樸與笨拙。然而，不管處在什麼地
位，凡是想要在這個民主制裡獲得充分認可的人，往往不僅必須順從
市民社會的慣習，包括相當嚴格的紳士打扮在內，而且通常還**必須**能
夠證明自己有辦法被某個教派、俱樂部或**無論**什麼樣的一種社團——
只要是被承認為非常具有正當性的即可——以投票的方式同意入會，
並且透過**證明**自己是個紳士的方式來維持住會員的身分[20]。做不到這
點，就不是個紳士，而對此不屑一顧者——德國人多半如此[21]，則行
道艱難，尤其是在商場上。

　　在此，就像先前所說的，我們不再追究此種正在經歷根本變遷的
狀態所具有的社會意義。我們感興趣的首先在於：藉著投票來補充成
員的世俗性俱樂部與社團所具有的當代地位，在很大程度上乃是一種
世俗化過程的產物，換言之，也就是從此種自發性團體的原型——**教
派**——在以前遠遠更加具有排他性的重要意義、歷經世俗化過程而產
生出來的。而且，的確就是衍生於真正的洋基精神的出生地：北大西
洋沿岸的各州。首先讓我們稍作回顧：在美國的民主制裡，普遍平等
的選舉權（不包括有色人種！黑人與所有的混血兒事實上直到今天都
還沒有）、以及「政教分離」，是不久之前才有的成果，基本上始於
十九世紀初，並且，在殖民時代的新英格蘭中心地區，尤其是麻薩諸
塞州，取得州裡的完全市民權的前提，（除了一些其他條件外，尤其）
是在**教團**（kirchengemeinde）裡的完全市民權，而教團本身掌控著允

20　在我們這兒與此相應的是：學生社團與預備役軍官頭銜對於交際與通婚所
　　具的意義，以及「回應決鬥要求的資格」所具的高度身分性意涵。事情並
　　無兩樣，只不過**方向**與物質**作用**象徵性地不同。
21　不過參照前註。加入一個美國人的**俱樂部**（不管在學校或之後），往往就
　　是失去德國民族性的關鍵時刻。

許或不允許加入教團的權力[22]。特別是教團乃以評鑑**品行**所得的宗教資質**證明**來加以定奪，正如所有的清教教派（就此字的廣義而言）。直到獨立戰爭的稍早之前，教友派在賓夕法尼亞州都還毫無疑問的是本州的主人[23]——即使**形式上**並非唯有他們是政治上的完全市民（只不過，藉著大幅度的選區重劃[24]，他們君臨此州）。允許完全享有教團權利、特別是參與**聖餐式**所具有的重大社會意義，在教派裡產生的作用方向是：培育出一種禁慾的職業倫理，切合於成立時期裡的近代資本主義。正如同本人在美國的那些個人經驗所證示的那樣，禁慾教派的宗教意識數百年來在世界各處起著同樣的作用，包括歐洲在內。

　　換言之，如果我們回顧一下這些基督新教教派的宗教背景[25]，那

22　在移民到新英格蘭的時候，教團的形成往往先於政治社會的形成（按照五月花號移民父祖們著名的盟約的方式）。1619 年的杜切斯特（Dorchester）移民團在遷移**之前**就先集結成一個**教團**，並選出牧師與教師。在麻薩諸塞州的殖民地裡，教會在形式上是完全獨立的團體，當然只接受市民為教會成員，而另一方面，教會成員資格則是市民權的前提。同樣的，在紐哈芬（New Haven）起初（在反抗不成而被併入康乃狄克州之前）教會成員資格與優良品行（等同於可以參加聖餐式）、乃是市民權的前提條件。在康乃狄克州則反之（1650），城鎮有義務要維持教會（從獨立派的嚴格原則背離到長老派的原則）。這馬上意味著有點鬆弛的舉措：在合併了紐哈芬後，那兒的教會被限制在只是發行證書，說明某某人在信仰上沒有問題並且資產充裕。麻薩諸塞州必然早在十七世紀趁著合併緬因與新罕普夏之機，背離了政治權利之宗教資格證明的嚴格要求。並且，在教會成員資格的問題上，必然是要做出妥協的。最著名的莫過於 1657 年的半路契約（Halfway-Covenant）：即使是未能證明為再生者也得以成為教會成員，**只不過**——直到十八世紀初——不能參加**聖餐式**。

23　教友派與賓州的關係，詳見附錄 7 教友派。——譯註

24　「傑利蠑螈式選區畫分」（gerrymandering）。——譯註

25　韋伯的註釋，介紹各教派參考文獻。詳見附錄 5。

麼我們便會在其記錄裡，尤其是教友派與洗禮派的文件記錄裡發現，直到十七世紀（而且正是那一整個世紀），一再出現這樣的讚嘆之聲：有罪的「俗世之子」，彼此在商業上互不信任，但他們反倒相信虔信者以信仰為根基的誠實可靠[26]；因此，他們給予虔信者而且唯有虔信者信用、託付儲金、在他們的商店裡買東西，因為在那兒而且唯有在那兒是童叟無欺而且有**定價**——如眾所知，洗禮派一向聲稱是他們帶頭將定價販賣推升為原則的[27]。神祇會以財富來祝福為祂們所喜的人，不管這人是藉著犧牲供奉，還是透過其生活樣式，這自然是個普及於全世界的觀念。然而，這些基督新教教派卻將此一觀念與這樣的一**種**宗教生活樣式有意識地結合起來——按照早期資本主義的原則：「誠實為最上策」；雖然不能說這種結合空前絕後地僅見之於他們，然而**唯獨**他們是如此地持之以恆與首尾一貫[28]。不過，非但這個倫理

26　十七世紀時這是如此地被視為理所當然，以至於（如前面所提的）班揚（Bunyan, *Pilgrims Progerss*, Tauchnitz Ed., S. 114）讓「愛錢先生」說道：人可以為了有錢而變得虔誠，特別是為了招徠更多顧客，因為，為何變得虔誠，什麼緣故都一樣。

27　除了他們之外，教友派也是如此，就像當時引起我注意的伯恩斯坦（E. Bernstein）的下面這段引文所顯示的：「不過不止是在牽涉到國法的事情上，初期的教友派信徒信守他們的話語與承諾不渝。在從事商業買賣上，此一特色同樣鮮明。在組成教團之初，身為商人的教友深受其苦，因為其他人不喜歡他們的獨特作風，所以不上他們的商店買東西。然而不久指責他們的聲浪四起，說他們獨占了當地的買賣。這種指責的聲浪部分起因於他們一概不與外人簽訂商業合同，並且**因為他們所販售的商品絕不二價**」。

Thomas Clarkson, *Portraiture of the Christian Profession and Practice of the Society of Friends*, Third edition（London, 1867）, p. 276.（初版約 1830 年）

28　一整個典型市民的倫理打從一開始就是所有禁慾的教派與團契所共通的，

（前篇論文已有詳述）可以追溯到禁慾教派的形成之初，尤其是社會的獎賞與培育手段，以及一般而言基督新教教派精神的整個組織基礎，都要追溯到禁慾教派形成的形成之初。現存於美國的那些痕跡，乃是曾經發揮極為深入滲透作用的宗教性生活規制組織的遺緒。讓我們簡短說明一下此種教派組織的性質、其作用方式及其作用方向。

　　在基督新教內部，「信者的教會」（believers' church）的原則首先清楚地浮現於 1523-1524 年蘇黎世的再洗禮派[29]；此一原則嚴格限定只有「真正的」基督徒才能加入，因此信者的教會即為真正聖化的子民依其自由意志所組成的一種與世俗區隔開來的共同體。接著在 1525 年閔采爾[30]——雖反對幼兒洗禮，但並未徹底到要求已受幼

並且直至當代仍與美國的教派所護持的並無二致。例如衛理公會視為禁止項目的是：（1）買賣時多費口舌（「討價還價」）；（2）交易尚未完稅的商品；（3）收取高於國法規定的利息；（4）「積聚地上的財寶」（等同將資金轉成「**財產**」）；（5）不確定能償還就舉債；（6）任何奢侈揮霍。

29　資料來源為茲文利的講話（Füßli I, 228, vgl. 243, 253, 263）及其 *Elenchus contra catabaptistas*（*Werke* III, 357, 362）。茲文利在自己的教團裡顯然對幼兒洗禮反對論者傷透腦筋，而後者則依據聖經認為再洗禮派的「分離」，亦即其自由意志說，是應加以**拒斥**的。布朗派（Brownist）在 1603 年向英國國王詹姆斯一世提出的一份請願書裡要求，將所有「邪惡的說謊者」排除出教會，而單只允許「信實者」及其子女加入教會。然而早在（可能是）1584 年的（長老派的）《教會禮法綱領》第 37 條（根據皮爾森於 1912 年的海德堡大學博士論文裡首度公開的原典），已要求唯有服膺紀律或「出示他處的資格證明書」者才獲准參加聖餐式。
布朗（Robert Browne, 1550-1633），英格蘭清教公理會領導人物，抵制聖公會並主張政教分離的自由教會運動的倡導人之一，追隨他的人稱為布朗派。詳見附錄 11。——譯註

30　閔采爾（Thomas Müntzer, 1490-1525），宗教改革運動的激進派領袖，詳見附錄 9。——譯註

兒洗禮的成人再度受洗（再洗禮）——導入成人洗禮（有時包括再洗禮）。遊走四方的手工匠是再洗禮派運動的主要擔綱者，即使歷經一次次的迫害，他們還是將成人洗禮帶到新的地方去。此處我們不再詳述諸如古再洗禮派、門諾派、洗禮派與教友派的這種自發性的、現世內的禁慾的種種獨特形態，也不再重新描述包括喀爾文派[31]與衛理公會在內的各個禁慾教派是如何一再地不得不走上相同的路途：要不是成為一種在教會**裡頭**的模範基督徒的聚會（虔敬派），就是形成一種在教會**上頭**作主的、被認證為品格無瑕的宗教上的完全市民的共同體，其他人則是以一種被動的、服從紀律的小基督徒身分隸屬於教會（獨立派）。作為恩寵機構的「教會」與作為宗教上有資格者團體的「教派」，這兩種建構原則的內在與外在衝突在基督新教裡持續了數百年，從茲文利直到克伊波與施特克爾[32]。在此，我們只想表述一下那些實際上對生活樣式產生重大影響的自由意志說原則的種種**歸結**。同時我們也止於回想那些為保住**聖餐式**潔淨而排除不淨者參與的關鍵性思想，在那些終究未能形成教派的諸宗派裡也導引出一種對待教會紀律的方式。特別是在信奉預定論的清教裡，而事實上那也與教派紀律相去不遠。對基督教共同體而言，聖餐式的樞紐性社會意義在此表露無遺[33]。對教派本身而言，聖餐式潔淨的理念也在教派形成的最初之時起了直接的決定性作用[34]。首尾一貫地倡導自由意志說的首

31　韋伯的註釋，討論教會管轄權問題。詳見附錄5。
32　克伊波（Abraham Kuyper, 1837-1920），荷蘭神學家和政治家。施特克爾（Adolf Stöcker, 1835-1909），德國教士、保守派政治人物、改革家。詳見附錄11。——譯註
33　韋伯的註釋，參與聖餐資格的爭論。詳見附錄5。
34　順帶一提，荷蘭的**虔敬派**也信奉同樣的原則。例如羅登司坦的立場是，舉

位代表人物布朗就在其〈即時宗教改革論〉（Treatise of Reformation without Tarying for Anie, 約 1582 年）裡強調，之所以拒斥主教統治主義（Episkopalismus）與長老主義，主要理由在於被強迫與「邪惡之人」一同參與聖餐式聚會[35]。長老教會裡，曾使勁解決這難題卻也白費功夫。在伊利莎白一世統治時期的汪茲渥斯會議（Wandsworth Conference），這已是個關鍵點[36]。關於誰可以來決定將某人排除於聖餐式之外的問題，在英國革命議會裡扮演著一再登場的角色。起初（1645 年），教師與長老（也就是平信徒）即可自由處置這問題。國會於是企圖確立准予排除於聖餐式之外的情況，並且所有其他的事也都要取決於議會的同意。這不啻是種「國家主權至上主義」（伊拉斯派），所以遭到西敏寺會議的強烈抗議。獨立派的黨派之所以卓然出眾，在於其只允許擁有證明書（tickets）者參與聖餐式，而住在當地且被承認信仰上無疑慮的教團成員當然不在話下。外地人只有在有

凡非再生者──對他而言很明白的就是本身並未帶有再生的**印記**者──即不可共享聖餐，而且甚至忠告說別和**小孩**共唱主禱文，因為他們尚未成為「神之子」。柯勒（Köhler）也時而在荷蘭發現這樣的見解：再生者根本不是有罪的。喀爾文派的正統信仰的代表者且精通聖經到驚人程度的，正是小市民大眾。也就是這些正統派人士在對神學教育有所疑慮之餘，針對 1852 年的教會規則（除了欠缺十足嚴格的「風紀處罰」censura morum 之外）在教會會議裡發出**平信徒**代表未免太少的抱怨。當時德國的路德教會正統派當然還未慮及於此吧。

羅登司坦（Jodukus van Lodensteijn, 1620-1677），荷蘭改革派的虔敬主義的指導者。──譯註

35　引用於 H. M. Dexter, *Congregationalism of the Last Three Hundred Years as Seen in its Literature*, New York, 1880, p. 97。

36　伊利莎白一世治下的英國長老派願意承認英國國教會的 39 條（但是對 34-36 條有所保留，在此並不重要）。

資格者的推薦之下才會被授予證明書。為了遷居他處或出外旅行所簽
發的資格證明（推薦函）早在十七世紀即可得見[37]。在公認的教會內
部，巴克斯特的「集會」（Konventikel）於 1657 年被引進十六個州
郡時，就是要將自己建立成一種自發性的檢查機構，協助牧師進行資
格的確定並排除那些「風評不佳者」參與聖餐式[38]。同樣的，西敏寺
會議裡的「五人國教反對者」（5 dissenting brethren）——亡命到荷
蘭的上流階級者——也已有這樣的意圖：在他們的提議下，致力於承
認教區**以外**的自由意志的會眾，並且以給予他們教會會議派遣員選舉
權為目標。新英格蘭的整部教會史充斥著與下列問題的奮戰：誰才可
以獲准參加聖禮（或者譬如作為見證人）？未被核准者的子女是否可
以受洗[39]？如果可以的話有哪些保留條件？之類等等。困難點在於：
非但唯有適格者**得以**領受聖餐，而是他們**必須**領受聖餐[40]，所以當信
徒對於自己的適格性有所懷疑，進而迴避領受聖餐時，也無法去除他

37　十七世紀時，非本地教團成員的洗禮派信徒若想獲准參加聖餐式，這樣的
　　推薦函（letters of recommandation）是必要的。如果不是洗禮派的信徒，
　　那麼只有在通過教團的審查與認可後才能獲准參加（附錄於 1689 年《漢
　　撒諾理斯信仰告白》，West Church, Pa., 1817）。有資格者之參與聖餐式，
　　在洗禮派裡是教義上**強制**的。若未加入自己居住地正式公認的教團，就
　　會被視為分離派。若就有義務與其他教團共同協力這點而言，洗禮派的立
　　場與克伊波類似（參見本章註 31）；然而**凌駕**於個別教會之上的**任何**管
　　轄權，則是被拒斥的。關於契約者（Covenanters）與早期英國長老派的資
　　格證明書（litterae testimoniales），參見本章註 29 及註 25 所列舉的文獻。
38　韋伯的註釋，參考資料。詳見附錄 5。
39　布朗派在 1603 年向詹姆斯一世提出的請願書裡已對此提出抗議。
40　此一原則明示於例如 1585 年埃丹宗教會議的決議裡（Sammlung von Reit-
　　sma, S. 139）。

的罪[41]；另一方面，教團對神負有連帶責任，將不適格者、特別是為神所棄者[42]排除在外以保聖餐式的潔淨，也因此教團尤其有責任要責成適格的、亦即處於恩寵狀態的教士來分發聖餐。以此，原初的教會制度問題再度浮現。巴克斯特徒勞無功地試圖以這樣的妥協性提案來加以調停：至少在緊急狀況下應該可以容許一個不適格的、也就是品行上有爭議的教士來主持聖禮[43]。古老的多納圖派的個人卡理斯瑪原則，與制度恩寵原則，彼此毫不留情地正面衝突[44]，一如原始基督教

---

41 關於教團成員懷疑自己的適格性因而怯於參與聖餐式（根據英國國教會的第 25 條）的詳盡討論，見 Baxter, *Eccles. Dir.,* II, p. 108。

42 儘管在此也提示了預定論的最純粹類型，但實際意義到底有多大——真的一再遭到不當的質疑——再也沒有比針對下面這個問題所做的激烈爭論更能清楚表明的了：為神所棄者的子女——在經過生活品行的證明之後——是否能獲准受洗？四個阿姆斯特丹亡命者教團當中的三個是持肯定態度的（十七世紀初）；不過在新英格蘭直到 1657 年的「半路契約」才對這點有所軟化。至於荷蘭，參見本章註 33。

43 Baxter, *Eccles. Dir.,* II, p. 110.

44 秘密集會（Slijkgeuzen）的禁令在十七世紀初已於荷蘭引發全面性的文化鬥爭。伊利莎白一世以可怕的嚴厲手段來對付秘密集會（1593 年以死刑相威嚇）。禁慾的宗教精神的**反權威**性格，或者在此更正確的說，宗教權威與**世俗**權威的競爭關係，乃是原因所在（喀特萊特已明白要求准許將君侯處以破門律）。事實上，**蘇格蘭**——長老教會紀律與神職支配**對抗**君王的古典地盤——的例子，必定起了威懾性的效果。
喀特萊特（Thomas Cartwright, 1535-1603），英國劍橋大學神學教授，曾到日內瓦拜訪過貝札（1571）。1559 年伊利莎白一世頒行〈畫一法〉，強制推行統一的崇拜儀式，此後凡拒絕遵守這種儀式的神職人員一律被革職或受到監禁。英格蘭清教派遂於 1572 年發表了一份宣言〈對國會的忠告〉（Admonition to Parliament），該項宣言要求女王伊利莎白一世在聖公會恢復新約精神的崇拜儀式的「純潔性」，並清除聖公會內的天主教成分。宣言反映清教派中廣泛存在的長老會影響，主張更加直接地仰賴聖經

時期。制度恩寵原則在天主教會裡是透過教士之「不可抹除的印記」
理念而激進地建立起來的，然而這也是官方改革教會的支配性原則。
獨立派毫無妥協餘地的激進主義思想乃根植於**教團**對於教士與聖餐伙
伴之適格性的宗教責任。後來原則上也仍是如此。如眾所知，過去數
十年間，荷蘭的克伊波分離派的成立，帶來了重大的政治後果，其原
因如下：不顧尼德蘭改革派教會的教會當局大會所做的要求，阿姆斯
特丹的某教會的長老們（平信徒），在當時也只是個平信徒長老、後
來成為首相的克伊波的帶領下，拒絕承認外來教士所發的堅信禮證書
足以成為獲准參加聖餐式的憑證，如果在他們的立場上看來這外來教
士不適格或欠缺信仰心的話[45]。本質上，這正是十六世紀時長老派與

的權威，實行牧師與長老的教會體制，廢除主教制。女王拒絕這份文件。
執筆人遭到監禁，喀特萊特以長老會領袖身分發表〈對國會的第二份忠
告〉，支持原來的立場，結果被迫逃離英格蘭，定居比利時的安特衛普
（Antwerp），1585 年返國。——譯註

45　阿姆斯特丹的自由派市民為了擺脫正統派牧師的宗教壓力，而將子女送到
　　附近的教團的自由派牧師那兒學習堅信禮的課程。阿姆斯特丹教團的教會
　　委員會（Kerkraad）拒絕認可那種教團的牧師所簽發的聖餐參與者風紀證
　　書（1886 年），並將這些人排除在聖餐式之外，理由是為了保持聖餐式
　　的潔淨以及必須要服從神更甚於人。對於此種脫軌行徑的指責被宗教大會
　　所接受時，前述的教會委員會拒絕服從並採用一個新規則——當大會休會
　　時，由教會委員會全權處理教會的問題——不與大會協同合作，而當時被
　　停職的俗人長老路特格斯（T. Rutgers）與克伊波即操弄計策霸占了新教
　　會（Nieuwe Kerk），儘管在受命前來的監視者的監控下（參見 Hogerfeil,
　　De kerkelijke strijd te Amsterdam, 1886, 以及前引克伊波的著作）。早在二
　　〇年代，預定論運動已在畢爾德狄克及其（受洗的兩個猶太人）弟子科斯
　　塔（Isaak da Costa）與卡帕多斯（Abraham Capadose）的領導下展開（由
　　於預定論，這運動拒絕例如黑奴制度的廢除，認為這是「干預天命」，如
　　同其之拒絕預防疫苗接種！），猛烈攻擊教會紀律的鬆弛與非適格者的

獨立派的對立。因為此乃衍生於教團的連帶責任所導致的決定性重大
歸結。除了自由接納適格者、而且唯有適格者成為教團成員的這個自
由意志論的原則之外，再來就是各個**地方**聖餐**教團**的最高主權原則。
唯有地方性教團因為對個人的熟悉與檢驗而得以判斷某個成員適格與
否。跨地方性共同體的教會政府就做不到這點，無論它是由再怎麼自
由地被選舉出來的成員所構成的。地方聖餐教團唯有在成員人數有限
的情況下才能做出定奪，所以只有相對較**小的**教團才符合這原則[46]。
因此舉凡教團太過龐大之處，要不就像洗禮派那樣形成數個集會，或

聖禮參與，最終走上分離行動的道路。1840 年，阿姆斯特丹的「分離改
革派教會」（Afgeschiedenen gereformeerten Gemeente）的大會接受了《多
爾德信條》，拒絕「在教會之內或之上」的任何一種支配。普林斯特也是
畢爾德狄克的弟子。
畢爾德狄克（Willem Bilderdijk, 1756-1831），荷蘭詩人、劇作家、文學
翻譯家，晚年於萊頓大學教授語言史。普林斯特（Groen van Prinsterer,
1801-1876），荷蘭的基督新教神學者、史家與政治家。荷蘭反革命黨的
創黨籌畫者之一。——譯註
46 在 1611 年的《阿姆斯特丹信條》（Publ. of the Hanserd Knollys Society,
Vol. 10）第十六條裡即已載明古典的條例：「所有的教會成員與教派成員
都**必須彼此認識**，……因此教會必定不能由彼此無法實際認識的那麼多
人來構成」。任何宗教大會的統制與任何中央教會當局的建制最終都等
於是此一原則的悖離。這在麻薩諸塞州是如此，如同在克倫威爾治下的
英國，當時是由 1641 年國會議決出規則，准予任何個別教團給自己配置
一名正統的教士與講道的安排；這是洗禮派與激進的獨立派湧入的徵兆。
個別教團（按當時的實際情形來說或者應當是各個**牧師**）作為教會紀律的
擔綱者，是烏舍（Usher）所刊行的早期長老派德但姆會議錄（Dedhamer
Protokollen）裡設為前提的。關於聖餐式參加許可的**投票**，1582 年 10 月
22 日的記錄是這樣的：「除非全員普遍同意，否則沒人可以加入成為這
團體的一員」。然而就在 1586 年，這些清教徒便表明他們反對那些得出
公理派結論的布朗派。

者就得像衛理公會那樣將成員組織成幾個集團來作為**教會紀律**的擔綱
者[47]。以此便得出第三個原則：異常嚴格的道德紀律[48]，而且是透過
教團的**自治**而來的道德紀律；由於關切聖餐共同體（或者在教友派為
祈禱共同體）的潔淨保持，此乃無可避免的。禁慾教派的紀律事實上
比起其他任何教會都要嚴格得多，有如修道院紀律。此外也樹立了試
煉期原則[49]。與公認的基督新教教會的原則正相對反，教派斷然拒斥
因倫理過失而被驅逐者與教團成員有任何的來往，在此情況下，也就
是對他施加絕對的杯葛，包括在商業上；有時，禁慾教派甚至避免與
非弟兄有任何的關聯，除非萬不得已[50]。重要的是他們將紀律交在**平**

---

47 衛理公會的「班」（classes）作為其共同牧會的基礎，乃是整體組織的脊
髓。每十二個人就必須組成一個班級，班長要每週會見每個成員，或者在
家或者在班會上，此時總會進行一般性的罪過告解。班長要對成員的品行
作記錄。成員要遷徙時，班長所做的記錄也是開立成員證書的基礎之一。
這種組織如今在各處，包括美國在內，早就瓦解了。在早期的清教裡，教
會紀律到底是以何種方式來產生作用的，或許可以從上述的德但姆會議錄
裡得知，據此，集會裡應當給予「訓戒」，「如果有什麼事被弟兄發現或
窺探到的話」。

48 韋伯的註釋，教會紀律的問題。詳見附錄 5。

49 恐怕所有的教派都有試煉期，譬如衛理公會的試煉期為六個月。

50 在西敏寺會議的五人（獨立派的「國教反對者」的「辯解書」裡，與「偶
然的、形式的基督徒」決絕的問題被提到檯面上來。起初，這只意味著基
於自由意志的分離主義，還不到拒絕交往的地步。然而，羅賓森——一個
嚴格的喀爾文主義者，也是多爾德會議的擁護者（關於他，參見 Dexter,
Congregationalism, p. 402）——原先的意見是獨立派的分離主義者不可與
其他人交往（後來緩和下來），即使對方是被揀選者 electi（這被認為是
可以理解的）。大多數的教派總之是迴避公然承認這個原則，有些教派則
明白拒絕（至少作為原則）。巴克斯特甚至認為，如果責任由家長或牧師
挑起，而不是加在自己身上，那麼也不必太在意一個不敬神者一同祈禱
（《基督徒指南》vol. II，頁 100，倒數第二段）。這個見解是非清教的。

信徒的手裡。的確沒有任何精神上的權威可以接收教團對於神的連帶
責任。在長老教派裡，俗人長老的分量已經十分重大。不過，獨立
派、尤其是洗禮派正意味著針對神學者（聖職者）支配教團的一場鬥
爭 51，當然，與此正相對應的是，平信徒階層的聖職化：他們如今藉
著自治、訓戒與適時的破門律，發揮風俗統制的機能 52。俗人的支配
在教會裡部分表現於對於俗人佈道自由 53 的要求——援引原始基督教
教團的情形以為據；此一要求不僅觸犯路德派的官職概念，也極為悖
逆長老派的神的秩序的觀念。俗人支配在教會裡部分也表現於對於神

「迴避者」（mijdinge）在十七世紀荷蘭的激進洗禮教派裡扮演了非常重
要的角色。

羅賓森（John Robinson, 1575-1625），清教分離派的牧師，因受迫害而從
英國移居荷蘭，後來客死於萊頓。——譯註

51　在十七世紀初阿姆斯特丹的亡命者教團內部的議論與鬥爭裡，這已是極為
　　激烈的現象。同樣的，在蘭開夏（Lancashire），拒絕聖職者擔綱教會紀律、
　　要求教會裡由俗人治理並由俗人掌理教會風紀，已是克倫威爾時代的教會
　　內部鬥爭裡的關鍵重點。

52　長老的任命是獨立派與洗禮派教團內部長久以來爭論不休的課題，這不是
　　我們此處關注所在。

53　1646 年 12 月 31 日的長期國會的法令正是針對這點反對，有意給予獨立
　　派一擊。另一方面，佈道自由（liberty of prophesying）的原則已由羅賓森
　　透過著述以辯護。從主教統治主義的立場上，傑瑞米・泰勒在其著作中
　　（*The Liberty of Prophesying*, 1647）對此做出讓步。克倫威爾的「查核局」
　　要求佈道的許可必須要有已獲許可的六名教團成員的證明才可行，其中四
　　名為俗人。在英國的宗教改革初期，「證道」與佈道不止常為英國國教（聖
　　公會）熱心的主教所容許，而且還鼓勵有加。在蘇格蘭，這是教會活動的
　　構成要素（1560），1571 年被引進北罕普敦，隨後其他地方也跟進。不過，
　　1573 年由於針對喀特萊特的宣告，伊利莎白一世堅持加以壓制。

　　傑瑞米・泰勒（Jeremy Taylor, 1613-1667），英格蘭基督教聖公會教士及
　　作家。——譯註

學者職業佈道的全面反對：應該唯獨卡理斯瑪，而非訓練與官職，才算數[54]。教友派的原則是，在禮拜集會上任何人都可以發言，然而**唯有**感受「聖靈」者應當發言，所以職業講道者根本不存在[55]。如此激進的結論，其他教派當然並未得出，或者縱使有也沒能持之以恆。不過，聖職者要不是原則上並非「受雇者」[56]，而是從事榮譽職或服務於自願性的榮譽捐獻[57]，就是將聖職當作副業並且只收取足夠攤平成本的費用[58]；要不然他們或者是隨時可以被解聘，或者像在衛理公會裡那樣[59]，盛行一種傳道組織，只有偶爾會在同一個「巡迴區」裡服

54　史密斯在阿姆斯特丹已要求，再生者於講道時甚至不該將聖經擺在面前。

55　當然，如今這恐怕沒有任何地方再如此激烈地實行。官方的「聖徒傳說」是：根據教團兄弟的經驗，在禮拜時將那些特別易於受聖靈所感的成員安排坐在面對會眾的特別席上，然後在深沉的靜默中等待聖靈降臨到他們身上（或別的教團成員身上）。不過，在賓州大學的一次禮拜上，聖靈很遺憾地並不如我所預期的那樣降臨在坐落於特別席的一位穿戴簡單亮麗的老婦人身上，她的卡理斯瑪可是受到很高的讚賞。後來，顯然是在理解的默契下，聖靈降臨在一位果敢的大學圖書館員身上，他針對「聖徒」的概念做了一番很有學問的演說。

56　教團裡（像福克斯這一類型及與其類似者的）宗派活動者的卡理斯瑪革命，往往是打從這樣的鬥爭展開：反對作為「受雇者」的官職俸祿牧師，鼓吹受聖靈感召而無酬自由佈道者的聖徒原則。公理派的古德溫（Thomas Goodwin）與普林在國會裡發生激烈的對立：普林指責古氏違背自己所謂的原則，接受了「聖祿」（living），而古德溫則聲明，他只接受自願性的捐獻。為了牧師的生計而只接受**自願性的**捐獻是應該容許的，這個原則表明於 1603 年布朗派向詹姆斯一世提出的請願書裡（第 71 項：抗議「教廷聖祿」與「猶太什一稅」）。

57　在 1649 年 5 月 1 日的人民協定（Agreement of the People）裡，後面這一項要求於所有的佈道者。

58　衛理公會地方傳道者正是如此。

59　1793 年衛理公會廢除了被授予聖職者與未被授予聖職者之間的任何差別。

事的巡迴佈道人 [60]。舉凡官職（就傳統的意義而言）、亦即神學者的
資格尚被堅持之處 [61]，那也只意味著一種專門技術的先決條件，被視
為真正決定性資質的，仍是恩寵狀態的卡理斯瑪：有必要對聖職者的
適性加以審查的當局，如克倫威爾的查核局（triers, 頒發資格證書的
地方團體）與風紀局（ejectors, 聖職懲戒局）[62]，目的即在於此種卡理
斯瑪的確認。我們看到，教會當局的卡理斯瑪性格一如教團成員本身
的卡理斯瑪性格那樣被堅守著。就像克倫威爾的聖戰士軍團 [63] 只讓宗

因此，未被授予聖職的**巡迴**佈道者（Reiseprediger, traveling preachers），
亦即衛理公會特色獨具的擔綱者傳教師，與仍被英國國教會授予聖職的牧
師，地位並無二致。不過，與此同時，在整個巡迴區裡的講道卻由巡迴佈
道人壟斷，而聖餐的分發也只保留給他們（自主性的聖餐式當時原則上是
實行的，只不過時間上總是與官方教會的聖餐式錯開──人們假裝仍如從
前那樣隸屬於它）。由於 1768 年起巡迴佈道人被禁止從事一般民間副業，
從而形成了一種新的「聖職者」。自 1836 年起舉行形式的聖職授予式。
除此，還有一種從俗人裡補充上來當作副業從事的地方講道人，他們沒有
聖餐分配權，並且權限僅止於地方。兩種佈道人皆不披聖職袍服。

60　事實上，至少在英國，多半的「巡迴區」都變成小教區，而巡迴不過是種
　　虛構。雖然如此，直到當今仍持之不墜的是，同一個傳道人不應在同一個
　　巡迴區裡服事超過三年。巡迴佈道人雖說是從「地方講道人」那兒補充而
　　來，但後者卻是擁有世俗職業的人，每一任期（原先）只有一年的講道許
　　可。由於禮拜式與禮拜宴太多，他們的存在是有必要的。尤其，他們是「班
　　級」組織的脊樑及其靈魂司牧者，因此也就是教會紀律真正的中心機關。

61　克倫威爾與「聖徒國會」間的對立，除了其他因素外，還因為大學的問題
　　而尖銳化（大學可能會由於激進地取消什一稅與聖祿而崩潰）。克倫威爾
　　無法下決心摧毀這些文化場所──按當時的意義來說，大學尤其是神學者
　　的養成所。

62　這是根據 1652 年的提案，並且，本質上也是依據 1654 年的教會法規。

63　聖戰士軍團（Army of Saints），指的是克倫威爾組織訓練出來具有堅定
　　的信仰被稱為新模範軍（New Model Army）的軍隊。這支軍隊包括 11 個

教上有資格者來執行聖餐式那樣，克倫威爾的士兵會拒絕隨同某位軍官出陣，如果那軍官並未與他同屬有資格者的聖餐共同體的話[64]。

　　在內部裡，教派成員之間瀰漫的是原始基督教的兄弟愛，或至少有這樣的要求，而且至少在再洗禮派及其派生的諸教派裡是如此的[65]。在某些教派裡，訴諸國家法庭被視為禁忌[66]，而弟兄間則負有急難救助的義務[67]。當然，至少與非同信兄弟的商業往來是不被禁止的（有時除了極端激進的教團之外）。不過，理所當然的，人們偏愛自己的弟兄[68]。為遷居外地的弟兄簽發（關於成員資格與**品行**）[69]證明書

騎兵團，每團 600 人；12 個步兵團，每團 1,200 人，並有 1,000 名龍騎兵。士兵從英國各地抽調而來並經過良好訓練，同時也取代了由個別的將軍帶領的私人軍隊，後者基本上缺乏統一的指揮。他們最終為國會贏得了英國內戰。——譯註

64　例子引自 Gardiner, *Fall of the Monarchy*, Vol. I, p. 380。

65　《西敏寺信仰告白》裡也有不分內**與外**相互援助義務的原則（XXVI, 1）。無論哪個教派也都有許多相應的規定。

66　衛理公會常試圖以除名的方式來懲罰那些向世俗法官提起告訴者。另一方面，在很多情況下他們則設立自己的法庭，讓人們可以對拖欠不還的債務人提起告訴。

67　在古早的衛理公會裡，每當有債務無法清償的情形時，就會由教內兄弟組成委員會來加以調查。若未確實估量能夠清償就逕行舉債的話，便裁定除名，也就是解除其信用度。參見本章註 33 所引的荷蘭諸宗教會議所作的議決。同信兄弟間的急難救助義務，在例如洗禮派的《漢撒諾理斯信仰告白》裡（c. 28），確立了如此特徵性的保留條件：不可因此種義務而侵害到財產的神聖性。有時更加激越的調子（例如 1647 年的《劍橋綱領》Ausg. V. 1653, 7, Nr. VI）則嚴命長老有義務斷然處置成員裡那些「**遊手好閒**」（without a calling）或「**怠忽職守**」（idly in their calling）者。

68　在衛理公會裡便明白地如此規定。

69　在衛理公會裡此種證明原先是每三個月要更新一次。在早期的獨立派裡，如前所述，只有持有證書者才會給予聖餐。在洗禮派裡，新移入者的聖餐

的體制，打從教派成立之初即已存在。教友派的支援救助體制是如此
之發達，以致於為此而產生的負擔最後竟讓傳道的熱情給癱瘓了。教
團成員間的凝聚力是如此之強，所以很有理由被提出來作為殖民定居
於新英格蘭的動機之一——相對照於南方，這兒一直甚為密集且一開
始就有著強烈的城市性格[70]。如我們所見的，所有這些要點在在顯示，
這篇概述起始舉出的例子所說明的美國教派與類教派團體的現代機
能，乃是一度遍佈於所有禁慾教派與集會裡的那些關係狀態的延伸枝
椏、遺緒與殘餘。如今已風流雲散。教派成員驚人的排他性「種姓自
負」是打從教派成立之初就被證實的[71]。

　　那麼，在這一整個發展過程當中，就我們的問題而言，究竟什麼
才真正是——過去是，現在也是——決定性的關鍵所在？破門律在中
世紀也對政治及市民生活帶來影響，形式上甚至比教派自由存在之處
還要來得嚴酷。而且，中世紀時，唯有基督徒才能是完全市民。再者，
中世紀時還可能啟動教會的風紀手段來懲戒欠債不還的主教，就像舒
爾特[72]所精彩描繪的，這可使得主教的信用要高過世俗的王侯。同樣

式參加許可是以持有先前的教團所開立的推薦函為不可或缺的條件，參見
1689 年的《漢撒諾理斯信仰告白》（West Chester Pa. 1827）的附錄。阿
姆斯特丹的三個再洗禮派教團早在十六世紀初就已設立了同樣的制度，此
後一再重複於各處。在麻薩諸塞州，自 1669 年起是以牧師與被揀選者所
開立的、關於正統信仰與**品行**的證明書（取代原先的聖餐式參加許可），
來作為獲得政治上市民權的資格證明。

70　在我們一再引述的道爾的作品裡便將新英格蘭與農業殖民地相對比的強
　　烈工業性格歸因**於此**。
71　參見例如道爾關於新英格蘭的身分關係的註釋，在那兒，是擁有古老宗教
　　著述傳統的家族，**而非**有產階級，構成了「貴族」。
72　舒爾特（Aloys Schulte, 1857-1941），德國歷史學者，任教福萊堡、波昂

的，普魯士的少尉則處於欠債不還就可能被免職的壓力之下，這也提升了他的信用度。德國的社團成員學生的情形也如出一轍。最後，中世紀時，告解與教會的懲戒權也是使教會紀律得以有效施行的手段，實情確實如此。尤其是當時人們利用那藉著起誓而啟動的可能性，亦即使債務人遭受破門律，來作為債權的保證。

的確是這樣。然而，在所有這些情況裡，藉著種種情勢與手段所獎勵或禁止的那種生活態度，與基督新教的禁慾所培養或壓制的那種生活態度，是截然不同的。譬如那少尉或社團大學生，甚或包括主教在內，其信用度之提升當然不是基於**商業上的**個人資質的培養。並且，緊接著這話，儘管在意圖上二者的運作方向是一致的，然其運作**方式**必然是根本不同的。中世紀的教會紀律，如同路德派的教會紀律，（1）是交在作為官職的聖職手上，（2）只要是還行之有效的話，是藉著威權手段來施行的，（3）所懲戒或獎勵的是**個別的**具體行為。清教與教派的教會紀律則是，（1）至少部分、但往往全盤交付在平信徒手上，（2）藉著有必要**自尊自重**為手段來發揮作用，（3）培養**資質**，或者要這麼說的話，揀選資質。最後這點最重要。為了融入共同體的圈子裡，教派（或宗教集會）的成員必得具備某種特定的資質，擁有這種資質，一如前一篇論文〈基督新教倫理與資本主義精神〉所說的，對於理性的近代資本主義的發展而言是重要的。為了在這個圈子裡**自尊自重**屹立不搖，就必須一直不斷**證明**自己擁有這種資質，亦即此種資質在他身上始終如一且從不間斷地被培養著。因為，依前面

大學，以中世紀商業及交通史的研究知名。此處引用的是 Aloys Schulte, *Geschichte des mittelalterlichen Handels und Verkehrs zwischen Westdeutschland und Italien*（Leipzig: Dunker & Humblot, 1900），I, 263ff.。——譯註

的論文所闡述的，如同他的彼岸至福，他的此世的整體社會存在全繫乎於他的自我「證明」[73]。就一切經驗所及，再也沒有任何陶冶手段比這種在弟兄伙伴的圈子裡維持社會性的自尊自重之必要更為強大的了；因此，不容間斷且深沉內斂的教派紀律之對應於權威性的教會紀律，正如理性的培育與篩選之對應於命令與禁制。在這點上，如同幾乎其他任何層面，清教教派，作為現世內禁慾最為獨特的擔綱者，乃是普世性的天主教恩寵機構最為徹頭徹尾、在某種意義上來說唯一徹底的對反版。對於社會性的自尊自重之無比強烈的**個人**利害關懷，被清教教派秉持為陶冶那種特質的手段，因此也就是這種**個人**的動機與自我的利己之心被用來助成「市民的」清教倫理及其派生結果的維持與傳佈。這對於其滲透流傳與強大影響力是絕對關鍵所在。因為，再重複一次[74]，並非宗教的倫理學說，而是其倫理態度——藉著其救贖財的種類與條件而使得**激勵**作用於這種倫理態度上——方為「這宗教的」特殊「風格」（Ethos），就此字的社會學意義而言。在清教來說，那種態度是特定的、講求方法的─理性的一種生活樣式，在既定的條件下，此一生活樣式為近代資本主義的「精神」（Geist）鋪平了道路。見之於**所有的**清教教派的是，激勵，在救贖確證的意義上，是作用於

73　再重複一次，天主教的告解，與此相較下，是一種**解除**強大內在壓力的手段，此種內在壓力始終縈繞在教派成員的生活樣式裡。中世紀的不管正統或異端的宗教團體，到底在多大程度上是基督新教的這些禁慾教派的先驅，在此不予討論。

74　我們要再次強調，這點正是這兩篇論文的頭一篇（〈基督新教倫理與資本主義精神〉）的絕對關鍵問題點。沒有注意到這點，正是我的批判者的根本錯誤。在我們論及古以色列的倫理與**學說**上非常類似的埃及、腓尼基、巴比倫的倫理的關係時，將會碰到極為雷同的狀況。

神前的自我「證明」；在清教**教派**內部裡，激勵，在社會性的自尊自
重的意義上，是作用於人前的自我「證明」。二者在相同的作用方向
上彼此互補，協力接生近代資本主義「精神」、其特有的**風格**、亦即
近代**市民階層**的風格。禁慾的宗教集會與教派的形成，特別因其激進
地掙脫家父長制的、威權的桎梏[75]，及其**擅自**解釋人必須更聽從於神
甚於人這個命題的那種**方式**，構成了近代「個人主義」最重要的歷史
基礎之一。

　　最後，為了理解此種倫理作用的性質，再作一番最終的比較論述
是有必要的。在中世紀的**行會**裡往往也見得到類似禁慾的基督新教
教派的教會紀律所施行的統制，亦即對成員的一般倫理標準進行規
制[76]。然而顯而易見的是，二者對於個人的經濟態度所產生的影響有
著無可避免的差異。行會是將相同職業者、亦即**競爭者**統合起來，
目的在於**限制**競爭以及運用在競爭裡的理性的營利努力。行會培養
出「市民的」美德，並且在某種意義上（此處不再詳述）是市民的
「理性主義」的擔綱者。但行會所憑恃的是「生計政策」（Nahrungs-
politik）與**傳統主義**；只要其經濟規制發揮得出效力，其實際結果是
眾所周知的。然而教派所統合起來的，並不是基於修業年限與家族關

75　另請參照本書201頁以下的敘述。古猶太教的教團形成與原始基督教的教
　　團形成，以各自的方式朝著一致的方向作用（在猶太人那兒，**氏族**的社會
　　意義之消失，如我們後面會看到的，正是受到教團形成的制約，而基督教
　　則是在中世紀初期產生了同樣的作用）。
76　不舉別例，參見*Livre des métiers* du prévôt de Paris Étienne Boileau, 1268（éd.
　　Lespinasse dt Bonnardot, *Histoire générale de Paris*, p. 211, section 8; p. 215,
　　section 4）。
　　Livre des métiers, 1268 年巴黎商業長官 Étienne Boileau（1200/1210-1270）
　　所寫的作品。──譯註

係而在技術上獲取資格的職業伙伴，而是經過篩選與培養而在倫理上具有資格的信仰伙伴——**全然**在程序**正義**與講求方法的禁慾的意義上，對成員伙伴的生活樣式加以控管與規制，而沒有足以阻礙理性營利努力之擴張的那種物質性的救濟政策的目的。行會成員的資本主義的成就，會瓦解行會精神，正如在英國與法國所發生的，所以那種成就遭到避忌。教派弟兄之資本主義的成就，如若取之有道，就是其自我證明與恩寵狀態的明證，會提高教派的聲望與傳教機會，因此這種成就受到歡迎，一如上面一再引用的話語所顯示的。行會裡的自由勞動組織，在其西方中世紀的形式裡，的確——相當有違其意圖——不止是資本主義勞動組織的一種障礙，而同時也是一個先行階段，若無前者，恐即無後者[77]。然而行會本身自然不可能孕生出近代市民—資本主義的**風格**。因為此種風格的經濟的「個人主義的」動力，並非行會所能、而唯獨禁慾教派的生活方法論才能夠使之獲得正當性且帶上光環。

77　關於這個相當錯綜複雜的因果關係的分析，在此無法順帶處理。

附錄

附錄

1

1-1-2 註釋

註13：

　　我藉此機會先行插入一些「反批判」的話語。桑巴特確信，富蘭克林的這種「倫理」，不過是「逐字逐句」地重複文藝復興的偉大天才阿伯蒂[1]所說的話而已；這主張根本站不住腳（桑巴特，《資產階級》）。阿伯蒂除了有關數學、雕刻、繪畫、（尤其是）建築與愛情（他

1　阿伯蒂（Leon Battista Alberti, 1404-1472），義大利文藝復興時期人文主義者、畫家和建築師。雖然身為佛羅倫斯富商勞倫佐‧阿伯蒂（Lorenzo Alberti）的私生子，阿伯蒂卻從小就受到良好的教育，根據布克哈特的描述，他的馬術過人，無師自通地學會音樂且甚為精通（《義大利文藝復興時代的文化》）。阿伯蒂在繪畫理論上的成就可見之於他的《論繪畫》（*On Painting*, 1435）一書，此書第一次將透視畫法系統化，而且直到1540年為止仍是當時畫家的主要參考手冊。在建築上的成就則以佛羅倫斯盧徹來府邸（The Palazzo Rucellai, 1445-1451?）和新聖瑪利亞教堂（Santa Maria Novella, 1456-1470）著稱於世。除了《論繪畫》一書外，他還寫了《建築學十書》（*De re aedificatoria*, 1452），其他著作還有地理和製圖學等。阿伯蒂可說是文藝復興時期通才人物的典型代表之一。──譯註

本身憎惡女人）的理論著作之外，還寫出四卷題為《論家政》（*Della Famiglia*）的著作（可惜我在執筆本篇論文時，手頭上的不是 Mancini 版，而是舊的 Bonucci 版）。富蘭克林的章句已逐字刊列於上，但阿伯蒂的著作裡，到底何處有與之相應的話語，尤其是開頭「時間就是金錢」的格言以及相關聯的訓誡？稍能讓人聯想到的，不過是《論家政》第一卷末尾（Ausg. V. Bonucci, Vol. II, p. 353）非常一般性地說到，金錢是家政裡的物事之精髓（nervus rerum），必須特別經心地加以管理——和加圖 [2] 在其《農書》所說的如出一轍。阿伯蒂非常自豪本身乃出自佛羅倫斯的一個最高貴的騎士家族（"nobilissimi cavalieri"，《論家政》頁 213, 223, 247, Bonucci 版），但若認為他是個由於庶出之故（一點兒也未貶低他的身分）而被貴族（Signori）門第排除在外的市民，因而對門閥充滿怨恨的「雜種」，那是大謬不然。其特色毋寧是在於，他建議唯高貴的名門望族（nobile e onesta famiglia）與

2　加圖（Marcus Porcius Cato, 西元前 234-149），又稱監察官加圖（Cato the Censor）或老加圖（Cato the Elder）。羅馬政治人物、演說家和第一位重要的拉丁散文作家。出身於地主階級，參加過西元前 218-202 年羅馬與迦太基漢尼拔的第二次布匿克戰爭。之後由於擅長演說和精通法律而順利進入政壇。他持反希臘化的保守立場，並反對親希臘的西庇阿家族，打破他們壟斷政權。西元前 184 年當選為監察官，企圖恢復羅馬傳統道德，以對抗希臘文化的影響。他力主通過諸如反對奢侈和限制婦女隨意花錢的法律，並矢志消滅迦太基。著作包括歷史、醫學、法律、軍事科學和農業方面。流傳至今的唯一著作是西元前 160 年左右所寫的《農書》（*De agri cultura*, 韋伯誤寫成 *De re rustica*, 其實是科倫梅拉所寫的《論農業》）。另外，他著有《史源》（*Origines*, 7 卷）一書，是用拉丁文所寫的第一部羅馬史，可惜只剩斷簡殘編。儘管如此，他仍被視為羅馬史學的開創者之一。他的曾孫小加圖（西元前 95-46）是元老院貴族黨領袖，曾為了保存共和體制而與凱撒對抗。——譯註

自由的高貴心情（libero e nobile animo）才配得上大規模的事業（頁
209），並且少量的勞動便已足夠（參見《論家政》IV，頁 55 及
Pandolfini 版頁 116。所以，最好是毛織品與絲織品的批發業！），再
來就是井然有序且嚴格的家計，亦即，量入為出。換言之，這根本就
是個**家計**的原則，而不是**營利**的原則（這點桑巴特應該是再明白不過
的了），正如他在討論貨幣的本質時（前引書）所提到的，主要是關
於**財產**的配置（金錢或物資），而不是**資本**的運用，也就是藉由喬諾
沙 3 口中所說出的「神聖的家政」（santa masserizia）。他建議，作為
面對「幸運」（Fortuna）的不確定性的手段，要早早養成「堂堂因應
一切」（in cose magnifiche e ample，頁 192）不斷工作的習慣——再
說這總是有益健康的，並且，為了維持自己的地位，總要避免危及於
此的怠惰，因此，也要細心學習與身分相符的職業以備逆境的到來，
不過，任何受雇於人的事（opera mercenaria）是不合身分的（《論家
政》I，頁 209）。他以「心靈的平安」（tranquilità dell' animo）為理
想，深愛伊比鳩魯 4 式的隱遁生活"λάθε βιώσας"（vivere a sè stesso，頁

3　喬諾沙（Gianozzo Manetti, 1396-1459），佛羅倫斯政治家、外交家，同
　　時也是義大利文藝復興早期傑出的人文學者。阿伯蒂在《論家政》一書裡
　　曾描述過喬諾沙是如何「管理」其家計與妻子。——譯註
4　伊比鳩魯（Epicurus, 西元前 341-270），古希臘哲學家。他學說的主要宗
　　旨就是要達到不受干擾的寧靜狀態。他在雅典設立的學校稱為花園學校
　　（Garden），與柏拉圖的學院（Academy）及亞里斯多德的萊西昂學園相
　　抗衡。伊比鳩魯的哲學有幾個基本概念：在物理學方面，他相信原子論，
　　但他並不認為原子的運動受各種自然法則的支配，作為一種哲學體系的基
　　礎，這個體系最終追求倫理的目的；宇宙的無限性和環繞宇宙現象的各種
　　力量的均衡；神的存在被看作是完全超然物外的具有賜福人類和永存不朽
　　的性質。在倫理學方面，伊比鳩魯認為，善和快樂是一致的，至上之善來

262），特別嫌惡任何官職，以其為不安、敵對與捲入醜行的根源（頁
258），嚮往鄉間莊園的理想生活，因思及先祖而發自負之情，以**家
族的名譽**為決定性的判準與目標（因此家族的財產應該按照佛羅倫斯
的習慣統合起來，不可分割）──所有這些，在清教徒眼裡看來，無
非是有罪的「被造物神化」，在富蘭克林眼裡則是莫名其妙的貴族濫
情。還得注意的是，對文藝生活的高度評價，因為"industria"這個用
語特別是用來針對文藝─學術的勤勞，這才是真正值得人從事的，本
質上只有非文藝人士的喬諾沙才會說"masserizia"──意指作為不依賴
他人而生活、並且不陷入貧窮的手段的「合理的家計」──這個用語
是和前者的價值相同，而出自修道僧倫理（參見下文）的這個概念，
其源頭須得追溯到一個古老的教士（頁249）。比較一下所有這些，
與富蘭克林（特別是其清教徒祖先）的倫理和生活樣式；再比較一下
為人文主義城市貴族所書寫的文藝復興時代的文人著作，與針對市民
中產階級大眾（特別是雇員）所書寫的富蘭克林的著作，以及清教徒
的宗教小冊與教說，便可明白其間的深刻差異。阿伯蒂的經濟的理性
主義，全都引用古代學者的作品為論據，並且與贊諾芬（他可能不識
其人）、加圖、瓦羅、科倫梅拉 [5] 等人（這些人他都有引用）的著作

自快樂，沒有快樂，就不可能有善。快樂包括肉體上的快樂，也包括精神
上的快樂。伊比鳩魯區分了積極的快樂和消極的快樂，並認為消極的快樂
擁有優先的地位，它是「一種厭足狀態中的麻醉般的狂喜」。他的學說和
蘇格拉底及柏拉圖最大的不同在於，他的快樂強調遠離責任和社會活動。
──譯註

5　贊諾芬（Xenophon, 西元前431-350），希臘史家，曾師事蘇格拉底，並
因從軍而遠遊波斯。著作甚豐，以《萬人遠征記》（*Anabasis*）一書最為
膾炙人口。《居魯士的教育》（*Cyropaedia*）則是以敘述波斯君主居魯士
所受的理想教育（大半皆為虛構），來說明他對於培養政治人才的見解，

裡對經濟材料的處理論列，均極為神似——只是，加圖與瓦羅，完全
不同於阿伯蒂，非常強調**營利**。此外，阿伯蒂僅只時而論及家內勞動
者（fattori）的使用及其分工與紀律之處，以及論及農民的不可信賴
之處，事實上就好像將加圖從奴隸勞役農場那兒得來的處世之道，全
盤轉用到家內工業與分益佃農制的自由勞動裡一樣。當桑巴特（他之
引用斯多噶倫理[6]乃十分謬誤的，但是）發現在加圖那兒早就呈現出

這是他在思想方面最有獨到見解和風格新穎的一部作品。此外還著有《論
家計》（*On the Household*）一書。

瓦羅（Marcus Terentius Varro, 西元前 116-27），羅馬學者和諷刺家。熱心
於公務，任財務官。曾效力於龐培，後得到凱撒的寬恕並委他為圖書館館
長。以其所著《邁尼普斯式諷刺詩》（*Saturae Menippeae*）最為著名，都
是些散文夾雜著詩歌的幽默性雜繪。通過他的作品的訓誡教育意義來使羅
馬的未來與它的光榮的過去聯繫起來。瓦羅總共約寫了七十四部計六百多
卷著作，題材廣泛，後來得以留存的唯一完整的作品為《論農業》（*Res rustica*）。它由三個部分組成，內有農業、畜牧業的實用指導。他的《論
拉丁語》（*De lingua Latina*），不僅是一部語言學著作，而且也是各種題
材的寶貴史料來源。

科倫梅拉（Lucius Junius Moderatus Columella, 西元 4-70），羅馬軍人和
農民，寫過很多有關農業題材的著作。西元 35 年曾服務於敘利亞的羅馬
軍團，退伍後回到義大利過田園生活。他的著作流傳下來的有：《論農
業》（*De re rustica*），共 12 卷；《論樹木》（*De arboribus*）。英文合
譯本題為《論農業》（*Of Husbandry*, 1745）。這些著作與前述加圖的《農
書》對我們了解古羅馬的農業狀況極有貢獻。——譯註

6　斯多噶學派（Stoicism），西元前三世紀後盛行於古希臘和羅馬的一派思
　　想。受蘇格拉底和戴奧吉尼斯（Diogenes of Sinope）教學的鼓勵，斯多噶
　　學派於西元前 300 年由基提翁的芝諾在雅典建立，並影響著古希臘和羅馬
　　直到西元 200 年。它強調責任；認為通過理智，人類能夠認識到宇宙是基
　　本正常的，是由命運而不是表面現象所掌控的；並覺得通過制約自己的生
　　活，學會堅定平靜地接受事實，建立崇高的道德價值觀，人類就能夠變得

經濟理性主義「已發展到最徹底極致的地步」，若正確加以理解，倒也不盡然是錯的。事實上，可以將阿伯蒂的「家政者」（massajo）理想，與羅馬的「執掌家政的家父長」，擺在同一個範疇裡。加圖的特徵尤其在於：農場被評價且判斷為財產「**投資佈局**」的對象。"industria"的概念則由於基督教的影響而別具色彩。此即兩者分歧之點。起源於修道僧的禁慾並由僧侶作家加以發展的"industria"觀念裡，懷著某種「風格」的胚芽，然後在基督新教徒徹底入世的「禁慾」裡（見後文！）獲得完全發展（**因此**，就像後面還要一再強調的，兩者的親和性由此可見，並且因而與官方聖托瑪斯的教會理論之間的關係還**不如**與佛羅倫斯及西耶拿的托缽僧團的倫理學者之間的關係來得親近）。加圖所說，連同阿伯蒂自己的說法裡，欠缺這種風格：對他們而言，這是個**處世**之術的問題，而非關倫理。在富蘭克林的論著裡也並不是與功利主義無涉。只不過，他對青年商人的說教裡的那股倫理熱情炯然可見，並且——問題正在於——這正是其特色所在。對他而言，對金錢不夠細心，可以說就等於是「謀殺」資本的幼苗，因而也是種**倫理的**罪過。

　　（阿伯蒂與富蘭克林）兩人的內在親和性事實上僅止於，被桑巴特稱為「虔誠的」阿伯蒂，如同許多人文主義者，除了真的有聖職在身並領受教會俸祿之外，**根本沒有**利用宗教動機（撇開兩處毫無色彩的段落不談）來作為其所推薦的生活樣式的指標點，並且**也沒有**——在富蘭克林是**已不再**——使其所推薦的「經濟理性」與宗教觀念有所關聯。即就功利主義而言，阿伯蒂推薦的毛織與絲織品批發經營，亦

像宇宙那樣沈靜而有序。通過現存的西塞羅（Cicero）和羅馬斯多噶派奧理略（Marcus Aurelius）等人的著作而流傳下來。——譯註

屬重商主義的社會功利主義（「可以讓許多人就業」，前引書，頁
292），在這樣的領域裡，至少形式上，也只是說著同樣的話。阿伯
蒂在這方面的討論，倒是那種——所謂——內在固有的經濟「理性主
義」的一個絕佳的範例，而這種理性主義實際上作為經濟狀態的「反
映」，無論何處、任何時代，在在呈現於純粹關心「事象本身」的著
述者的作品裡，即如：中國的古典時代與西方古代，更甚於文藝復興
時期與啟蒙時代。當然，如同在古代的加圖、瓦羅與科倫梅拉的著作
裡，亦如在此處的阿伯蒂及其同類人的著作裡，特別是在"industria"
的教說上，經濟的**理性**（ratio）有著長足的發展。但是，我們怎能相
信，這樣一種文人的**理論**有可能引發出那樣一種令生活打從根底改變
的力量，如同宗教信仰以其**救贖獎賞**而對某種特定的（在此為講求方
法—理性的）生活樣式所起的作用？對比之下，怎樣才算是以**宗教**為
取向的、生活樣式（最終包括經濟態度）的「理性化」，我們可以在
所有宗派的清教徒之外還看到各種實例（儘管他們相互間存在著極大
的差異），諸如耆那教徒[7]、猶太人、某些中世紀的禁慾教派、威克
利夫[8]、波希米亞的兄弟團（胡斯派運動的餘緒）[9]、俄國的去勢派與
虔敬派[10]，以及無數的修道僧教團。這對比兩端之不同的決定性關鍵

7　耆那教（Jainism），西元前六世紀由大雄（Mahāvira, 西元前 599-527?）
　　所開創的印度宗教。詳見附錄 16。——譯註
8　威克利夫（John Wycliffe, 1330-1384），英格蘭神學家、哲學家、宗教改
　　革者。詳見附錄 9。——譯註
9　胡斯派與波希米亞兄弟團，詳見附錄 10。——譯註
10　去勢派（Castrati），正式名稱是史克布西派（Skoptsy）。〈馬太福音〉：
　　「因為有生來是閹人，也有被人閹的，並有為天國的緣故自閹的。這話誰
　　能領受就可以領受」（19: 12）。由於有「為天國的緣故自閹的」一句話，
　　一些基督徒遂領受為「去勢」乃是「得救」的最重要關鍵。西元 1770 年代，

在於（先這麼說）：以宗教為根基的倫理，對於其所喚起的生活態度產生了一定的、（而且只要這宗教信仰仍然健在的話）作用極強的**心理激勵（不帶**經濟性格），這是如阿伯蒂的那種單止於處世之道的講求力所**不**能及的。只有而且只要當這激勵發揮作用，尤其是在往往遠遠偏離神學家**理論**（本身也不過是「理論」）的**方向**上發揮作用（此乃關鍵所在），這倫理便得以對生活樣式、以及因而對於經濟產生一種獨特固有的影響。這就是，坦白說，這整篇論文的著眼點，而我沒想到這重點竟被完全模糊掉。關於那些自然被桑巴特嚴重誤解為相對「資本友善的」中世紀晚期的神學倫理學家（特別是聖安東尼‧佛羅倫斯與聖伯納‧西耶拿[11]），容我於他處再論及。總之，阿伯蒂絕不在這些倫理學者之列。唯獨"industria"的概念，他是從中古的僧侶思

俄國 Oryel 地區一個農民謝里凡諾夫（Kondraty Selivanov）開始以此教義佈教，並被視為基督再世。所有入教者皆須去勢。雖然遭受政府與教會的持續迫害，最後並被放逐到西伯利亞，謝里凡諾夫還是設法在 1795 年出現在莫斯科，並成功地在那兒立足下來，推展他的教義，讓他的教派在貴族與商人之間流傳開來，而且隨著政治當局的迫害流放擴及到全國各地。不過，這個曾經盛極一時的教派到了十九世紀下半葉逐漸衰微，繼之而起的是所謂的「新去勢派」（Neo-Castrati Sect）。

韋伯此處提到的俄國的虔敬派，應該是時禱派（Shtundist），為十九世紀後半葉出現於烏克蘭地方的農民階層中的一個虔敬主義運動的宗派。主要是受到來自德國路德派與改革派的強烈影響。——譯註

11　聖伯納‧西耶拿（St. Bernard of Siena, 1380-1444），義大利天主教神學家，方濟會（Franciscan）嚴修派（Observants）的創始人之一。1404 年任司祭，1417 年開始到義大利各地傳教。痛感西方教會大分裂造成人心渙散、法紀廢弛、爭權奪利等現象，力圖喚起眾人熱愛耶穌基督，從而恢復倫理道德。1439 年參加佛羅倫斯會議，促使希臘教會與羅馬教會合一，但不久再次發生分裂。——譯註

想那兒（不管是透過怎樣的中介者）借用過來。阿伯蒂與潘度菲尼 [12] 他們這些人所代表的是，儘管表面上臣服天主教教會的秩序，但內在卻已自傳統的教會教義裡解放出來，即使仍受一般的基督教倫理的束縛，但遠遠懷抱著古代—「異教」取向的心態，而布倫塔諾認為我「忽視」了這種心態對於近代經濟理論（包括近代經濟政策）的發展所具有的意義。的確，我並未**在此**處理**這些**因果系列，而且毋寧是完全正確的，因為，在一篇關於「**基督新教倫理**與資本主義精神」的論文裡，那些是對不到位的。但是，如同其他機會裡便能清楚顯示的，這絕不是否認其意義，不過，我實在有充分理由這麼認為：其影響範圍與影響方向，與基督新教倫理影響之所及，完全是**兩回事**（後者實際上極為重要的先行者是諸教派與威克利夫—胡斯派的倫理）。受其影響的，**並非**（新興市民階級的）**生活樣式**，而是政治家與君侯的政策，而這兩種時而、但絕非總是交合一致的因果發展路線，首先就得清清楚楚地區分開來。相對於阿伯蒂幾乎一越出學者的圈子就沒人知道的龐大著作，富蘭克林關於私人經濟的小冊子，當時在美國是被用來當作學校讀物，正是在**這一點**上，事實上是屬於深刻影響民眾日常生活**實踐**的那個範疇。不過，在我此處清楚徵引的他，是個跨越過當時已然褪色的清教徒生活規制之限的人物，正如經常被提出的一整個英國的「啟蒙運動」與清教之間的關係那樣。

12　潘度菲尼（Niccolò Pandolfini, 1440-1518），義大利天主教士，佛羅倫斯人，出身貴族家庭。曾任皮斯托亞（Pistoia）地區主教（1474），1517 年出任樞機主教。——譯註

註33：

　　這兒或許是個適當之處，對上面所引的凱勒（F. Keller）的著作（Heft 12 der Schriften der Görres-Gesellschaft）及桑巴特接著寫出的著作（《資產階級》），只要是與此處脈絡相關的部分，做個非常簡短的回應。提筆批判一篇**根本並未提及**教會的取息禁令的論文（有的話也不過是在與整體論證**無關**宏旨的一**個**順帶的敘述裡），並且用以作為批判的前提，竟是將這取息禁令（世上幾乎所有的宗教倫理當中都看得到類此之事！）當作是天主教倫理與宗教改革倫理之區別的決定性判準，這樣的批評者真的是太過分了。唯有確實讀過其他人的作品，或者真的讀過而尚未忘卻其中的敘述，才能來做批評。對高利貸罪（usuraria pravitas）的鬥爭貫穿了十六世紀的休格諾派與荷蘭的教會史。「倫巴底人」[13]，亦即銀行家，常常被排除於聖餐禮之外（參見本書1-1-1註16）。喀爾文較自由的看法（然其戒律的最初草案亦不能免於有關高利貸的規定），靠著薩瑪修斯[14]才取得勝利。準此，兩者（天主教倫理與新教倫理）的歧異，並不在**這點**上；毋寧正好相反。更糟的是，那位評者自己在這點上的論證，比起馮克（Funk）與其他天主教學者的著作（他所徵引的，在我看來絲毫未受到這些作品

13　倫巴底人（Lombard），詳見附錄15。——譯註

14　薩瑪修斯（Claudius Salmasius, 1588-1653），法國古典學者，喀爾文信徒。1610年任第戎（Dijon）最高法院律師。精通數種中東語文。1631年任萊頓（Leiden）大學教授。出版過反對羅馬教會的《論教宗的特權》一書（1645）。在英國內戰（1642-1651）期間，他被視為長老派信徒和國會黨人的聯盟者。不過後來卻又改變過去的立場，為教宗的統治和專制君主政體進行辯護。他在為高利貸辯護的文章裡，勸說荷蘭教會允許高利貸者參加聖禮，也引起了相當大的爭論。——譯註

應得的鄭重考慮）以及恩德曼（Endemann）在今日看來某些方面有
點過時但仍為基礎性的研究，更突顯出不忍卒睹的淺薄。凱勒的確並
未流於像桑巴特那樣粗暴的說法（《資產階級》，頁 321）：人們真
的是察覺到那些「信仰虔誠的人」（他心裡想的主要是聖伯納·西耶
拿與聖安東尼·佛羅倫斯）「是如何地想要用一切辦法來激起企業精
神」，亦即，他們就像全世界伴隨著禁止取息之令所能聽到的那樣，
如此解釋此一禁令，那就是全然不要碰觸（用我們的術語來說「生產
性的」資本投資。桑巴特一方面說羅馬人是屬於「英雄民族」，另一
方面──又陷入兩不相容的矛盾──說所謂經濟的理性主義已在加圖
那兒發展到「最終極的地步」（頁 267）。（順帶一提，這可是個徵
兆：此處呈現的是壞字義上的一本「命題書」）。何況，他也完全扭
曲了取息禁令的意義。（於此無法進一步詳論，但此一禁令的意義，
在從前一開始常被過度評價、後來卻被大大貶低，到現在我們這個也
有天主教百萬大富豪的時代──為了護教的目的──則被弄得本末倒
置一團亂。眾所周知，取息禁令──即使是以聖經為其根源所據！
──直到上個世紀才因樞機主教會議的訓令而失去效力，甚至不過是
因時制宜之事，並且是**間接性的**，換言之，即使當人們預料其效力被
恢復**的情況下**得加以服從時，懺悔者的良心不至於因高利貸罪的審查
而受苦，這才加以制定罷了）。因為，任何人只要稍對教會有關放貸
取息的極為複雜的歷史做進一步的研究，便能熟知關於年金買賣、匯
票貼現及其他種種契約的無害性的無數爭論（尤其有鑑於前述樞機主
教會議的訓令是由於**城市**的公債才頒布的），那麼，就不會主張說（頁
24），放貸取息的禁令僅限於窮困時的債務，是為了「資本維持」的
目的，而且還會「促進資本主義的企業」（頁 25）。真相是，教會
直到很晚才重新思考取息禁令。當時，一般純粹的商業投資形態，並

不是收取固定利息的貸款，而是諸如海上借貸（foenus nauticum）、康曼達、海外貿易貸款（societas maris）、與依危險等級而定利益與損失分配率的貸款（dare ad proficuum de mari）之類的出資形式（並且**必然**帶有企業家借款利息的性格），所有這些都不是（或者僅有個別嚴格的教會法學者認為應是）禁令的對象。不過，收取固定利息的投資，或者票據貼現成為可能且通行時，這（如後文所見）可造成禁止取息這方的大困難，正因這困難，導致了商人行會種種的嚴屬措施（黑名單！）。此時，教會法學者關於禁止取息的態度，通常僅止於**純粹**法律─形式上，總之絲毫沒有一丁點凱勒所說的那種「資本保護」的傾向。最終，對於資本主義本身的態度，**只要是**有所決定時，關鍵不外乎：一方面，對於那種愈來愈**非人格的**、因而難以倫理規制的資本力量，抱持著傳統主義的、多半隱約感覺到的嫌惡心態（路德對於富格家族與金融業的發言，還真是這種心情的反映），另一方面，卻又迫於適應的必要。但這不是我們此處所要討論的，因為，就像先前所說，取息禁令及其命運，對我們而言，最多只具有徵兆上的意義，而且這也有限。

斯多噶派神學家、特別是某些十五世紀托缽僧派神學家的經濟倫理，尤其是聖伯納‧西耶拿與聖安東尼‧佛羅倫斯，亦即以獨特理性的**禁慾**為取向的修道僧學者，無疑值得我們另撰他文來討論，而無法在此處的問題關聯裡簡要地說明。要不然，我就不得不在這篇反批判裡提前說出，我們在談到天主教的經濟倫理之於資本主義的**積極**關係時才會論及的內容。總之，這些神學家致力於表示**商人**的企業家利得乃是其「勤奮」（industria）的報酬，因而正當化其之於倫理上是**被許可的**──在這點上，他們是許多耶穌會士的先行者。（當然，即使凱勒也無法主張更多。）

　　"industria"的概念及對它的珍視，理所當然的**終究**是來自於修道僧的禁慾，正如藉喬諾沙之口來傳達，阿伯蒂自己採自僧侶的用語的masserizia（家政）的概念。關於修道僧的倫理作為具有入世禁慾之特徵的基督新教諸教派的先行者，後面會有詳細說明（古代的犬儒學派 [15] 及希臘化時代晚期的墓誌銘，還有──背景條件全然不同的──埃及，都可見到類似觀念的端倪）。然而這裡頭（如同在阿伯蒂那兒）**完全付之厥如**的，正是對我們而言決定性的關鍵之所在，亦即，如我們後面會看到的，禁慾的基督新教獨特的、在世俗的職業裡**確認**自己之救贖的那種 certitudo salutis（救贖確證）的概念，這正是此一宗教意識所加給"industria"的心理**獎賞**，自然是天主教注定沒有的，因為救贖手段截然不同。實際上，這些著述者所在意的，是倫理的**教說**，而不是取決於救贖關懷的個人實踐的驅動力，還有，他們所處理的是**適應**的問題（很容易看得出來），而不是如入世禁慾所展現的那種從根本的宗教立場上來作推理的問題。（此外，安東尼與聖伯納早就比凱勒做了更好的研究）。這個適應的問題至今還是爭論不休。儘管如此，這個修道僧的倫理觀念的意義，從**外在徵兆**看來，倒也絕非被視同若無。注入於**近代天職觀**裡的宗教倫理的真正「萌芽」，是在諸教

15　犬儒學派（Cynic），據說創自安提斯泰尼（Antisthenes, 西元前 445-365?）。不過，「犬儒」或「以犬為師」這個名稱則可能是來自狄奧吉尼斯（Diogenes of Sinope, 西元前 324 卒），因為他強調，「自然」意指原始的與本能的狀況，因此依自然而活，就是要刻意嘲諷文明社會的習俗與傳統，特立獨行，即使驚世駭俗亦在所不惜（甚至樂此不疲），他因此自稱為「犬」，以動物的生活為典範。此一學派後來在羅馬帝國時期曾一度復興，不過其中的一些學者已經具有濃厚的救贖宗教的色彩，最著名的佈道家則是西元一世紀時的克利索斯頓（Chrysoston）。韋伯此處所提的應該是後期的犬儒學派。──譯註

派與異端當中，尤其是見諸威克利夫身上，以致於布洛德尼茲[16]認為
他的影響是如此巨大，使得基督新教後來再也無從多做些什麼（《英
國經濟史》I，頁 303ff.），這也實在對其意義評價過高了。所有這些，
在此無法（也不應）繼續深入。因為，此處畢竟無法順帶一併檢討，
中世紀的基督教倫理是否並且在何種程度上，已**實際**為資本主義精神
的前提條件之創建出過力。

16　布洛德尼茲（Georg Brodnitz, 1876-1941），德國經濟史學者。《英國經
　　濟史》（*Englishe Wirtschaftsgeschichte*）是他所編的一套叢書《經濟史手
　　冊》（*Handbuch der Wirtschaftsgeschichte*, 1918）其中一本（也是他寫的）。
　　除此之外還有：《中世紀經濟通史》（1924），《荷蘭經濟史》（1927），
　　《法國經濟史》（1930），《義大利經濟史》（1934）。——譯註

附 錄

2

1-1-3 註釋

註 1：

在古代語言裡，**只有希伯來語**有類似的語意。首先是 מלאבה 這個字，用來指**祭司**的職務（〈出埃及記〉35: 21;〈尼希米記〉11: 22;〈歷代志上〉9: 13, 23: 4, 26: 30）、侍奉國王的事務（特別是〈撒母耳記上〉8: 16;〈歷代志上〉4: 23, 29: 6）、**國王**官吏的勞務（〈以斯帖記〉3: 9, 9: 3）以及勞動**監督者**（〈列王記下〉12: 12）、奴隸（〈創世記〉39: 11）、**農耕**勞動（〈歷代志上〉27: 26）、**手工匠**（〈出埃及記〉31: 5, 35: 21;〈列王記上〉7: 14）和商人（〈詩篇〉107: 23）的勞務，還有就是我們在後面會論及的〈西拉書〉11: 20 裡用來指所有的「職業勞動」等。此字是從字根 לאך（＝發送，派遣）而來，所以原本意指「使命」。其源自於埃及與依埃及方式而建立的（以色列）所羅門王徭役國家的徭役與賦役制官僚思想世界，似乎從上引資料即可明白[1]。就思想上而言，如莫克斯先前所教我的，此字的這種原義早在

1　以色列自大衛建立政權，下傳至所羅門，其間的演變在韋伯看來即是從一

古代便已喪失，而用來指稱任何的「勞動」，並且事實上就像我們德
文 "Beruf" 一字的命運一樣，業已消失其本來主要意指僧侶職務的色
彩。חק（＝「被指定的」、「被分派的」、**「課題」**），也出現在〈西
拉書〉11: 20，七十子聖經 [2] 譯為 "διαθήκη"，同樣源於徭役—官僚制的
用語，如 רבד־יזם（〈出埃及記〉5: 13，比較〈出埃及記〉5: 14，七十
子聖經同樣譯為 διαθήκη 來意指「課題」。〈西拉書〉43: 10 在七十
子聖經則譯為 κρίμα）。在〈西拉書〉11: 20 處，此字顯然用來指履

個原始的卡理斯瑪戰侯轉變到「國家」（具有常備軍與官僚制）的過程：
「在登基為城市君王之前，大衛是個古代意味下的卡理斯瑪戰侯，只因戰
功而被正當化為上帝所膏者。……隨著世襲性卡理斯瑪的**城市定居的**王
朝穩固底定，以及繼之而來的軍事體制的改弦易轍，一切情況也就大不
相同了。所羅門自埃及引進駿馬與戰車，並以此建立起騎兵隊。……除
此之外，還有背負賦役義務的王室工匠和徭役民工，由他們來修建要塞、
宮殿與聖殿，並耕種不斷擴大的王室領地；領有俸祿和封土的王的官吏，
由他們來擔任軍官和至少是首都裡的法官；王的軍事教官，由他們來訓練
軍隊兵員；王室寶庫，用來作為權力手段與賞賜忠臣；為了充實王室府庫，
設有國王自己的紅海通商隊，還有來自附屬的外邦地區的貢納，以及為了
王的膳食而由分割成十二個行政區的人民依規定每月輪流提供實物貢納；
最後，還有埃及那種方式的強制勞動徭役。為了能夠參與國際政治舞台，
王的正式妻室的納娶多與周邊強權支配者，尤其是埃及與腓尼基，建立起
婚姻關係與同盟關係……。這些都是王權立竿見影的各種結果。以此，王
國獲得了東方軍事強權的典型特徵。……透過以上這一切手段，所羅門試
圖將農民、牧羊人氏族、小山城等所組成的鬆散的誓約共同體，打造成一
個組織嚴密的政治體。王國依地理所區劃成的十二個行政區，取代了藉著
耶和華同盟而統一起來的部族，換言之，這些部族現在變成為了國家稅收
攤派而存在於所有古代城邦國家裡的部族」。《宗教社會學論文集‧古猶
太教》3-3-1-10。——譯註
2　七十子聖經（Septuaginta），西元前 270 年左右完成的最古老的希臘文舊
　　約聖經。——譯註

行**神的**誡命，換言之，近似德文的"Beruf"。關於此處所引〈西拉書〉的各章節，可參照史曼德所寫關於賓西拉的名著相關各節[3]，及其所作《西拉書索引》（*Index zur Weisheit des Jesus Sirach*, Berlin, 1907）當中 διαθήκη、ἔργον、πόνος 各詞條。（眾所周知，〈西拉書〉的希伯來文原本業已散失，但現又被謝克特[4]發現，並且引用部分猶太律典來補充。路德未曾見過此書，而且這兩個希伯來語的概念，對於**他的**用語也**沒有任何**影響。見下文關於〈箴言〉22: 29 的敘述。）

　　在希臘文裡，根本沒有與德文"Beruf"在倫理色彩上相應的語詞。路德已經用完全相應於我們現今用語的字詞來翻譯〈西拉書〉11: 20, 21："bleibe in deinem Beruf"（見下文），而七十子聖經在某一處用 ἔργον，而在另一處，原文似乎全然損毀之處，則譯為 πόνος（在希伯來文原文裡是講述神的救恩之光耀！）。此外，在古代，τά προσήκοντα 則是用來指一般意味下的「義務」。在斯多噶派的用語裡，κάματος 往往帶有類似的思想色彩（這是先前狄特里希[5]提醒我的，不

3　史曼德（Rudolf Smend），德國學者，以對賓西拉與〈西拉書〉的研究成名。韋伯此處提到的書是 *Die Weisheit des Jesus Sirach*（Berlin, 1906）。賓西拉與〈西拉書〉，詳見附錄 16。——譯註

4　謝克特（Solomon Schechter, 1847-1915），出生於羅馬尼亞的猶太拉比、《猶太律典》學者。先後在維也納、柏林和倫敦研究。他在學術上最重要的貢獻是 1896 年到開羅考古，並發掘出超過十萬頁的希伯來文罕見史料。1899 年出任倫敦大學教授。1902 年，為了對抗猶太改革運動，在美保守派的猶太人邀請謝克特到紐約市擔任美國猶太教神學院院長。1913 年成立美國協和猶太教會堂，後來成為美國最重要的猶太人組織。他也是最早致力於錫安復國運動的猶太人之一。——譯註

5　狄特里希（Albrecht Dieterich），韋伯同時代的德國宗教史家，主要研究對象為古代世界源自東方的異端信仰。著作有 *Eine Mithrasliturgie*（Leipzig, 1903）。——譯註

過此字的起源與特定的宗教無關）。所有其他的詞彙（例如 τάξις）
全都不帶倫理的色彩。

　　在拉丁文裡，用來表達相當於德文"Beruf"（亦即人們基於分工
的持續性活動，同時，一般而言，也是作為個人經濟生活收入來源的
持久性基礎）一字的語詞，除了不帶色彩的"opus"，還有多少帶有與
德文倫理內容相近色彩的 officium（派生於 opificiun，當初並無倫理
色彩，後來，特別是在塞尼加[6]《論施恩受惠》第四章頁十八裡帶有
"Beruf"的意味），或者 munus（從古代市民共同體的賦役裡產生出
來），或者，最後，professio。最後這個字在其固有獨特意味下用來
指公法上的義務，換言之可說是源自古代市民的租稅申告，後來特別
是用於近代意味下的「自由職業」（比如 professio bene dicendi），
並且在**這種**狹窄的範圍裡，與德文的"Beruf"無論在哪一點上意思都
非常接近（甚至在此字更內在的層面上亦是如此，譬如當西塞羅[7]說
到某人"non intelligit quid profiteatur"時，是意指「他不知道自己真正

6　塞尼加（Lucius Annaeus Seneca, 西元前 4- 西元 65），又稱小塞尼加，羅
　　馬哲學家、政治家、雄辯家和悲劇作家，一世紀中期羅馬學術界的領袖人
　　物。在西元 54-62 年尼祿皇帝統治的第一階段，由於曾為尼祿的導師，他
　　成為羅馬帝國實際的統治者。不過在尼祿親政後即逐漸疏遠了他。西元
　　65 年，尼祿下令塞尼加自殺，由於體質的關係，根據塔西圖斯的記載，
　　他的自殺過程頗富戲劇性。留傳的哲學著作有：《論忿怒》（De ira）、
　　《論寬恕》（De clementia）、《論施恩受惠》（De beneficiis）、《自然
　　界的問題》（Naturales quaestiones）等。他的悲劇作品成為文藝復興時代
　　古典悲劇的經典作，對戲劇傳統影響極大。莎士比亞劇中的鬼怪、女巫、
　　殘忍的暴君和復仇的主題等，都受到塞尼加悲劇的影響。——譯註
7　西塞羅（Marcus Tullius Cicero, 西元前 106-43），羅馬政治家、律師、古
　　典學者、作家，詳見附錄 13。——譯註

的 Beruf」）——只不過，這當然就只是現世的意味，而不帶任何**宗教的**色彩。在這點上，帝政時期用於「手工業」上的"ars"自然更是如此。Vulgata（通用拉丁文聖經）在〈西拉書〉前述章節處的譯文，一是譯為"opus"，另一（21 節）是譯作"locus"，後者多少帶有「社會地位」的意思。附加的 "mandaturam tuorum"，如布倫塔諾正確指出的，是出自如希羅尼姆斯 [8] 那樣的**禁慾者**，但他在此處（如同他處）並未注意到，**這正是**此一概念獨特的**禁慾的**——宗教改革前是出世的，之後則是入世的——之由來。至於希羅尼姆斯的翻譯到底是根據哪個原本，則不能確定。其中倒不排除來自 מלאכה 之古老賦役制字義的影響。

　　在拉丁語系裡，只有西班牙語的"vocacion"帶有對某事——好比僧侶職務之類的事——的**內在的**「召喚」之意，這點部分相應於德文 Beruf 的字義，但從未用來意指「職業」這種外在字義。在拉丁語系的聖經**翻譯**裡，西班牙語的 vocacion，義大利語的 vocazione 及 chiamamento，**光只**用來作為新約聖經的 κλῆσις（因福音蒙召於永恆的救恩）的譯語，其語意和我們就要談到的路德派與喀爾文派的用語

8　聖哲羅姆（St. Jerome, 347-420），拉丁文全名為優西比烏斯‧希羅尼姆斯（Eusebius Hieronymus）。早期西方教會中學識最淵博的教父，將聖經希伯來文《舊約》、希臘文《新約》譯成拉丁文，此譯本即為通用拉丁文本聖經（Vulgata, 在 1546 年的特倫特宗教會議中被確認為唯一正確的聖經）。在羅馬教會傳統裡，他通常被視為神學傳承的保護者。曾任職教廷，因鼓吹隱修苦行，譴責羅馬神職人員，而樹敵甚多。他博學多才，對古典著作以及聖經和基督教傳統有過人的理解。所譯通用拉丁文本聖經對中世紀初期學界影響至大，他的聖經註釋和人文主義思想，特別是他所介紹的希臘思想，也產生巨大影響。哲羅姆是個饒風趣的人，據說他曾留下一句名言：「最好還是訂個婚，那麼一旦撒旦來找你時，就會發現你已經有主了」。韋伯在他的著作裡通常用希羅尼姆斯一名。——譯註

部分雷同。此即通用拉丁文聖經裡的"vocatio"。（奇妙的是，布倫塔諾在前引書裡認為，我**為了證明**自己的見解而在此徵引的這個事實，也可**作為**宗教改革後之意味下的"Beruf"概念早已存在的**證明**。其實根本不是這回事。κλῆσις 確實**必須**被譯為"vocatio"，但在中世紀的何時與何處，此一語彙被當作現今的意涵來使用？作此翻譯是事實，**儘管如此**，其中**欠缺**入世的字義用法，才真正是這裡頭所呈現的）。"chiamamento"也是以此方式被用於例如十五世紀的義大利文聖經翻譯裡，後來付印於 *Collezione di opera inedited e rare*（Bologna, 1887），同時也這樣使用"vocazione"一字，而近代義大利文聖經翻譯則僅使用後者。在拉丁語系的用語裡，用來意指"Beruf"，亦即規律性的營利活動的「職業」一詞、這種**外在的**、世俗內的字義的語彙，一如辭書類的資料，以及我所尊敬的友人、福來堡大學的白斯特教授[9] 親切又詳細的說明所告訴我們的，全然不具宗教的特徵，在這點上，不管是以 ministerium 或 officium 為語源、原本帶有某種倫理色彩的那些字彙也好，或是以 ars, profession, implicare（impiego）為語源、打一開始即全然不帶那種色彩的字彙也罷，無不如此。最初提及的〈西拉書〉章節，路德譯為"Beruf"之處，法文譯為 office（20 節）與 labeur（21 節）——這是喀爾文派的翻譯;西班牙文譯為 obra（20 節）與 lugar（21 節）——依據通用拉丁文聖經，新的譯法為"posto"（依 Protestant 而來）。比起路德對當時德文尚未充分歷經學院理性化的官用文體所加諸的深刻影響，拉丁語系諸國的基督新教徒，由於是少數的緣故，並未能發揮、甚或根本未曾試圖展現這樣一種語言創造上的影響力。

9　白斯特（Gottfried Baist, 1921 卒），德國拉丁學者，主要著作有 *Grundriss der romanischen Philologie*（Strassburg, 1897）。——譯註

註 4：

　　在路德的聖經翻譯之前[10]，一如辭書類的記載與我的同事布勞內（Braune）與霍普斯（Hoops）的幫忙確認，德語的"Beruf"、荷蘭語的"beroep"、英語的"calling"、丹麥語的"kald"、瑞典語的"kallelse"，不管在哪一國的語文裡，**絕未**被用來意指其現今所帶有的**世俗的**意涵。中世紀高地德語、中世紀低地德語與中世紀荷蘭語裡，與"Beruf"相同**發音**的字，全都**意指**現今德語裡"Ruf"一字所含的意義，其中**特別是**也帶有——在中世紀晚期——與**聖職俸祿**的授與相關的授權者對候補者的"Berufung"（＝Vokation, 任命）之意。這也是斯堪地那維亞諸國的辭典裡常被提出來的特例。路德有時候也在後面的這個意思上使用此字。只是，即使此一特殊語法後來的確有利於此字在字義上的變化，但近代的"Beruf"概念的創造，即便在言語上也要歸根於聖經的翻譯，特別是**基督新教**的聖經翻譯；只有在陶勒（1361 年卒）[11]的用語上，我們才發現到如後所述的那種萌芽。因基督新教的聖經翻譯而深受影響的**所有**語言，全都有此一字彙的建構，而未受此影響的那些語言（如拉丁語系），**全都**沒有此一字彙的存在，有的話也並非其現今的意思。

　　路德起初以"Beruf"來翻譯兩個完全不同的概念。**其一**是保羅所

10　歐洲十五、六世紀的新學使古希臘文研究得以恢復，再加上宗教改革，聖經新譯本的出現成為必要。在德國，馬丁路德出版了由希臘文和希伯來文翻譯成現代歐洲語言的全譯本：他的德文本《新約全書》出版於 1522 年，《新舊約全書》出版於 1534 年。這是德國新教的正式《聖經》，並且是丹麥文本、瑞典文本以及其他譯本的基礎。——譯註

11　陶勒（Johann Tauler, 1300-1361），日耳曼宗教家，詳見附錄 13。——譯註

用的"κλήσις"，意指蒙神召喚於永恆的救恩。屬於這類的是：〈哥林多前書〉1: 26，〈以弗所書〉1: 18, 4: 1, 4: 2，〈帖撒羅尼迦後書〉1: 11，〈希伯來書〉3: 1，〈彼得後書〉1: 10。在所有這些章節裡，κλήσις 所意指的不過是**純粹**宗教的概念，亦即透過使徒所佈達的福音而來的神的召喚，與現今意味裡的世俗的「職業」絲毫無關。路德之前的德文聖經譯本，在這些地方全都譯為"ruffunge"（海德堡大學圖書館所藏的古印刷聖經也全都是如此），而且有時不用"von Gott geruffet"（蒙神召喚），而是用"von Gott gefordert"（被神要求）。**其二**，如先前提及的，註一所引〈西拉書〉在七十子聖經裡譯為 εν τώ ἔργω σον παλαιώθητι 與 καί ἔμμενε τώ πόνω σον 之處，路德譯為 "beharre in deinem Beruf "與 "bleibe in deinem Beruf "，而不是"bleibe bei deiner Arbeit"，後來（公認的）天主教聖經翻譯（例如 Fleischütz 譯本，Fulda, 1781）在此處（如同在新譯聖經裡）不過是追隨路德罷了。路德對〈西拉書〉此處章句的翻譯，就我所知，是使用現今**純粹**世俗意味下的德文字"Beruf"為譯文的**第一回**。這段經文前的警語，第 20 節的 στήθι εν διαθήκη σον，他譯為"bleibe in Gottes Wort"，雖然〈西拉書〉14: 1 與 43: 10 顯示出，（猶太律典裡所引的）〈西拉書〉用以相應於希伯來文 חק 的 διαθήκη 實際上有點類似我們的"Beruf"，換言之，應該是指「命運」或「被付予的工」。如上所述，路德之後及現今意味下的"Beruf"一字從前並未存在於德文裡，而且就我所知，從未出之於路德之前的聖經翻譯者或教士之口。路德之前的德文聖經以"Werk"來譯〈西拉書〉的那一句。雷根斯堡的貝托爾德[12] 在其佈道裡，若於

12　雷根斯堡的貝托爾德（Berthold von Regensburg）。在路德之前而與其年代相近的日耳曼宗教人物，名為貝托爾德的只有一個，不過他是來自亨

現今我們會用"Beruf"之處，他用的是"Arbeit"。因此，他這語法和古代時是一樣的。就我所知，不用"Beruf"，而用"Ruf"（作為 κλῆσις 的譯語）來指純粹世俗的勞動的最初出處，是陶勒關於〈以弗所書〉第四章的漂亮講道（Basler Ausg. f. 117 v）：說到要去「施肥」的農夫，「若老實勤奮於自己的 Ruff，那麼比起怠忽自己 Ruff 的僧侶」往往更加成功。此字，於此處的這層意味，並沒有進入到一般世俗用語裡。儘管路德的用語起初擺盪於"Ruf"與"Beruf"之間（見 Werke, Erl. Ausg., 51, S. 51），而且雖然（例如）在其所著的《基督徒的自由》（Freiheit eines Christenmenschen）裡是有多處與陶勒的講道相應和，他是否受到陶勒的直接影響，則全然無法確定。因為，如陶勒前引文的那種純粹**世俗的**意味下的 Ruff 一字，路德**並未**使用（這點與丹尼弗《路德》一書頁 163 的意見正好相反 [13]）。

〈西拉書〉的告誡，從七十子聖經的語調上看來，除了要人信賴神的一般勸告之外，顯然並未對世俗的「職業」勞動附加任何特殊的宗教**評價**（在被損毀的第二章句處出現的 πόνος，勞苦，若未被損毀

訥貝格（Henneberg），而非雷根斯堡（Regensburg）。不知是否韋伯筆誤。貝托爾德‧亨訥貝格（Berthold von Henneberg, 1442-1504），亦稱緬因茲的貝托爾德（Berthold von Mainz），緬因茲大主教—選侯，帝國首相、改革者，他力圖犧牲神聖羅馬帝國皇帝的利益以增加神職和世俗貴族的權力，未成。1484 年為緬因茲大主教。1486 年努力促使麥西米倫一世（Maximilian I, 1459-1519）當選羅馬人國王。1493 年任帝國首相，奉行十年改革內政的政策，提出建立帝國高等法庭和由十七人組成的貴族會議。——譯註

13　丹尼弗（Heinrich Seuse Denifle, 1844-1905），奧地利古文學學者、歷史學者，著作甚多，關於路德的則有 Luther und Luthertum（1903）；Luthertum in der ersten Entwicklung（1904）。——譯註

的話，情形毋寧是相反的）。賓西拉所說的，根本與〈詩篇〉的告誡「住在地上，**以祂的信實為糧**」（37: 3）並無不同，若與其第 21 節的句子勸人「不要驚奇罪人的成就，……因為，使窮人忽然變為富翁，在上主眼中，是一件容易的事 [14]」相結合起來看，就更明白不過了。只有開頭的告誡「老於你的 רח」（20 節）與福音書的 κλήσις 意思稍近，但正是在此處，路德**並不**使用"Beruf"一字（來譯希臘文的 διαθήκη）。路德對"Beruf"乍見之下迥然相異的兩種用法，我們或可在〈哥林多前書〉的章句及其翻譯裡找到架橋相通之處。

　　若依路德所譯的（一般近代版本）聖經，以相關章句為中心的前後關聯如下：〈哥林多前書〉7: 17「只要照主所分給各人的，和上帝所召各人的而行。……（18 節）有人已受割禮蒙召呢，就不要廢割禮。有人未受割禮蒙召呢，就不要受割禮。（19 節）受割禮算不得什麼，不受割禮也算不得什麼。只要守上帝的誡命就是了。（20 節）各人蒙召的時候是什麼身分，仍要守住這身分。（bleibe in dem Beruf, in dem er berufen ist, 亦即 έν τή κλήσει ή έκλήθη ──如莫克斯教授告訴我的，這是毫無疑問的希伯來語氣──通用拉丁文聖經譯為 in qua vocatione vocatus est）。（21 節）你是作奴隸蒙召的麼，不要因此憂慮。若能以自由，就求自由更好。（22 節）因為作奴隸蒙召於主的，就是主所釋放的人。作自由之人蒙召的，就是基督的奴僕。（23 節）你們是重價買來的。不要作人的奴僕。（24 節）弟兄們，你們各人蒙召的時候是甚麼身分，仍要在上帝面前守住這身分」。然後在 29-31 節裡表示，時候「減少」了，接著是基於末世論的期待所發出的那個著名的教誨：「從此以後，那有妻子的，要像沒有妻子」，「置買的，

14　《思高聖經・德訓篇》11: 21-23。──譯註

要像無有所得」。關於第 20 節，路德在 1523 年對此章的註解還依循古德語譯法，將 κλῆσις 譯為 "Ruf"（Erl. Ausgabe, Bd. 51, S. 51），並且將之解釋為 "Stand"（身分）。

事實上，κλῆσις 這個字在此段落、而且**唯有**在此段落，顯然頗相當於拉丁文的 "status" 與德文的 "Stand"—— Ehestand（婚姻狀態）、Stand des Knechtes（奴僕身分）等等。（但是，當然並非如布倫塔諾所認為的指今日意味下的 "Beruf"。布倫塔諾可能並未仔細研讀這個段落本身，或本人對於此一段落的說法）。在希臘語的文獻中，用此字來表達多少近似此處之意味者——在語源上與 ἐκκλησία「被召集的集會」相關聯——就辭書類資料所及，只有在哈利卡納蘇斯[15]的一段文章裡出現過一次，字義相當於拉丁文的 classis ——從希臘語轉化過來的字，意指「被召集的」市民地區部隊。狄奧菲拉克圖斯[16]解釋〈哥林多前書〉7: 20 為：ἐν οἴω βίω καί ἐν οἴω τάγματι καί πολιτεύματι ὤν ἐπίστενσεν（在得到自己的信仰的家、地區與村鎮）——承蒙我的同事戴斯曼（Deißmann）教授提醒這點。即使在此，κλῆσις 也**絕非**今日德語裡的 "Beruf" 之意。不過，路德在那段基於末世論的、要各人停留在當下狀態的勸告裡，以 "Beruf" 來翻譯 κλῆσις，後來在譯舊約次經時，對〈西拉書〉基於傳統主義、反貨殖主義的、要各人留守在自己

15　哈利卡納蘇斯（Dionysius of Halicarnassus, 西元前一世紀末），古希臘史家、修辭學家。他的羅馬史與李維所寫羅馬史同為早期羅馬史最有價值的原始資料，原為 20 卷，現僅存前 10 卷。——譯註

16　狄奧菲拉克圖斯・奧克里達（Theophylactus of Ochrida, 1050-1109），東正教奧克里達地區（今馬其頓的 Ohrid）大主教、神學家和語言學家。他與君士坦丁堡的政教當局的通信，是現存有關當時保加利亞教會及其與希臘文化範圍內各國關係的最好資料。——譯註

本業上的勸告，只因兩者在**內容上的相類似**，同樣以"Beruf"來翻譯 πόνος。（這就是決定性與特徵性的重點所在。前面指出，〈哥林多前書〉7: 17 的 κλήσις 根本就不是指 "Beruf "，亦即一定領域裡的工作）。在這期間（或者約莫同時），1530 年的《奧古斯堡信仰告白》，不止確定了天主教對世俗內道德之蔑視為無效的基督新教教理，同時也使用了「各人各應其 Beruf」的語詞（見前註）。這點，以及自三〇年代起他對於各人所身處的秩序愈來愈視之為**神聖**的正面評價，全都表現在上述的翻譯裡，而這是由於他對於神特別針對個人、甚至及於生活細節的意旨之信仰愈來愈敏銳精確，同時，接受世俗的秩序乃依循神之不變的意志而來的態度也愈來愈明確的結果。"vocatio"在傳統的拉丁文裡是用來指蒙神召喚於神聖的**生活**、特別是在修道院裡或當僧侶的生活，如今，在這教理的強力表現下，世俗內的「職業」——勞動，對路德而言亦具有這樣的一種色彩。因為，此時，路德將〈西拉書〉裡的 πόνος 與 ἔργον 都譯為"Beruf"，而前此這兩字都**僅**有出自**修道僧**翻譯（拉丁文）的類比語；不過就在數年前，他還將出現於〈箴言〉22: 29 的希伯來語 מלאכה，亦即〈西拉書〉希臘文譯本的 ἔργον 的原字，特別是——如同德語的 Beruf，北歐語的 kald, kallelse ——原先與**僧侶**的「召命」相關的這個希伯來語，就像在另一處那樣（〈創世紀〉39: 11），譯為"Geschäft"（七十子聖經為 ἔργον，通用拉丁文聖經為 opus，英文聖經為 business，北歐語和手頭上所有的其他翻譯皆與此一致）。由路德如此這般造作出來的、我們現今意味下的"Beruf"這個字，最初僅流傳於**路德派**之間。喀爾文派認為舊約次經並非聖典。隨著救贖「確認」成為至關重大問題的發展，他們這才接受了路德的"Beruf"**概念**，然後大力強調。但在他們最初的（拉丁語系的）翻譯裡，並沒有用以表達此一概念的**字彙**可用，並且在這樣一種業已定

型化的語言裡也無力創造出這樣一個用語來。

　　早在十六世紀時，現今意味下的"Beruf"概念已使用於宗教之外的文獻裡。路德之前的聖經翻譯者以"Berufung"來譯 κλῆσις（例如海德堡古印刷聖經的 1462-1466 年與 1485 年版），1537 年埃克[17] 的因戈爾施塔特譯本裡說的是"in dem Ruf, worin er beruft ist"。後來的天主教翻譯多半直接跟隨路德。在英國，其中最早的威克利夫的翻譯本（1382）用的是 "cleping"（後來被 "calling" 這個外來語所取代的古英語）——換言之，這在羅拉德派[18] 的倫理是相當特色獨具的，居然使用了相當於後來宗教改革時代用語的字彙。丁道爾[19] 於 1534 年的翻譯則反之，運用了 state 的概念："in the same state wherein he was called"，日內瓦的 1557 年版[20] 也一樣。1539 年**克蘭默**的官方譯本以"calling"來取代

17　埃克（Johann Eck, 1486-1543），德意志天主教神學家，馬丁路德的主要對手，寫有不少捍衛天主教信仰的作品，頗負盛名。埃克亦曾仿做路德翻譯《聖經》的德文版（1537），以供德語系天主教徒使用，然而其結果卻大大令人失望。詳見附錄 6。——譯註

18　羅拉德派（Lollard），十四世紀末英格蘭人對宗教改革家威克利夫（John Wycliffe）一派人的謔稱，意為喃喃祈禱者。他們反對教宗的權威，將之比為假基督。1399 年英王亨利四世即位，羅拉德派遭到鎮壓。英格蘭以火刑處決異端分子的法令和實踐，即是從羅拉德派人士開始（1401 年）。十六世紀中葉後，羅拉德派與新教合流，對亨利八世脫離天主教建立英國國教的工作起了推波助瀾的功效。——譯註

19　丁道爾（William Tyndale, 1490-1536），英格蘭聖經翻譯家、人文主義者、新教殉教士。聖經原本只有拉丁文本，丁道爾有志於英譯《聖經》，遭到英國國教當局的阻撓。1524 年他出亡德意志，繼續翻譯工作。《新約》英譯本於 1525 年 7 月完成，在著手進行《舊約》翻譯時被捕於安特衛普，1536 年被處決，功虧一簣。不過，他的聖經譯本卻成為此後聖經英譯本的主要依據。——譯註

20　日內瓦的 1557 年版，指的是《日內瓦聖經》（Geneva Bible），又稱《葉

"state"[21]，而 1582 年的杜埃—海姆斯版聖經 [22]，亦如伊利莎白時代的聖公會宮廷用聖經，都具有特徵意義地再度依循通用拉丁文聖經回歸於"vocation"。就英國而言，克蘭默的聖經翻譯乃清教的 calling 概念（"Beruf = rade"意義下的 calling）的起源，這已由墨雷 [23] 的《牛津英語辭典》calling 詞條正確地指認出來。在十六世紀中葉，calling 已被用於此種意義上，譬如說 1588 年的"unlawful callings"，1603 年的"greater callings"意指「較高等的」職業（見墨雷《牛津英語辭典》詞條）等等。極詭異的是，布倫塔諾的觀念裡（見前引書，頁 139），認為中世紀時"vocatio"並不譯為"Beruf"，並且這個概念也不為人所知，因為只有**自由人**才可能從事"Beruf"，而當時自由人——在市民的職業裡的自由人——**並不存在**。其實中世紀工商業的整體社會編制，迥異

　　褲聖經》（Breeches Bible）。是由流亡日內瓦的一批英國新教聖經學者在柯弗達爾（Miles Coverdale）和諾克斯（John Knox）的指導及喀爾文的影響下，於日內瓦出版的新譯本《聖經》（《新約》1557 年，《舊約》1560 年）。這部聖經的《新約》以丁道爾的譯本為基礎，《舊約》則以《克蘭默聖經》為底本。1576 年開始在英國發行，極受讀者喜愛，並影響詹姆斯一世時欽定本英文《聖經》的翻譯。——譯註

21　克蘭默（Thomas Cranmer, 1489-1556），英王亨利八世的坎特伯里大主教。他曾與湯瑪斯‧克倫威爾（Thomas Cromwell）合作，促進英文版聖經的出版。這個版本在 1540 年由克蘭默增補序言，故又稱《克蘭默聖經》（Cranmer Bible），或稱《大聖經》（因其為大開本，並為亨利八世於 1538 年首先下令使用而得名）。它是英國第一本欽定本聖經，可以在教會公開使用。詳見附錄 11。——譯註

22　杜埃—海姆斯版聖經（Douay-Rheims, 1582-1609），天主教官方的第一部英文聖經。——譯註

23　墨雷（James Augustus Henry Murray, 1837-1915），蘇格蘭辭典編纂者、語言學者。他從 1879 年即開始參與編纂《牛津英語辭典》（*Oxford English Dictionary*）的工作。韋伯此處所提的即是這部辭典。——譯註

於古代，是以自由勞動為基礎的，尤其是商人，幾乎全都是自由人。所以，我實在是搞不懂他為何會這麼說。

註 7：

因為當阿奎那說人類的身分與職業編制乃是神的**意旨**所成就時，他心裡想的是客觀的社會**秩序**（Kosmos）。但是，各人應從事一定的具體「職業」（Beruf, 我們這麼說，阿奎那的用語是 ministerium 或 officium）是由於「自然的原因」（causae naturales）。「人類從事這種種 officium 的多樣化，首先是依神意而生成的，各人的 status 也是如此**劃分**。……其次，這是由於**諸多的** causa naturalis 使然，亦即在許許多多的人當中存在著**走向種種** officium 的不同性向的緣故所**造成**的。……」（*Quaest. Quodlibetal*, VII, Art. 17c）。與此雷同的，例如巴斯卡的職業觀，他說選擇職業之際，決定性關鍵是偶然（關於巴斯卡，參見 A. Köster, *Die Ethik Pascals*, 1907）。在種種「有機體說的」宗教倫理之中，唯有其中最封閉極致的印度的倫理，在這方面與眾不同。阿奎那派的職業觀與基督新教（以及在多方面相近、特別是強調神意的後期路德派）的職業觀之對立是如此之顯而易見，所以我們僅止於上面的引文也就可以了。後面我們會回頭再來評估天主教的看法。關於阿奎那，參見 Maurenbrecher, *Thomas von Aquinos Stellung zum Wirtschaftsleben seiner Zeit*, 1888。在其他個別點上，路德看似與阿奎那一致之處，與其說他特別受阿奎那影響，倒不如說他受到經院哲學的一般學說的影響吧。因為，根據丹尼弗的證明，事實上路德似乎並不是那麼的熟悉阿奎那（參見 Denifle, *Luther und Luthertum*, 1903, S. 501, 以及 Köhler, *Ein Wort zu Denifles Luther*, 1904, S. 25 f.）。

註 27：

關於以下所述，尤其要再度參見埃戈前引書裡的論述。另外還可參考史奈肯堡至今仍未過時的佳作（*Vergleichende Darstellung des lutherischen und reformierten Lehrbegriffes*, herausgegeben von Güder, Stuttgart, 1855）。（我手頭上只有第一版的 Luthardt, *Ethik Luthers*, S. 84 當中對於**發展**的真相並無說明·。）進一步，參見 Seeberg, *Dogmengeschichte*, Bd. II, S.262 ff.。*Realenzyklopädie für protestantische Theologie und Kirche* 中的 "Beruf" 條，沒有價值，不僅未對概念及其發展作科學分析，而且在諸如婦女問題等所有可能的主題上，充斥著極為淺薄的描述。在與路德相關的經濟學文獻裡，在此僅舉 Schmoller, "Geschichte der Nationalökonomischen Ansichten in Deutschland während der Reformationszeit," *Zeitschrift f. Staatswiss.*, XVI, 1860; Wiskemann, Preisschrift（1861）；Frank G. Ward, "Darstellung und Würdigung von Luthers Ansichten vom Staat und seinen wirtschaftlichen Aufgaben," *Conrads Abhandlungen*, XXI, Jena, 1898。在宗教改革四百周年之際所發表的關於路德的文獻裡雖不乏佳作，但關於**這個**特殊的問題點，則就我所知並無任何重大的新作出現。關於路德（與路德派）的社會倫理，當然尤其要參考托洛爾區的大作（《基督教社會思想史》）的相關部分。

附錄

3

1-2-1 註釋

註 9：

　　關於喀爾文與喀爾文派，一般通論性的作品，除了 Kampschulte 的基礎性著作之外，最好的就屬 Erich Marcks（在其 *Coligny* 當中）的敘述。Kampbell, *The Puritans in Holland, England and America*（2Bd.），並非總是批判性且不帶偏見之作。Pierson, *Studien over Johan Calvijn* 是本強烈反喀爾文派的黨派著述。有關在荷蘭的發展，除了 Motley 之外，荷蘭的古典著述特別是 Groen van Prinsterer, *Geschiedenis v.h. Vaderland; La Hollande et l'influence de Calvin*（1864）；*Le parti antirévolutionnaire et confessionnel dans l'église des P.B.*（1860，關於近代低地荷蘭）；更進一步的，尤其是 Fruin, *Tien jaren mit den tachtig-jargen oorlog*，以及特別是 Naber, *Calvinist of Libertijnsch*；還有其他關於十九世紀的 W. J. F. Nuyens, *Gesch. Der kerkel. An pol. Geschillen in de Rep. d. Ver. Prov*（Amsterdam, 1886）；A. Köhler, *Die Niederl. Ref. Kirche*（Erlangen, 1856）。（關於法國）除了 Polenz，現在還有 Baird, *Rise of the Huguenots*。（關於英國）除了卡萊爾、麥考萊、馬

松與最後但非最不重要的蘭克（Ranke）的著作之外，目前尤其是葛
丁納與福斯於後文裡引用到的種種著述，然後例如 Taylor, *A Retrospect
of the Religious Life in England*（1854）；以及上乘之作 Weingarten,
Die englischen Revolutionskirchen；還有托洛爾區關於英國「道德家」
的論文，刊於 *Realenzyklopädie für protestantische Thoelogie und Kirche*,
3. Aufl.，當然還有他的大作《基督教社會思想史》，以及 E. Bernstein
收錄於 *Geschichte des Sozialismus*（Stuttgart, 1895, I, S. 506 f.）的精彩
論文。最佳的文獻目錄（超過七千條目）是 Dexter, *Congregationalism
of the last 300 years*（當然主要是關於教會**制度**的問題，但也不盡然）。
此書本質上比 Price（*History of Nonconformism*）與 Skeats 及其他人的
著述都好太多了。關於蘇格蘭，例如 Sack, *Die Kirche von Schottland*
（1844）以及關於諾克斯的文獻。關於美國殖民地，許多個別文獻中
出眾的一部 Doyle, *The English in America*。此外，Daniel Wait Howe,
The Puritan Republic（Indianapolis, The Bowen-Merrill Company）；J.
Brown, *The Pilgrim Fathers of New England and their Puritan Successors*
（3rd ed., Revell）。其他文獻將於行文各別處引用。關於教義的異同，
以下敘述特別多虧上面所引的史奈肯堡的演講集。里敕爾的根本大作
Die christliche Lehre von der Rechtfertigung und Versöhnung（3 Bde., 本
書所引為第三版），在歷史敘述與價值判斷的嚴重混淆中顯現作者強
烈的特色，儘管思想敏銳氣勢雄渾，讀者倒不能期待其「客觀性」的
十分確實。凡他所拒斥的（例如史奈肯堡所說的），我對其正確性總
有所保留，但除此也很少擅自妄下判斷。再者，說到路德，里敕爾從
極其多樣的宗教思想感情裡舉出為「路德的」教說者，往往是根據價
值判斷來決定，換言之，那是路德主義裡對里敕爾本身而言具有恆久
價值的部分。那是（他所想定的）**應然**的路德教說，而非實然。至於

謬勒（Karl Müller）、齊貝格（Seeberg）及其他人的著述，我們**隨處**都會引用到，故無須再特別提出來。接下來，如果我陷讀者、**連同我自己**於惡性腫脹的註解之荼毒，那麼，這不為別的，而是特別為了**不**熟習神學的讀者提供個機會，透過我們對許多彼此相關聯的觀點的提示，來一一檢視這篇概述所呈現的想法是否得當。

註 42：

　　若以喀爾文派的思想無可懷疑的重要性——基於「與基督合為一體」的要求（Calvin, *Instit. Christ*, III, 11, 10），為了救贖即有必要加入符合神的規定的**共同體**——來說明改革派基督教的**社會**性格，毋寧是很可以理解的。然而，就**我們的**特殊觀點而言，問題的重點卻不在此。教理上的這樣一種思想，在純粹制度性（anstaltsmäßig）性格的教會裡也能夠構思出，而且如眾所知，實際上也建構出來了。但這樣的教會本身卻未具備喀爾文派所具有的那種心理的力量來喚起形成共同體的**主動性**、並給予共同體這樣一種力量。喀爾文派裡的形成共同體的傾向，正是在神所規定的教會的體制**之外**，亦即「世俗」之內，發揮作用。此時，基督徒藉著「為增耀神的榮光」（in majorem Dei gloriam）的**活動**來確證自己的恩寵狀態（見下文）——這樣的信仰是具決定性的，並且，對於被造物神化與對於一切**個人**人際關係的執著的激烈嫌惡，必定會自然而然地引導此種精力走上切事的（非關人的）活動的軌道。將恩寵狀態的確證放在心上的基督徒，是為了**神**的目的而活動，所以這活動也只能是**非**關人的。人與人之間任何感情性的，亦即並非取決於理性的**人際**關係，在清教倫理中，如同在任何的禁慾倫理中，很容易落入被造物神化的嫌疑裡。關於**友情**，除了先

前所說的，例如以下的忠告即足以說明：「愛人愛到超越**理性**所容許的範圍，便是非理性的行為，並不適合具有理性的被造物。……這總是要奪人心志，**妨礙**了人**對神的愛**」（巴克斯特，《基督徒指南》IV，頁253）。我們會一再地遇上這樣的論證。喀爾文派信徒受到如此思想的激勵：神在世界的創建，包括社會的秩序裡，必然希望凡事皆**切合事理地符合目的**，以作為增耀其榮光的手段；這並非為了被造物本身，而是為了讓被造物界的**秩序**遵從神的意旨。藉著恩寵預選說而得到解放的聖徒，他們的活動慾望因此全然湧向努力理性化現世的奮鬥。特別是，比起「個人的」、「私自的」幸福來，「公眾的」效益或套個巴克斯特（完全以後世自由主義─理性主義的意味來加以定式化）的用語「多數人的幸福」（巴克斯特，《基督徒指南》IV，頁262）優先的思想──儘管本身並不是什麼新思想──在清教來說乃是拒斥被造物神化的結果。美國人傳統上嫌惡個人間的**服侍**事務，除了來自「民主的」感覺這種實質的理由之外，其實也（以間接的方式）與這個傳統有關。同樣的，擁有清教歷史的諸民族，對於專制獨裁具有比較高的免疫力，也是與此有關。還有一般而言，英國人在內在裡對於政治大人物保有**比較**自由的心態，一方面不吝給予大人物應得的「價值承認」，另一方面則拒斥一切對他們歇斯底里地愛戴，並且排斥人可能因為基於「感謝」而應在政治上服從什麼人的天真想法。──對照我們自1878年以來在德國所體驗到的許多事情，積極的也好，消極的也罷。關於信賴權威之為有罪（因為只有符合聖經的內容、非關個人的權威才是被容許的），以及對即使最聖潔最偉大的人太過尊崇之為有罪（因為如此一來會危及對**神**的順從），參見巴克斯特，《基督徒指南》（2. Aufl., 1678）I，頁56。關於「被造物神化」的拒斥，以及首先在教會、終究在一般生活裡應該唯獨神來「支配」的原則，

在政治上具有什麼樣意義的問題，不屬於我們此處的考察範圍。

註 46：

　　一以神的意旨為生活取向的「鄰人愛」所具有的這種「與人無關性」（unpersönlichkeit），對於宗教共同體生活領域本身具有何種意義，我們很可以從「中國內地傳道團」與「國際傳教士同盟」的作為裡得到說明（關於這點，參見 Warneck, *Geschi. d. prot. Missionären*, 5. Aufl., S. 99, 111）。為了透過巡迴佈道而將福音（一如字面的意思）「提供」給所有的異教徒，所以投入龐大的費用來整備一支傳教士大軍，例如光是在中國就有一千名，因為這是基督所命令的，並且讓祂的再臨取決於此。至於聽佈道的人是否因此改宗基督教、進而得到救贖，甚或他們是否理解（即使只是文法上）傳道士的話語，原則上這全都是次要的，只能聽天由命，畢竟只有神能決定這事。泰勒（Hudson Taylor）認為（Warneck, *op. cit*），中國約有五千萬個家庭，一千名傳教士每人每天（！）可以「接觸」五十個家庭，那麼福音便能在一千個日子或說三年內「提供」給全中國。這正是喀爾文派在進行其教會訓育時所依循的模式：目的並不在於接受訓育者的靈魂救贖——這只是神的（在實踐上，他們本身的）事，而且不可能因教會訓育手段的施行而受到任何影響——而在於增耀神的榮光。不過，這樣的喀爾文派倒也無須對上面那種現代的傳道事業負什麼責任，因為這乃是奠基於跨宗派的協同共作上。（喀爾文本身拒斥向異教徒傳教的義務，因為教會的進一步擴大是「唯一的神所成就」）。雖然如此，此種作法顯然還是源自於清教倫理所激發出的想法，亦即人若是為了神的榮耀而履行神的命令，那麼便完足了鄰人愛。以此，鄰人得到了他所應得

的，接下來就只是神自己的事了。與「鄰人」的關係裡的「人性」，
可以說就此滅絕。這展現於許許多多不同的事例裡。現在試舉一例以
見此種氣氛的痕跡。譬如著名的改革派的慈善事業，它之所以著名，
某方面來說是有道理的：阿姆斯特丹的孤兒即使到了二十世紀的現
在，都還穿著垂直分成黑紅兩半或紅綠兩半的上衣與長褲——一種小
丑服裝——列隊前往教堂，這對過去的人們感受來說的確是一種極為
令人振奮的光景，其彰顯神之榮耀的程度，和所有個人—「人性的」
感受（必然覺得被這景象所侮辱）的程度不相上下。一如我們後面還
會看到的，直到私人的職業活動的一切枝微末節裡都出現這種情形。
當然，所有這些只是顯現出一種傾向，我們在後文裡還必須再加上一
定的限制。然而，作為此一禁慾宗教的一種——而且是非常重要的
——傾向，有必要在此清楚指認出來。

註 50：

洪迭哈根（Hundeshagen）所代表——其後也一再出現——的見解
（*Beitr. z. Kirchenverfassungsgesch. u. Kirchenpolitik*, 1864, I, S. 37），
是認為：預定論教義乃是神學家的學說，而非民眾信奉的教義。如果
「民眾」的概念所指的就是未受教育的下階層**大眾**，那麼這是對的。
即使如此，其有效性也極為有限。柯勒（Köhler, *op. cit.*）發現，十九
世紀四〇年代裡，正是那些「大眾」（他所想的是荷蘭的小市民階層）
真的完全浸淫於預定論裡。對他們而言，任何否認神之正反聖定的
人，都是異端與被神捨棄者。柯勒也自問其自身（預定論意味下的）
再生的**時機**。Da Costa 以及 de Kock 的分離，也部分是受此影響。不
止克倫威爾——傑勒（Zeller, *Das theologische System Zwinglis*, S.17）

已舉克倫威爾為典範來證明預定論教義的影響——連同其週邊的聖徒也都非常熟知問題之所在，以及多爾德與西敏寺宗教會議關於預定論的標準見解對於整體國民具有多麼重大的意義。克倫威爾底下職司審問與放逐的人只容得下預定論的信奉者，而巴克斯特（Baxter, *Life*, I, p. 72）儘管在其他點上是反對者，也斷定預定論對於神職人員資質的影響是很重大的。改革派中的虔敬派信徒，是英國與荷蘭的教會外集會的成員，若說他們對預定論抱持著不確定的見解，是根本不可能的；毋寧說正是這教義使他們聚合在一起以追尋救贖確證。在預定論僅止於**神學家**學說的情況下，具有何種意涵或不具何種意涵，正統的天主教會清楚地顯現出來：對它而言，預定論絕不是陌生的、形式眾多的秘教理論。（於此，關鍵重點在於：**個人**必須**認定**自己是被揀選的並加以證明的這種見解，總是遭受否定。關於天主教的教說，參見例如 Ad. Van Wyck, *Tract. de praedestinatione*, Cöln, 1708。至於巴斯卡的預定論信仰到底有多大程度是正統的，在此不予論究）。對預定論並無好感的洪迭哈根，其印象顯然主要是來自於德國的狀況。他的那種態度乃是基於純粹演繹式地導出的想法，亦即認為預定論必然走向道德的宿命論與反律法主義。這樣的想法已為傑勒（前引書）所駁斥。另一方面，如此的結果是**可能的**，這也不能否認。梅蘭希頓與衛斯理都曾言及這點。具特徵性的是，兩者在說到這點時，都牽涉到與**感情性**的「信仰」的宗教氣氛相結合的問題。對於那些欠缺理性的救贖**確證**思想的人而言，這樣的結果毋寧是事所必然的。在**伊斯蘭教**裡出現了同樣的宿命論歸結。但何以如此？因為，伊斯蘭的預定，並非奠基於神之正反聖定的預定論，而是宿命論，因而只與**此世**的命運有關，與**來世**的救贖一點關係也沒有。因此，倫理上最緊要的、預定論信奉者的「證明」，在伊斯蘭教裡沒得扮演任何角色，結果，只能從中產生

戰士的勇敢無畏（如同命運女神那般[1]），而非講求方法的生活態度，因為欠缺宗教的「激勵」。參見（海德堡）神學學位論文 F. Ulrich, *Die Vorherbestimmungslehre im Islam u. Christenheit*, 1912。預定論因實踐上的必要所帶來的緩和修正，並未導致本質的改變，只要神的揀選及其驗證乃具體個人之事這個思想未被更動。最後，尤其是（最廣義而言的）清教的所有偉大人物，莫不以此教義為出發點，於青年時期即在預定論幽深嚴肅的影響下成長：諸如彌爾頓、巴克斯特（自然是愈來愈趨和緩方式）、以及更後來思想非常自由的富蘭克林。他們後來一個個從預定論的嚴格解釋當中解放出來，這與宗教運動整體的發展方向如出一轍。不過，顯著的信仰復興，至少在荷蘭是全部，在英國則為大半，都一再是與預定的教義相結合而發生的。

註 68：

例如貝札所說的（*De praedestinat. Doct. Ex praelect.* in Rom. 9. a. Raph. Eglino exc., 1584, p. 133）：「正如真正的善功乃通往救贖的賜物，我們藉此救贖而攀升到信仰裡。藉由此種確實的結果，不止蒙神的召命，而且是有效的召命，並因此召命而受揀選，由揀選而在基督裡安穩於如神之聖座般堅固不移的預定恩賜，我們乃藉著結果與原因的最確實的鎖鏈而有此牢靠的連結」。只是，關於被捨棄的徵兆，必須小心謹慎，畢竟這關係到終極的判斷。（在這一點上，清教首先有

---

[1] 命運女神（Moira），原來是「分派」的意思。由於人被分派的最切身之事為壽命，故與「死」拉上關係。其後 Moira 被擬人化為命運女神。——譯註

不同見解。）對此，進一步參見史奈肯堡前引書的透徹論述，雖然他確實只引用了有限範疇的文獻。在整個清教文獻裡，無處不顯現出此一傾向。「人們不問：你信嗎？而只問：你是實行者，或只是光說不練的人？」班揚這麼說。根據巴克斯特（預定論最溫和形式的宣教者）的說法（《聖徒的永恆安息》，第 12 章），信仰就是以心並**以行為**服從神。有人提出異議說，意志是不自由的，唯有神具有救贖的能力；他的回答是：「首先做你所能做的，然後向神抱怨為何不賜給你救恩，假如**你有正當的理由**」（*Works of the Puritan Divines*, IV, p. 155）。教會史家富勒（Fuller）的研究專只限定在實踐上的證明與在行為上自我驗證恩寵狀態的問題。曾在他處引用的何奧（Howe, 克倫威爾的隨軍牧師，1656-1658）的著作章節亦與此並無不同。只要細讀 *Works of the Puritan Divines*，這樣的例證便一一顯現出來。由於**天主教**的禁慾之作而導致「皈依」**清教**的情形並不少見，例如巴克斯特即因一本耶穌會派的宗教小冊子。相較於喀爾文本身的教說，這些觀念並非全新之作（參照 1536 年初版的 *Inst. Christ.*, chap. I, pp. 97, 113）。只是在喀爾文本身來說，即使以此方式還是無法確實獲得恩寵確信（p. 147）。一般而言，人們都是引用〈約翰一書〉3: 5 及類似章節。渴求有效的信仰的，這兒先說明，並不只限於狹義的喀爾文派信徒。**洗禮派**的信仰告白關於預定的條款裡也完全一樣是在處理信仰的果實的問題（「所以其（再生）適切的證據呈現在悔改、信仰與**新生**這樣的神聖果實裡」── *Baptist Church Manual*, by J. N. Brown, D.D., Philadelphia, Am. Bapt. Soc. 所收錄的信仰告白第七條）。受到門諾派的影響且於 1649 年哈勒姆（Haarlem）宗教會議被認可的宗教小冊 Olijftacxken（Olive Branch Confession）的首頁裡，以此問題為開頭：要憑什麼來**認識**神子？回答是（頁 10）：「為了讓仰賴新約

者的良心能夠**確信**神的救恩，……唯有**果實豐碩的**信仰才真正確實是
根本的標誌」。

註 83：

　　對於實際的宗教**態度**做特定的宗教思考會產生出**邏輯**結果與**心理**
結果，而喀爾文派的虔敬感情便是這兩種結果間的關係顯現在宗教史
上的許多例證之一。**邏輯上**，當然可以從預定論推衍出宿命論的結
果。但由於「確證」思想的啟動，所以產生了**心理上**正相對反的**作
用**。眾所周知，基於原則上相同的理由，尼采的追隨者主張永恆的一
再重生（ewige Wiederkehr）具有積極的倫理意義。但這牽涉到的是
對於來世——絕非透過意識的連續而與行為者有任何關係的來世——
責任的問題，然而對清教徒而言，這是汝之事（Tua res agitur）。洪
貝克（*Theologia practica*, I, p. 159）已用當時的話漂亮地闡述了恩寵
揀選與行為之間的關係：選民正因為其被揀選而與宿命論無緣，正是
在其**拒斥**宿命論的歸結之中，他們**證明自己**乃「因揀選這件事而為忠
實於職務者」。**實踐上**錯綜複雜的利害斬斷了**邏輯上**可能推衍出的
（儘管如此，**有時**事實上仍會冒出頭來的）宿命論歸結。然而，另一
方面，一個宗教的**思想內容**，就像喀爾文主義所顯示的，會具有**遠遠**
比威廉‧詹姆斯[2]（*The Varieties of Religious Experience*, 1902, p. 444 f.）
所願意承認的更為重大的意義。宗教形上學裡的理性因素所具有的意
義，便是在其以古典的方式發揮出恢宏巨大的影響當中彰顯出來，特

2　威廉‧詹姆斯（William James, 1842-1910），美國哲學家和心理學家，實
　用主義哲學運動和功能主義心理學運動的領袖人物。——譯註

別是喀爾文派的神觀的**思維**結構對於生活所發揮的作用。清教的神在歷史上的影響，無論之前之後幾乎沒有兩樣，這是**思想**的力量所賦予它的特性使然。（威廉・詹姆斯以在生活中的證明為衡量、對宗教理念的意義所做出的「實用主義的」價值評斷，不愧是這位卓越學者的清教故里那種思想世界所孕生的純正果子）。像這樣的宗教體驗，如同**所有的**體驗，當然是非理性的。在其最高的、神祕的形態裡，正是那種個性的（κατ’ ἐξοχήν）體驗；而且，如威廉・詹姆斯精彩敘說的，由其絕對的無法傳達性表露出特徵來：它具有**獨特的**性格，以**知識**之姿出現，卻無法以我們的言語和概念工具為手段適切地複製出來。更正確的是，**任何**宗教體驗，在試圖加以**合理的**定式化時，馬上喪失內容，而且越是進一步的概念定式化，就越是如此。所有理性神學的悲劇性糾紛，原因盡在於此，就像再洗禮派於十七世紀即已經驗到的。但是，那種非理性——絕非只是**宗教的**「體驗」特有的，而是**任何的**體驗（在不同的意味與程度上）所固有的——卻不妨礙體驗在實踐上至高無上的重要性，不管將直接的宗教「體驗」（可以說）沒入並引導到自己的軌道上的**思想**體系到底是**哪一種**。因為，在教會對於生活具有強烈影響，並且教會內部對於教義的關心也明顯高昂的時代裡，世界上各種宗教之間在倫理歸結上的大部分差異——在實踐上具有如此重要意義的差異——即**據此**發展出來。在大規模宗教鬥爭的時代裡，甚至平信徒都對教義關心到何等——以今天的尺度來說——不可思議的強烈程度，任何嫻熟史料者都知道。現今可以與之相類比的，也就只有當今的無產階級根本上同樣迷信的觀念而已，亦即相信「科學」能完成並證明一切。

註 132：

　　這點極為清楚地呈現於路德派的倫理學說的發展過程中。這方面參見 Hoennicke, *Studien zur altprotestantischen Ethik*（Berlin, 1902），以及托洛爾區富含教益的書評：*Gött. Gel Anz.*, 1902, Nr. 8。路德派的教理與特別是早期的**正統**喀爾文派的教理，在架構上是相當接近的。但是各異其趣的宗教取向卻一再地使二者自闢蹊徑。為了營建道德與信仰間的連結，梅蘭希頓[3] 將**懺悔**的概念推到前頭。依據律法而起作用的懺悔必須先於信仰，但善功必須隨後跟來，否則便不是帶來義認的真信仰——幾乎就是清教的定式化。他認為，某種相對程度的完美在地上也是能達成的。其實，他原本就教導人：義認之可得，為的是使人能行善功，而且在不斷的接近完美當中，便有信仰能夠賦予的那種至少相對程度的地上的救恩。後來的路德派教義學者也認為，善功是信仰必要的**果實**，信仰造成新的生命，這在表面上與改革派的教示極為類似。對於什麼是「善功」的問題，梅蘭希頓的回答已是，後來的路德派信徒更是，愈來愈指向律法的遵循。路德本來的思想所殘留下來的，不過是有限度的認真對待聖經至上主義，特別是對待舊約聖經的個別規範之為行動方針的有限認真態度。本質上，十誡——作為**自然的**道德律的最重要原則的條文——仍然是人類的行為規範。**但是**，一方面是要求對這種道德律的遵守，另一方面是一再不斷強調**信仰**之於義認的絕對重要性，二者間並沒有任何穩固確實的橋樑可以相連結；因為，此一信仰，見前文，具有全然有別於喀爾文派的心理性

---

3 梅蘭希頓（Philipp Melanchthon, 1497-1560），路德教派《奧古斯堡信仰告白》的作者、人文學者、宗教改革家、神學家和教育家。路德之友，為其宗教觀辯護。詳見附錄 6。——譯註

格。早期路德派的純正立場業已喪失，而且也不得不被自視為救贖機構的這樣一個教會所捨棄，然而另一個立場卻又未曾確立。特別是，不可能光因為害怕失去教義基礎（「唯有信仰」，sola fide！），便接受整體生活的禁慾的理性化為個人的道德任務。因為其中欠缺一種動力，將救贖確證（義證）的思想推升到如此重大的意義上，一如恩寵預選說在喀爾文派裡所起的作用。同時，也由於欠缺此種**教說**的緣故，聖禮的巫術解釋，其中特別是把再生——或至少是再生之始——結合到洗禮當中，在恩寵**普遍論**的採用下，也只是阻礙了講求方法的道德生活的發展。因為，這削弱了自然狀態與恩寵狀態的距離感，特別是與路德派之高度強調原罪這點相連結下更是如此。起了同等作用的，是**全然以審判的譬喻**來解釋義證，其前提是悔改的罪人的**具體的**懺悔作用力足以讓神的決定有所改變。但這點正是梅蘭希頓愈來愈加以強調的。其教說的整個變化，亦即愈來愈加強**懺悔**的分量，也和他之承認「意志自由」有著內在關聯。在這一點上根本決定了路德派的生活樣式之毫無章法的性格。在路德派一般信徒的想法裡，具體個別的罪有**具體個別的**恩寵賦予——由於告解懺悔的機制存在——必然成為救贖的內容，而不是發展出基於救贖確信本身所造就出來的聖徒貴族主義。如此一來，既無法走上解脫律法束縛的道德生活之路，也無法成就以律法為取向的理性的**禁慾**；律法毋寧只是無機地與「信仰」並存的規則與理想要求；再者，由於畏戒嚴格的聖經至上主義有善功成聖之嫌，所以其細部內容無非是既不確定又不精實，尤其是沒有系統的。以此，一如托洛爾區在論及其倫理學說時所說的，他們的生活不過是「從未完全實質化的零碎開頭的總合」，「瑣碎地固守著一個個不確切的命令」，並非以「在生活的整體關聯裡有所作為」為目標，而是循著路德本身業已展開的路線（見前文），根本上委身適應於既

有的、事無分大小的生活情境裡。就像常有人慨嘆的，德國人之易於
「適應」外國文化，民族性之變化急遽，**除了**民族特定的政治命運之
外，根本上**也要**歸因於路德派此種發展的影響，而且至今仍影響著我
們生活的所有層面。文化的主體性攝取之所以仍然薄弱，**原因**端在於
所採取的途徑本質上仍是被動地領受「威權式地」供應之物。

註 137：

里敕爾[4]，《虔敬派的歷史》I，頁 152，試圖為拉巴迪之前的時
代找出這樣的分界（其中只以荷蘭的實例為基礎），亦即，在虔敬派
這邊（1）有集會的形成，（2）培育出「被造物之無價值」的思想，
並且採用的是與其他宗派——憑藉福音而得救恩的救贖關懷——相矛
盾的方式，（3）試圖以非改革派的方式「在與主耶穌的愛的交會裡
確保恩寵」。最後這個判準在這樣的初期裡只適用於同書論及的代表
者當中的一**人**。「被造物之無價值」的思想本身其實是喀爾文教派精
神的親生子，而且唯有當其於實踐上導致現世的逃離時，這才逸脫出
基督新教的正常軌道。最後，集會在某種程度上（特別是為了教理問
答的目的）已依據多爾德宗教會議而有所建制。里敕爾前述討論所分
析出的虔敬派宗教意識的判準當中，或許有幾個事實值得思量：（1）
在生活的所有**外在層面**上全都緊緊貼近聖經文字的這層意思上的「嚴

4　里敕爾（Albrecht Ritschl, 1822-1889），德國基督教路德派神學家，主要
　　著作除《古代天主教會的形成》外，還有《基督教關於稱義與神人和解
　　的教義》與《虔敬派的歷史》等。詳見附錄 11。——譯註

謹派」的態度，往往以沃特[5]為代表；（2）義認和與神的和解並非目的本身，而只是通往禁慾的聖潔生活的手段，這或可在羅登斯坦[6]身上看到，而例如梅蘭希頓也多少流露出來（參見本章註 132）；（3）對「懺悔苦鬥」的高度評價——作為真正再生的表徵，如最初由田立克[7]所教示的；（4）制止非再生者參與聖餐（關於這點，在別的關聯裡還會再談），以及與此相關並超出多爾德宗教會議決議範圍的，集會的形成，包括「預言」的復活，亦即由非神學者、甚至女性（安娜舒曼）[8]來講解聖經。所有這些都顯示出，有時相當顯著地，偏離宗教改革者本身的教理與實踐。不過，相較於未包含在里敕爾敘述裡的諸流派，特別是英國的清教，以上這些（**除了**第三點外）不過是此種虔敬意識的整個發展過程中所顯現的諸傾向的高揚罷了。里敕爾客觀的敘述卻因以下這點而美中不足，亦即，這位大學者將他的教會政策、或者更好的說法是他的宗教政策取向的價值判斷帶了進來，並且由於他對特殊禁慾的宗教意識的反感，當這樣的傾向顯現之處，都逕

5　沃特（Gisbert Voët, 1589-1676），荷蘭改革派正統論的代表人物，多爾德宗教會議主要人物之一。——譯註

6　羅登斯坦（Jodocus van Lodensteyn, 1620-1677），荷蘭虔敬主義神學家。——譯註

7　田立克（Willem Teellinck, 1579-1629），荷蘭宗教家，被視為荷蘭虔敬主義之父。——譯註

8　安娜舒曼（Anna Maria Schürmann, 1607-1678），生於科隆，出身來自荷蘭的基督新教家庭。精通七種語言（包括希臘文、希伯來文、阿拉姆語、敘利亞文）；精通音樂、文學、雕刻等藝術項目；並從事過神學、哲學、地理天文學等多方面的研究工作。可說是當時難得一見的多才多藝的女性。宗教信仰上受荷蘭宗教家沃特影響甚大，1666 年認識拉巴迪，成為他的忠實信徒。終身未婚。——譯註

直解釋成墮入「天主教信仰」的倒退。然而，和天主教一樣，早期的
基督新教也包含了「所有種類和條件的人」，**雖然如此**，卻也不能免
除以詹森派姿態出現的天主教教會之拒斥入世禁慾的嚴謹主義，就像
虔敬派之拒斥十七世紀天主教特有的寂靜主義。從我們的特殊觀點看
來，虔敬派宗教意識的影響，唯有在如下的情況裡，才不是與天主教
僅有程度上的差異，而是在性質上根本不同；亦即，當其對「現世」
的不安，高升到逃離私經濟的職業生活時，也就是，走上奠基於修道
院─共產主義的集會形成之路（拉巴迪）；或者，如當時人對於某些
虔敬派極端信徒的議論，為了冥思而故意**輕視**俗世的職業勞動。此一
結果自然特別容易發生於冥思開始愈來愈帶有里敕爾所謂的「伯納主
義」的特色時，因為這特色最初顯露於聖伯納對於〈雅歌〉的講解，
亦即以帶有秘傳─性愛色彩的「神秘的合一」為目標的一種神秘的感
情性宗教意識。即使純就宗教心理學的觀點看來，此種宗教意識對於
改革派的虔敬意識（同時**也包括**如沃特所展現的那種**禁慾的**特徵）而
言，無疑是種「異物」。然而，里敕爾卻處處想要把這種寂靜主義和
虔敬派的**禁慾**連結起來，從而使後者遭受到同樣的指斥；以此，他將
虔敬派的文獻裡所引用的天主教神秘思想或禁慾思想一一揭示拈出。
然而，即使全然「沒有嫌疑」的英國與荷蘭的道德神學家也會引用（天
主教士）聖伯納、波拿文都拉與托瑪斯坎普的著作。所有的改革派教
會都與天主教的過去有著錯綜複雜的關係，並且各依其所強調的觀點
之不同，而此處是這個教會、彼處是另一教會，與天主教的宗教意識
（或者其特定的側面）緊密關聯。

註 139：

此一立場使得虔敬派能夠成為**寬容**思想的主要擔綱者之一。關於所謂寬容的思想，我們想趁此機會附加一些討論。在西方，此一思想的歷史源流，如果暫時撇開人文主義—啟蒙的**漠不關心**不談——因為從未起過什麼**大的**實際影響——是來自於以下四個主要泉源：（1）純粹政治的國家理由（原型：英國的威廉三世）[9]；（2）重商主義（特別顯著的例子是阿姆斯特丹，還有其他許多的城市、領主與君主等，接納各教派人士為經濟進步的珍貴的擔綱者）；（3）喀爾文派虔敬意識中激進的流派。預定論從根本上排除了國家藉由不寬容而反倒扶持宗教的可能性。國家的確無法藉此拯救任何人的靈魂，只不過**神的榮耀**的理念讓教會得以借國家之力來鎮壓異端。然而，越是強調牧師與所有參加聖餐式者都必須是受揀選者這點，就越是不能忍受國家之干涉牧師的任免與教區牧師地位的賦予——大學畢業生光是因為具備神學教養便能獲此牧師職的俸祿，儘管他未必是個再生者——以及一般而言那些行為往往有爭議的政治權力擁有者之介入教會內部的事務。改革教會內的虔敬派藉著貶抑教義正確性的價值，以及漸次瓦解「教會之外無救贖」的命題，而強化了這個立場。**喀爾文**認為被神捨棄者也**臣服**於教會的聖潔制度之下，本身就是符合神的榮耀之事；在新英格蘭，人們則試圖將教會建制為獲得救贖確證的聖徒的貴族組合；而激進的獨立派教徒早已拒絕市民的、或任何上級聖職者

9　威廉三世（William III, 1650-1702），奧蘭治的威廉（William of Orange），或奧蘭治親王威廉‧亨利（William Henry, Prince of Orange）。荷蘭聯省共和國執政（1672-1702，稱威廉三世），1688 年英國光榮革命後由荷蘭入主英國（1689-1702）。他曾聯合歐洲大陸扼止法王路易十四的擴張，並在英國頒布《宗教寬容法》，從而保證了宗教自由。——譯註

的勢力之介入只有在**個別**教團內部才有可能進行的「救贖證明」的審
查。為了神的榮耀有必要使被捨棄者也臣服於教會的訓導之下的思
想，逐漸被另一個思想——起初即已存在，後來愈來愈被熱切地強調
——所驅除，亦即，與被神拒斥者共進聖餐有損神的榮耀。這必然導
致自願加入制（Voluntarism），亦即形成「信者的教會」（believers'
church），只包含再生者的宗教共同體。例如「聖徒國會」的領導者
巴本[10]所屬的喀爾文教派的洗禮派，就是得出此一思想路線的結論最
明確不過的一支。克倫威爾的軍隊支持良心的自由，「聖徒」的國會
提倡國家與教會的分離，**因為**其成員乃虔誠的虔敬派信徒，亦即基於
積極的宗教理由。（4）諸洗禮教派，我們於後文還會詳論，他們打
從成立之初就最強烈且最為首尾一貫地堅持一個原則：唯有個人再生
者才可以被納入教會共同體裡，也因此，他們拒斥教會帶有任何「制
度」（Anstalt）的性格，也拒斥任何俗世力量的介入。所以，在此情
形下，產生無條件寬容之要求的，也是**積極的宗教上的**理由。首位基
於此種理由、起而倡導無條件寬容與政教分離者，是早於洗禮派約一
個世代、早於威廉斯兩個世代的布朗[11]。此種意義下的教會共同體的

10　巴本（Praise-God Barbon, 1596-1679），英格蘭皮革商、傳教士。在生意
　　順利之後他開始從事佈道工作。他的宗教派別並不清楚，不過根據他的敵
　　對者所言，他似乎是個布朗派與再洗禮派信徒，至於他的聽眾則大都是前
　　洗禮派信徒。1653 年，克倫威爾指派他以倫敦議員的身分參加新的國會
　　（即聖徒國會），由於他的名字與「瘦人」（barebone）音近，世人遂戲
　　稱新國會為「瘦人國會」。他反對與斯圖亞特王朝達成任何和解。查理二
　　世復辟後，巴本在 1661 年被關進倫敦塔，次年被釋放。——譯註
11　威廉斯（Roger Williams, 1603-1683），新英格蘭的英國殖民者，羅德島
　　殖民地的創建人，宗教自由的先驅。1630 年為了堅持教會與國家分離的
　　理想，放棄牧師職位，移民新英格蘭。然而他的脫離英國國教的主張又與

首次宣言，似乎就是 1612 或 1613 年在阿姆斯特丹公佈的英國洗禮派的決議：「當局者不應介入宗教或有關良心的事，……因為基督就是教會與良心的君王與立法者」。教會共同體的首份官方文件要求國家以**成文法**來保護良心自由的，應該是 1644 年（個別）洗禮派的信仰告白第 44 條。還要再一次明確點出的是：時而出現的見解，認為**這樣的**寬容應該有利於資本主義，當然是完全錯誤的。宗教的寬容絕非近代或西方所特有的。在中國、印度、希臘化時代的近東諸大帝國、羅馬帝國、伊斯蘭帝國，宗教寬容長久以來即高度昌盛，只除了基於**國家**理由的限制（如今仍形成其限制！），以至於十六、十七世紀的世界裡尚無任何地方可與其寬容程度相比擬，而且，寬容程度最低的正是在清教支配的地區，例如政治—經濟與盛期的荷蘭與澤蘭（Zeeland），或者清教的老、新英格蘭。**信仰上的不寬容**毋寧正是西歐（不管是宗教改革之前或之後）的特徵之所在，如同（波斯）薩珊王朝的情形 [12]，以及某些個時期裡的中國、日本與印度，不過多半

原先殖民地例如波士頓等地的教會不合。幾經努力最後他終於決定建立一個新的殖民地。1636 年他出發前往納拉甘西特（Narragansett）灣，同年春季在從印地安人購買的土地上建立了普羅維登斯（Providence）城和羅德島殖民地。此後，羅德島成為人們躲避宗教迫害、實踐宗教信仰的避難所。再洗禮派、教友派、猶太教和其他非正統教派紛紛移居此地。威廉斯所堅持的宗教自由理念如下：（1）世俗的權威必須與宗教權威有所區隔；（2）人民應該擁有宗教信仰的自由，他以「靈魂的自由」一辭稱之。而這兩個理念也成為日後美國憲法明文保障的條款。——譯註

布朗（John Browne），不知是否為 Robert Browne 之誤，Robert Browne（1550-1633），英國英格蘭清教派公理會領導人物，主張政教分離與自由教會。詳見附錄 11 布朗。——譯註

12　薩珊王朝（Sasanid, 224-651），西元三世紀初取代安息王朝而崛起的波斯王朝，以瑣羅亞斯德教為國教，並以恢復大流士的阿卡曼尼王朝榮光為號

都是基於政治的理由。因此，寬容本身當然與資本主義一點關係也沒有。問題在於：**這對誰有利**？關於「信者的教會」的要求所產生的結果，我們在下一篇論文〈基督新教教派與資本主義精神〉裡再作進一步討論。

註 155：

虔敬派的這種理性的神意信仰與路德派的正統解釋之間的差異，特徵性地展現於，哈勒大學的虔敬派信徒與路德派正統代表人物**勒舍爾**[13]之間的著名論爭上。勒舍爾在其著述 *Timotheus Verinus* 裡，走極端似地，將透過**人的**行為所達成的一切，與神意的安排，兩相對立起來。反之，**法蘭克**始終一貫的立場是認為，靜靜**等待**聖意決斷，結果心裡會對即將發生的事突然清明地靈光一閃，而這正合該是「神的默示」。這和教友派的心理極為類似，也和普遍的禁慾觀念相一致，亦即理性的方法是親近神的道路。欽岑朵夫在攸關其教團命運的一次最重要的決斷上聽憑籤運，這當然與法蘭克的神意信仰形態相距甚遠。史賓納於《神學思辨》I，頁 314 裡引述**陶勒**來說明基督徒「沉著冷靜」的特色，亦即在這種堅定從容當中靜待神的作用，而不讓自己輕率的獨斷獨行來從中打斷——根本上也是法蘭克的立場。由於追求（現世的）和平，虔敬派的虔敬意識的積極性，相較於清教，本質上的確是

召。此一王朝一直延續至七世紀中葉始為伊斯蘭教徒所滅。——譯註

13　勒舍爾（Valentin Ernst Löscher, 1673-1749），日耳曼路德正統派神學家，反對虔敬派的領導人物。他批評虔敬派對於虔敬與宗教之間關係的概念是錯誤的，他們對虔敬的狂熱只會使自己背離「因信稱義」的教義。——譯註

薄弱的，這無論何處都清楚顯現出來。反之，1904 年有個虔敬派的領袖（懷特的演說，後文還會引述）[14]將其教團的倫理綱領定式化為「首先正義，其次和平」（*Baptist Handbook*, 1904, p. 107）。

註 164：

對我們的研究而言，根本的重點參見以下諸處最是便利：Plitt, *Zinzendorfs Theologie*（3 Bände, Gotha, 1869），Bd. I, S. 325, 345, 381, 412, 429, 433 f., 444, 448; Bd. II, S. 372, 381, 385, 409 f.; Bd. III, S. 131, 167, 176; 以及 Bernh. Becker, *Zinzendorf und sein Christentum*（Leipzig, 1900）3. Buch, Kap. III.

註 189：

作為認識衛理公會的入門導讀，*Realenzyklopädie für protestantische Theologie und Kirche*（3. aufl.）裡由 Loofs 執筆的"Methodismus"這個精彩條目特別的適合。此外，Jacoby（特別是 *Handbuch des Methodismus*）、Kolde、Jüngst 與 Southey 等人的著作也是管用的。關於衛斯理，見 Tyerman, *Life and Times of John Wesley*（London, 1870 f.）。Watson, *Life of Wesley*，有德譯本，是受歡迎的一本書。關於衛理公會的歷史，最優良的藏書所之一是芝加哥附近的 Evanston 的西北大學。從古典的清教到衛理公會，宗教詩人瓦特為其做出某種連結，此人是克倫威爾隨軍牧師何奧的友人，也是克倫威爾之子理查的朋友，據說

14　見本書 1-2-2 註 49。——譯註

懷特菲爾德也曾向他請益（cf. Skeats, *op. cit.*, pp. 254 f.）。

註 206：

　　洗禮派當中唯有所謂的「普救洗禮派」溯源於昔日的再洗禮派。「特選洗禮派」，如先前所說的，是喀爾文派中原則上限定教會成員為再生者或至少**個別**作信仰告白者，因此原則上是政教分離論者並且對一切國教會皆持反對立場的那一派人士。當然，在克倫威爾治下，實際上並不是那麼首尾一貫。儘管這特選洗禮派（普救洗禮派也一樣）在歷史上作為再洗禮派傳統的擔綱者是如此的重要，但我們卻也沒道理要對其教義特別做什麼探究。教友派形式上是喬治‧福克斯及其伙伴們所創建的，但其根本思想不過是承襲延續了再洗禮派的傳統，這是無庸置疑的。教友派歷史的最佳入門書籍、同時也對其與洗禮派和門諾派的關係做概觀描述的，是 Robert Barclay, *The Inner Life of the Religious Societies of Commonwealth*, 1876。關於洗禮派的歷史，尤其參見 H. M. Dexter, *The True Story of John Smyth, the SeBaptist, as told by himself and his contemporaries*, Boston, 1881（關於此書，J. C. Lang in *The Baptist Quarterly Review*, 1883, p. 1 f.）；J. Murch, *A History of the Presb. And Gen. Bapt. Church in the West of England*, London, 1835；A. H. Newman, *History of the Baptist Church in the U.S.*, New York, 1894（*Am. Church Hist. Series*, vol. 2）；Vedder, *A Short History of the Baptists*, London, 1897；E. B. Bax, *Rise and Fall of the Anabaptists*, New York, 1902；G. Lorimer, *The Baptists in History*, 1902；J. A. Seiss, *The Baptist System Examined*, Lutheran Publication Society, 1902；進一步資料見 *Baptist Handbook*, London, 1896；*Baptist Manuals*,

Paris, 1891-1893；*The Baptist Quarterly Review*; *Bibliotheca Sacra*, Oberlin, 1900。關於洗禮派的最佳藏書，似乎是在紐約州的 Colgate College。有關教友派的歷史，資料收集最齊全的是倫敦的 Devonshire House（我無法加以利用）。現代的正統派的機關報刊是 Jones 教授編輯的 *American Friend*；最佳的教友派歷史書是 Rowntree 的著作。此外，Rufus B. Jones, *George Fox, An Autobiography*, Phila., 1903；Alton C. Thomas, *A History of the Society of Friends in America*, Phila., 1895；Edward Grubbe, *Social Aspects of the Quaker Faith*, London, 1899。　除此，還有許多非常精彩的傳記文獻。

註 207：

　　參見謬勒（Karl Müller），*Kirchengeschichte*，作者的許多功勞之一就是在其論述中給予表面不起眼但規模宏大的再洗禮派運動應有的地位。再沒有比此一運動遭到來自**所有**教會的無情迫害更甚者，原因在於這運動**想要**成為獨特意味下的**教派**。其中抱持末世論信念的一支在閔斯特的實驗潰敗之後，即使歷經五代，在全世界的眼裡（例如英國）仍是信用蕩然。在持續不斷的壓迫、因而轉入地下的情況下，其宗教思想內容達到前後連貫的定式化時，已距其起始之日有好長的一段歲月了。這當中產生出來的「神學」，比起可與其原則相容所能得出的還要更少，而這些原則本身，對於將對神的信仰當作「學問」來做專門的經營，本就抱持著敵視的態度。這很難讓古老的神學專家，甚至是其同時代者，有什麼好感，更不用說尊重。但許多較晚近者的態度亦無不同。例如里敕爾（《虔敬派的歷史》I，頁 22）對「再洗禮派」的處理方式就多有偏見、甚為輕蔑的，讓人想要說這是種

神學上的「布爾喬亞的立場」。何況，孔尼流斯（Cornelius）的佳作
（*Geschichte des Münsterschen Aufruhrs*）早在數十年前就已經出版了。
里敕爾在此看見的無處不是——從他的立場看來——淪入「天主教」
的倒退，並且嗅出了聖靈論者與聖方濟派戒律嚴守論者的直接影響。
即使這樣的關係可以用一些案例來加以證明，但其間的線索也未免太
細了。尤其，歷史的真相毋寧是：官方的天主教會對於俗人的**入世**禁
慾——總是造成私人集會的形成——抱持著極為不信任的態度，並且
試圖將之引導到組成修士會、也就是**脫出**現世的方向，要不然，就是
故意讓他們作為禁慾的第二階段而納入既有的修士會中加以管理。萬
一不成功，官方教會便油然而生危機感，亦即感到此種主觀主義的禁
慾道德有可能引導出否定權威與異端的危險。就像伊利莎白王朝的英
國國教會——基於同樣的道理——之看待"prophesyings"（亦即半虔
敬派的聖經集會），儘管他們的「國教主義」（conformism）毫無問
題；同時也正如斯圖亞特王朝的〈遊藝條例〉所表達的觀感，後文會
談到。無數的異端運動——不過也包括例如謙卑派與貝居安女修會 [15]
在內——的歷史，以及聖方濟的命運，在在都是例證。托缽僧、特別
是聖方濟派的修道僧的傳道，為改革派—再洗禮派的基督新教裡的禁
慾的俗人道德，可以說在很多方面都鋪好了道路。西方修道僧的禁慾
與基督新教的禁慾的生活樣式之間，存在著許許多多的親和關係——
此一事實，對我們的研究視角而言富有無比的啟示，必然要一再不斷
地加以強調——歸根究底，其道理在於：**凡是**奠基於聖經的基督教的
禁慾，當然**必定**全都具有某些重要的共通特色，進一步來說，**所有的**

15　貝居安女修會（Beguines），活躍於十三、十四世紀低地國家、德意志和
　　法蘭西北部的天主教女性俗世教團。詳見附錄 12。——譯註

禁慾，無論是什麼派別，都必須有「扼殺」肉慾的一定的有效手段。關於以下的簡要描述，尚有一言必須交代，亦即描述篇幅之所以精簡，原因在於，再洗禮派的倫理，對於**本篇**論文特別要加以討論的問題——「市民的」**職業**理念的宗教基礎的發展——而言，重要性是非常有限的。它對此理念並未添加任何新意。至於此一運動遠為重要的社會的層面，此處必須暫且略過不談。由於我們的提問方式使然，有關**古老的**再洗禮派運動的歷史內容，此處也**只限於**敘述那些對於後來的諸教派——在我們看來重要的教派，亦即洗禮派、教友派與門諾派（較少）——的特質有所影響的部分。

附錄

4

1-2-2 註釋

註 23：

　　按巴克斯特的說法，婚姻的目的在於「清醒冷靜地生育子女」。史賓納也一樣，對粗野的路德派見解——迴避（別無辦法壓抑的）不道德乃次要目的——做出讓步。肉慾，作為性生活的伴隨現象，即使在夫妻間也是罪惡的，並且在史賓納看來，本來是一件如此自然且為神所喜的事，由於人類墮落的**結果**，倒要無可避免地與罪惡感相結合，既而變成一種羞恥（pudendum）。按照許多虔敬派人士的見解，基督教的婚姻的最高形式是保持童貞，其次是性交全然為了生育子女，然後一直到純粹為了愛慾或外在因素而結合，而這從倫理上看來形同納妾。此時，在這種低層次裡，基於純粹外在理由而結合的婚姻（因為總是相應於**理性的**考量）要比因愛慾而結合來得好。赫恩胡特派的理論與實踐，在此姑且撇開不談。理性主義的哲學（沃爾夫）[1]

1　沃爾夫（Christian Wolff, 1679-1754），德國哲學家、數學家，以德國啟蒙運動的代言人出名。他就學於耶拿和萊比錫各大學，是萊布尼茲的學生。1707 年由萊布尼茲推薦，出任當時虔敬派重鎮哈勒（Halle）大學數學教

承襲此種禁慾理論的方式是，以其為達到目的的**手段**，肉慾及其平息滿足不可以變成**目的**本身。純粹以衛生為取向的功利主義的轉向，已發生在富蘭克林身上，他所採取的就像個現代醫生的倫理立場，所謂「純潔」就是以**健康上**的需求多寡來限制性交，並且眾所周知的，從理論上來告訴人如何做到。只要這等事變成純粹理性考量的對象，那麼同樣的發展勢必在各處發生。清教的性的理性主義者與衛生上的性的理性主義者，雙方所走路徑大不相同，但唯獨在這點上「彼此心知肚明」：在一場演講上，一位「衛生的賣淫」——問題在於妓院與妓女的管制——的熱心人物，為（**衛生上**被視為有益的「婚外性交」作辯護，而援引**浮士德與瑪嘉麗特**詩意的美化逸事為憑據[2]。把瑪嘉麗特視為妓女，將人類激情的強大支配力量與為了健康的性交等同視之，這兩點與清教的立場**完全**一致。同樣的，例如，有時由非常卓越的醫生所提出來的真正專家觀點認為，像性的節制這樣一種深入到人格與文化最精微處的問題，應該「全然」交付給醫生（作為**專家**）的論壇來處理。換言之，在清教，「專家」是道德的理論家，在醫生這方面，則是衛生的理論家。但是，為了解決問題而提出一般人易於接

授。擔任俄國彼得大帝科學顧問期間（1716-1725），曾促成俄國聖彼得堡科學院的建立。後回國出任哈勒大學校長（1741-1754）。沃爾夫寫過許多著作，把英法啟蒙時期以及萊布尼茲和笛卡兒的理性主義應用於闡述自己的哲學體系，即沃爾夫哲學。理性主義和數學的方法論是此一哲學的精髓所在。他對中國的哲學也有極大興趣，1721 年發表了論中國的實踐哲學的演說，宣揚理性主義的觀點，以孔子的道德教訓為例，證明人的理性憑本身的努力有能力達到道德上的真理。以今日的觀點而言，沃爾夫哲學不乏膚淺之處，然而在十八世紀前半葉，它在德國哲學思潮上是據統治地位的哲學，康德在其「批判哲學」建立前也接受這種哲學。——譯註

2　瑪嘉麗特（Margarete），《浮士德》劇中女主角。——譯註

受的「資格」原則——當然，記號是相反的——，這兩者並無不同。
只是，儘管道學般地拘謹，清教強而有力的理想主義，即使從種族保
存與純粹「衛生的」觀點看來，不能說沒有積極的成果，然而，現代
的性衛生學，由於無論如何都得標榜「毫無成見」的立場，反而落入
自毀其成果根基的危險。清教影響所及的各國裡，在那種性關係的理
性詮釋下，婚姻關係的那種精緻洗練與精神—倫理的瀰漫浸透，以及
婚姻裡騎士風度的佳美光華——相對比於我們德國的那種家父長制的
氛圍，就連知識分子的高等圈子裡，在這方面都令人感覺殊為落後
——，凡此種種自然是無法在此深論的。（再洗禮派的影響對於婦女
的「解放」也有所助力；對婦女的**良心自由**的保護，以及將「萬人祭
司論」擴及於婦女，在此亦是家父長制的第一個突破口）。

註 62：

　　關於這點，我在〈世界宗教的經濟倫理〉有進一步論述。例如特
別是摩西十誡的**第二誡**（「不可為自己雕刻偶像」云云），對於猶太
教的性格學發展，對於其理性的、與感官文化無緣的性格，所造成的
巨大影響，無法在此分析。不過，富含特徵性的一件事，倒不妨在此
提一提。在美國，有個名為「教育聯盟」（Educational Alliance）的
組織，挾著龐大的資金，致力於猶太移民的美國化，並獲得驚人的成
果。這組織的領導人之一告訴我，他們的首要目的在於，透過一切類
別的藝術與社會教育，努力造出「從第二誡命解放出來」的文化人。
——以色列人之嚴禁神的人格化（看吧，反之亦然！），在清教裡相
對應的，儘管有些許不同，但影響的方向實則相近，是被造物神化的
禁止。若就猶太律典的猶太教而言，清教道德的主要特色的確與之相

近。例如猶太律典裡明言（根據 Wünsche, *Babyl. Talmud*, II, S. 34），
如果人基於**義務**而做好事，總比做些律法上**並未**規定的善行要來得
好，並且會得到神更豐厚的賞賜；換言之，遂行無愛的義務，要比感
情性的博愛，在倫理上的評價更高，這在清教倫理的本質上來說是能
接受的。就像**康德**，作為蘇格蘭人的後裔且在教育裡深受虔敬派的影
響，結果也與此走得很近（此處雖無法深論，但他許多的定式表達都
直接與禁慾基督新教的思想相關聯）。但是，猶太律典的倫理曾深受
東方傳統主義的浸染：「R. Tanchum 對 ben Chanilai 說，『千萬不要
改變習俗』」（Gemara to Mischna. VII, I, 86b, No. 93, in Wünsche, 這
兒牽涉到的是日酬勞工的生計的問題），只是，對外邦人不必遵守這
律法。再者，清教視「合法性」為**救贖確證**的想法，比起猶太教光是
視之為律法的遵從，顯然提供給積極的**行為**遠為強大的動機。成功乃
神之祝福的顯示，這想法猶太教自然並不陌生。但是，宗教—倫理意
涵打從根底的偏差——由於猶太教裡的雙重（對內與對外）道德所致
——正是在這個決定性關鍵點上，摒除了相似結果的出現。對「外邦
人」被**容許**的行為，對「弟兄」是被**禁止**的。光是這點，就使得並非
「被命令」而是「被容許」的這個領域裡的成功，不可能成為清教裡
所見的那種**宗教**確證的標誌，也不可能成為他們那種意味下的、講求
方法的生活樣式的推動力。關於這一整個問題，**桑巴特**在其著作裡
（《猶太人與經濟生活》）往往並未正確處理，參見此註最前頭所引
的（我的）諸篇論文。至於個別細節，此處不論。猶太教的倫理乍見
之下似乎頗為奇異，其實仍是相當傳統主義的。此外，對於現世的內
在態度，由於基督教的「恩寵」與「救贖」的思想脈絡在特有的方式
下經常包含著**新的**發展可能性的胚芽，因而迭起巨大的變化，這點我
們同樣無法深論。有關舊約裡的「合法性」，參見例如 Ritschl, *Die*

christliche Lehre von der Rechtfertigung und Versöhnung, II, S. 265。

對英國的清教徒而言，當時的猶太人正是他們所嫌惡的那種以戰爭、軍需籌措、國家獨占、聚資投機、王侯的土木與融資企劃為取向的資本主義的代表。整體而言，在必要的保留條件下，兩者的對立可以定式化為：猶太人的資本主義是投機性的**賤民**資本主義，而清教徒的資本主義則是市民的勞動組織。

註 75：

在荷蘭，喀爾文派的倫理滲入實際生活的程度相對較低，禁慾的精神也鬆緩，早在十七世紀初時已是如此（1608 年逃亡到荷蘭的英國公理派信徒對當地不太遵守安息日一事大感不快），而在腓特烈・亨利[3]的總督時代則更甚；再者，荷蘭清教的擴張力一般而言也較英國小。凡此種種，肇因十分複雜，此處無法深論。其實部分原因在於政治體制（分立主義的城市與州省同盟）、與相當微弱的軍事力量（獨立戰爭主要就靠阿姆斯特丹的**金錢**和傭兵軍隊來遂行。英國的佈道者援引荷蘭軍隊的情形來說明巴別塔的語言混亂[4]）。以此，宗教戰爭的重擔大部分都推給他人，但也因此而喪失了部分的政治**權力**。相反的，克倫威爾的軍隊則自覺為**國民**軍──儘管有些是強迫來的。（當然，更具特徵性的是，正是**此**一軍隊採行廢除兵役**義務**的綱領──因

3　腓特烈・亨利（Frederick Henry, 1584-1647），父親為荷蘭開國元首沉默的威廉（William the Silent），荷蘭共和國第三任總督（1625-1647），繼承其兄莫里斯・拿騷（Maurice of Nassau）繼續進行脫離西班牙的獨立戰爭。為奧蘭治（Orange）王室建立了總督的世襲權。──譯註

4　巴別塔（Tower of Babel），詳見《聖經・創世紀》11: 1-9。──譯註

為人應該只在良心認可為善的事上為神的光榮而戰，而不是為了君主一時的念頭而戰。依德國傳統觀念看來「不道德的」英國軍隊制度，在**歷史**淵源上自有其非常「道德的」動機，並且是一種不敗之軍的要求。直到王政復辟後，這軍隊才轉而為王室利益服務）。荷蘭的國民軍，大戰爭時期乃喀爾文派的擔綱者，只不過歷經多爾德宗教會議半個世代之後，在哈爾斯（Hals）的畫作裡就看不出什麼「禁慾的」表情。宗教會議一再對他們的生活樣式提出抗議。荷蘭的"Deftigkeit"觀念──荷蘭文的 deftig 字義與英文的 noble 相近似──是市民─理性的「正直」與城市新貴的身分意識的混合體。荷蘭教會裡的教堂座席至今都還依階級序列來安排，顯示出其教會制度的貴族主義性格。沿襲中古市鎮的城市經濟阻礙了工業的發展。工業繁榮幾乎全都仰賴亡命至此處者，因此榮景多半只是曇花一現。雖然如此，喀爾文派與虔敬派的入世禁慾，在荷蘭仍發揮其影響力，作用的方向與他國無異（就下面馬上要提到的「禁慾的強制節約」的意義而言亦是如此，如本章註 96 引普林斯特的話所證實的）。純文學在喀爾文派的荷蘭幾乎消失殆盡，絕非偶然（參見 Busken-Huet, *Het Land van Rembrandt*，以及羅伯的德文譯本）。如「禁慾的強制節約」所呈現的荷蘭宗教意識的意義，直到十八世紀都還躍然於例如哈勒（Albertus Haller）筆下。關於荷蘭的文藝論及其題材獨樹一格的特性，參見例如收錄於 *Oud Holland*（1891）裡的休更斯（Constantine Huyghens）的自傳性記述（寫於 1629-1631）。（前面提及的 Groen van Prinsterer, *La Hollande et l'influence de Calvin*, 1864, 對我們的問題並未提供任何緊要訊息）。美國的新尼德蘭殖民地，就社會層面而言，是個由"patroon"──預支資金的商人──進行半封建支配的地方，所以不同於新英格蘭，很難勸服「小老百姓」遷居到那兒。

附錄
5

教派註釋

註25：

　　例舉一些德國不甚知名的古老文獻為證：洗禮派歷史綱要在
Vedder, *A Short History of the Baptists*（2nd ed., London, 1897）。關
於Hanserd Knollys的是Cultross, *Hanserd Knollys*, vol. II of the Baptist
Manuals edited by P. Gould（London, 1891）。有關再洗禮派的歷史，
E. B. Bax, *Rise and Fall of the Anabaptists*（New York, 1902）。關於
Smyth，Henry M. Dexter, *The True Story of John Smyth, the Se-Baptist,
as told by himself and his contemporaries*（Boston, 1881）。Hanserd
Knollys Society的重要出版品（printed for the Society by J. Hadden,
Castle Street, Finsbury, 1846-1854）已引用。進一步的官方文件，見
The Baptist Church Manual by J. Newton Brown, D.D.（Philadelphia,
American Baptist Publishing Society, 30 S. Arch Street）。關於教友派的
資料，除了前面已經引用的Sharpless的作品之外，A. C. Applegarith,
The Quakers in Pennsylvania, ser. X, vol. VIII, IX of the Johns Hopkins
University Studies in History and Political Science；G. Lorimer, *Baptists*

in History（New York, 1902）；J. A. Seiss, *Baptist System Examined*（Lutheran Publication Society, 1902）。關於新英格蘭（除了道爾），The Massachusetts Historical Collections；以及Weeden, *Economic and Social History of New England, 1620-1789*, 2 vols；Daniel W. Howe, *The Puritan Republic*（Indianapolis, The Bowen-Merrill Company）。關於昔日長老派的「契約」思想的展開及其教會紀律及其與官方教會的關係，另一方面與公理派及諸宗派的關係，參見Burrage, *The Church Convenant Idea*（1904）；*The Early English Dissenters*（1912）；W. M. Macphail, *The Presbyterian Church*（1918）；J. Brown, *The English Puritans*（1910）；Usher, *The Presbyterian Movement, 1584-1589*（Com. Soc., 1905）當中的重要記錄。此處僅列舉對**我們**來說與重要問題相關且極為暫定性的文獻[1]。

註31：

諸教派自由意志說的原則乃是循著純粹教會（ecclesia pura）的要求而在邏輯上推衍出來的，而對於拒斥教派原則的改革派（喀爾文派）教會而言，此一原則有其問題性存在，對此，近代裡**克伊波**在教義上特別清楚地呈現出來。尤其是最終的綱領文章：*Separatie en doleantie*（Amsterdam, 1890）。在他看來，這個問題是由於非天主教的基督教界裡缺乏無誤的教義**官方**所致，於此，他所設定的前提是：可見的教會的「肉體」不可能是昔日改革派教會所謂的「基督的肉體」，而必然是有必要因應時空而加以分割的存在，而且也必然留存

---

[1] 以上提到的各教派，詳見附錄 7。——譯註

著人類的缺點。可見的教會只是透過信者的**意志行為**、並基於基督所授予他們的權能而形成的,因此教會的權利既非基於基督本身,也非基於教師,而單止基於虔信的教團(在這點上,克伊波承自沃特)。透過教團真正基於自由意志的聚會——這倒也是**信仰上的義務**——方才產生出較大的共同體。根據羅馬的原則,凡是身為教會成員,這事本身即意味著自己也是其居住地教團的成員,然而這樣的原則是應加以拒斥的。洗禮只是讓人成為消極的「不完全成員」,而未授予任何權利。並非洗禮,而是「信仰的告白與主動意志的告白」(belijdenis en stipulatie)才讓人在正當的意味上成為積極的教團成員。成為教團成員(並且僅此一端)等同於服膺教會的紀律(這點同樣是與沃特牟合)。教會法處理的是**人類**所創造出來的**可見的**教會的規則——儘管與神的秩序相連結,但並不代表神的秩序本身(cf. Voët, *Politica ecclesiastica*, Vol. I, p. 1 and 11)。所有這些全都是獨立派對於改革派教會的純正教會法所做的變革(一如瑞可特別精彩的描述),意味著新人入會時,**教團**、亦即**平信徒**的積極參與。整體教團的這種協同參與,在新英格蘭首先也是布朗獨立派的綱領,他們在與主張「統治長老」的教會支配且成功挺進的「詹森主義的」方向[2]、一再不斷的鬥爭當中,仍固持此一綱領。理所當然的,唯有「再生者」才能被接受加入(根據拜里,「四十人裡不過一人」)。同樣的,在十九世紀,蘇格蘭獨立派的教會理論也要求特殊的新人加入決議(Sack, 前引書)。不過,克伊波的教會理論本身當然**不是**「公理派的」。克伊波認為,個別的教團在信仰上有義務要加入整體教會並屬於整體教會,而此一義務之消除,以及「分離」(separatie)的義務之出現——因為一個

2　詹森主義,詳見附錄 12。──譯註

地方只能有一個正當的教會——是唯有當「抗議」（doleantie）、亦即試圖透過積極的抗議（Protest）與消極的阻撓來改良墮落的整體教會（doleeren=protestieren, 是十七世紀即已出現的術語）、已竭盡一切手段終歸徒勞而不得不訴諸武力之時。如此一來，建立獨立的組織當然就是義務，因為教會裡已無「臣民」，而由信者本身來執掌神所授予的官職。革命**可能**是對神的義務（Kuyper, *Het conflict gekommen*, 1886, S. 30-31）。克伊波（如同沃特）也採取古老獨立派的立場：唯有獲准參加**聖餐式**者才是教會的完全成員，並且唯有他們能夠在洗禮中為其子女承擔保證。就**精神上的**觀點而言，信者是指內在皈依者，就**正當性的**觀點而言，信者唯其為**獲准**參加聖餐式者。

註 33：

　　克伊波的根本前提同樣是：未將不信者排除在外以保持聖餐式的潔淨乃是**罪惡的**（*Het dreigend Conflict*, 1886, S. 41; 參見 1. Kor. 11, 26, 27, 29; I. Tim. 5, 22; Apoc. 18, 4）。與拉巴迪派（Labadisten, 激進的虔敬派）相對反，他認為教會從未就「在神前」的恩寵狀態做出裁決。獲不獲准參與聖餐式**端只**取決於信仰與**品行**。十六、十七世紀荷蘭的諸教會會議記錄充滿了關於准許參加聖餐式的前提條件的討論。諸如：舉凡沒有組織性的**教團**存在之處，亦即沒有長老與執事來管束不適切者不得參與聖餐式之處，就沒有聖餐式的提供（Südholl. Syn. v. 1574）；凡生活明顯不檢點者均不得參與（Synode von Rotterdam 1575; 參加許可是由教團**長老**而不只是由牧師片面來決定，而舉發此種對不檢點者疑議的，幾乎總是**教團**——通常是針對牧師的寬鬆處置，例如賴茲瑪所舉的案例，II, S. 231）；關於一個娶了再洗禮派信

徒為妻的人是否能獲准參與聖餐式的問題（Syn. zu Leiden 1619, Art. 114）；關於「放貸者」（倫巴底人）的僕役是否可以獲准參與的問題（Prov. Syn. zu Deventer 1595, Art. 24）；關於「破產者」（Syn. v. Alkmaar 1599, Art. 11, das. Von 1605, Art. 28）、以及達成強制和議者（Nordholl. Syn. v. Enkhuizen 1618, Grav. Class. Amstel. Nr. 16）是否得以獲准參加的問題。關於後面這個問題，如果宗教法庭（Konsistorium）判定財產目錄充足，且其中供給債務人及其家族衣食所用的保留份為妥當，那麼答案是肯定的，如果再加上**債權人**聲明滿意強制和議，且債務人做出罪的告白，那麼就更加肯定獲准參與了。關於「放貸者」之不獲許可，則如前述。關於夫妻不合時將其配偶排除在外，參見賴茲瑪，III, S. 91。獲准參加聖餐式之前，有必要與訴訟對手達成和解；要是爭執不斷持續下去，就得迴避聖餐式；在誹謗罪訴訟中敗訴且已提出上訴者，則給予有條件的許可；以上這些，參見賴茲瑪，III, S. 176。有沒有價值參與聖餐式的考核若未能得出個令人滿意的結果就要被排除於聖餐式之外，這原則最初應該是由喀爾文實行於薩爾斯堡的法國移民教團裡（不過那時考核者是**靈魂司牧者**，而非教團）。根據喀爾文純正的教說（*Institutio Christ. Rel.*, IV, cap. 12, S. 4），破門律正確說來原本只適用於為神所棄的人（所引出處稱破門律為**神的**判決的宣告），然而同處也將破門視同為「向善」的手段。美國現在，至少在大都會的洗禮派裡，正式的破門已相當罕見，實際上是以「除名」來取代，亦即不聲不響地逕自把名字從名簿上削除。在諸教派與獨立派裡，**平信徒**總是教會紀律的典型擔綱者，然而原本的喀爾文派—長老派的教會紀律則明明白白有計畫地致力於國家與教會的支配。至少，1584 年英國長老教會的《綱領》（參見本章註 29）就已招攬為數等同於聖職者的俗人長老加入職班和教會治理機關的上層官

署裡。

　　不過，長老與教團的相互關係時而會做出各式各樣的調整。就像
1645 年（長老派的）長期國會將排除於聖餐式之外的決定權交到（俗
人）長老的手裡，而新英格蘭於 1647 年的《劍橋綱領》裡也做出同
樣的規定。然而蘇格蘭的獨立派直到十九世紀中期通常都還是將生活
行為不檢的通報交付委員會，然後整體**教團**再根據委員會的報告來做
出排除的決議，這是相對應於所有個別教團成員要負連帶責任的較為
嚴格的觀點。這也與上面提過的布朗派於 1603 年向國王詹姆斯一世
提出的信條完全一致（Dexter, *op. cit.*, S.308），然而「詹森主義者」
則認為（被選舉出來的）長老的最高主權是符合聖經所記的，而且
長老即使違反教團的決議也能祭出破門律（這是埃斯沃茲 [3] 分離的契
機）。關於英國早期長老派的相應情況，見本章註 25 所列的文獻，
以及註 29 所引皮爾森（A. F. Scott Pearson）的學位論文。

註 38：

　　William A. Shaw, *A History of the English Church during the Civil
Wars and under the Commonwealth 1640-1660*, London 1900, Vol. II,
pp. 152-165; Samuel R. Gardiner, *History of the Commonwealth and
Protectrate*, Vol. III, p. 231.

3　埃斯沃茲（Henry Ainsworth, 1571-1622?），英國的非國教徒神學家，屬
　　於分離派，為逃避迫害而移居荷蘭，歿於阿姆斯特丹。——譯註

註 48：

　　教會紀律在路德派地區，特別是德國境內，要不是顯然不發達，就是早早全然崩潰。在這樣的周遭氛圍影響下，**以及**各處皆有但於德國威力更甚的**國家**權力的嫉妒心——針對自律的教權制勢力的競爭所生的嫉妒，使得教會紀律即使在德國的改革派教會裡，除了邱立希—克利夫（Jülich-Cleve）與其他萊茵地區之外，也少有作用力。教會紀律的痕跡直到十九世紀還是找得到：法耳次地區（Pfalz）最後一次的破門律行於 1855 年，儘管在這兒 1563 年的教會規則早就被人用實際上是國家主權至上主義的方式加以運作。只有門諾派以及後來的虔敬派創造出有效的紀律手段與風紀組織。對門諾派成員而言，「可見的教會」**唯獨**存在於教會紀律行之有效之處，並且因惡行與異教婚而被處以破門律，乃是此種紀律自當行之的部分。萊茵斯堡（Rynsburger）的會眾派 [4] 什麼教義也沒有，所重視的唯獨「品行」而已。休格諾派的教會紀律本身是非常嚴格的，然而時而總是一再地癱瘓掉，那是因為無可避免地要顧慮到政治上不可或缺的貴族。在英國，清教的教會紀律的支持者尤其見於市民的—資本主義的中產階級，譬如說在倫敦市。該市並不畏懼教士的支配，但有意使教會紀律成為大眾教化的一種手段。工匠階層也相當支持教會紀律。貴族與農民當然相對較不支持。**政治**權力則是教會紀律的敵對者，在英國因此也包括國會在內。然而，在此等問題上，扮演**首要**角色的，並非「階級利益」，而是，只要一瞥任何文件即可得知，宗教的利害關心，以及政治的利害關懷與信念。新英格蘭的教會紀律以及歐洲的純正清教的教會紀律之嚴

4　會眾派（Kollegianten），1619 年於多爾德會議後從荷蘭的改革派教會分離出來的一派，屬於洗禮派的一支。——譯註

苟，是眾所周知的。克倫威爾的將領與軍事委員會裡，亦即克倫威爾
用以推行教會紀律的左右手，一再出現這樣的提案，要將所有「怠惰
者、放蕩者以及褻瀆神的人」全都加以**流放**。在衛理公會那兒，允許
將試煉期裡行為不檢的新生逕行除名，至於完全成員則待委員會的調
查之後再予除名。**休格諾派**（事實上長久以來即作為一個「教派」而
存在）的教會紀律見之於教會會議議事錄裡對於商品造假與買賣不誠
實的取締：6. Synode（Avert. Gén. XIV）；奢侈取締令所在多有；蓄
奴與奴隸買賣是**許可的**：27. Synode；對於國庫的要求，態度相當寬
鬆（國庫乃是暴君）：6. Synode, cas de conc. Déc. XIV；高利貸：同
前 XV（cf. 2. Synode Gen. 17; 11. Syn. Gen. 42）。十六世紀末時，英
國早期的長老派在官方文書裡被指稱為「紀律執行者」（Pearson，見
前引書）。

附 錄
6

基督新教，清教主義，
馬丁路德，路德派，梅蘭希頓，
埃克，喀爾文，喀爾文派，
預定論，貝札

基督新教（Protestantism）

簡稱新教，或者從英文 Protestantism 一詞意譯為更正教，是與天主教、東正教並列，為基督教的三大派別之一。基督新教是十六世紀宗教改革運動中脫離天主教而形成的新宗派，或其中不斷分化出來的教派的統稱。也稱作抗議宗或更正宗，詞源來自德文的 Protestanten。原指 1529 年神聖羅馬帝國舉行的帝國議會中的少數反對派，該派諸侯對於會議通過支持天主教壓制宗教改革運動的決議提出了嚴正的抗議，後即以其泛稱宗教改革各新教派。

宗教改革的背景：客觀因素上如政教的衝突，俗世君主對羅馬教會的控制愈來愈無法接受，遂或明或暗地支持改革運動。英國的亨利八世乾脆就自己另起爐灶。社會經濟上如新興城市階級的出現。都為

宗教改革提供了足夠的動力。不過，我們此處想著重敘述一下**贖罪券**與**剩餘功德論**的問題。因為馬丁路德發動宗教改革的直接導火線就是因此而來；且此後新教教理發展的一個重要方向也是由於抨擊此一教義而來。根據羅馬教會的說法，人雖然軟弱無力，但可以藉自己的善行彌補惡跡。如果人靠上帝的恩寵竭力行善，上帝就會賜給他更多的恩寵，使他做出真正的功德（例如聖徒）。這樣，人死時所積累的功德就有可能足以贖罪而有餘，聖徒的這種**剩餘功德**積累起來，形成功德庫，可以由教宗從其中提取一部分轉讓給功德虧損的人（類似中國佛教徒「功德迴向」的概念）。受惠者則要向教會捐輸——即購買贖罪券。這是羅馬教會常用的籌款辦法。教會史上例如發動十字軍東征、興建大教堂、開辦醫院、甚至造橋都以這種方法籌集資金。

　　三大教派的出現：中世紀後期天主教內部的若干改革派，如波希米亞的胡斯派、英格蘭的威克利夫派（Wycliffites）或羅拉德派（Lollard）、以及義大利薩伏那洛拉派（Girolamo Savonarola），即是針對這些弊端而來，他們都可視為新教的先驅。1520 年代，馬丁路德針對上述問題提出更全面也更為徹底的批判。他所發起的改革迅速席捲了整個日耳曼地區，最後則形成了路德派。幾乎同時，新教也興起於瑞士，領導人先是茲文利（Huldrych Zwingli）等人，後是喀爾文，他們的教義從瑞士傳到低地國家和蘇格蘭，通常稱為喀爾文派或改革派。英格蘭則由國王亨利八世領導，在坎特伯里大主教克蘭默（Thomas Cranmer）等人的配合下成立了聖公會，由英王擔任教會首腦。經過十六、十七世紀一連串的宗教戰爭後，根據隨之而簽訂的合約，如 1555 年的奧古斯堡和約與 1648 年的西伐利亞和約確立的教隨國定原則，形成了新教在歐洲的佈局，路德派分佈日耳曼以及北歐諸國；喀爾文派為德國、瑞士、荷蘭以及蘇格蘭；聖公會主要在英格蘭。

新教各派的版圖至此大致底定。

　　教義：雖然新教各派所堅持的信仰內容有相當差距（否則就不必分門立派），然而他們仍有一些共同堅持的教義，這也是新教與天主教最重大的歧見所在（聖公會不在此列，在教義與制度上他們或許離天主教還更近些，主要堅持的只是不受羅馬教會的控制）。這些共同堅持的理念如下：

　　因信稱義（得救）：信徒得救的關鍵與任何善行無關，只在乎信。最初的新教領袖認為，他們與天主教的分歧在於：他們相信人是憑著信心蒙恩得以稱義。如果根據天主教義的思考，信徒就得經常擔心自己是否已有足夠的善功蒙救（善功得救），是否可得上帝的代表（教會）喜愛；而新教的教義則使人可以坦然無懼地站在上帝面前，一方面擺脫對罪、死亡與魔鬼的恐怖，另一方面也擺脫由於相信自己得救完全或基本上是由於自己有功德而產生的驕傲與故步自封——即所謂「被造物的神化」。

　　萬人祭司論與教會的管理：根據中世紀教會的聖禮體系和教階體系，神職人員實際上一手控制上帝與人類之間的一切關係。新教的因信稱義說推翻了這種體系，新教的領導人宣稱，信徒人人都有權傳播上帝救贖之道，並分享上帝救恩。新教反對神職人員階層的特權，強調「一切信徒都有司牧的職權」，即所謂「萬人祭司論」（universal priesthood）。

　　同時受到影響的則是教會的管理制度。天主教實行的是一條鞭式的中央集權管理制度（主教制），從教宗到各地主教都是首長制的管轄。新教中的聖公會與路德派基本上也保留了**主教制**（或類似的精神）。然而喀爾文派則根據聖經中所載的先例實行**長老制**（由各分堂選出長老，代表該堂出席會議）。其他各派如再洗禮派、教友派、衛

理公會等激進派則認為，必須由各地信徒自行管理教會（**公理制**，又稱**會眾制**），他們認為，天主教會已徹底背離正道，無法挽救，必須恢復原始的、新約時代的基督教。

聖禮：即天主教所稱的聖事。新教和天主教的聖禮觀很不同，天主教的七大聖禮（洗禮，堅信禮，聖餐禮，告解禮，聖職禮，婚禮，臨終膏油禮）中，新教只承認洗禮和聖餐禮兩者為聖禮。聖餐禮之所以被視為聖禮中極其重要的儀式是因為，根據新約聖經中馬太福音第 26 章 26-29 節記載，耶穌在最後晚餐中說過：「你們拿去吃吧！這是我的身體。你們都由其中喝吧！因為這是我的血，新約的血，為大眾傾流，以赦免罪過。我告訴你們：從今以後，我不再喝這葡萄汁了，直到在我父的國裡那一天，與你們同喝新酒」。

政教關係：雖然路德提出過「兩個國度」的學說，可能是最徹底的政教分離論。這種學說可以概括為：「上帝的福音統治教會，上帝的律法統治世俗社會」。然而路德派實際上盡量與政府保持密切聯繫。在德國和斯堪的那維亞各國，路德派都是國教。聖公會毋庸說自然是與國家密切結合的，至今英國君主仍然是英國國教會的最高領導。喀爾文個人的主張雖傾向教會與政府的合一，從而形成神權統治，然而由於他對教派內部民主的堅持，卻使得在他影響下的其他各個教派都主張政教分離。當然這也是因為原先神權政治的理想既然無法達成，只好退而求其次，要求政府不要來干預宗教。不過這個理念卻在無意中促成了宗教自由的實現。

聖經至上：天主教和東正教除聖經之外，也承認教會的傳統為權威：例如教宗的諭旨、大公會議的決議、早期教父的言論。新教則只接受聖經為最高權威。

信仰告白：新教各派經常舉行會議以制訂信仰告白或信綱，其中

包括 1530 年路德派的《奧古斯堡信仰告白》；1566 年改革派的《第二赫爾維蒂信仰告白》（Second Helvetic Confession）和 1646 年的《西敏寺信仰告白》等。信仰告白對於這些教派而言，其性質有點類似現代立憲國家的憲法。

清教主義（Puritanism）

從十六世紀中葉到十七世紀英國聖公會內部的改革運動。清教徒一詞大約始於 1560 年代，源於拉丁文的 Purus，意為清潔。

1534 年，英格蘭國王亨利八世宣布英國聖公會與天主教分離，聖公會在教義上雖然具有某些新教特點，但在組織制度、崇拜禮儀等方面仍保留著不少天主教舊制。因此，信奉喀爾文主義的清教徒要求進一步改革。他們認為聖經才是唯一最高權威，任何教會或個人都不能成為傳統權威的解釋者和維護者。他們主張清除聖公會中殘存的天主教舊制，以蘇格蘭、日內瓦、蘇黎世、法蘭克福等新教教會為楷模，建立長老制教會。清教徒與聖公會之間激烈的爭論和衝突，從伊利莎白一世時一直持續至詹姆斯一世時期。

清教徒中以布朗（Robert Browne）為代表的激進派（又稱分離派或獨立派）提倡共和政體，堅持政教分離，主張用長老制改組國教會，擯棄一切形式的偶像崇拜，簡化崇拜儀式，讓更多的信徒管理教會，允許地方教會有較大獨立性。1620 年，首批清教徒乘五月花號在北美登陸。1630 年後，清教徒向北美大批移民，並在當地建立清教徒式教會。清教遂成為殖民初期北美最主要的宗教信仰。

衝突在查理一世統治期間（1625-1549）達到早高潮，結果則是清教革命的爆發（1642）。革命最後以查理一世被送上斷頭台（1649）、克倫威爾建立共和政體告一段落。而在此期間，國會也聚

集了各地清教徒代表召開西敏寺宗教會議（1643-1648），並公布《西敏寺信仰告白》。此一信仰告白成為日後清教徒各教派（長老派、洗禮派、教友派等）的一個信仰基礎。

　　1660 年查理二世復辟，國會通過《信奉國教法》，清教徒又遭到迫害。一直要等到 1688 年「光榮革命」，威廉和瑪麗由荷蘭入主英國。1689 年，國會通過《寬容法》，宗教自由的問題終獲解決。

　　清教的影響：就宗教倫理而言，清教徒的道德觀與天主教、猶太教或其他標榜聖經教誨的教派沒有什麼區別，但是清教徒更加認真地遵守十誡和其他誡律。在政治上，清教徒自居為上帝的選民，這本會導致選民專制；然而，選民本身是互相平等的，在新英格蘭的聖徒統治中，至少聖徒之間有民主。後來真偽聖徒難辨，於是參政權逐漸擴大，聖徒的民主變成了社會的民主。清教徒擔心人人會犯罪，從而認為世上一切權力必須受到限制。美國憲法中關於制約與平衡的條款即來自清教主義的這種影響。最後，清教徒為了抵制罪惡，把家庭和教會都辦成修身學校，培養重視私德和對社會負責的個人，這就使民主憲政得以落實。

馬丁路德（Martin Luther, 1483-1546）

　　德國教士、宗教學者，礦場經營者之子，他攻擊天主教各種謬誤的《九十五條論綱》掀起了歐洲史上著名的宗教革命。他原先攻讀法律和哲學，1505 年進入奧古斯丁修道院。兩年後任牧師，並在威登堡（Wittenberg）大學繼續研究神學，擔任聖經神學教授。1510 年到羅馬旅遊，驚見教士腐化的情形，因恐懼宗教報應的正義而苦惱。當他依著信仰想起「稱義」──「因為神的義正在這福音上顯明出來；這義是本於信，以致於信。如經上所記：義人必因信得生」（《新約·

羅馬書》1: 17）——從而了解到救贖是經由上帝恩典所給予的恩寵時，他的精神危機解決了。他要求天主教會進行改革，抗議赦罪券的販賣和其他濫權，1517 年他把《九十五條論綱》貼在威登堡教堂的門上。1521 年路德所譴責的主要對象教宗利奧十世開除了他的教籍，而他在批判聲浪中藏匿於瓦特堡。他在那裡把聖經譯為德語，好讓一般人能夠閱讀；長久以來，他活潑的譯文被視為德語歷史上最偉大的里程碑。後來，路德回到威登堡，1525 年娶還俗的修女波拉為妻，成立家庭。雖然他的佈道是農民戰爭（1524-1526）的主要導火線，但他對農民的強烈譴責卻導致他們的戰敗與被屠殺。路德所掀起的宗教改革終止了羅馬天主教會在歐洲的獨尊地位，並導致了路德派的出現，1530 年由梅蘭希頓擬定、路德認可的《路德派信仰告白》或《奧古斯堡信仰告白》確定了此一教派的成立。

路德派（Lutheranism, 亦稱信義宗）

以馬丁路德的宗教原則建立的基督教會分支，起於宗教改革運動之初。路德派教會通常自稱「福音的」（Evangelical），以別於「改革派的」（Reformed, 特指喀爾文派）。路德派運動經大半個德國散佈到斯堪地那維亞半島，在那裡成為法定教會。定居於新荷蘭和新瑞典（德拉瓦河畔）的移民把路德派帶到新大陸，並在十八、十九世紀散佈到美國中西部各州。其信條包含在路德的教義問答和《奧古斯堡信仰告白》中。路德的教義強調單因信仰而獲救贖（因信稱義），以及聖經為教會權威的優越性。路德派是非天主教和非東正教的基督教派中，年代最久、人數最多的一支。它在地理分布上曾特別集中於北歐、西歐和德國人與斯堪地那維亞人所居住的國家。在瑞士、北海沿岸的低地國與蘇格蘭這些以喀爾文新教為主的國家中，它的勢力較

弱，在以安立甘派（Anglican Communion, 聖公會）為主的大英帝國
與大英國協中也居次要地位。

梅蘭希頓（Philipp Melanchthon, 1497-1560）

　　路德教派《奧古斯堡信仰告白》的作者、宗教改革家、神學家和
教育家。路德宗教觀的辯護者。1521 年出版了《教義要點》（*Loci
communes*），最先有系統地討論福音派教義。1528 年，梅蘭希頓出
版了《考察者指導綱領》（*Unterricht der Visitatoren*），除了一項福
音派教義聲明外，書中尚包括一份小學教育大綱。薩克森把這份大綱
制定成法律，首創真正的新教公立學校制度。梅蘭希頓的教育計畫在
德意志廣泛被採行。他本人、他所著的教科書和訓練的老師實際上改
革了德意志的整個教育制度。他協助創辦耶拿和馬堡（Marburg）等
大學，還改革了其他包括威登堡、萊比錫、海德堡等大學。他的努力
為他贏得「德意志教師」的美名。

埃克（Johann Eck, 1486-1543）

　　德意志天主教神學家，宗教改革時期天主教的主要辯護者，馬丁
路德的對手。原名邁爾（Johann Maier），早年以故鄉地名埃克（Egg
或 Eck）為別名，遂以此行。他在 1508 年成為司祭，1510 年獲神學
博士學位，同年任因戈爾施塔特（Ingolstädter）大學神學教授。雖
然身為天主教神職人員，埃克早年卻也有不顧天主教義、而為投資
取息者辯護的記錄。埃克原與路德頗有交往，但在 1517 年路德發表
《九十五條論綱》後，友情遂告結束。1518 年埃克發表小冊子，斥
路德的著作為胡斯派異端。在著名的 1519 年萊比錫辯論會上，埃克
舌戰路德及其門徒卡爾施塔特（Andreas Karlstadt），論題包括人的自

由意志、羅馬教廷的至高地位和教會會議的永無謬誤。此後多年，在對抗宗教改革運動的辯論裡，埃克都是天主教會的主要捍衛者。埃克著作甚多，*Enchiridion locorum communium adversus Lutherum et alios hostes ecclesiae*（1525）一書，係針對路德以及其他新教論者的答辯。此書成為埃克著作中發行量最大者，到 1600 年已用不同語言印行 91 版，是十六世紀最著名的天主教辯論手冊。埃克亦曾仿傚路德翻譯《聖經》的德文版（1537），以供德語系天主教徒使用，然而其結果卻大大令人失望。

喀爾文（John Calvin, 1509-1564）

　　法國新教神學家，十六世紀歐洲宗教改革運動的主要人物。喀爾文在巴黎大學攻讀宗教，並在奧爾良、布爾日研習法律。1531 年回到巴黎，開始研究聖經，隸屬於強調「恩寵」而非「行為」以得救贖的運動。宗教迫害迫使他遷居瑞士巴塞爾，在那裡寫下《基督教原理》（1536）。成為新教領袖之一後，他到日內瓦協助建立該城的新教教會。1538 年被該城的教父們驅逐出境，被迫移居史特拉斯堡。1541年日內瓦議會按照他的「宗教儀式」施行教會儀式，包括強制實施性道德和廢止天主教「迷信」，他才回到日內瓦。1555 年喀爾文在日內瓦成功建立了神權政治，他在那裡擔任牧師和日內瓦學院的院長，撰寫佈道詞、聖經評論和信件，這些文獻構成喀爾文派教義的基礎。喀爾文的影響不僅在法國、德國、蘇格蘭、荷蘭和匈牙利的新教教會中歷久不衰，在英格蘭教會中亦復如此。在那裡，喀爾文至少在與國教分離的清教徒中間長期受到高度尊重。英格蘭教會成立自己的長老會或公理會，它們把喀爾文思想帶到北美。直至今天，這些教會仍把喀爾文崇奉為它們的創始人。後來，喀爾文神學為洗禮派各主要團體

所廣泛接受。

　　作為一個不斷捲入政治旋渦的人物，喀爾文當然也有其嚴酷的一面。儘管主張教會民主，神職人員也都是經由選舉產生，但對非本派的教徒鎮壓也相當殘酷，例如 1553 年，他就曾將當時被視為異端神學家的塞爾維特（Michael Servetus）用火刑燒死。這個事件導致他遭受相當的批評，法國神學家卡斯特利奧（Sebastian Castellio, 1515-1563）在《論異端》（*Concerning Heretics*, 1554）一書中即強調：「當塞爾維特以理性和文字戰鬥時，他只應被理性和文字反擊」。

喀爾文派（Calvinism）

　　基督新教中由喀爾文所提倡和發展的一派神學。該詞也指一些由追隨者所發展的喀爾文教義，還可以指來自喀爾文和追隨者作品中的教條和實踐，這些後來成為改革派和長老派的主要特點。十六世紀馬丁路德發動宗教改革，很快傳遍歐洲各地，各國政府逐漸不能容忍異端，宗教迫害開始，難民亦隨之湧入日內瓦。喀爾文歡迎他們，把他們中的許多人培養成牧師，然後把他們送回本國傳播福音，並與他們通信，提出意見，加以支持。這樣，日內瓦成為國際運動的中心和其他地區教會的榜樣。蘇格蘭喀爾文派領袖諾克斯（John Knox）把日內瓦描寫為「自使徒時期以來世界上最完美的基督學校」。而喀爾文的理念自然也隨之傳佈各方。在十六、十七世紀，喀爾文派是日內瓦神權政府和清教的新英格蘭的根基，並強烈影響了蘇格蘭的長老教會。

　　喀爾文派的教義和路德派基本相似，也承認人因信仰基督而蒙恩稱義，喀爾文派的主要特點是選舉長老監督教務，長老負責聘任牧師，再由牧師和不具聖職的長老集體管理教會。喀爾文派認為任何人

都不得享有無限權力，並且認為教派人士可以參加政治活動，使世俗更加接近上帝的旨意。所以喀爾文派掌權的國家，一般教徒更重視經濟、民主制度和公眾教育，但多數人專政的情況也更嚴厲。喀爾文派注重宣講教義，儀式都用當地語言，這使得喀爾文派比較容易在當地生根。

　　除了**因信稱義**外，喀爾文派教義的另一個核心是**上帝預定論**，主張上帝僅對選民施予恩典並給予救贖，而且是早就預定好的；換言之，不因人的作為而有任何改變。這個信仰在 1619 年荷蘭多爾德會議（Synod of Dort）上得到進一步的鞏固。會議清楚地說明預定論的各種必然結果，並以其為基本教義——即被合為「鬱金香」（Tulip）一字的五個基本論點。由於各地方的新教教會代表出席了這個會議，使得此一教義對許多新教教派產生重大影響。參見附錄 8 多爾德信條。

預定論（predestination, 預選說）

　　謂凡得救之人都早已為上帝所預先選定。基督教此一教義的最根本淵源來自使徒保羅的一段話：「因為祂（上帝）預先所知道的人，就預先定下效法祂兒子的模樣，使祂兒子在許多弟兄中作長子。預先所定下的人又召他們來，所召來的人，又稱他們為義，所稱義的人，又叫他們得榮耀」（〈羅馬書〉8: 29-30）。西元三世紀時奧古斯丁根據保羅書信中關於原罪和恩寵的論述，結合自己轉變信仰的宗教體驗，系統地發展成原罪論和恩寵論，用以反對佩拉吉斯主義[1]關於人

1　佩拉吉斯主義（Pelagianism），五世紀由佩拉吉斯（Pelagius, 354-418）等人首倡的基督教異端教義，反對奧古斯丁所主張的原罪以及上帝預選的觀念，強調人本性善良（因為是上帝所創造的）以及人的自由意志。簡而

對善惡選擇的自由意志論。奧古斯丁認為,由於亞當的墮落,禍及子孫,把罪帶給後代,人類從此失去了向善的能力,在罪惡中不能自拔;只有依靠上帝賜予的恩寵,才能信仰基督,稱為義人;他又認為這種恩寵只有上帝預先選定的人才能獲得。人類的其餘部分,上帝仍讓他們處於罪惡之中,遭受正義的懲罰。這就是他的預定論。這種預定論成為日後喀爾文與其他清教所信仰的「正反聖定」的基礎,在多爾德(Dort)宗教會議上正式提出。根據這種理論,上帝從亙古已預定拯救什麼人和詛咒什麼人,根本不考慮他們有無信心、愛心或善行。

貝札(Theodore Beza, 1519-1605)

法國新教神學家,喀爾文追隨者。1535-1539 年在奧爾良學習法律,後在巴黎作律師。1548 年到日內瓦會見喀爾文,當時喀爾文正對瑞士的政治和教育制度進行改革,貝札欽服之餘接受了喀爾文的宗教改革理念。一年後貝札任洛桑大學教授。其後數年他巡迴歐洲各地宣傳新教思想,1558 年返回日內瓦。

1559 年與喀爾文合作創辦日內瓦學院,並任首任院長,該學院即日後的日內瓦大學,為喀爾文派的教育中心。1564 年喀爾文死,貝札繼承他的職位,任日內瓦教會首席牧師終生。他的大量著作,對改革派神學的發展影響甚大。有些研究者甚至認為:日後所謂的喀爾文主義根本就不是喀爾文所創,而是貝札的。此外,貝札還曾接受喀爾文的委託,在 1544 年接手馬利特(Clement Marot, 1497-1544)未

言之,佩拉吉斯認為人性完全可以控制、因此也就完全得以為一己之救贖負擔起責任。洗禮也因此而毫無意義。佩拉吉斯在 418 年受到譴責並處以破門律。431 年,羅馬教會再次宣佈佩拉吉斯主義為異端。——譯註

完成的工作,將大衛〈詩篇〉剩下的一百首譯成法文(1562),並定
名為《日內瓦韻文詩篇集》(*Genevan Psalter*)。這本詩集,風靡全歐,
大受新教徒歡迎,是基督教聖詩史上極其重要的工程,英國聖詩之發
展受此影響匪淺。讚美詩第九首〈向主歡呼〉(詩篇第 134 篇)是《日
內瓦韻文詩篇》中最著名的一首。

休格諾派，改革派，伊拉斯派，長老制，非國教派，平均派，獨立派，公理派，阿明尼烏派，教友派，再洗禮派，門諾派，洗禮派，虔敬派，索齊尼派，衛理公會，共濟會，家庭派，基督教科學派

休格諾派（Huguenot）

十六、十七世紀歐洲宗教改革運動中興起於法國而長期慘遭迫害的新教教派。Huguenot 一字來源說法不一，通常認為來自德文 Eidgenossen，意為「誓約同盟者」。宗教改革運動肇始於德意志（1517），迅速蔓延到法國，特別是在經濟衰退地區和對現存政治制度不滿的人們中間。法國新教徒不久即受迫害，逃避迫害的流亡者大量來到斯特拉斯堡，其中最著名的是喀爾文。他於 1534 年離開該地前往瑞士巴

塞爾，在巴塞爾寫成《基督教原理》，該書卷首即以致當時法王法蘭
西斯一世的信作為序言，為法國宗教改革派申辯。1538 年，喀爾文
應邀訪問斯特拉斯堡，將當地法國信徒組織起來，成立教會。1546
年按照斯特拉斯堡教會模式在莫城（Meaux）成立教會，是為法國境
內的第一個休格諾派教會。休格諾派成員的數量迅速增多，當宗教戰
爭爆發時（1562），法國約有新教修會 2000 多個，教徒達百萬人。

　　自部分貴族改宗新教後，宗教糾紛演變為新教與天主教兩派封建
貴族爭奪政治權力和經濟利益的武裝衝突。在科利尼領導下，休格諾
派跟天主教政府、吉斯家族（House of Guise）之間的衝突，造成了綿
延三十餘年的宗教戰爭（1562-1598）。1593 年，亨利四世放棄新教，
改信天主教，但 1598 年他頒布了南特敕令（Edict of Nantes），授予
新教徒權利，終結了內戰。1620 年代內戰再起，休格諾派喪失政治
勢力，繼續遭受折磨並被迫改宗。1685 年，路易十四世廢除南特敕令；
接下來數年，超過四十萬名的新教徒離開法國，移居英格蘭、普魯士、
荷蘭和美洲。他們中間許多人是從事工商業的城市居民，這些人的出
走可能使得法國元氣大傷，以致於在日後的產業革命中受挫。

改革派（Reformed church, 又譯歸正宗）

　　新教主要宗派之一，以喀爾文的宗教思想為依據，亦稱喀爾文
派。原先在十六世紀宗教革命後，凡參加宗教改革運動的各教會都使
用改革派或福音派（Evangelical），以區別於「未改革的」的天主教
會。後來，這些教會在聖餐問題上發生爭論（1529 年後），在教會
管理體制、教義上逐漸產生分歧。為了區別，路德的追隨者遂專用「路
德派」（Lutheran），而改革派一詞則用來指喀爾文派各教會（一度
也包括聖公會）。後來，不列顛列群島上的喀爾文派教會大多採用長

老派（Presbyterian）這個名稱，改革派則專指歐陸喀爾文派各教會。

伊拉斯派（Erastian）

　　此名由伊拉斯都（Erastus, 1524-1583）而來。伊拉斯派把教會視為一種社團，乃是依照國家所訂的規章建立。教會的職員，僅為教師或傳道人，除非得到地方長官的委託，否則無權過問教會的管理。換言之，治理教會乃國家之事務。教友的處罰（包括開除），概為國家權限。教會法定的職員，僅可由政府委任，加以執行。這種理論被英格蘭、蘇格蘭，與德國的基督教會所接受。然而此一理論與耶穌基督為教會元首的基本原則抵觸，因此爭議自然無法避免。

長老制（Presbyterian）

　　長老制，或稱代議制、議會制，是一個以議會形式管理區會的制度。議會內的成員由各分堂選出長老，代表該堂出席會議。顧名思義，長老會就是採用長老制的教會。十六世紀宗教改革運動中由瑞士和萊茵區的宗教改革家創始，世界各地改革派和長老派教會略加改動而採用。長老制的根據如下：依據喀爾文關於教會行政的理論，教會的唯一首腦是基督，在基督之下教友一律平等，故教牧工作是全教會的工作，由眾多工作人員分擔。執掌職務的人一律由他們所代表的教友推舉。在全體教友中具有代表性的職司人員、牧師和長老組成堂議會，對教會實行管理和指導。其次則是，在基督教初期（亦即使徒與福音書時代），各地教會基本上是由當地教徒推舉出來的「長老」或「監督」來負責管理的。〈使徒行傳〉20: 28，保羅對以弗所教會的長老說：「聖靈立你們做全群的監督，你們就當為自己謹慎，也為全群謹慎，牧養神的教會，就是祂用自己血所買來的」。長老是如何產生的，聖

經並無明文規定，只有擔任長老的條件，在〈提摩太前書〉3: 6-7 裡，保羅倒是對提摩太提過：「初入教的不可作監督，恐怕他自高自大，就落在魔鬼所受的刑罰裡。監督也必須在教外有好名聲，恐怕被人毀謗，落在魔鬼的網羅裡」。似乎是眾人推舉產生的。其實當時的羅馬教會遠尚未取得日後獨尊的權位，實際上也不可能指派各地的主教或長老。

非國教派（Nonconformist）

英王亨利八世在位時期（1509-1547），因為婚姻和王位繼承問題與羅馬教廷決裂，遂建立獨立的英國聖公會，並於 1534 年宣布英格蘭國王為聖公會首腦。聖公會自此成為英國國教。十七世紀清教徒運動興起，終於演成內戰（1642-1651）以及共和政體（1649-1660）的建立。共和政府鎮壓聖公會，1660 年王室復辟，聖公會恢復國家教會的地位。非國教派即指十七世紀以後出現的新教教派如洗禮派、長老會、教友派等等。在蘇格蘭，國教是長老教會，因此其他教會包括聖公會都屬於非國教派。

平均派（the Levelers）

英國清教內戰時期的一個激進黨派，平均派之名是這項運動的敵人所取的，他們指控平均派企圖「將所有人的生活都降至一個最低而統一的水平」。平均派的群眾基礎主要是倫敦市支持國會的下層市民。他們要求真正主權應移轉至下議院（排除國王與貴族），男子均有投票權，重新分配席位，以及每年或兩年的國會會期（使這個立法機構真正具有代表性），政府應地方分權。他們提出一項符合小資產者利益的經濟改革計畫，主張法律之前完全平等、廢止貿易壟斷、重

新開放政府封閉的土地分配給無地者，保障有登記的土地所有權、不得徵兵（強迫入伍服役），大幅改革法律、要求不納什一教區稅、宗教信仰、言論與組織的完全自由。平均派曾經得到清教徒新軍的部分參與，然而他們最終並未能獲得當時真正掌控軍隊的實力人物——克倫威爾——的支持。因為，克倫威爾本人是屬於由資產家、商人等所組成並主張共和制的獨立派。有組織的平均派運動以 1649 年克倫威爾武力的全面鎮壓告一段落。

獨立派（Independent, 亦稱分離派 Separatist）

　　十六、十七世紀要求脫離聖公會，主張僅由真正信奉基督的人組成獨立地方教會的英格蘭基督徒，他們後來通稱公理派（Congregationalists）。1649-1660 年克倫威爾共和政府時期，獨立派在英格蘭政治影響甚大，歷經鎮壓而不衰，逐漸成為除聖公會外最重要的教派。獨立派一批信徒於 1608 年遷往荷蘭，其中又有一些人於 1620 年移居今美國麻薩諸塞州普里茅斯，即是第一批清教主義移民。

公理派（Congregationalism）

　　十六世紀末、十七世紀初興起於英格蘭新教教會的一個基督教運動，強調各個教堂有不從屬於任何人間權威而決定自己事務的權利和義務。堅持這種教會管理原則的即被稱為公理主義或公理派（Congregationalists）。公理制教會的起源通常可追溯到 1581 年，即布朗（Robert Browne）在諾維奇（Norwich）成立的第一個自由教會，主張教會應由真正基督徒組成，並由信徒自行治理。布朗不單認為教會應該用公理制，即會眾治理教會，更宣揚完全分離的理論；他認為各地方的堂會都應該是獨立的，不受外來勢力的干預。還有，每個教

會的崇拜應該用最簡單的儀式；在任命傳道人一事上，教會不應太注重他的學歷，卻應注重是不是有聖靈能力的人。公理制的管理方式後來為許多新教教派所採用，例如教友派、洗禮派等。

阿明尼烏派（Arminianism）

　　基督教新興教派。興起於十七世紀初，以開明觀點反對喀爾文的預定論，認為上帝的威權與人的自由意志互不矛盾。該派因荷蘭萊頓（Leiden）大學改革派神學家阿明尼烏（Jacobus Arminius, 1560-1609）而得名。阿明尼烏派的具體觀點如下：（1）承認自由意志或人的能力（喀爾文派則是，人的完全無能或全然敗壞）；（2）有條件的揀選（喀爾文派則是，無條件的揀選）；（3）普世救贖（喀爾文派則是，特選救贖）；（4）聖靈可以被抗拒（喀爾文派則是，有效——不可抗拒——的恩典）；（5）從恩典中墮落（喀爾文派則是，聖徒蒙保守）。總而言之，在阿明尼烏派，是人，而不是神，決定誰是救恩禮物的接受者；喀爾文派則反之。阿明尼烏派在 1618-1619 年的多爾德（Dort）宗教會議上受到譴責，並一度受到迫害。1630 年在法律上獲得容忍，最終在 1795 年得到荷蘭官方的承認。阿明尼烏派對於近代荷蘭及歐洲的神學影響頗巨，同時也影響到英國的衛理公會。參見附錄 8 多爾德信條。

教友派（Society of Friends）

　　又稱為貴格會（Quaker）或公誼會，十七世紀中葉由喬治‧福克斯（George Fox, 1624-1691）創立的一個基督教教派，是一個強烈反對制度宗教的新教教派：一方面，它憎恨教會的一切儀式、傳統、權威，否認聖禮的價值；另一方面，它強調個人心中的靈性，視之為信

仰的最高權威，強烈批評喀爾文教派的悲觀、消極態度。教義是以「內在之光」為其中心論點。換言之，人只有在透過聖靈而被賦予「內在基督」、「來到此世照耀一切人身上的內在之光」後，才能體悟聖經的真理，屬於虔敬主義的一派。由於祈禱時使虔敬的身體顫抖，而戰兢、發抖，在英文是 quaker，中文意譯為「震顫者」，音譯貴格會。故稱為"Quaker"。1682 年，英國政治家威廉潘（William Penn, 1644-1718）率領大批教友派人士移居北美賓夕法尼亞州，並依其宗教及政治理想組織殖民地團體，實際掌握該州政權，而教友派也自此成為美國重要教派之一。

再洗禮派（Anabaptist）

　　十六世紀歐洲宗教改革運動中的激進派，該派最突出的特點在於主張唯成年受洗（baptism）方為有效。他們遵循瑞士宗教改革家茲文利的說法（不過最後還是和茲文利鬧翻而被迫害），認為嬰兒不應受到罪的懲罰，只有到了能夠區別善惡之後才可以行使自由意志、告解悔改而接受洗禮。再洗禮派主張政教分離，反對基督教徒以武力維持社會秩序或從事正義戰爭，拒絕發表非宗教性的誓願。成千上萬的再洗禮派信徒即因堅持自己的信仰而被迫害。再洗禮派運動後來有幾個分支：一個是胡特爾派（Hutterite），雖經多次迫害，現今仍然存在，主要分布地區在加拿大和美國西部。其次，以霍夫曼（Melchior Hofmann）為代表的霍夫曼派，流傳於德意志西北部和荷蘭。1534年霍夫曼部分門徒曾在德意志閔斯特（Münster）建立烏托邦式公社，等候末日來臨。閔斯特於1535年被德意志軍隊攻占，再洗禮派受到血腥鎮壓。另一個是門諾派（Mennonite），這是荷蘭和德國北部信奉和平主義的再洗禮派信徒，於1536年在門諾西蒙（Menno Simons）的

領導下成立的，詳見門諾派。

門諾派（Mennonite）

　　再洗禮派（Anabaptist）的一支。再洗禮派自 1525 年成立後，逐漸走上激進路線，因此遭到各國政府以及天主教與基督新教等各方勢力的鎮壓，終於釀成閔斯特事件。閔斯特事件中，再洗禮派遭受慘重打擊，幾乎一蹶不振，最後在門諾西蒙（Menno Simons, 1496-1561）的領導下，一支溫和的再洗禮派在十六世紀後半期興起。門諾西蒙原為天主教徒，西元 1524 年在自己家鄉菲仕蘭被立為天主教神父。他事奉的第一年，便開始懷疑「化質說」的教義。許多事情發生，使他不得不在聖經上多下功夫，並研讀早期作者和路德等改教領袖的著作。直到西元 1536 年，他才脫離羅馬天主教，加入菲仕蘭再洗禮派。他在荷蘭及德國各地旅行，每到一處，必將信徒組成教會，藉講道及寫作勸勉他們。不久以後，這批信徒就以「門諾派」取代了「再洗禮派」。他們最大的貢獻，是強調政教分離。1663 年他們首次移民北美洲。1870 年代，許多俄羅斯門諾派信徒因喪失兵役豁免權而移民美國。如今，在全世界許多地方都能找到門諾派信徒，尤其是在南北美洲。他們崇尚簡樸的生活，許多教徒拒絕宣誓及服兵役。

洗禮派（Baptists）

　　基督新教教派之一。因反對嬰兒受洗，主張只對理解受洗意義的信徒施洗，洗禮採用全身浸入水中，不用點水於額方式，故名。十七世紀初，曾受再洗禮派影響的英國牧師史密斯（John Smyth, ?-1620）創立施行浸禮的小團體。有人將其視作洗禮派的起源。也有人將其淵源追溯到十六世紀的再洗禮派和中世紀一些主張類似儀式的派別。在

十七世紀英國清教徒運動中，流亡荷蘭的分離派清教徒在史密斯領導下，於 1609 年根據自己對新約教會理論的了解，組成洗禮教會，後併入再洗禮派殘存成員所組織的門諾會。1612 年，反對合併者在赫爾韋斯（Thomas Helwys）帶領下另組洗禮教會，因信奉阿明尼烏派（Arminianism），相信救恩普及，即基督乃為普遍救贖人類而死，故稱普救洗禮派（General Baptists）。1638 年，部分非分離派清教徒另組洗禮教會，因信奉喀爾文主義，認為基督只為特選之人（預定得救之人）而死，故稱特選洗禮派（Particular Baptists）。兩派都認為教會是僅由信徒組成的自治團體，應按新約教會模式進行管理。普救派信徒後多轉入教友派，洗禮派的主要傳統則為特選派所沿襲。

1639 年，威廉斯（Roger Williams）在美國普羅維登斯（Providence）創立第一個洗禮教會。1641-1648 年間，克拉克（John Clarke）在紐波特創立的特選洗禮派教會在各地相繼建立。美國獨立後，各地洗禮派聯合會紛紛建立，特別是在農村和西部的印第安人、黑人和移民中發展迅速，成為南部各州最大的宗教團體。美國黑人在奴隸制廢除後也自組教會，現有約一千萬人，占美國黑人教徒總人數的 66%以上，1960 年代著名的黑人民權領袖金恩（Martin Luther King, Jr.）即為此派信徒。目前洗禮派為美國教徒最多的新教宗派。

洗禮派多數教會的特點為：（1）在一切信仰與實踐問題上，最高權威是基督與聖經，堅持教會與國家分離；（2）只對信徒施洗；（3）教會由信徒，即有信仰和體驗的人組成，反對教階制和教區制；（4）在教會生活中，所有基督徒一律平等，因為每一個基督徒都是聖徒，在教會事務上都有權力。在教會組織原則上，洗禮派採用公理制，由會眾代表組成的各級聯合會、均無權控制地方教會，只負責辦理共同關心的傳教、教育和慈善事務。

虔敬派（Pietism）

三十年戰爭（1618-1648）後，日耳曼正式成為一個新教的國家。然而，教會始終沒有脫離與政權的關係，教會中的神職人員，在安排下形同政府的公職，從而造成靈性上的低落。而馬丁路德重視個人與神主觀經驗的理念，逐漸被梅蘭希頓教條式的信仰所取代。十七世紀在德國新教內部興起的虔敬主義，就是針對此一現象而出現的宗教思潮。他們注重個人信仰和內心虔修，反對宗教的制度化和理論化，在德國和北歐地區有著廣泛而持久的影響。虔敬主義起源於路德派牧師史賓納（Philip Spener, 1635-1705）所組織的「虔敬會」，即定期舉辦教徒聚會，進行靈修閱讀活動和精神交流。其後繼者為法蘭克（A. H. Francke, 1663-1727），由於他的緣故，形成以哈勒大學為中心的宗教運動。其後，欽岑朵夫（N. L. v. Zinzendorf, 1700-1760）成立教團，使此一運動成為當時非常重要的宗教潮流。

索齊尼派（Socinian）

十六世紀基督教理性主義派別，該派堅持義大利出生的在俗神學家索齊尼（Faustus Socinus, 1539-1604）的思想。該派的教義大致如下：承認耶穌體現上帝，但耶穌僅僅是人，他雖具有神的職能但並無神性；肉體死亡時靈魂也就死亡，只有堅持遵從耶穌誡命的人靈魂可以復活。該派也主張政教分離。索齊尼派後來以波蘭的拉科夫（Racow）為中心，曾興盛一時。1658 年波蘭議會勒令索齊尼信徒遵奉天主教教義，否則即驅逐出境或處死。隨後大批索齊尼信徒逃往外國，主要是荷蘭、德意志和英格蘭，而索齊尼派即絕跡於波蘭。索齊尼派的一些小教團在英格蘭等地一直生存到十九世紀。

衛理公會（Methodist）

　　音譯美以美會，又稱循道會等。十八世紀衛斯理（John Wesley, 1703-1791）所開創的宗教運動。1738 年，衛斯理在一次宗教體驗後，確信自己已得救贖，遂展開佈道（當時他是英國國教聖公會的牧師），並在聖公會內成立了一個分支。衛斯理並不希望他的信徒脫離聖公會，然而經多年的摩擦，這些人在 1795 年（也就是他死後四年）與英國聖公會正式決裂。衛理公會加強了教會管理體制，結合高度中央集權與有效率的地方機構和吸收平信徒參加佈道，在新興的工業地區取得重大成功。

　　1784 年，衛理公會傳入美國。由於組織嚴密與新的佈道方式，使得衛理公會成為美國新教中一支生氣勃勃的力量，也是美國影響力最大的教派之一。英美衛理公會人士都熱衷於國外傳教事業，遂使衛理公會成為一個普世的宗教運動。

　　衛理公會的教義與一般新教教派大同小異，例如強調信仰的核心在於個人和上帝的關係；禮拜儀式從簡；教牧人員與平信徒都參加教會的禮拜和教會的管理。比較特別的是信徒對衛斯理的忠誠，以及（基本上）對喀爾文主義的排斥。

共濟會（Freemasonry）

　　世界上最大的祕密團體。Freemason 意指「自由的石工匠」，本為十二世紀左右英國的石工、泥水匠們為了保守他們的特殊技術起見，奉施洗約翰為守護者而組成的社團。近代的共濟會就是由一些這樣的分會演變而來的。十八世紀時，共濟會有了急速發展，歐洲各地及美洲都產生新的組織，許多知識分子成了它的會員。普魯士從腓特烈大帝開始的諸君以及法國百科全書派的人士也都加入，成為近代自

由主義、世界大同主義及自然神論的大本營。天主教會視之為危險之
物，自教宗克里蒙十二世對它發出破門律（1738）以來，即遭到歷代
教宗激烈的攻擊與迫害。共濟會常被誤認是基督教組織，但其實也帶
有許多宗教色彩，其綱領強調道德、慈善以及遵守當地法律。會員必
須是相信上帝的存在並堅信靈魂不滅說的成年男子。然而事實上，一
些分會歧視猶太人、天主教徒和有色人種，因而受到指責。大部分共
濟會分會將成員畫為三個主要等級：學徒、師兄弟及師傅。

家庭派（Familist, Familia Caritatis）

又稱「愛的家庭」（Family of Love），起源於荷蘭的基督教派。
由十六世紀荷蘭商人尼克萊斯（Hendrik Niclaes, 1501-1580）首創，
1540-1560 年主要在東菲仕蘭（East Friesland）一帶活動。尼克萊斯最
主要的作品是 An Introduction to the Holy Understanding of the Glasse of
Righteousness（1575 英譯）。在〈天國的喜訊〉（Evangelium regni,
英譯 A Joyfull Message of the Kingdom, 1574）一文裡號召不分宗教、
種族，團結起來參加愛的家庭。帶有相當濃厚神秘主義的色彩。該派
信徒以英格蘭最多，直到十八世紀尚有少量信徒。

基督教科學派（Christian Science）

1879 年愛迪（Mary Baker Eddy, 1821-1910）在美國創立的教派，
以《科學和健康以及領會聖經的祕訣》（Science and Health with Key
to the Scriptures, 1875）一書闡明該派學說，並得到許多信徒。此一
教派以其廣受爭議的精神療法而聞名於世。此外，著名的國際性報紙
《基督教科學箴言報》（The Christian Science Monitor）就是由此一
教會發行的。

附錄
8

教會法，多爾德信條，西敏寺會議，西敏寺信仰告白，奧古斯堡信仰告白，薩伏依宣言，漢撒諾理斯信仰告白，遊藝條例

教會法（canon law）

在某些基督教會中（天主教、東正教、東方教會的獨立教會及英國國教），由合法的教會權威，為管理整個教會或其一部分，所制定的法律彙編。但在法學著作中則通常專指中世紀羅馬天主教的法律。西歐中世紀時，天主教會在經濟、政治與思想上據有支配性的地位，教會雖與世俗政權經常發生權力之爭，但又互相配合，以維護統治。教會法就是在這一形勢下，以基督教神學為思想基礎，吸收了羅馬法原則而形成的。它既適用於教會事務，也適用於許多世俗事務，是西歐中世紀的一種重要法律。天主教教士格拉提安努斯（Gratianus, 1090-1159）於 1140 年編纂成《格拉提安努斯教令》，成為各地法庭採用教會法以及各大學研究和講授教會法的主要依據，奠定了教會法

發展成獨立法律體系的基礎。十三、十四世紀，羅馬教廷又進行了幾次教會法編纂工作。教皇葛列格里十三世（1572-1585 在位）將《格拉提安努斯教令》及其後的幾部教令集合編成一部新教令集，定名為《教會法大全》。這部教會法一直沿用至 1917 年，才為《天主教會法典》所取代。

多爾德信條（Dordrecht Canouns）

荷蘭基督教改革派於 1618-1619 年在多爾德雷希特（Dordrecht）舉行一次國際性宗教會議（Synod of Dort），目的在於解決阿明尼烏派（Arminianism）所引起的爭論。這次會議的最後結論是：譴責阿明尼烏主義，並通過被稱為《多爾德信條》的喀爾文教義的五項基本論點：（1）完全無能力（Total inability）或全然敗壞（Total depravity）：人類由於亞當的墮落而無法以自己的能力作任何靈性上的善事；（2）無條件揀選（Unconditional election）：上帝對於罪人揀選是無條件的，換言之，不受人的信心或作為所影響；（3）特選救贖（Limited atonement）：基督釘十字架只是為那些預先蒙選之人，不是為世上所有的人；（4）不可抗拒的恩典（Irresistible grace）：人類不可能拒絕上帝的救恩；（5）聖徒蒙保守（Perseverence of the saints）：已經得到的救恩不會再次喪失。五個論點開頭的字母合起來恰為「鬱金香」（Tulip）一字。

西敏寺會議（Westminster Assembly）

自伊利莎白女王一世以來，英國聖公會成為主教制，就是由女王直接委任主教治理地方教會，並在公共崇拜中遺留許多天主教的禮儀，此舉引起許多改革的新教徒的不滿，這群忠於改革的人就是當時

的清教徒。1643 年，查理一世當政之時（1625-1649），當時國會的議員以清教徒居多，他們期盼以清教徒改革原則重整英國國教，於是長期國會在西敏寺大教堂召開了一個會議（1643-1652），與會人士有一百二十一位牧師，三十位議院的議員，及八位列席的蘇格蘭代表。對於教會應採取的管理體制，人人看法不同，而以贊成長老制者居多；在神學的立場上，大家則一致認同喀爾文的觀點，否定阿明尼烏派及羅馬天主教。這次會議制訂大、小《西敏寺教義問答》、《西敏寺信仰告白》和《禮拜規定》。1660 年英國政府重新規定教會必須實行主教制，清教徒受到鎮壓，但是西敏寺會議所制訂的這些文獻仍普遍為世界各地長老派教會所採用。

西敏寺信仰告白（Westminster Confession）

　　英語民族基督教長老派的信仰綱要。由西敏寺會議制訂（1646 年12 月），送長期國會審議後於 1648 年 6 月通過。1647 年被蘇格蘭長老教會採納，後來亦被美國和英格蘭的長老教會稍加修改而採用，採用這份信仰告白的還有一部分公理派和洗禮派。1660 年英國王政復辟，主教制行政重新確立，這份信仰告白遂在英格蘭喪失法定文件的地位。此一信仰告白是喀爾文神學、清教信仰及聖經融合的結晶，共有三十三章，其特色有下列幾點：（1）文中論述的次序為聖經、上帝、世人、基督、拯救、教會及末世，成為現代教義神學分段的先驅。（2）開宗第一章的聖經論，華菲德（B. B. Warfield）稱之為基督教中最完美的聖經論告白。（3）預定論在此信條中展現成熟的風貌，平衡地教導了神的主權與人的自由。（4）著重聖約神學，以此解釋在歷史中神與人的關係。（5）確認清教徒所強調的得救的確知。

奧古斯堡信仰告白（Augsburg Confession）

基督教路德派的基本信仰綱要。1530 年神聖羅馬帝國皇帝查理五世在奧古斯堡召開宗教會議，希望能解決境內基督教改革派與羅馬天主教廷的爭執，以團結力量對抗土耳其人的入侵。此一信仰綱要以德文和拉丁文兩種文本於同年六月由信奉路德派的七個邦和兩個自由市呈交給帝國皇帝查理五世。主要執筆人是宗教改革家梅蘭希頓（Philipp Melanchthon），他根據路德派早期各項信仰聲明寫成，目的在為路德派辯護，並用神聖羅馬帝國境內天主教徒所能接受的語言申明教義理論。《奧古斯堡信仰告白》共二十八條，前二十一條闡明路德派的教義，後七條指出前幾個世紀西方教會的種種缺失。原來這是為了要與羅馬天主教做個和解，希望他們接受，但羅馬天主教看完後毫無改革之意，竟發表〈駁奧古斯堡信仰告白〉，使得和解破裂。而梅蘭希頓再起草〈奧古斯堡信仰告白的辯護〉反駁，於是改教者與羅馬天主教正式分裂。

薩伏依宣言（Savoy Declaration）

1658 年英國基督教公理派（Congregationalists）的信仰綱要。由在倫敦薩伏依宮舉行的薩伏依會議制訂。《宣言》在教義方面與清教徒的《西敏寺信仰告白》（1646）大同小異，有關教會行政體制的條文則主張各地方教會自主。《薩伏依宣言》的出現標示著英國公理派的正式成立。

漢撒諾理斯信仰告白（Hanserd Knollys Confession），通稱「第二倫敦信仰告白」

英國特選洗禮派（Particular Baptists）的信仰告白之一。英國特

選洗禮派於 1644 年發表了第一個信仰告白。這個告白強調穿著適當衣服之人的洗禮，並從神的揀選，特殊的救贖，人意志的墮落和聖徒堅守等條目，將特選洗禮派與普救洗禮派（General Baptists）區分開來。它被稱為《倫敦信仰告白》（London Confession），並於 1651 年重新修訂。

1648 年，《西敏寺信仰告白》公布。1677 年，特選洗禮派也採取了《西敏寺信仰告白》作為他們新告白的基礎。他們修改了有關教會、聖禮和民事長官（部分跟從《薩伏依宣言》）的條款，而且略略修改和加長一些章節，以《第二倫敦信仰告白》（The Second London Confession）發表，聲明是由「倫敦和英國眾教會長老和弟兄們（他們是用受洗表明信仰的）在一個凶猛的迫害時期出版的」。

清教被迫害時期結束後不久，此告白便於 1689 年為聚集在倫敦的特選洗禮派教會的代表所採納和肯定，並且成為特選洗禮派遵守的信條。韋伯此處所說的《漢撒諾理斯信仰告白》指的應該就是這個信仰告白。漢撒諾理斯（Hanserd Knollys, 1599?-1691），是當時洗禮派重要領導人之一。不過，Hanserd 在其他文獻裡皆作 Hansard，不知何者為是？

在美國，著名的《費城信仰告白》（Philadelphia Confession）便是起源於上述 1689 年的信仰告白。費城洗禮派協會（Philadelphia Baptist Association）早於 1724 年即正式地肯定他們對此一信仰告白的堅持。之後，在 1742 年，協會加入兩個條款作了些微修改，並重印告白（印刷者是富蘭克林），在美國被稱為《費城信仰告白》。

韋伯此處所說的教義，見之於信仰告白的第三章〈神的旨意〉：

三、按照神的旨意，為了彰顯神的榮耀，有些人和天使被選定

因著耶穌基督得永生，以致祂榮耀的恩典得著讚美。其餘者
遺留在他們的罪行中，被公平定罪，以致祂榮耀的審判得著讚
美。

四、神如此選定和預定的這些天使和人，都是經過個別地又不
可變地計畫；而且他們的數目是確定無疑的，既不可增，又不
可減。

遊藝條例（Book of Sports）

或稱〈遊藝詔〉（Declaration of Sports），英格蘭國王詹姆斯一
世專為蘭開夏發布的詔令，其目的在解決清教徒與大都信奉天主教的
鄉紳之間就星期日娛樂問題所發生的爭執（清教徒堅持星期日除了上
教堂與休息外，不允許有任何娛樂活動）。根據這個詔令，人民可以
跳舞、射箭、跳遠、撐竿跳、舉行五朔節遊藝活動，飲聖靈降臨節聖
酒，跳莫里斯舞（morris dance），樹立五朔節花柱，或進行其他遊
藝活動；但不得在星期日鬥熊、鬥牛、表演滑稽劇或打保齡球。1618
年詹姆斯令英格蘭一切神職人員都必須在教堂宣讀這份詔令，但由
於清教徒強烈反對，此項命令撤銷。1633 年查理一世重新命令貫徹
這份詔令，但他在內戰中被推翻，清教派關於聖日不許進行遊藝活動
的主張再次得以貫徹。直到 1660 年查理二世復辟後，清教徒勢力衰
弱，局面才有所改變。

威克利夫，閔采爾，茲文利，
諾克斯，埃斯特公爵夫人，
古德溫，拉巴迪，福克斯，
威廉潘，巴克斯特，衛斯理，
懷特菲爾德，韓廷頓夫人，
胡克，史文克費爾德，巴克萊

威克利夫（John Wycliffe, 1330-1384）

　　英格蘭神學家、哲學家、宗教改革者。1372 年獲神學博士學位。1374 年受英王委派與教宗代表就英國國教的神職任免權問題進行談判，未達成協議，從此致力於抨擊教宗的權力。威克利夫主張各國教會應隸屬於本國國王，教宗無權向國王徵收賦稅，並建議國王沒收教會土地，建立擺脫教廷控制的民族教會。他否認教士有赦罪權，要求簡化教會禮儀。因此，他遭到教宗葛列格里十一世的譴責與通緝，但獲牛津大學的師生及倫敦市民支持，並得英王的保護。1379 年他開

始有系統的批判羅馬天主教，主要抨擊變體論，即認為聖餐禮上所用的餅和酒果真變為耶穌的肉和血的教義。1381 年英王與教會共同鎮壓農民起義，威克利夫被迫隱居寫作，參與《聖經》英譯的工作。他主張聖經的權威高於教會，教徒應服從基督而非教會。他的追隨者被稱為羅拉德派。1384 年死，三十年後其作品被教會銷毀，遺骸被焚燒揚灰。他的著作對後來的宗教改革者如胡斯、馬丁路德等人皆有重大影響。

閔采爾（Thomas Müntzer, 1490-1525）

　　馬丁路德的學生與支持者，宗教改革運動的激進派領袖，領導 1525 年的日耳曼農民戰爭的重要領袖之一，對近代歐洲的宗教和社會都有重大影響。閔采爾神學中革命的一面在於，他認為地上反基督的政府終究要被戰勝，而這種轉變要由平民按照上帝的旨意去完成。農民戰爭雖曾成功一時，然而 1525 年 5 月 15 日一役，農民軍敗於優勢的諸侯軍，閔采爾被捕，在米爾豪森被殺害。

茲文利（Huldrych Zwingli, 1484-1531, 亦譯慈運理）

　　瑞士神學家，近代歐洲宗教改革運動肇始者之一，喀爾文的先行者。茲文利在維也納和巴塞爾接受教育，深受人文主義影響。他反對天主教傳統、贖罪券和教會儀式等，原本深受馬丁路德影響，後來自成一派。在嬰兒洗禮上，茲文利曾與再洗禮派創始者試圖廢除嬰兒受洗的傳統，但後因現實政治的考量，茲文利與再洗禮派分道揚鑣，並反過來鎮壓他們。1529 年在馬堡（Marburg）與馬丁路德舉行會議，雙方企圖協調在宗教改革思想上的分歧。茲文利反對馬丁路德在信徒聚會中保留如唱詩、聖餐等儀式；此外，馬丁路德認為在聖餐禮儀式

中，基督的確是親自降臨。而茲文利則認為聖餐禮只是一種象徵性的紀念儀式。會議至終無法在聖餐禮問題上取得共識，結果聯盟不果。1531 年，在第二次卡佩爾戰役中，茲文利任蘇黎世軍隊的隨軍牧師，死於卡佩爾附近的戰場。

諾克斯（John Knox, 1514-1572）

　　蘇格蘭宗教改革領袖，蘇格蘭長老教會的創始人。1540 年任司鐸。他後來加入新教，1547 年被法國天主教徒逮捕，在囚船服苦役。1549 年由於英國人干涉，諾克斯才獲釋，往後四年在英格蘭傳教，影響了英國聖公會的發展。信奉天主教的瑪麗一世繼承英國王位後，他逃往歐陸。1554 年在法蘭克福和日內瓦任牧師，在此期間深受喀爾文影響。1559 年返回蘇格蘭。1560 年在英軍支持下，蘇格蘭完全由新教徒掌握。蘇格蘭議會舉行會議，討論宗教問題。由諾克斯和另外三人共同寫成《蘇格蘭教會信仰告白》，這份文件在措詞上遵循喀爾文教義而較為溫和，同時比較著重聖禮；它經過議會討論，定為國教綱領，長老派教會自此出現。1561 年，天主教徒的蘇格蘭女王瑪麗登場，與諾克斯展開一場劇烈的鬥爭，瑪麗雖於 1567 年退位，但天主教與長老派的鬥爭卻持續有百年之久，直到 1689 年英格蘭的威廉和瑪麗登位，蘇格蘭的長老制才確立了下來。

埃斯特公爵夫人（Duchess Renata d'Este, Renée of France, 1510-1574）

　　法王路易十二世的次女，義大利和法國宗教改革史中的重要人物。1528 年嫁義大利貴族埃科爾‧埃斯特（Ercole d'Este），後者於 1534 年成為費拉拉公爵。她在費拉拉的府邸成為自由派思想家的聚會地和法國新教徒的避難所。1536 年，喀爾文曾親自拜訪她。在喀爾

文的影響下,她於 1540 年停止奉行天主教儀式。1559 年夫死,1560
年返回法國,住在蒙塔日(Montargis),她使那裡成為宣傳新教的中
心。在法國宗教內戰(1562-1598)期間,她的城堡受到女婿吉斯公
爵的圍攻(1562),她也遭到過天主教軍隊的襲擊。韋伯在本書曾提
到:「埃斯特公爵夫人致喀爾文的著名信件裡談到,她將對自己的父
親與丈夫抱著「憎恨」之心,**如果**她最後確信他們是被神捨棄者;這
顯示,憎恨已轉移到人身上,同時也是個例證,證明我們前面所說,
個人的內在是如何在預定論的教義下,從基於「自然的」感情所連結
起來的共同體的牽絆當中解放出來」(1-2-1 註 116)。

古德溫(Thomas Goodwin, 1600-1680)

　　英國清教徒教士。1632-1634 年任劍橋三一教堂牧師,1639 年
逃往荷蘭以避免大主教勞德(William Laud)的迫害,長期國會召
開後(1640)才回到英國。自 1649 年,即克倫威爾共和的第一年,
至九年後護國時期結束,任牛津大學馬格達倫(Magdalen)學院院
長,參與審訊異端教牧人員。自 1656 年起即擔任克倫威爾的私人
牧師。1658 年參與起草公理派的信仰告白《薩伏依宣言》(Savoy
Declaration)。他的作品為五卷的佈道辭與其他著作,出版於 1682-
1704 年間,至少曾再版了 47 次。

拉巴迪(Jean de Labadie, 1610-1674)

　　法國神學家。原為天主教徒,後改奉新教,成立虔敬主義的拉巴
迪派。先在波爾多耶穌會作見習修士,他曾閱讀過喀爾文的《基督教
原理》,遂於 1650 年 10 月正式聲明參加改革派,1657 年因非正統
信仰而被驅逐,1659 年到達日內瓦,後前往阿姆斯特丹另立虔敬派

團體。1670 年被改革派處以破門律。拉巴迪派的主張是共產共食，因為拉巴迪認為，只有蒙聖靈再生的人才能加入教會和領受聖餐。不過拉巴迪派的人數始終不超過幾百，十八世紀後不復存在。

福克斯（George Fox, 1624-1691）

　　教友派（公誼會、貴格會）創始人。出身英國農村紡織工人家庭，大概沒有受過什麼正規教育。福克斯非常憎恨聖公會。他把得自上帝的「內心之光」（靈感）置於教條和聖經之上；對於政治制度及經濟常規，例如起誓、徵兵制度，都持否定態度。他徒步在英國各地傳教，建立教團。到了共和政體晚期（1649-1660），教友派宣告成立，當時通稱貴格會。在教友派發展的同時，由於福克斯和其追隨者不尊重官員、不起誓、不納什一教區稅，因此也不免遭到政府的壓制。福克斯等人經常被捕，1649-1673 年期間就曾八次入獄。1660 年王政復辟後，頒布取締教友派的立法。迫害時斷時續，直到 1689 年《宗教寬容法》頒布，情況才有改變。此後他遊歷各地傳教，並曾到過北美洲大陸（1671-1673）。參見教友派。

威廉潘（William Penn, 1644-1718）

　　英國教友派（Society of Friends）領導人物之一。1681 年，威廉潘因從事政治活動不得意，乃向英王查理二世申請，取得開拓北美賓夕法尼亞州的特許權，被任命為該州總督。威廉潘成為領主之後，率領大批教友派人士移居賓夕法尼亞州，並依其宗教及政治理想組織殖民地團體，雖然他在賓夕法尼亞州居留的時間前後不到四年，然而十八世紀賓夕法尼亞州具有獨特的一院制議會和多種文化共存局面，充分體現了威廉潘一向主張的共和制與寬容不同信仰的原則。賓

夕法尼亞（Pennsylvania）一名即為紀念維廉潘而來，意思是"Penn's Woodland"（潘的樹林）。

巴克斯特（Richard Baxter, 1615-1691）

英格蘭清教徒領袖、神學家。曾任聖公會牧師，但不到兩年就與清教徒聯合反對聖公會的主教制，成為一個溫和派的非國教主義者，且終身如此，雖然他也一直被外界視為長老派教徒。1641-1660 年擔任基德明斯特（Kidderminster）教會牧師十九年，成績卓著，使這個手工紡織業城市發展成一個模範教區。最重要的是，不管長老派、主教派還是獨立派的信徒他皆一視同仁，將他們團結成為一個社群。他主張限制君權，在清教徒內戰期間力主實行溫和的改良。起初在國會軍中任隨軍牧師，克倫威爾曾邀請他到新模範軍擔任牧師，為他所拒，雖然後來他也感到後悔未能藉此機會發揮對軍隊及克倫威爾的影響力。1660 年參與英王查理二世的復辟活動。王政復辟後，他力促當局對不信國教的溫和派寬容處理。為了這種觀點遭受迫害長達二十多年，1685 年時被囚禁十八個月。1688 年光榮革命後，詹姆斯二世遜位，威廉與瑪麗繼位後頒布《宗教寬容法》，從此他才完全獲得自由。他著作甚多，最為人所熟知者無疑是韋伯最常引用的《聖徒的永恆安息》與《基督徒的指南》。

衛斯理（John Wesley, 1703-1791）

英國宗教家，衛理公會創始人。他與弟弟在牛津大學組織「神聖團體」，發起學生的宗教運動為起始，而於 35 歲時經驗到突如其來的感應，得到救贖的確信。其後旅行各地，展開日盛的救靈運動，頗得下階層民眾響應。由於他們所抱持的生活態度，嚴格講求方法地貫

徹首尾一致性，世人因而稱之為"Methodist"（音譯為「美以美」）。後來到美國傳教，大獲成功。依韋伯的看法，衛理公會乃是相應於歐陸虔敬派的英美對照版。其特色在於兩種成分的結合：一方面，它是一種感情性的，又不失為禁慾類型的宗教；另一方面，它對於喀爾文教派禁慾的教義基礎，要不漠然相視，否則即加以拒斥。

懷特菲爾德（George Whitefield, 1714-1770）

英國聖公會傳教士。在牛津大學與衛斯理兄弟結為摯友，1738年應邀與他們一起到美國喬治亞殖民地傳教。其後他在北美與歐洲等地巡迴佈道。他在北美殖民地宗教「大覺醒運動」和早期衛理公會運動中發揮重要作用。

韓廷頓夫人（Selina Hastings, Countess of Huntingdon, 1707-1791）

十八世紀英格蘭基督教復興運動的中心人物，衛理公會內喀爾文主義的支派韓廷頓夫人團契的創立人。1739年加入衛理公會。佈道家懷特菲爾德（George Whitefield）是她的私人牧師，經常被邀到宅中講道，並接受資助在北美洲喬治亞殖民地興辦孤兒院。她虔信聖公會，也資助其他教派獲得佈道人員，曾出資興建培訓福音派教牧人員的學校。

胡克（Richard Hooker, 1554-1600）

英格蘭基督教神學家，與克蘭默（Thomas Cranmer）同被視為安立甘派神學的創立人。1585年任倫敦譚普爾（Temple）教堂牧師。天主教會為了在宗教改革運動之後重新出發，1545-1563年舉行特倫特會議。對於這次會議的許多決議，胡克並不同意，但是他贊成中世紀

許多經院哲學家、神學家（如聖托瑪斯·阿奎那等人），引用他們的學說以證明自己的論點。對於聖經、教會、理性三要素孰輕孰重的問題，胡克採取折衷的立場。至於宗教與政府的關係，胡克的核心主張是政教合一。

史文克費爾德（Kaspar Schwenckfeld von Ossig, 1489-1561）

西里西亞貴族、基督教改革家。他所創立的教會現存於美國，稱史文克費爾德教會。受閔采爾與卡爾施塔特（Andreas Karlstadt）的影響轉向新教。1524 年因聖餐問題與路德鬧翻，返回西里西亞，進一步發展自己的神學理論並設計宗教改革計畫。他主張中間路線，要建立介乎天主教和路德教義之間的一種學說。他的信徒形成一個新的教派，不過在日耳曼遭到迫害。他的觀念對再洗禮派、英格蘭的清教徒以及歐陸的虔敬派運動都有影響。

巴克萊（Robert Barclay, 1648-1690）

蘇格蘭教友派領袖、作家。曾在巴黎求學，1666 年返回蘇格蘭，加入教友派，以寫作方式介紹教友派的信仰並為其辯護。他既反對天主教，又反對英國聖公會等傳統新教派別，並提出：教會和聖經都不完備，不具有最終權威，它們同聖靈（內在之光）在信徒心靈中的作用比起來，都居於次要地位。由於在英國屢遭迫害，多次入獄，1682 年，與威廉潘（William Penn）等教友派領袖移居美洲。得到約克公爵支持，他們與另外十位會友獲得定居今紐澤西州一帶的特許。巴氏本人在紐澤西任六年名譽州長後回蘇格蘭。

胡斯，胡斯派，欽岑朵夫，
史邦根堡

胡斯（Jan Hus, 1370-1415）

　　捷克宗教改革家。他的活動在中世紀和宗教改革之間起了承先啟
後的作用，是一百年後路德改革運動的先聲。他出身波希米亞南部貧
寒家庭，在布拉格大學求學，後留校任教。在布拉格大學任教時深
受英格蘭激進宗教改革家威克利夫（John Wycliffe）的影響。十四世
紀末、十五世紀初，羅馬教會分裂，胡斯得到波希米亞國王溫策拉斯
（Wenceslas）的支持，出任布拉格大學校長（1409）。1411 年，教
宗若望二十三世為了集資對付教廷其他競爭者，決定發售贖罪券。胡
斯激烈抨擊這項措施，但國王溫策拉斯得利於贖罪券銷售，不再支持
胡斯。1412 年 10 月他離開布拉格，隱藏在波希米亞南部友人城堡中，
兩年間積極著述。1414 年教宗若望召集康斯坦茨（Constance）會議，
以期結束分裂並平息異端。胡斯於 10 月到達康斯坦茨，被囚於多明
尼克修道院地牢。大公會議指定胡斯的敵人組成審判團進行審判，最
後宣布胡斯為威克利夫派異端分子，1415 年交付世俗司法機關押往

康斯坦茨郊區執行火刑。胡斯的死亡激起波希米亞貴族及其信徒的憤怒，引發連綿數十年的宗教戰爭。

胡斯派（Hussite）

　　追隨捷克宗教改革家胡斯的基督教徒。此一運動亦反映了當時的社會思潮並促發捷克的民族自覺。胡斯死後，波希米亞許多騎士和貴族正式提出抗議，並表示願意庇護因宗教信仰而受迫害的人們，胡斯派因之出現。胡斯的教說強調兩點：第一是民族性和教會體制，主張成立具有獨特風格的波希米亞教會，一般信徒在聖餐禮中可以兼領酒與餅；第二是信仰和道德，主張根據早期教會的傳統淨化教會，聖經是他們最高也是唯一的標準。側重前者的稱餅酒同領派（Calixtines, Utraquists），屬於溫和派；側重後者的由於以塔波山區（Tábor）為根據地，稱為塔波爾派（Taborites），屬於激進派。

　　1420 年起，羅馬教會聯合匈牙利國王西吉蒙德（Sigismund）發動征討胡斯派的十字軍，經數年征戰始終未能達成目的。1433 年，羅馬教會決定讓步，同意餅酒同領派的一些儀式，從而取得餅酒同領派的妥協。然而塔波爾派不肯屈服，餅酒同領派於是與羅馬教會聯合攻擊塔波爾派，1434 年在利帕尼（Lipany）戰役中擊敗該派，塔波爾派自此一蹶不振。餅酒同領派則在多年後逐漸為羅馬教會所同化，胡斯派的運動遂暫告一段落。

　　十五世紀中葉，波希米亞在成衣工葛列格里的領導下，又興起延續胡斯傳統的兄弟聯盟，亦即摩拉維亞兄弟會的前身。在宗教改革期間，兄弟聯盟與路德派和改革派曾有聯繫，但最後天主教的反改革運動在波希米亞和摩拉維亞取得勝利。兄弟聯盟的殘餘信徒則於 1722 年在欽岑朵夫的協助下遷徙定居於德國赫恩胡特（Herrnhut），成立

摩拉維亞教會（Moravian Church）。

欽岑朵夫（Nikolaus Ludwig von Zinzendorf, 1700-1760）

欽岑朵夫伯爵，原名路德維希，宗教改革家和社會改革家、德國虔敬派的重要人物。他的外祖母出身名門，是德國虔敬派神學家史賓納的好友，對幼年的欽岑朵夫影響甚大。1721 年學業完成後繼承外祖母的波塞朵夫（Berthelsdorf）莊園。1722 年，幫助波希米亞和摩拉維亞逃來的胡斯兄弟聯盟的教徒、在其莊園赫恩胡特（Herrnhut）建立摩拉維亞派信徒聚居點，以後又陸續建立這種聚居點多處。1727 年摩拉維亞教會（Moravian Church）正式誕生。

由於摩拉維亞教會的出現，欽岑朵夫自然受到路德派等正統基督教派的猜忌。1736 年，他被薩克森政府流放。此後他周遊歐美各地，除了在各處建立摩拉維亞教會外，並曾多次同衛理公會創始人衛斯理（John Wesley）接觸。1747 年薩克森當局撤銷對欽岑朵夫的放逐令，並於兩年後承認他所創辦的兄弟歸一會。

摩拉維亞教會信徒人數不多，但在崇拜、教會體制、宣教事業和神學等方面都對現代基督教有重大影響。

史邦根堡（August Gottlieb Spangenberg, 1704-1792）

欽岑朵夫的繼承者，德國基督教摩拉維亞兄弟聯盟主教，北美摩拉維亞教會的創建者。十三歲成為孤兒，1722 年赴耶拿學法律，不久即棄法律而就神學，加入虔敬派。1728 年認識欽岑朵夫，並於兩年後親訪赫恩胡特的摩拉維亞聚落，由此建立他與摩拉維亞教會此後親密的關係。1732 年任哈勒大學神學教師，次年遭驅逐，前往美、英等地傳教。1742 年後重返德國工作，就任摩拉維亞兄弟會主教。

此後他除了來往歐美從事摩拉維亞教會的建立外，並致力於與德國路德派的聯繫工作。在他領導下，摩拉維亞兄弟會內部各派爭端趨於緩和，而且也一直與路德派保持友好關係。

克蘭默，法蘭克，
奧登巴內費爾特，布朗，勞德，
普林，克伊波，施特克爾，
里敕爾

克蘭默（Thomas Cranmer, 1489-1556）

　　英王亨利八世與愛德華六世統治時期的坎特伯里大主教，曾支持亨利八世推動宗教改革，使英國脫離羅馬教廷的控制。克蘭默自1527年起，因在英王亨利八世休棄元配凱瑟琳一事上支持國王，而得亨利八世的寵信。1533年就職坎特伯里大主教。他與湯瑪斯‧克倫威爾（Thomas Cromwell）合作，促進英文版聖經的出版。這個版本的聖經在1540年由克蘭默補增序言，故又稱為克蘭默聖經（Cranmer Bible）。它是英國第一本欽定本聖經，可以在教會中公開使用。1545年他所編寫的《公禱書》（*Books of Common Prayer*），規範了英國國教聖公會的禮拜儀式達數世紀之久，對英文的發展亦有重大影響。1553年愛德華六世卒，瑪麗一世登基，瑪麗一世是個虔敬的天主教

徒，而她的母親凱瑟琳正好就是被亨利八世無情離棄者，反宗教改革就此展開，克蘭默於 1553 年被控叛國，1556 年被處以火刑。

法蘭克（Sebastian Franck, 1499-1542）

　　德國基督教領袖、宗教改革家、神學家。原為天主教副司祭，後加入路德派，成為該派佈道家。以後數年由於不滿路德派教義、各派的教條主義和關於成立有組織的教會的主張，遂於 1529 年移居當時宗教比較自由的斯特拉斯堡（Strasbourg），結識新教神秘主義者史文克費爾德（Kaspar Schwenckfeld），是個較他更激烈反對教條主義者。在斯特拉斯堡不久，法蘭克即因所持觀點而一度入獄，後被行政當局逐出，到德國埃斯林根（Esslingen）靠製肥皂為生。1533 年又移居烏爾姆（Ulm）從事印刷業。1538 年發表《金約櫃》（*Die goldene Arche*），極力反對教條主義，聲稱除〈十誡〉和〈使徒信經〉外，再無教義可言，皆可置之不理。他認為聖經詞句矛盾重重，不能使人了解其永恆真諦，教義爭論毫無意義，馬丁路德曾輕蔑地詆毀他為魔鬼的代言人。他一輩子不斷遭受迫害，最後顛沛流離客死異鄉（瑞士）。然而他始終結合了人文主義者對自由的熱情、與神秘主義者對宗教心靈的嚮往，鼓勇對抗這些迫害。在一封公開信裡，他還曾勸告友人在處理異端訴訟時，要堅持思想自由的理念。法蘭克堅信上帝透過祂遺留在每個人心中的神性與各個人交流，因此，任何人為的教會制度都是無用的；神學更不能適當地表達出信者內心深處的「上帝的話語」──因為，「用聖經來取代自我啟示的聖靈，就像用死的文字來取代活的話語」。

奧登巴內費爾特（Johan van Oldenbarnevelt, 1547-1619）

荷蘭政治家，在荷蘭爭取從西班牙獨立的運動中曾扮演重要角色，被稱為沉默者威廉一世之後的第二個荷蘭獨立之父。威廉一世死後，他與威廉之子莫里斯合作領導獨立運動，最大的成就是在 1596 年同英法兩國締結了對抗西班牙的三國聯盟。最後，在 1609 年簽訂的《十二年停戰協定》中，使北方七州聯盟脫離西班牙統治。

在十二年停戰期間，原本潛在的內部矛盾集中在宗教問題上爆發出來。最重要的就是喀爾文派與阿明尼烏派在**預定論**上的衝突。作為領導人物之一，奧登巴內費爾特也加入了新教，但他與其他的荷蘭「攝政者」堅持，儘管是基於喀爾文教派形式的宗教改革，但在其教義中必須保留有充分的自由主義以吸引或滿足那些願意放棄羅馬教會的人。按照這些荷蘭統治者的說法，這個國家為了爭取自由，包括宗教上的自由，曾經反抗西班牙統治者的集權和暴政，他們同樣也不願喀爾文教派染上羅馬或西班牙專制的印記。基於這樣的原則，奧登巴內費爾特和荷蘭大多數有表決權的城市（除了阿姆斯特丹），支持阿明尼烏派反對強大的喀爾文教派的群眾。

喀爾文派人士遂要求召開一個「全國性」（即跨州）的宗教會議，這個會議將建立一個喀爾文模式的教會，完全獨立於所有世俗的權威，而世俗的權威價值及其統治權都將由此一教會的神職人員來裁定。由於顯而易見的原因，在奧登巴內費爾特領導的荷蘭各州，認為這種宗教會議太危險而不贊成召開。

由於當時荷蘭最主要掌權者莫里斯親王公開地支持喀爾文派，奧登巴內費爾特與荷蘭執政集團不免站到與莫里斯親王對抗的立場。鬥爭的結果是莫里斯親王在 1618 年 8 月 29 日下令逮捕了奧登巴內費爾特和他的一些最親密的合作者，其中包括了莫里斯親王非正式的「王

儲」格勞秀斯（Hugo Grotius），當時的鹿特丹州長，後來聞名於世的國際法之父。

1618 年底，多爾德會議終於在喀爾文派的期待下召開，會中決議譴責阿明尼烏派，並通過了具有喀爾文派嚴格思想色彩的信條。會議結束後（1619 年 5 月），奧登巴內費爾特在海牙以「破壞國家的宗教和政策」的罪名斬首。然而，對於荷蘭的歷史和政治學者而言，此一案件迄今仍為不斷困擾著他們的問題。

布朗（Robert Browne, 1550-1633）

英格蘭清教公理會領導人物，抵制聖公會並主張政教分離的自由教會運動的倡導人之一，追隨他的人稱為布朗派（Brownist）。1581 年，布朗在諾維奇（Norwich）成立第一個自由教會，主張教會應由真基督徒組成，並由信徒自行治理。布朗不單認為教會應該用公理制，即會眾治理教會，更宣揚完全分離的理論；他認為各地方的堂會都應該是獨立的，不受外來勢力的干預。還有，每個教會的崇拜應該用最簡單的儀式；在任命傳道人一事上，教會不應太注重他的學歷，卻應注重是不是有聖靈能力的人。他曾被捕入獄達 32 次，1582 年被驅逐出境，後來卻又返回英格蘭歸依聖公會。

勞德（William Laud, 1573-1645）

坎特伯里大主教（1633-1645）和查理一世的宗教顧問。他一生全力投入與清教徒的鬥爭，並強制推行嚴格的聖公會儀式。他攻擊被其視為危險的清教徒佈道行為，並將清教徒作家像普林（Prynne）等人截耳並監禁。在他親密盟友斯特拉佛伯爵溫特渥的幫助下，利用他對國王的影響力來左右政府的社會政策，亦即韋伯稱為「國家社會主

義」的政策。到 1637 年，反對勞德壓制的力量開始興起，勞德將聖公會的禮拜儀式強迫蘇格蘭遵行的企圖遭到強烈的反對。1640 年召開的長期國會，勞德被控叛國罪。1644 年普林主持了對他的審訊，並將之處死。

普林（William Prynne, 1600-1669）

英格蘭清教派小冊子作家，律師。從 1627 年開始就出版小冊子攻擊國教。大主教勞德將他關入監獄，他則撰寫更多的小冊子攻擊勞德和其他英國國教徒，結果是他的耳朵被割下。1640 年獲釋，1644 年普林主持了對勞德的審訊，讓他被判處決（1645）。1648 年選入國會，由於攻擊激進清教徒被遣散，後來又因拒絕繳稅入獄（1650-1653）。後來他不滿克倫威爾的共和國，而成為查理二世的支持者。

克伊波（Abraham Kuyper, 1837-1920）

荷蘭神學家和政治家。身為改革派教會牧師的克伊波，於 1880 年在阿姆斯特丹創設喀爾文派的自由大學。此外，他還在 1879 年創立了反革命黨（Anti Revolutionary Party），並於 1901-1905 年擔任首相之職。克伊波屬於嚴格的喀爾文派，反對阿明尼烏派的自由主義。他著述甚豐，其中以在美國的演講稿《喀爾文主義；六篇基本講話》（*Lectures on Calvinism*, 1898）最為有名。

施特克爾（Adolf Stöcker, 1835-1909）

德國教士、保守派政治人物、改革家。普法戰爭（1870-1871）期間任隨軍牧師，後任柏林大教堂的宮廷傳教師。曾任兩屆帝國議會議員（1881-1893, 1898-1908），鼓吹保守政治。他所創建的基督教社

會黨（1878），是德國第一個公開提倡反猶太主義的政黨。

里敕爾（Albrecht Ritschl, 1822-1889）

德國路德派神學家，被譽為十九世紀自由主義神學四位創始人之一，其他三人分別是康德（Immanuel Kant）、黑格爾（Georg Wilhelm Hegel）與施萊爾馬赫（Friedrich Schleiermacher）。里敕爾曾在哈勒大學學習神學和哲學（1841-1843），後任教波昂、哥廷根大學。里敕爾在求學時，雖受到康德、黑格爾與施萊爾馬赫等人學說影響，但是施萊爾馬赫傾向於神秘主義，把宗教的核心看作是在於情感之中，而里敕爾卻更為緊密地追隨康德，視宗教為道德以及一種去建立上帝之國（一個道德的倫理王國）的個人力量。他將自己的神學稱為「價值判斷神學」，認為人只有從上帝通過耶穌給人的生活提供「價值」的啟示，才能獲得宗教知識。沒有這種價值判斷就沒有宗教知識和有效的宗教思想。里敕爾並非不重視對歷史事實的考據，只是他認為要用歷史考證法判斷聖經所記各項事實的真偽，而不能像圖賓根學派那樣在分析基督教早期歷史時過分依從黑格爾所提出的命題。里敕爾派的自由主義神學觀點，對十九世紀末二十世紀初的新教神學有很大影響。其主要著作除《古代天主教教會的形成》外，還有《基督教關於稱義與神人和解的教義》與《虔敬派的歷史》等。

附錄

12

聖依納爵，伊比奧尼派，多納圖派，阿利烏教派，聖本篤，克呂尼派，西篤會，聖伯納，聖方濟，鄧斯·司各脫，托缽僧團，耶穌會，寂靜主義，詹森主義，波爾羅亞爾女修道院，克雷蒙諭令，貝居安女修會

聖依納爵（St. Ignatius of Antioch, 40-110）

　　敘利亞境內安提阿主教、神學家，基督教早期的殉教者，據說是使徒約翰的弟子，也是天主教與東正教皆承認為聖徒的基督徒。他因信奉基督教而在羅馬皇帝圖雷真（Trajan, 53-117）統治期間被逮到羅馬處死，途中所寫的七封書信是了解西元二世紀初基督教會的重要資料。被捕以前的事跡無可考，但從這七封書信中可以了解他的為人和他對基督教的影響。他是基督教從猶太人的宗教演化為普世

宗教過渡時期的代表性人物，為日後的教理奠定基礎。他是最早主張教區單一主教制的早期教父之一。他也被認為是最早使用「公教」（katholikos=catholic, 普世的）一詞來稱呼教會的作者。

伊比奧尼派（Ebionite）

　　早期基督教會苦修派別，Ebionite 的希伯來文原意是「貧者」。傳說主要是由耶穌基督的猶太信徒所組成的一個教派，類似這樣的「猶太基督教派」在當時尚有好幾個。他們強調基督教義中的猶太教成分，否認耶穌的神性，認為他只是個凡人，由於完美地遵循猶太律法，被上帝收養為子，以此被視為最後也是最偉大的一個先知。他們在《新約》中僅採用〈馬太福音〉，反對背棄猶太律法的保羅，尊耶路撒冷為上帝的聖殿。他們稱呼自己為「貧者」，發誓守貧，認為這是抵達「上帝之國」的不二法門；因此，他們拋棄所有財產，過著一種宗教共產主義的團體生活。該派之事跡始見於伊里奈烏斯（Irenäus）的著作，據說遲至四世紀該派仍在活動。伊比奧尼派的大部分教義都來源於死海古卷（Dead Sea Scrolls）中所載的更古老的庫姆蘭（Qumran）教派。

多納圖派（Donatist）

　　西元四、五世紀時盛行於北非基督教的一派，名稱來自其領袖迦太基主教多納圖斯（Donatus），後來被視為異端。在羅馬皇帝戴奧克里先統治時期（284-305），曾經發動對基督教徒的最後一次大迫害（303-305），一直到戴奧克里先死後，基督教才得到解放。然而，在迫害期間曾有不少信徒被迫公開放棄信仰；更過分的是，有不少教士乃至主教不但自己放棄信仰，還提供教徒名單給羅馬政府，

甚至將神聖的教會典藏交給政府焚毀。如何對待這些曾經的背叛者（traditors），自然成為整個基督教會在解放後的一大問題。羅馬教會及大多數教區決定採取既往不究的寬容態度，而北非的多納圖派則決定採取強硬立場，尤其是絕不接受那些曾經背叛的主教與教士主持聖禮，並宣佈他們所主持的聖禮一概無效。之所以如此，主要是因為自三世紀以來，北非的基督教徒以教會為上帝特選之人的集合體。既然如此，神職人員的行動是否具有法律效力，決定於他身上是否有聖靈，神職人員如不蒙神恩，其所行聖事自然一律無效。與羅馬教會衝突的最初起因即來自於此。西元 312 年為了選舉塞西里安（Caecilian）為迦太基主教的問題更與羅馬教會公開決裂。除了上述信仰與教義的歧異外，多納圖派繼承早期基督教興起於小亞細亞的孟塔奴斯派（Montanist）和諾瓦替安派（Novatianist）以及其他一些傳統。他們反對國家干涉教會，更根據末世論的遠景提出社會革命的綱領。多納圖派認為財富即是罪惡，信徒應當摒棄貪婪之神，也應當摒棄羅馬社會。其勢力廣佈北非，並與反羅馬的民族運動及下層農民之反抗羅馬基督教徒大地主的活動相結合，而與羅馬教會對立。西元 411 年羅馬教會依照皇帝命令，宣佈多納圖派為異端。儘管如此，多納圖派的教會卻一直存在下來，直到中世紀初期基督教在北非被伊斯蘭教全面取代為止。

阿利烏教派（Arianism）

　　西元四世紀初出現在近東的基督教支派，由亞歷山卓教會長老阿利烏（Arius, 250?-336）提出，認為耶穌也是被創造的，因此否定他的神性。阿利烏主義與三位一體的信仰之間的衝突，可說是西方教會所面臨的第一次教義上的重大歧異。325 年的尼西亞宗教會議

（Council of Nicaea）上，發佈《尼西亞信經》（Nicaea Creed），阿利烏教派被判定為異端。不過，這個爭論還持續了好幾個世紀。現代的一位論派實際上就是阿利烏派。耶和華見證會的基督論也是一種阿利烏信仰。

聖本篤（St. Benedict of Nursia, 480-547?）

　　義大利蒙特卡西諾本篤會修道院的創辦人，也是西方基督教修行制度的創始人。出身義大利中部努西亞的顯赫家庭，在羅馬受教育。其後，由於厭惡當時頹廢的社會風氣，隱居羅馬城外洞窟過修道與禁慾的生活，並吸引追隨者前來。在蒙特卡西諾修道院中，他訂下《本篤修會清規》，由一篇序文及七十三章所構成，雖然各章皆簡短，但其中明確規定了修道士的生活目的，並合理實際地指出有組織地實踐此種生活的有效方法。本篤會的規章條例，後來成為歐洲各修道院的標準。該規章主要內容除了清貧、貞潔、順從這三個根本誓約外，規定修士在入修道院以後，必須經過一年觀察期，然後發願終身住在某個修道院；不得擁有私人財物；經選舉產生終身院長，由院長指定所有其他的幹事；日常生活要遵守嚴格的作息制度，包括祈禱禮拜五、六小時，勞動五小時，讀經書、心靈上誦唸四小時。

克呂尼派（Cluny）

　　十世紀初有一批本篤會修士希望恢復聖本篤原始的隱修精神，於是西元 910 年在亞奎丹公爵虔誠的威廉支持下，在法國中部勃艮地的克呂尼（Cluny）建造一座修道院。在修道風氣敗壞的時期，這個新建立的教團推動改革，回歸本篤修道會的嚴格教規。院長由院內的修士自由選出，他們宣布直屬教宗管轄，所以不受王公貴族和主教干

涉。到了十一世紀以後，克呂尼修道院的名聲大噪，各地慕名而來的
人絡繹不絕。由於修道的人多，克呂尼修道院不斷在歐洲各地建立新
的修院，全盛時期修院曾達到上千座，修士有五萬人之眾。克呂尼修
道院和傳統遵守聖本篤會規的修院不同之處是，原先的修院都各自獨
立，不隸屬其他任何修院，如今由克呂尼第一座修院發展出來的千百
座修院都歸克呂尼母院院長管轄。從第十世紀中葉到十二世紀中葉兩
百多年間，這個新興的修會團體有過四位既傑出又長壽的院長，在他
們的領導下，克呂尼修院對歐洲教會產生重大的影響。羅馬教宗和各
地的主教經常向他們請教，請他們參加教會的重要改革，而他們也經
常提供給教會主教、甚至教宗的人選。許多別的隱修院也請他們去協
助內部重整和改革的工作。除了上面所說的對教會和對其他修會的貢
獻之外，克呂尼修院的作風雖然不太重視學術的研究和本篤會固有的
勞動生活，卻很注意對貧苦人士行慈善，也發揚羅馬風格的藝術，克
呂尼那座羅馬建築的教堂曾有很長的一段時期是歐洲最大的教堂。

西篤會（Cistercian）

又名白衣修士會（White Monks），或伯納會（Bernardines），
天主教修會。1098 年二十一個克呂尼修院的修士離開了他們在模列
姆（Molesme）的修院來到法國勃艮地地區的西篤（Citeaux），希望
按照嚴格的聖本篤清規建立一個新的修會。第三代的領導人聖哈定
（St. Stephen Harding）是該會的真正組織者和戒規制訂者。新戒規要
求修士嚴格修行，禁絕一切封建收入，並規定修士必須從事體力勞動
而以之為生活主要內容。不過西篤會之所以能成為歐洲最重要的修會
之一，主要還是聖伯納的功勞，西篤會也因此而有伯納會的名稱。詳
見聖伯納。

聖伯納（St. Bernard of Clairvaux, 1090-1153）

　　貴族出身，1112 年，攜親友約三十人參加西篤會為見習修士。1115 年奉派前往克萊爾沃（Clairvaux）成立大修道院並任院長，到聖伯納逝世時，西篤會已有 338 所大修道院，其中 68 所都是克萊爾沃修道院的直接分院。其他任何修會都未能在如此短暫的時間獲得如此重大的成長。聖伯納為中世紀修道院的神祕主義的代表人物，以其高超的德行與信仰博得一世的盛譽，其精神與思想影響到全歐洲。其神祕主義所強調的是，以愛與神合一，在愛的合一中，靈魂嫁與基督，此即「靈的婚姻」。以此，其神祕主義被稱為愛的神祕主義，或靈交神祕主義（Brautmystik），其神祕的體驗特別是以感覺或情緒性為其特徵。

聖方濟（St. Francis of Assisi, 1181-1226）

　　創立天主教方濟會（Franciscan）和方濟女修會。聖方濟・亞西西出生於富裕家庭，二十幾歲之前，為軍人和戰俘。在一個機緣下他轉向基督教信仰，放棄財產和家庭，過清貧生活，進行隱修。1208 年起開始講道。許多人從他修道，1209 年方濟會的托鉢修會獲得教宗英諾森三世批准，正式成立，入會的托鉢修士不得擁有財產，個人擁有或集體擁有（即全修會公有）都不許。修士們雲遊四方，在眾人中間宣講教義，幫助窮人和病人。1212 年聖方濟協助貴族婦女克拉雷成立克拉雷安貧會。他的影響主要是在被政治和財富所腐化的教會，幫助當時人們恢復對教會的信心。

　　第三修道會（Tertiarierorden），指聖方濟成立的方濟會的第三個分會，其成員包括從事教育、社會和慈善事業以效法聖方濟精神的神職人員和男女在俗人員。嚴格地講，第三會又分為在俗第三會和正規

第三會，前者的在俗會士不須發願，仍在世俗社會生活；後者的會士都必須發願獻身過住院生活。

鄧斯·司各脫（John Duns Scotus, 1266-1308）

中世紀經院哲學家和神學家。曾任教於英國牛津大學，在早期的「牛津講演」（Lectura Oxoniensis）中，堅持認為神學不是對上帝進行思辨的科學，而是對上帝進行實踐的科學。人的最終目的是通過愛與神聖的三位一體相結合。哲學對神學的貢獻在於它能證明的確有一個無限存在。有學者認為由於他的牛津教學，使得學術界開始認真思考神學與哲學、科學之間的差異。鄧斯·司各脫是所謂「中世紀盛世」最有影響力的哲學家與神學家之一，其著作廣為流傳，從 1472 年起已有 30 多種不同版本。在十六至十八世紀的天主教神學家裡其信徒與阿奎那（Thomas Aquinas）的信徒不相上下，而在十七世紀時則在數量上曾超過一切其他學派信徒之總和。

托缽僧團（mendicant）

天主教修會之一。mendicant 一字通常是用在宗教修行家或苦行者身上，這些人完全是靠乞討施捨維生的。原則上，托缽僧是不能擁有個人或集體的財產，以便他們的所有精力都能集中在追求一己的宗教目標。歐洲這類修會的起源是多明尼克會的創始人聖多明尼克和方濟會的創始人聖方濟。原先他們的本意並不是要修士以乞討募化為正常生活來源，而是要求他們自食其力，不能維持生活時才乞討。但是，後來這些修士幾乎都擁有教會聖職，有其傳教佈道的義務，而且信徒人數日益增加，於是自食其力尤其困難，實際上也無此必要（因為有聖俸）。最終的結果是，多明尼克會和其他托缽修會都加以變通乃至

完全廢除自食其力或托缽的這些規定。

耶穌會（Jesuit）

　　天主教修會，由羅耀拉（St. Ignatius of Loyola, 1491-1556）創立。羅耀拉原是西班牙士兵，在作戰中負傷，療養過程中經歷信仰轉變。1539 年羅耀拉與同志撒梅隆（Alfonso Salmeron）、賴尼茲（James Lainez）、沙勿略（Francis Xavier）及法伯（Peter Faber）等人訂立會規，成立耶穌會，翌年經教宗保祿三世批准。耶穌會與前此的修道團大為不同，是近代修道會的先驅。其最大特色在於解放修士──不再拘限於作為中世紀修道生活中心的合誦祈禱，除了一定的心靈修業之外，聽任各院院長的指導，結果修士多獻身於教會外部的任務。耶穌會修士以戰鬥性的佈教為其重要任務，在總會長為首的中央集權組織之下，修士們團結在一起，以十字軍的心態成為反宗教改革的先頭部隊。然而耶穌會的這種姿態，亦即其為達目的不擇手段的作法及其軍隊意識，在近代諸國的教會內部不斷引起紛爭。羅耀拉死於 1556 年，當時耶穌會約有修士 1,000 名，分布在歐洲、亞洲和美洲，1626 年增至 15,544 人，1749 年達 22,589 人。1773 年教宗克雷蒙十四世下令解散耶穌會，1814 年教宗庇護七世又通令恢復該會。該會在其後發展成為天主教最大的修會。耶穌會修士主要從事各級教育工作和其他工作，但在非天主教地區特別是亞洲和非洲，耶穌會修士從事傳教工作者遠較其他修會為多，現在則成為世界最大的修道會而活躍於各處。自十六世紀起，耶穌會修士東來亞洲佈教，大有助益於教會在東亞的擴展，這是眾所周知的。

寂靜主義（Quietism）

　　基督教靈修理論之一，十七世紀時曾盛行於西班牙、義大利和法國。謂純真在於靈魂的無為沉靜，人應當抑制個人的努力以便上帝充分施展作為。寂靜主義的起源可上溯至希臘羅馬時期的伊比鳩魯和斯多噶學派。不過其近代的倡導者則一般認為是十七世紀後半葉西班牙神秘主義者莫利諾斯（Miguel de Molinos, 1628-1696）。莫利諾斯認為：人無法靠著自己的努力來達到完美的境界，因此人應該把自己交給上帝，通過祈禱才能達到不會犯罪的境界，因為沒有自己的意志，就算因誘惑而犯罪，那也不能算是罪；總之，人不應當考慮如何得救、如何達到純真、如何達到其他目的，而只應把一切付託給上帝就可以了。1687 年教宗英諾森十一世譴責莫利諾斯的理論，並下令把他監禁。在法國提倡的蓋恩夫人（Madame Guyon）也被送入巴士底獄。不過，此一思潮還是逐漸擴散及於西北歐的基督新教虔敬主義和教友派。

詹森主義（Jansenism）

　　天主教的異端，十七、十八世紀出現在法蘭西、低地國家和義大利。該派主要倡導人是曾任魯汶（Louvain）大學神學教授的荷蘭人詹森（Cornelius Otto Jansen, 1585-1638）。他的觀點見於在他死後發表的《奧古斯丁論》（1640）。詹森主義的論點可簡潔歸納如下：（1）沒有特殊恩典，人也可以履行神的命令；（2）恩典是不可抗拒的；（3）為了得報償，人可以有自由，但在必須履行的事上沒有自由；（4）主張恩典可以抗拒、或人有自由意志者，乃屬半佩拉吉斯主義（Semi-Pelagianism）；（5）主張基督是為所有人而死，亦屬半佩拉吉斯主義。詹森和他的門生認為，反宗教改革運動的神學家在反對路

德和喀爾文關於上帝的救贖教義的同時，走向另一個極端，過分強調人的責任以致貶低天主的主動性，因而滑到佩拉吉斯主義的異端立場上。《奧古斯丁論》一書發表後引起激烈爭論。主要以耶穌會為代表的一些人指責它完全否認人的自由意志的存在，否認救贖的普遍性。然而，詹森派對基督教義的解釋卻向四方傳播。1653年教宗英諾森十世發布通諭，譴責詹森在天主恩典與人的自由意志上的五個觀點。詹森派自此被列為異端。此後幾經波折，1705年教宗克雷蒙十一世在路易十四的要求下發布諭令，重申過去對詹森主義的譴責，又於1713年發布諭令，譴責詹森派領袖凱斯內爾（Pasquier Quesnel）的101個論點。1730年法蘭西政府宣布以上述諭令為法律，詹森派勢力大衰；不過，1723年他們在荷蘭烏得勒支建立的獨立教會，則延續至今。

波爾羅亞爾女修道院（Port Royal）

　　始創於十三世紀、位於巴黎西南方的法國天主教西篤會女修道院。十七世紀成為詹森主義（Jansenism）和文學活動中心。修院信徒經營共同生活，基於詹森主義實踐純粹的信仰與嚴格禁慾的宗教靈修。1709年，在教宗的許可下，法王路易十四世驅散了波爾羅亞爾修道院的修女，1711年，修道院的建築物被夷為平地，波爾羅亞爾修道院從此消失。雖然不斷受到迫害，波爾羅亞爾修道院還是對十七世紀的法國思想產生很大的影響。支持這一派學說的人，也稱作波爾羅亞爾派，其中包括著名的神學家與邏輯學者阿爾諾（Antoine Arnauld, 1612-1694）和尼科爾（Pierre Nicole, 1625-1695）。

克雷蒙諭令（Bull Unigenitus, 正式名稱 Unigenitus Dei Filius）

　　教宗克雷蒙十一世於1713年應法王路易十四的請求為譴責詹森

主義而發布的諭令。然而諭令發布後卻因 1715 年路易十四死去，繼位的路易十五卻又年幼勢弱，而引發一系列的紛爭。詹森派獲得巴黎法院與支持詹森主義的律師的支持，法院認為，教宗發表的諭令是無理干涉法蘭西教會的事務，因此不予登記。王室與法國天主教會因而與巴黎法院處於對抗立場。詹森派與律師通過法律手段持續地對抗天主教會的迫害。雙方僵持不下，直至 1754 年路易十五才下令停止這場爭論。此一事件對於法國的司法獨立、王權的削弱、大革命的萌芽乃至孟德斯鳩《法意》（1748）的創作，都有莫大的影響。

貝居安女修會（Beguines）

　　活躍於十三、十四世紀低地國家、德意志和法蘭西北部的天主教俗世教團，她們過著一種鬆散的半修道院式的生活，不過並沒有正式地誓願成為修女。這些女子最早於十二世紀末出現在列日（Liege）；在 1230 年代正式確定以貝居安（拉丁語 beguina）為名。貝居安運動源起於上層階級婦女，後來擴展到中產階級。它一方面試圖滿足修女們的靈性需要，另一方面也是嘗試解決城市中未婚女子過剩所產生的社會經濟問題。由於該教團神秘主義的傾向，經常被懷疑與十二、十三世紀流行於西歐的異端阿爾比派（Albigenses）有關，1311 年維也尼會議（Council of Vienne）提出敕令，解散貝居安會。其後官方政策不一，直到十五世紀才決定採取寬容處理。而在此期間，貝居安運動日見衰落，許多修女轉而參加正式的修會。有些貝居安教團繼續存在，主要在比利時，大多屬於慈善機構。與貝居安會相對應的男修會是貝格哈德會（Beghards），不過他們的影響力遠不如貝居安會。

西塞羅，修昔第底斯，但丁，陶勒，
托瑪斯坎普，馬基維利，笛卡兒，
林布蘭，彌爾頓，佩蒂，巴斯卡，
班揚，孟德斯鳩，伏爾泰，
亞當斯密，卡萊爾，多林格，
阿豐斯·利久歐里，祁克果，
布克哈特，凱勒，巴克爾，
羅伯圖斯，布倫塔諾，齊默，
桑巴特，雅斯培，克拉格斯

西塞羅（Marcus Tullius Cicero, 西元前 106-43）

　　羅馬政治家、律師、古典學者、作家。西塞羅出身世家，先後在著名的修辭學家、法學家和斯多噶派哲學家所辦的學校接受教育。從事過律師工作，後進入政界，西元前 63 年當選為執政官。在羅馬共

和國末期，因堅持共和制而被處死。

在法律領域，西塞羅很快嶄露頭角。在政治方面，西元前 63 年，西塞羅成為了第一個「新人」，即三十多年以來第一個通過選舉擔任執政官的人。不過，這也就是他在政治權位上所曾達到的顛峰。由於沒有顯赫的家族背景，西塞羅從未被貴族統治集團承認。此後他多次參與羅馬政爭，皆因投錯陣營而以悲劇告終，最後在西元前 43 年，因捲入安東尼、屋大維等人的政爭中被殺。

西塞羅鄙棄民主政體、寡頭政體和君主政體，主張混合政體。在哲學史上，西塞羅的重要性在於他傳播了希臘的思想，他給予歐洲一套哲學術語，現今的不少哲學概念都來源於他。西塞羅作為詩人並不占有重要地位，然而作為演說家則名垂史冊。他留下 58 篇演說辭（其中有些是殘片）。最著名的是《為米洛辯護》。

韋伯對西塞羅演說的煽動力特別感興趣。根據西塞羅自己的分析，演講的技巧有：（1）熱烈地提出問題，（2）以幽默和軼事來取悅聽眾，（3）無情地揭露敵手的隱私或張揚對手的過錯，（4）對自己不利之處，則要巧妙地轉移聽眾注意力，（5）佈下修辭學方面的陷阱，使對方無招架之力，（6）以掉尾句來加重語氣和吸引聽眾注意力。這些演說有許多都是有意地中傷對方，濫用自由，這種情形在舞臺上不被允許，然而在法庭或政治講臺上卻屢見不鮮。西塞羅毫不猶豫地選擇像「豬玀」和「卑鄙」等字眼來謾罵對手，聽眾和陪審團對這種辱罵詆毀覺得很有趣，也不把它當一回事，結果往往就被他的言辭所煽動，西塞羅也因此贏得辯才舉世無雙的美譽。

修昔第底斯（Thucydides, 西元前 460-404?）
古希臘最偉大的歷史學家，《伯羅奔尼撒戰爭史》的作者。出身

於雅典的貴族，曾任雅典軍事指揮官，在雅典與斯巴達發生伯羅奔尼撒戰爭時，因未能守住安菲波利斯（Amphipolis）城被處以流放。在流放的二十年中，他蒐集了有關伯羅奔尼撒戰爭的史料，並結合自己的親身經歷，寫出《伯羅奔尼撒戰爭史》，資料詳實可靠、嚴格批判史料的研究態度，使其著作成為歷史上永垂不朽的經典。這本著作也是有史以來第一部從政治和倫理上分析國家戰爭政策的作品。

但丁（Dante Alighieri, 1265-1321）

義大利詩人。出身佛羅倫斯貴族世家，他的一生都在教宗和皇帝兩派黨羽之間的衝突中度過。1302 年當敵對的政治派系獲得優勢時，他被逐出佛羅倫斯，流亡在外終生。他對貝雅特麗斯（Beatrice Portinari, 卒於 1290 年，一說她為純虛構的人物）精神上的愛情使生活有了方向，並為她題獻了大部分的詩歌。他最著名的作品是劃時代的史詩《神曲》（*The Divine Comedy*, 約寫於 1310-1314 年），這是一部關於普世人類宿命的寓言，史詩裡，朝聖者（但丁）由古羅馬詩人維吉爾（Virgil）帶領，行經地獄和煉獄，再由貝雅特麗斯帶領到天堂。但丁曾在一封信中提到寫作《神曲》的目的；如果就其寓意而言，整部書的主題是：「人，無論其功過如何，在他自由運用選擇的當兒，他應該對賞罰的審判負責」。但丁以義大利文而非拉丁文寫作，幾乎隻手使義大利文成為一種文學語言，而他也成為歐洲文學史上的頂尖人物之一。

陶勒（Johann Tauler, 1300-1361）

基督教多明尼克會修士，在史特拉斯堡接受多明尼克修會教育時曾受到當時神秘主義神學家艾克哈特（Meister Eckehart）的影響。陶

勒以其佈道辭聞名於當時，他固然受到艾克哈特的影響很大，但他根據聖托瑪斯‧阿奎那的理論，比較強調實踐的層面，也不像當時另一位主要神祕主義佈道家蘇索（Heinrich Suso）那麼情緒化。陶勒的講道稿用中世紀高地日耳曼文寫成，極受馬丁路德的重視。

托瑪斯坎普（Thomas von Kempen, Thomas à Kempis, 1380-1471）

　　生於德國科隆附近的坎普（Kempen），天主教修士，神祕主義者。著有《效法基督》（*Nachfolge Christi*; *Imitation of Christ*）一書（1418），大為轟動，號稱「聖經之外對基督徒影響最重要的作品」。該書文詞風格樸實無華，力辯人應以靈性生活為重，物質生活為輕；強調人如以基督為中心必得善報，聖餐禮可以堅振信德。他的著作對於近代虔敬主義的發展有極大影響。

馬基維利（Niccolò Machiavelli, 1469-1527）

　　義大利政治家、歷史學家，出生於佛羅倫斯。1498 年在薩伏那洛拉（G. Savonarola）政權顛覆後崛起。負責外交工作十四年，與歐洲最有權勢的政治人物交往。1512 年麥迪奇家族重掌政權，馬基維利遭撤職，次年因密謀罪名被逮捕、用刑，雖然很快就獲釋，但無法再擔任公職。他最有名的學術論文《君王論》（1513, 1532 年出版）是一本給統治者的忠告手冊，本來冀望能把這部作品獻給麥迪奇，但並未贏得對方的青睞。他認為《君王論》是對於政治的客觀描述，因為他覺得人性腐敗、貪婪且極端自私，因此建議政府在管理國家時可以不擇手段。雖然有人欣賞這部作品見解透徹才氣縱橫，但長期以來仍廣受責難，被視為憤世嫉俗、善惡不分之作；此後舉凡狡詐、不擇手段、不講道德的權謀者，皆被稱為「馬基維利主義者」。其他作品

有一系列關於羅馬史家李維的論述及《論戰爭藝術》。

笛卡兒（Réne Descartes, 1596-1650）

　　法國哲學家、數學家、物理學家。他對現代數學的發展做出了重要的貢獻，因將幾何坐標體系公式化而被認為是解析幾何之父。他還是西方現代哲學思想的奠基人，是近代唯物論的開拓者，提出了「普遍懷疑」的主張，是最早起來反對經院派亞里斯多德主義者之一。他的哲學思想深深影響了之後的幾代歐洲人，開拓了所謂「歐陸理性主義」哲學。

　　哲學上，笛卡兒是一個二元論者以及理性主義者。他認為，人類應該可以使用數學的方法——也就是理性——來進行哲學思考，因為，理性比感官的感受更可靠。他的方法論歸根究底可以總結為如下四條：（1）除了清楚明白的觀念外，絕不接受其他任何東西；（2）必須將每個問題分成幾個簡單的部分來處理；（3）思想必須從簡單到複雜；（4）我們應該時常進行徹底的檢查，確保沒有遺漏任何東西。

　　由此，笛卡兒第一步就主張對每一件事情都進行懷疑，而不能信任我們的感官。以此他發現了一個真理，即當他思想時，他即存在；這一點表達在他的一句名言——「我思故我在」（cogito ergo sum）。笛卡兒將此作為形上學中最基本的出發點，從這裡他得出結論，「我」必定是一個獨立於肉體的、在思維的東西。笛卡兒還試圖從該出發點證明出上帝的存在。

　　笛卡兒強調思想是不可懷疑的這個出發點，對此後的歐洲哲學產生了重要的影響。但是它的基礎，「我思故我在」被後人證明並不是十分可靠的，因為該公式其實是奠立在承認思想是一個「自我意識」這一隱藏著的假設上，如果擯棄了自我意識，那麼笛卡兒的論證就失

敗了。而笛卡兒證明上帝存在的論點，也下得很匆忙。

笛卡兒對數學最重要的貢獻是創立了解析幾何，他在數學上的成就為後人在微積分上的工作提供了堅實的基礎，而後者又是現代數學的重要基石。物理學方面，笛卡兒也有所建樹。他在《屈光學》中首次對光的折射定律提出了理論論證。他還解釋了人的視力失常的原因，並設計了矯正視力的透鏡。

在宗教方面，與巴斯卡不同，笛卡兒反駁那種認為人實際上是在受苦難和有罪的觀點。他認為人類具有理性的力量去理解宇宙和促進人類的幸福。他的觀點是：向上帝禱告以求改變事物是不得要領的，人類必須設法改善自己。

林布蘭（Rembrandt Harmenszoon van Rijn, 1606-1669）

歐洲十七世紀最偉大的畫家之一，也是荷蘭最偉大的畫家。林布蘭生於荷蘭萊頓，父親是磨坊主。雖然成名後作品銷售不錯，然因不善理財，終生不免為貧窮所困。他的畫作特點在於華麗的畫法、豐富的顏色和純熟的明暗技法。為數極多的肖像和自畫像顯露深層的性格洞察力，他的素描則描繪出當代阿姆斯特丹的生活點滴。他的肖像畫風格人物安排具有戲劇性，深深打動人心，這一點至今仍然是林布蘭之所以受人歡迎的基礎。

彌爾頓（John Milton, 1608-1674）

最偉大的英語詩人之一，也是個著名的歷史學家。國會黨統治時期和清教徒統治時期曾任文職。他在 1651 年左右失明，卻仍奮力創作，史詩傑作《失樂園》（*Paradise Lost*）即完成於 1667 年。《失樂園》內容主要是描述墮落天使路西法（撒旦）從對神的反叛失敗後再

重新振作，他對人間的嫉妒，以及他運用他的謀略化身為蛇，引誘亞當和夏娃違反神的禁令偷嘗智慧樹的果實，導致人類被逐出伊甸園的故事。

佩蒂（Sir William Petty, 1623-1687）

英國政治經濟學家、統計學家。政治算術的創始人之一，所謂政治算術即是用數字來表明與政府有關事務的技術。最有名的著作是《賦稅論》（*Treatise of Taxes and Contributions*, 1662）。在經濟學上主張自由發揮謀求個人利益的本性的動力，然而與亞當斯密以後的自由派學者不同，他認為國家有責任用財政、金融政策和公共工程來維持高度就業。他也主張生產所必需的勞動是交換價值的主要決定因素。

巴斯卡（Blaisel Pascal, 1623-1662）

法國數學家、物理學家、宗教哲學家。他為現代數學機率論奠定了基礎，大大影響了現代經濟學和社會科學的發展。在物理學上他提出後來稱為巴斯卡定律的流體壓力定律。1654 年末一次神秘主義經歷後，他離開數學和物理學，專注於沉思和哲學與神學寫作。他是堅定的詹森教派信徒，人文思想大受蒙田影響。宗教論戰之作《鄉巴佬書信》（*Lettres provinciales*）被奉為法文寫作的典範，身後其筆記本被編為《沉思錄》（*Pensées*），對後世影響甚大。

班揚（John Bunyan, 1628-1688）

英國清教徒牧師，《天路歷程》（*The Pilgrim's Progress*, 1678）的作者。班揚家境清寒，受完小學教育後即跟著補鍋匠的父親到處打

工。雖然如此忙碌，他對英文聖經卻花了不少工夫學習。十七世紀英國內戰期間參加克倫威爾的國會軍，開始熟悉清教徒的思想。1647年離開軍隊。1649 年，他與一位窮苦但成長於清教徒家庭的瑪格麗特（Margaret Bentley）結婚。瑪格麗特帶來的嫁妝只是兩本書，一本是貝利的《虔敬的實踐》，另一本就是登特（Arthur Dent）的《普通人的天國之路》（*The Plain Man's Pathway to Heaven*）。雖然這兩本書未至於令他悔改向神，但卻打開了他對信仰感興趣之門。1655 年左右，他完全接受了實行長老制的喀爾文派神學理論，很快就表現出作為牧師的天才。1660 年查理二世的復辟，結束了分離教派享有的二十年信仰自由。1660 年底班揚被控不按英國國教的儀式做禮拜，他拒絕妥協，1661 年被判入獄，被監禁達十二年之久。他在獄中出版了《罪人受恩記》（*Grace Abounding*, 1666）接著寫了寓言式的名著《天路歷程》。1672 年三月出獄擔任牧師。1676 年迫害重新開始後，他又因非法傳教而再度入獄，半年後保釋出獄。1678 年《天路歷程》出版，該書敘述一個名叫基督徒的主角生死存亡的驚險故事，書出版後立刻受到各階層人士的歡迎，堪稱史上最廣為人知的宗教寓言文學。此後他又寫了幾部作品，包括 1684 年出版的《天路歷程》第二部，敘述基督徒的妻子克里斯蒂娜（Christiana）在孩子陪同下去天國途中的故事。除此之外，他還撰寫宗教佈道詩，後期最有趣的作品之一是詩畫相配的兒童讀物《為男孩和女孩寫的書》（*A Book for Boys and Girls*, 1686）。

孟德斯鳩（Montesquieu, 1689-1755）

　　法國啟蒙哲學家。生於貴族家庭，從 1714 年起開始在波爾多擔任公職。他的諷刺作品《波斯人信札》（1712）使他在文學上首次取

得成功。1726 年他到處遊歷，研究社會和政治體制。他的巨著《法意》
（1750）對歐洲和美國的政治思想產生了深刻的影響。書中提倡立法、
司法和行政三權分立，並被美國的憲法撰稿人所採用。其他作品還包
括《羅馬盛衰原因論》（1734）。

伏爾泰（Voltaire, 1694-1778）

　　十八世紀歐洲最偉大的作家、哲學家之一。他靠古典悲劇成名，
一生不斷為劇院寫作。他因批評時局而兩度被送入巴士底獄，1726
年被流放至英國，在那裡，他對哲學的興趣漸增。1728 或 1729 年回
到法國。他的史詩《亨利亞德》（1728）大受歡迎，但他對攝政體制
的奚落和他的自由宗教觀點遭致攻擊，在《哲學書簡》（1734）中對
穩固的宗教及政治體系出言不遜，引起眾怒。他逃出巴黎，與沙特萊
夫人定居在香檳區，在那裡轉向科學研究和對宗教及文化的系統性探
究。沙特萊夫人死後，伏爾泰待過柏林和日內瓦，1754 年定居於瑞士。
除了論述哲學及道德問題的許多著作外，他也撰寫故事，其中最著名
的是《憨第德》（1759），是對哲學樂觀主義的諷刺作品。他關心任
何不公的事件，特別是起因於宗教偏見的事件。他以反暴政和反盲從
的理念留名後世。伏爾泰大多數的作品實際上已不復為人所記憶，但
是他的短篇小說持續再版，而他的書信更被視為法國文學的里程碑之
一。他給人類留下一個具有永恆價值的教訓：清楚明確地進行思考。
朗森（Gustave Lanson）寫道：「在一個官僚、工程師和生產者的世
界裡，他是必需的哲學家」。

亞當斯密（Adam Smith, 1723-1790）

　　蘇格蘭社會哲學家和政治經濟學家。海關官員之子，在格拉斯哥

大學和牛津大學求學。在愛丁堡的一系列公開演講（1748 年起）讓他與休姆建立一生的友誼，也讓亞當斯密在 1751 年獲得格拉斯哥大學聘任。在出版《道德感情理論》（1759）後，他成為未來之布克魯奇公爵的家庭教師（1763-1766），與他一起旅居法國，並在那裡認識其他重要的思想家。1776 年在工作九年之後，亞當斯密出版《國富論》，為政治經濟方面最早的綜合體系。他在書中論述以個人私利為本的經濟體系較佳，好比由一隻「看不見的手」引領，以獲得最佳的好處，書中並把分工視為經濟成長的首要因素。此書為當時盛行之重商主義體系的反應，站在古典經濟學的開端。《國富論》的出版立即為他贏得巨大聲望，最後成為出版史上對經濟影響最深遠的作品。雖然常被視為資本主義的聖經，本書卻嚴厲批判了毫無節制之自由企業與壟斷的缺點。1777 年亞當斯密奉派為蘇格蘭海關專員，1787 年成為格拉斯哥大學校長。

卡萊爾（Thomas Carlyle, 1795-1881）

英國歷史學家和散文作家。主要著作有《法國革命》（3 卷，1837）、《論英雄、英雄崇拜和歷史上的英雄事跡》（*On Heroes, Hero-Worship, and the Heroic in History*; 1841）和《普魯士腓特烈大帝史》（*The History of Friedrich II of Prussia, Called Frederick the Great*, 6 卷；1858-1865）。卡萊爾在《英雄崇拜》一書裡特別為馬丁路德與諾克斯留下一章〈作為教士的英雄〉。

多林格（Johann Joseph Ignaz von Dollinger, 1799-1890）

德國天主教神學家、教會史學家。他反對鼓吹教宗一貫正確的越山派（Ultramontanists），也就是所謂「教宗永無謬誤」的教義，號

稱日耳曼反教宗派的領袖，因此而於 1871 年被處破門律。不過，他在同年也當選為慕尼黑大學校長。對於天主教教義的發展與老公會（Old Catholic Church）的成立有重要貢獻。

阿豐斯・利久歐里（Alfons von Liguori, 1696-1787）

　　義大利聖職者、神學家。他原本為法律家，後來成為神父，在拿波里成立了救世主派（Redemptoristen）的修道團，特別是為貧民而活動。作為一名道德神學者，阿豐斯成為耶穌會精神的代表性人物，具有極大的影響力。

祁克果（Søren Kierkegaard, 1813-1855）

　　丹麥宗教哲學家和理性主義的批判者，被視為存在主義的創始人。年輕時在哥本哈根大學主修神學。他攻擊黑格爾企圖將整個存在體系化，宣稱不可能建立一套存在的體系，因為存在是不完全的，它在不斷地發展。基本上他可說是一名虔誠的基督徒，哲學的中心思想則可以歸結為「如何去做一個基督徒」。他對當時社會上的小信風氣深惡痛絕，多番撰文攻擊。他認為人們並不能透過客觀性獲得真理，而真理只能透過主觀性呈現，所以他反對傳統哲學將真理當成客觀知識那樣地追求。他亦反對教條主義（包括基督教的教條主義），故不願將自己的思想寫成哲學理論，而是以文學作品的形式表達，並以多個不同筆名出版。最有名的著作包括《非此即彼》（1843）、《恐懼和戰慄》（1843）和《對死的厭倦》（1849）。很多人認為祁克果是存在主義的先驅。無疑，後來二十世紀的存在主義者如沙特、卡繆等人皆深受祁克果哲學的影響，但如果存在主義的定義包括否定人的本質與靈魂存在，那麼祁克果本身就不大可能是存在主義者了。

布克哈特（Jacob Burckhardt, 1818-1897）

　　傑出的文化藝術史家。生於瑞士巴塞爾（Basel）牧師家庭，並在出生地終老。青年時期受過人文主義教育，學過神學，但無明確的宗教信仰。1839-1843 年在柏林大學求學，後任教於巴塞爾大學。他的研究重點在於歐洲藝術史與人文主義。1860 年出版的《義大利文藝復興時代的文化》（*Die Kultur der Renaissance in Italien: Ein Versuch*）一書分析了當時的生活情況、政治環境以及重要人物的思想，從而奠定了他在學術史上的地位。

凱勒（Gottfried Keller, 1819-1890）

　　瑞士德語作家。原本對繪畫有興趣，曾在慕尼黑學習兩年（1840-1842），成效甚微，遂返回蘇黎世。1846 年發表第一批詩作。1848-1850 年，蘇黎世市政府資助他去海德堡大學求學，在那裡深受哲學家費爾巴哈（Ludwig Feuerbach）的影響。在柏林時（1850-1855 年）發表長篇自傳體小說《綠衣亨利》（*Der grüne Heinrich*, 1854-1855），一舉成名，後改寫成教育小說。1855 年回到蘇黎世，並成為該州祕書（1861-1876）。他的短篇小說也很出名。韋伯此處提到的著作，原名是《三個正直的製梳匠》（*Die drei gerechten Kammacher*, 1856）。

巴克爾（Henry Thomas Buckle, 1821-1862）

　　英國史家，少年時曾是世界知名西洋棋手。著有 *History of Civilization in England*，此書出版後不久即譯為日文，甚受明治時期日本思想家福澤諭吉的重視。巴克爾的史觀挑戰了蘭克史學所代表的「歷史主義」的傳統，希望將史家的注意力，從國家政府擴大到社會文明、文化心理。實際上，可說是西方史學界最早「社會科學化」的先行者。

羅伯圖斯（Karl Rodbertus, 1805-1875）

　　普魯士經濟學家與社會政策者。他堅持勞動價值論，對社會改革作出了保守的詮釋，有助於普魯士議會通過社會立法。他主張由政府調節工資，使工資隨國民生產率的提高而按比例增加，認為如果聽任雇傭勞動者自行其事，他們只能獲得僅夠糊口的收入；這樣，國民生產率的提高只能使有產者受益，容易產生消費不足和生產停滯的危機。這一理論為國家干預經濟提供了一點兒餘地，因此對普魯士政治經濟政策的發展產生了相當大的影響。

布倫塔諾（Lujo Brentano, 1844-1931）

　　德國經濟學家。1871-1931 年先後在柏林、維也納等大學任教。1871-1872 年寫成《現代的工人行會》（*Die Arbeitergilden der Gegenwart*），書中論證了現代工會是中世紀行會的繼承與發展。在〈近代資本主義之萌芽〉（1913）一文中對韋伯的〈基督新教倫理與資本主義精神〉有強烈批評。

齊默（Georg Simmel, 1858-1918）

　　德國社會學家和新康德派哲學家，以社會學方法論的著作聞名。曾任教於柏林和斯特拉斯堡大學。他特別注意權威和服從的問題。在《貨幣哲學》（*Philosophie des Geldes*, 1900）中，強調貨幣經濟在社會活動的專業化方面、以及個人關係和社會關係的反個性化方面所扮演的角色。

桑巴特（Werner Sombart, 1863-1941）

　　德國經濟史學家。出身富裕，曾求學於柏林、比薩、羅馬，任教

柏林大學。1902 年出版《近代資本主義》一書，在方法論上受馬克思學說的影響。其他著作有《為什麼美國沒有社會主義》（1906）、《猶太人與經濟生活》（1911）、《資產階級》（1913，即英文版的《資本主義的精華》）、《奢侈與資本主義》（1913）、《戰爭與資本主義》（1913）等。在這時及稍晚的著作中，他提出一種觀點，認為資本主義在進化發展，並無跡象顯示其走向腐朽衰落。

雅斯培（Karl Jaspers, 1883-1969）

二十世紀德國哲學家與心理學家。為現代存在主義哲學奠定了基礎，對心理學與神學亦有重大影響。曾學過法律與醫學，任教於海德堡大學。他主張科學原理可以運用於社會學和人文科學；哲學是對存在的主觀解釋。他致力於發展一種既不受科學控制又不會代替宗教信仰的哲學。重要著作有《普通精神病理學》（*Allgemeine Psychopathologie*, 1913）、《普通精神病理學》（*Allgemeine Psycho-pathologie*, 1919）與《哲學》（*Philosophie*, 1932）。

克拉格斯（Ludwig Klages, 1872-1956）

德國心理學家和哲學家，也是現代筆跡學創始人之一。在慕尼黑大學學習化學、物理和哲學，並在該校任教。克拉格斯最主要的成就在於（與尼采和柏格森一樣）對存在現象學的發展。重要著作有《性格學原理》（*Prinzipien der Charakterologie*, 1910）、《心靈和生命》（*Geist und Leben*, 1935）、《作為靈魂知識源泉的語言》（*Die Sprache als Quell der Seelenkunde*, 1948）。

附錄

14

克倫威爾，柯爾伯特，
腓特烈·威廉一世，詹姆斯一世，
查理一世，富蘭克林

克倫威爾（Oliver Cromwell, 1599-1658）

　　英國軍人和政治家，共和政體之英格蘭、蘇格蘭、愛爾蘭國協的護國主（1653-1658）。1628 年當選國會議員，但英王查理一世在 1629 年解散國會，十一年未再召集議會。1640 年克倫威爾被選入短期國會和長期國會。當查理與國會之間的爭議爆發為英國內戰時，克倫威爾成為國會派的主要將領之一，贏得許多重要的勝利，包括馬斯敦荒原戰役和內茲比戰役。他讓國王查理一世接受審判，並簽下國王的處死令。在不列顛群島組成國協後，他擔任第一屆國家會議的主席。往後幾年，他在愛爾蘭、蘇格蘭與保皇派戰鬥，壓制了由平均派（Leveler）發起的叛變。當查理一世之子查理二世進入英格蘭時，克倫威爾在渥斯特將其軍隊摧毀（1651），結束了內戰。身為護國主，克倫威爾再度提升國家的地位，使之成為歐洲主要的強權，並終止了

英荷戰爭。他雖然是虔誠的喀爾文派信徒，卻致力於宗教寬容。他拒絕了 1657 年國會獻給他的國王頭銜。1658 年克倫威爾死，他的兒子無法控制局面，君主制在 1660 年復辟，查理二世成為英國國王。1661 年克倫威爾的遺體被查理二世下令掘開。在其屍體受問吊和車裂之刑後，遺體被遺棄於坑中。受殘害的頭顱在西敏寺外示眾至 1685 年。

　　頓巴戰役（Battle of Dunbar），1650 年 9 月克倫威爾的國會軍在蘇格蘭頓巴一帶擊敗支持查理二世復辟的蘇格蘭保皇黨，控制了愛丁堡與蘇格蘭南部。

柯爾伯特（Jean-Baptiste Colbert, 1619-1683）

　　法國政治人物，路易十四的財政大臣，出身商人家庭。他致力重建法國經濟，整頓混亂不堪的財政秩序，努力改革中世紀遺留下來的混亂的稅收制度。此外他還大力整頓工商業，認為如果要增強法國的力量，就必須增加法國在國際貿易中的分量，特別是削弱荷蘭的商業霸權。因此，法國不僅需要生產在海外有競爭力的優質商品，而且還必須建立貨運船隊。柯爾伯特鼓勵外籍工人把技藝傳入法國，並給予許多私人企業特權，興辦國營的製造工業。他鼓勵建立造船公司，想通過貿易使法國能取得海外商業優勢，因此，他在 1664 年創辦法屬東印度公司和西印度公司，此後又建立東地中海地區和北歐貿易的一些公司。上述經濟政策的實施，對法國的社會經濟發生了相當大的影響，使法國成為十七世紀歐洲最富強的國家。

腓特烈・威廉一世（Friedrich Wilhelm I, 1688-1740）

　　普魯士第二代國王（1713-1740），他的父親腓特烈一世成功地

使普魯士變為一個王國，而他則大大加強了這個王國的軍事力量。畢生致力於建設普魯士陸軍，1733 年實行分區徵兵制，組成效忠國王的普魯士軍官團，並強迫農民當兵。1713 年普魯士軍隊為 38,000 人，到 1740 年，人口只有 2,200,000 人的普魯士竟擁有兵員 83,000 人（占人口的 4%），成為歐洲第三軍事強國。雖然窮兵黷武，但他在對外擴張方面（例如大北方戰爭），所得甚微，只是由於彼得大帝的俄羅斯打敗了瑞典，他才得到了直到奧德河河口的波美拉尼亞。除了擴張軍備外，他也注重經濟、教育等國力的培養。1717 年實施小學義務教育；1719 年，他解放自己領地上的所有農奴，廢除世襲租佃制度。他提倡重商主義，發展工業，特別支持毛紡工業。然而腓特烈‧威廉一世鄙視學問，他在普魯士境內禁止法國文學、拉丁文和音樂的傳佈。由於他生活簡樸吝嗇，又捨不得在經濟文化建設上花錢，人稱「乞丐國王」。

詹姆斯一世（James I, 1566-1625）

　　詹姆斯是蘇格蘭女王瑪麗的唯一兒子。出生後五個月，其父死亡，其母遭蘇格蘭貴族驅逐，流亡英格蘭。1567 年，蘇格蘭貴族廢黜瑪麗，詹姆斯被立為國王，稱詹姆斯六世，幾個大貴族相繼攝政，詹姆斯成為相互鬥爭的陰謀家──天主教派（他們想讓他的母親復辟）和長老教派──手中的傀儡。1583 年，詹姆斯六世親政，他竭力與英格蘭保持良好關係。1587 年，其母瑪麗因捲入暗殺英王伊莉莎白一世的陰謀而被處死。1603 年，伊利莎白一世於駕崩前指定詹姆斯為繼承人，於是詹姆斯兼任英格蘭國王，稱詹姆斯一世。他很快就結束與西班牙的戰爭（1604），取得和平及繁榮。1604 年 1 月主持了漢普頓宮會議，拒絕了清教徒所提的改革聖公會的要求，但同意重新

翻譯《聖經》，即後來的詹姆斯欽定本《聖經》。詹姆斯一世並不了解英國議會，在位期間大力鼓吹君權神授，遂與日趨強硬的國會發生衝突，並導致他在 1611 年解散國會。在執政最後的幾年裡，王子查理和白金漢公爵喬治維利爾斯（George Villiers）操縱了一切。失去判斷力的詹姆斯一世被排斥在外。1625 年死。

　　儘管傳統史學觀點都將詹姆斯一世形容為一位昏君，不過他在位的二十多年裡，盡力維持了英格蘭、蘇格蘭與愛爾蘭三地的平穩發展，以當時三地存在的內在矛盾而言，堪稱不易。此外，他巧妙避開當時襲捲歐陸的各場戰爭（例如三十年戰爭），讓英國保住和平，功不可沒。最後，也是影響最深遠的是聖經的英譯。英文隨著這本真正滲透到英國各階層的讀物成為一種普遍性的讀寫文字，英語能成為當今世界最通用的語言亦是奠基於此，其貢獻可與莎士比亞的戲劇並稱。

查理一世（Charles I, 1600-1649）

　　英國、蘇格蘭和愛爾蘭國王（1625-1649），英國史上唯一被處死的君主。詹姆斯一世之子。他從父親那裡繼承了君權神授觀念，在早期的書信中曾透露出對下議院的不信任。1625 年即位，同年召開第一屆國會，因宗教議題、向西班牙進軍和普遍對他的顧問白金漢公爵的不信任，造成他與國會之間的衝突。在解散幾次國會後，他曾持續統治王國十一年而不再召開國會。查理為了不再仰賴國會的撥款，1634 年開始徵收所謂的造船費。1639 年與蘇格蘭開戰，查理為了籌集軍費，在次年召集了短期國會和長期國會。最後因他的獨裁統治而再度與國會決裂並爆發了英國內戰。六年內戰（1642-1648）間，他的軍隊不敵克倫威爾所統率的國會軍。查理在第二次內戰結束後被逮

捕，次年以暴君叛國等罪名受審。1649 年法庭判他有罪處決，克倫威爾宣布共和。

富蘭克林（Benjamin Franklin, 1706-1790）

　　美國著名政治家、科學家，同時亦是出版商、印刷商、記者、作家、慈善家，更是傑出的外交家及發明家。他是美國革命時期重要的領導人之一，他最初信仰英國統治下一個統合的殖民地政府，後來因課稅議題而逐漸改變立場。他協助確立《印花稅法》的廢止，並擔任第二次大陸會議的代表，也是起草《獨立宣言》的委員會成員，並曾出任美國駐法國大使，成功取得法國支持美國獨立。1787 年他參與憲法會議，制定了憲法的架構，該憲法一直是美國二百年來的基本法。在發明方面，富蘭克林曾經進行多項關於電的實驗，這些實驗導致避雷針的發明。他還發明了雙焦眼鏡、蛙鞋等。他在費城創立《費城報》（1730-1748），倡議用社會集體力量建造公共設施，使人們能享受到過去只有少數富人才能享受的東西：他幫助建立了現今已司空見慣的一些公共機構，如消防隊、圖書館、保險公司、學校和醫院，而這些靠社會基金建立的機構是在北美建立的第一個各該類機構。富蘭克林曾是共濟會的成員，並被選為英國皇家學會院士，他亦是美國首任郵政總長。

附錄
15

富格家族,羅德茲,摩根,
洛克菲勒,古爾德,
反托拉斯運動,倫巴底人

富格家族(Fugger Family)

德意志企業家族。初在奧古斯堡(Augsburg)經營紡織業,後來發展成龐大的貿易、採礦和銀行事業,統治十五、十六世紀的歐洲工商業,並影響歐陸政治。該家族的企業堪稱資本主義初期貿易公司的典範。韋伯書裡提到的雅各·富格(Jakob Fugger, 1459-1525)是家族的第三代領導人,富格家族在他手中踏入礦業,並很快成為礦業鉅子,這也是富格家族真正成為歐陸重要企業家族的開始。1514 年雅各·富格授封伯爵,他是 1490 年以後神聖羅馬帝國皇帝麥西米倫一世(Maximilian I, 1459-1519)各項政策的主要財政支持者。他在政治上最大的投資成就是 1519 年資助查理五世當選神聖羅馬帝國皇帝。此外,他也藉著貸款關係而在 1516 年與英王亨利八世結為盟友。

羅德茲（Cecil Rhodes, 1853-1902）

　　法國政治人物，路易十四的財政大臣，出身商人家庭。他致力重建法國經濟，整頓混亂不堪的財政秩序，努力改革中世紀遺留下來的混亂的稅收制度。此外他還大力整頓工商業，認為如果要增強法國的力量，就必須增加法國在國際貿易中的分量，特別是削弱荷蘭的商業霸權。因此，法國不僅需要生產在海外有競爭力的優質商品，而且還必須建立貨運船隊。柯爾伯特鼓勵外籍工人把技藝傳入法國，並給予許多私人企業特權，興辦國營的製造工業。他鼓勵建立造船公司，想通過貿易使法國能取得海外商業優勢，因此，他在 1664 年創辦法屬東印度公司和西印度公司，此後又建立東地中海地區和北歐貿易的一些公司。上述經濟政策的實施，對法國的社會經濟發生了相當大的影響，使法國成為十七世紀歐洲最富強的國家。

腓特烈‧威廉一世（Friedrich Wilhelm I, 1688-1740）

　　生於英國的南非金融家和政治人物。他的一生正當英帝國主義全盛時期，是帝國的創業人之一。他創辦了德比爾聯合礦業公司（De-Beers Consolidated Mines, Ltd.），該公司至今仍控制全球鑽石生產的 60%，而在 1891 年則是 90%。1887 年他組成了南非金礦公司。為了帝國擴張的目的，羅德茲在 1881 年捲入政界。經過一番奮鬥，在 1889 年經過英國特許成立英國南非公司，開發北部新領地。1890 年羅德茲的先遣人員進駐馬塔貝萊蘭，繼而進入馬紹納蘭，名震尚比西河兩岸。新拓領地即以他的名字命名為羅德西亞（Rhodesia），即今日的尚比亞與辛巴威兩國。羅德茲曾留下一段足以代表他當年萬丈豪情的話語：「滿天星辰，……這些廣闊的世界仍未有人踏足。可以的話，我但願能吞併其他行星」。

摩根（John Pierpont Morgan, 1837-1913）

美國金融家和企業家，十九世紀末世界金融巨頭之一。他所創辦的摩根金融公司曾為美國政府的主要財政支柱，至今仍為世界上最有實力的金融機構之一。1885 年摩根投入鐵路經營，協助相互惡性競爭的鐵路之間的合併、穩定了鐵路運輸的價格。在此過程中，他也掌握了大量的鐵路股票，1900 年已成為世界上最有實力的鐵路巨頭之一。除此之外，1901 年摩根建立了當時世界上最大的公司（美國鋼鐵公司），還合併組建了國際收割機公司和奇異公司。摩根本人愛好藝術及文化，是當時藝術品及書籍的最大收藏家之一，他將大部分藝術收藏品捐給了紐約市大都會藝術博物館。在他死後，其家族於 1924 年在其書籍收藏地設立一個公共圖書館。

洛克菲勒（John D. Rockfeller, 1839-1937）

美國資本家，洗禮派教友，以他在石油工業中的地位而聞名。1863 年在克利夫蘭附近建立第一個煉油廠。此後專門經營石油業。1870 年與人合辦俄亥俄標準石油公司。在他的領導下，標準石油成為世界上最大的石油公司，同時也為他個人帶來了巨大的財富（1929 年時資產為九億美元，按 2001 年的幣值，他的資產約達 2000 億美元，相較之下比爾蓋茨在當年只有 587 億美元）。洛克斐勒也是個著名的慈善家，他的大部分財產都捐贈慈善事業。1892 年他捐款建立芝加哥大學，生前贈給該校八千多萬美元。生前捐款合計五億美元，到 1955 年止，他和他的兒子的捐款總數達 25 億美元。

古爾德（Jay Gould, 1836-1892）

美國鐵路企業家、金融家和投機者。早年失學（16 歲），靠自

習彌補，1856 年（20 歲）出版《紐約德拉瓦郡的歷史》一書。先投入金融事業，然後涉足鐵路，是美國鐵路事業重要創建人物之一，靠各種關係從事投機，以巧取豪奪的手段，在 1882 年時達到他在鐵路事業上的巔峰，他的鐵路帝國位居全國第一，擁有鐵路長達 25,500 公里，為全美鐵路總長的 15%。對古爾德的評價一般都非常糟，他被公認為十九世紀美國資本主義中最惡名昭彰的「強盜貴族」，為人冷酷無情，肆無忌憚，直到去世沒有朋友。不過近年來的一些傳記澄清了不少對他不利的謠言，例如他其實並非反猶太者，而且也肯定他在美國鐵路事業上的積極貢獻。

反托拉斯運動

限制被認為是不公平或壟斷性的商業活動的運動，由此而出現 432 基督新教倫理與資本主義精神反托拉斯法。此法將某些被認為會傷害商業環境或消費者權益的行為定為非法，政府機關裡的競爭管理監督部門負責監管反托拉斯法。反托拉斯一詞源起於美國法律，最初創制目的是要對抗企業聯合（cartel）。最著名的是 1890 年的〈雪曼反托拉斯法〉（ShermanAntitrust Act）。該法宣布：「凡限制貿易或商業的合同、合併……或暗中策畫」都是非法的。此外，尚有其他法律禁止利用價格或其他手法對消費者差別待遇；也禁止會嚴重削弱同業競爭的公司合併或吞併行為。很多國家，包括大半西方世界，都設有某種形式的反托拉斯法，例如歐盟就有歐盟競爭法。

倫巴底人（Lombard）

中世紀初期，日耳曼人大遷徙的過程中，一支部族倫巴底人據有意大利波河流域（568-774 年），此地遂因而得名。十二世紀時，倫

巴底的金融事業開始發展，到了十三世紀已成為歐洲重要的金融中心之一，倫巴底人也自然成為當時歐陸主要的金融借貸商人之一。他們沿著普羅旺斯、勃艮地、法蘭德斯和巴黎地區的商業軸心建立了一個放貸網絡；經常光顧歐洲國王和教士的宮廷。倫敦金融活動最繁忙的街即倫巴底街，據說就是為了紀念這些起源於倫巴底地區的金融商。

附錄
16

彌曼差學派，巴比倫俘囚，
猶太律典，西拉書，法利賽人，
千禧年，得未使，耆那教，
威廉麥斯特

彌曼差（Mimāmsā）

　　考察研究之意。印度古代六派哲學之一，即重視祭祀，主張聲常住之聲顯論師（即主張聲音為宇宙實在之存在，一切構成祈禱之語言具有絕對之神秘力量）。蓋於印度，考究古代婆羅門經典吠陀之所說，分為二派。一為根據梵書前半之儀軌、釋義，以實行祭祀為重心，兼論究會通其疑義異說，即以吠陀行祭品為研究對象者；另一派則根據梵書後半之奧義書，主要以考察「梵」為目的，即以吠陀智品為研究對象者。此二派皆稱彌曼差學派，又前者特稱彌曼差學派、業彌曼差學派，後者則稱吠檀多學派、智彌曼差學派。兩者關係密切，皆視吠陀天啟為最高權威，足以代表正統婆羅門之思想。今所謂彌曼差學派，即指前者，即於西元前二、三世紀（一說四、五世紀），耆米尼

（Jaimini）研究吠陀之祭事，取捨諸種不同學說而組織成的新學派。經論中所稱之「聲顯論」、「從緣顯了宗」即指此派。其宗旨為：吠陀之聲為絕對常住，且以吠陀所說之祭祀為法。其根本聖典為《彌曼差經》，相傳為耆米尼所作，為六派哲學中分量最大之聖典。

俘囚期（the Exile），或稱巴比倫俘囚

　　西元前十世紀末，以色列人分裂為南北兩國，即北方的以色列國與南方據有耶路撒冷的猶大國。西元前 722 年，北方的以色列國亡於亞述人的侵略，而南方的猶大國則在西元前 586 年亡於巴比倫王尼布甲尼撒，由於猶太人的頑強抵抗，尼布甲尼撒遂將猶太知識分子與領導人物遷至巴比倫，此即猶太人歷史上著名的巴比倫俘囚期，最後在波斯君主居魯士滅亡巴比倫帝國後，部分俘囚民才得以在西元前 537, 520 年分批返回耶路撒冷重建故國。以色列的先知們在〈以賽亞書〉、〈耶利米書〉、〈以西結書〉等書中指出，這一連串的歷史悲劇乃是以色列人對神的不敬所致，雖然如此，他們最終仍領受到耶和華的愛與恩惠。俘囚期的歷史對以色列人的民族性格有不可磨滅的影響，這是韋伯再三強調的。

猶太律典（Talmud）

　　Talmud 在希伯來語中是「教誨」的意思，後來用來稱呼：被稱為拉比的猶太律法學者之口傳或註解的集成書籍，作為將律法實踐於具體生活的指南，與舊約聖經並為猶太教的聖典。內容共分兩部分，第一部分為密西拿（mishna, 希伯來文原意為「反覆教導」），收錄以摩西律法為中心而由歷代拉比所開展的口傳律法，以希伯來語寫成（西元三世紀），性格上接近判例集，分六大部分（回目），共 63

篇專論，每篇專論分若干章。第二部分為葛瑪拉（gemara），收錄的
是對密西拿所作的註釋與解說，以及其他一些傳說，以阿拉姆語寫
成。律典有編纂於四世紀末的巴勒斯坦版，及編纂於六世紀左右的巴
比倫版。兩者在密西拿部分是相同的，葛瑪拉部分則以後者較為詳
細。但普通談到猶太律典時，是指後者而言。

西拉書（Book of Sirach）

　　耶穌賓西拉（Jesus ben Sira），西元前二世紀的以色列智者，被
列為《聖經次經》的〈西拉書〉據說即為他的著作。〈西拉書〉大約
於西元前二世紀初用希伯來文寫成，共分 51 章，於西元前 130 年左
右由他的孫子在亞歷山卓譯成希臘文。〈西拉書〉是希臘化初期出現
的猶太智慧書。作者在書中敘述了宗教、道德等多方面的問題，並結
合個人經驗對猶太傳統的智慧作了總結。該書帶有強烈的護教性格。
它闡明，以色列民族的神聖歷史與文化遠非希臘人或其他外邦人所能
企及。但與這種保守立場相配合的還有一種猶太人對外部世界開放的
意義，有一種世界公民的理想。這種理念可以歸因於當時希臘化通俗
哲學的影響。基督新教不承認所謂的「次經」，因此〈西拉書〉不見
於基督教的聖經。天主教倒是在聖經裡給「次經」留了一席之地，〈西
拉書〉在此被稱為〈德訓篇〉，基督教則通常稱之為〈便西拉智訓〉。

　　韋伯此處提到的〈西拉書〉兩段文字，對他的論述極為關鍵，因
此有必要列出引文，希臘原文或拉丁譯文非譯者力所能及，只能列出
所知的中譯、英譯與德譯各個版本，以供讀者參考。

　　「（20）堅守崗位，持之以恆，工作到老。（21）不要羨慕罪人
的強勢，而要堅守自己的工作，忠於主。主使窮人乍富，此乃極易之
事」（張久宣譯，《聖經後典・便西拉智訓》11: 20-21）。

「（21）你當遵守你與天主結的盟約，按照盟約生活，老於你的職守。（22）不要驚奇罪人的成就，只該信賴上主，堅持你的工作。（23）因為，使窮人忽然變為富翁，在上主眼中，是一件容易的事」（《思高聖經‧德訓篇》11: 21-23）。

"20 My son, hold fast to your duty, busy yourself with it, grow old while doing your task. 21 Admire not how sinners live, but trust in the LORD and wait for his light; For it is easy with the LORD suddenly, in an instant, to make a poor man rich." (*The New American Bible*, Sirach 11)

"11: 21 Be steadfast in thy covenant, and be conversant therein, and grow old in the work of thy commandments. 11: 22 Abide not in the works of sinners. But trust in God, and stay in thy place." (*The Book of Ecclesiasticus*, Douay-Rheims)

"20 Mein Sohn, steh fest in deiner Pflicht und geh ihr nach, bei deinem Tun bleibe bis ins Alter! 21 Wundere dich nicht über die Übeltäter; früh morgens mach dich auf zum Herrn und hoffe auf sein Licht! Denn leicht ist es in den Augen des Herrn, den Armen plötzlich und schnell reich zu machen." (*Das Buch Jesus Sirach*, 11, Douay-Rheims)

不過，韋伯雖然承認在〈西拉書〉裡「可以得見對忠實的職業勞動的無比評價」，然而與近代的「天職觀」相去卻甚遠，因為這種評價還是屬於「傳統主義心態」。詳見《宗教社會學論文集‧古猶太教》3-3-2-6。

法利賽人（Pharisees）

約自西元前二世紀起活躍於猶太教內的有力派別。法利賽一字源於阿拉姆語（Aram），意指分離、離開，或者是指將自己與律法不

嚴明的大眾區分開的意思。法利賽派是站在純粹的律法主義的立場上,力求嚴格地遵守律法;在社會上,他們是與以祭司階級為中心的、保守的、妥協的撒都該人(Sadducee)相對立,採取進步的、獨立的立場。其後,這種律法主義中所含的偽善性質陷落到形式主義的窠臼,因而受到耶穌的嚴厲批判。雖然如此,基本上法利賽人並不是一個政治團體,而是學者、虔信教友的組織,以此贏得眾多百姓的擁護,在新約聖經中,他們以猶太代言人的身分出現。對法利賽人而言,禮拜上帝並不在於聖殿祭司所舉行的血祭,而在於祈禱、研讀上帝的律法,因此法利賽人致力建設猶太教會堂,以之為聖殿之外另一宗教禮拜場所。在法利賽人的努力下,猶太會堂成為猶太人宗教生活的重心所在。第二聖殿遭毀和耶路撒冷陷落之後,猶太人離散於各處,會堂乃成為猶太人維繫其宗教與教育的核心,對於延續數千年來不絕如縷的猶太文化實為關鍵所在。

千禧年（millennium）

　　流傳於古代基督教、在啟示文學中關於至福千年之描繪的教說:在世界末日之後,耶穌再臨的一千年裡,撒旦被捆綁,殉教的聖人與義人復活,彼等將與基督在地上稱王千年,千年之後則行最後的審判。參見《新約聖經‧啟示錄》20: 1-6。千禧年說在古代教會裡被許多教父所採用,四、五世紀以來漸漸地失去聲息,現在則不在基督教的正統教說之內。然而在歐洲,每逢社會和宗教紛擾不安的時代,為了對抗教會的權威,千禧年的觀念往往會再度流行。例如十六、十七世紀宗教改革時,在所謂的再洗禮派各團體中,就非常盛行千禧年觀念。

得未使（dervish）

　　原來是「貧者」之意，不過並不單指物質上的貧窮，而另有「求神之恩寵者」與「信心深者」之意，屬於蘇非派教團（sufi, 伊斯蘭神秘主義者）。這種教團自十二世紀起相繼成立，其成員必須服從首腦，事奉師長。得未使教團主要的功修儀式為齊克爾（dhikr），即反覆誦讀讚頌阿拉的祈禱詞，以此作為達到忘我境界的途徑。得未使可以集體生活，也可以在俗，他們一般都出身於下層階級。在中世紀地處伊斯蘭世界中央的各國，得未使教團在宗教、社會和政治生活中發揮重要作用，但目前他們的寺院常為政府所控制，他們的教義主張也不受正統派重視。

耆那教（Jainism）

　　西元前六世紀由大雄（Mahāvira, 西元前 599-527?）所開創的印度宗教，所謂耆那教，是指克服煩惱而獲得解脫的「勝利者（Jina）之教」，大雄就是這些勝利者的第二十四代。為了解脫業的束縛，耆那教主張徹底實踐嚴格的戒律和禁慾苦行，尤其是不殺生戒，如此一來，比丘們連蟲蟻也不敢殺害，衣服也不准穿著，因而裸體乞食。一般信徒唯恐犯了殺生戒，所以多半遠離生產事業而從事商業與金融業。西元二世紀時，教團分裂為主張完全裸行的天衣派與認可穿著白衣的白衣派，後來這兩派各自發展了自己的聖典教規。耆那教徒一直恪守著虔敬的生活原則，以熱心慈善工作聞名，包括搭建棚舍收容動物。耆那教也教人寬容，不強求別人改變信仰皈依自己的門派。目前約有 200 萬信徒。

威廉麥斯特（Wilhelm Meister）

　　歌德的長篇小說，分兩部：〈學習歲月〉（*Lehrjahren*, 1775）和〈漫遊歲月〉（*Wanderjahren*, 1828）。內容寫主角威廉麥斯特走出家門尋求人生意義的故事，肯定實踐的重要意義。在〈學習歲月〉中主角茫無目標地輾轉漂泊，以追求其自我個性，但是他最後之所以發現了其自我個性，是由於他在〈漫遊歲月〉中放棄了追求個性，而決定要在一個包容廣泛的共同體中忘我地獻身於一個有限的目標。作品想傳達的主旨是：青年人認為，生活大概就是自我個性的發展；中年人知道，生活即是命運的實現；而老年人則已意識到，恰恰就是這種實際獻身的命運實現，才是自我個性完美發展的必經之路。

王與王國，康曼達，傭兵統帥，
莊宅，漢撒同盟，濟貧法，
南海泡沫，英靈殿

王與王國（rex et regnum）

　　早期日耳曼民族的政治理論認為：國家的權力是基於「國王」
（rex）及「身分」（regnum）的二元化結構，regnum 即指包含「等
級」（estate）在內的人民，故此處譯為「王國」。我們曉得，在封
建社會時期，領主與其領民的關係是很淡薄的，他們並不認為對其臣
民負有任何責任，也沒有促進整個社區福祉的願望，充其量只在與教
會和修道院打交道的過程中有一些宗教的和世俗的考慮。然而，國王
（rex）或君主與其諸侯國或邦（regnum）的關係就不是如此：他們
對其臣民負有責任。這種責任最為重要的是要通過法律和司法行政來
維護法律和秩序，同時還得保護教會。

康曼達（commenda）

　　"commenda, dare ad profiecuum de mari"（委託，乃依契約分配海外貿易的利潤），因此，康曼達實為「委託」之意。韋伯在《經濟與社會‧城市的類型學》一書裡，對「康曼達」與「海外貿易貸款」（societas maris）有如下簡短的敘述：「外出營商者（Tractator）負責將本地貨物運到東地中海沿岸地區的市場銷售，至於購買本地貨物與海運的資金則全部（或部分）由當地資本家提供（外出營商者當然也有可能是空船而往的），銷售所得再採購東方貨物回本地販賣，最後的經營所得則由外出商人與資本家依契約條款分享」（2-9-7-1-2）。簡而言之，即由資本家提供資金，經營者（出海者）執行業務（有時也提供部分資金），最後再根據所定比率來分享利潤的一種契約。中世紀時流行於地中海一帶，普通是隨每一次的航海訂定一回海上商業契約。若資本家現身於外，則為「合股公司」的原型，若資本家並不現身時，即為「匿名組合」的起源。一般而言，「康曼達」指的是經營者完全不出資的一種契約，如果他出部分資本，則稱之為「海外貿易貸款」，實際上的用法卻沒有如此嚴格區分。

傭兵統帥（condottieri）

　　指十四世紀中葉至十六世紀，參加義大利各國間頻繁戰爭的雇傭兵的統帥。十三、十四世紀時，義大利許多城邦由於與東方的貿易獲利甚豐，這些城邦（例如威尼斯、佛羅倫斯和熱內亞等）本身武力微弱，又因財富不免招致外國君主或鄰近城邦的覬覦，統治這些城邦的貴族遂想出雇用被稱為 condotta（=contract, 契約）的職業軍人來為他們作戰。義大利的第一批雇傭兵（通稱自由聯隊）是由外國人組成的。最早的雇傭兵（1303 年）為來自西班牙的加泰隆人。接續而來的是以

日耳曼人和匈牙利人為主體的「大聯隊」。這支聯隊是最早具有正式組織和嚴格紀律的雇傭兵之一。十五世紀初，受那不勒斯雇傭的史佛薩（Muzio Attendolo Sforza）使聯隊組織更加完善化。他們也開始為了各自私人的利益奮鬥。史佛薩之子法蘭西斯科・史佛薩於 1450 年控制了米蘭，是各個傭兵統帥中成就最輝煌的一個。當然也有不走運的，傭兵統帥卡馬尼奧拉（Carmagnola, 1390-1432）由於一再背叛反覆無常，而被威尼斯統治者處死於聖馬可宮前（1432 年）。雇傭兵貪婪無度，常常倒戈，很少拼命作戰，因為他們並不願意拿自己的生命開玩笑，所以戰爭常常就變成圍城，或者是演習，幾乎沒有短兵相接的戰鬥，這是最為符合雇傭兵利益的，因為可以拖延戰爭，從而延長他們的雇傭期。最極端的例子裡，一場戰爭可以在進行半天之後，雙方皆沒有任何陣亡者（1427 年在 Molinella）。十五世紀末，城邦互相併吞，義大利本身也成為法國、西班牙和日耳曼軍隊的戰場，雇傭兵在這種正規的國際戰爭中逐漸無用武之地，傭兵統帥從此即銷聲匿跡。話雖如此，韋伯之所以特別重視傭兵統帥，主要是因為他們是歐洲史上最早懂得經營「戰爭」的人物，尤其是華倫斯坦（Albrecht von Wallenstein, 1583-1634）。

莊宅（Oikos）

Oikos 在希臘文裡是指「家」的意思，亦是「經濟」一字的字源：Oikonomia（家計的管理）→ Economy。根據韋伯所說，羅伯圖斯（Karl Rodbertus, 1805-1875）是最早用「莊宅」一詞來稱呼古代「大型家計」的學者。在「莊宅」中，「藉著家成員或隸屬於家的勞動力來達到需求滿足（原則上）的自給自足，而物質性的生產手段是在非交換的基礎上提供給勞動力使用。實際上，古代莊園領主的家計，特別是王侯

的家計（尤其是埃及的「新王國」），都是在大小極為不同的程度上**類似**於此一類型（純粹類型則不多見），換言之，大家計的需求之籌措皆分攤於從屬的勞務義務者（賦役義務者與納稅義務者）身上。同樣的情形有時也見之於中國與印度，以及較小程度地見於我們的中世紀時期──從莊園管理條例（capitulare de villis）開始」（《經濟與社會・經濟行動的社會學基本範疇》1-2-3-18）。

漢撒同盟（Hanseatic League）

中世紀晚期由德意志北部城市和海外貿易團體創立的商業、政治聯盟，其宗旨是維護相互間的商業利益。漢撒（Hanse）一詞，德文意為「公所」或者「會館」。十三至十五世紀，漢撒同盟是北歐的重要經濟和政治勢力，加盟城市最多時曾達到 160 個。1367 年成立以盧比克為首的領導機構，有漢堡、科隆、不來梅等大城市參加。1370年戰勝丹麥，壟斷波羅的海貿易，並在西起倫敦、東至諾夫哥羅德的沿海地區建立商站，實力雄厚。從十五世紀初起，由於波羅的海非德意志國家的日益強大，荷蘭海上勢力的崛起，以及德意志本土普魯士的興起，漢撒同盟逐漸消沉，1669 年召開最後一次會議。

濟貧法（Poor Laws）

英國歷史上頒布的關於社會救濟的法律。產生於十六世紀，一直延續到 1948 年。十六世紀英國圈地運動迫使眾多農民背井離鄉，淪為流浪漢，失業現象日益嚴重。英國統治者被迫考慮救濟貧民問題。1572 年，英格蘭和威爾斯開始徵收濟貧稅，1576 年又設立教養院收容流浪者，並強迫其勞動。1601 年頒布第一個重要的濟貧法。授權治安法官以教區為單位管理濟貧事宜，徵收濟貧稅及核發濟貧費。凡

年老及喪失勞動力者，在家接受救濟；貧窮兒童則在指定的人家寄
養，長到一定年齡時送去作學徒；流浪者被關進監獄或送入教養院。
斯圖亞特王朝於 1662 年通過《住所法》，規定貧民須在其所在的教
區居住一定年限者方可獲得救濟。1723 年的濟貧法更進一步規定設
立習藝所，受救濟者必須入所。1834 年議會通過《濟貧法修正案》，
這是 1601 年之後最重要的濟貧法，史稱新濟貧法。該法取消家內救
濟，改為受救濟者必須是被收容在習藝所中從事苦役的貧民。習藝所
內的生活條件極為惡劣，勞動極其繁重，貧民望而卻步，被稱之為勞
動者的「巴士底獄」。其後雖經歷一些組織管理上的變更，但習藝所
的懲治原則一直未變。二十世紀以來，濟貧法的重要性逐漸降低。等
到 1946 年的《國民保險法》和 1948 年的《國民救助法》通過後，衛
生部主管的社會保險已完全代替濟貧，濟貧法失去作用。

南海泡沫（South Sea Bubble）

　　1720 年使大批英國投資者破產的一次投機狂熱。1701-1713 年的
英西戰爭給英國政府帶來沉重的財政負擔，為了促進國債銷售，英國
政府同意給予認購國債的企業商業特權。1718 年英王喬治一世同意出
任南海公司董事長，1720 年南海公司承諾接收全部國債，相對則從
政府獲得了奴隸貿易的壟斷權和與西班牙殖民地的貿易權。人們對它
的前途看好，紛紛對它的股票投資，其股價迅速攀升，1720 年 1 月
股票價格為 128.5%，8 月達 1,000%。許多人因此發了財，於是吸引
了更多的人投入。一時間搶購南海公司股票蔚為風氣。在南海公司的
激勵下，各種公司如雨後春筍紛紛出現，其中許多公司只是想渾水摸
魚而已。為了限制這些「泡沫公司」，英國國會制訂了〈泡沫公司法〉
（The Bubble Act）。該法於 1720 年 6 月生效，許多「泡沫公司」被

指名解散，其股價隨即暴跌。最後殃及南海公司股票，原來每股 1,000
英鎊，9 月降至 174 英鎊，12 月降至 124 英鎊。許多地主和商人都失
去了他們的財產，南海公司事件對英國的政治和經濟有深遠的影響。
著名的科學家牛頓也是這次泡沫事件的受害者，損失慘重，他曾嘆氣：
「我能算出恒星的運動，但算不出人類的瘋狂」。

英靈殿（Walhall, 亦譯瓦爾哈拉）

　　根據北歐神話，在戰爭時，主神奧丁（Odin, 亦稱沃坦 Wotan）
會派遣身穿甲冑的美女瓦爾基里（Valkyrs,「陣亡者之選擇人」）到
戰場上，將陣亡的勇士英靈帶到英靈殿（「陣亡者之廳堂」）參加盛
宴。這些勇士在英靈殿中，夜晚縱情歡宴，白晝則反覆參加那場自己
捐軀，並得以流芳百世的戰役。根據神話，奧丁之所以要收集這些勇
士的英靈，乃是為了那場宿命中一定會發生的戰爭「諸神之黃昏」
——諸神與巨人的最後決戰、結局則是天地毀滅——做準備。

附錄

18

加利西亞，烏伯塔，卡爾夫，
西里西亞，波美拉尼亞，梅克倫堡，
利物浦，曼徹斯特，西伐利亞

加利西亞（Galizien）

　　東歐的一個地區，原屬波蘭。1772 年俄普奧三國瓜分波蘭，加利西亞被奧地利併吞。此後幾經轉折，一直要等到第一次大戰結束，德、奧、俄三大帝國崩潰，波蘭得以復國，才收回加利西亞。

烏伯塔（Wuppertal）

　　德國北萊茵—西伐利亞州城市。位於杜塞多夫東北，萊茵河支流烏伯（Wupper）河的沿岸，為當地紡織業中心，也生產化工品、機械等，有釀酒廠、印刷廠和出版機構。

卡爾夫（Calw）

　　德國黑森林東北的小鎮，位於巴登—巴登東方六十公里的 Nagold

河畔，德國作家赫塞（Hermann Hesse）的故鄉。

西里西亞（Silesia）

　　位於中歐波蘭、德國與捷克交界處，西南至蘇台德山脈，南抵貝斯基德（Beskid）山脈，東北界為克拉科夫─維隆（Krakow-Wielun）高地，包括上、中奧得河盆地。1945 年後大半為波蘭領土。在此之前曾為鄰近諸強國如普魯士、奧地利等國積極併吞之地，為此曾發生多次戰爭。

波美拉尼亞（Pomeranian）

　　位於波蘭西北部，波羅的海沿岸以南，主要河流包括 斯瓦河、德河和雷克尼茨河。曾為波蘭、神聖羅馬帝國、普魯士、瑞典等國所統治，目前分屬波蘭與德國。

梅克倫堡（Mecklenburg）

　　德意志東北部歷史上的一個邦，位於波羅的海沿岸平原，在盧比克（Lubeck）灣以東約 160 公里處。現屬德國的梅克倫堡─西波美拉尼亞州。原為梅克倫堡家族領地，在宗教改革運動中，此一家族曾加入新教一方。

利物浦（Liverpool）

　　英格蘭第五大城市，海港，也是蘭開夏（Lancashire）歷史郡默西賽德（Merseyside）的中心。市區屬默西賽德的都會自治區，在默西河出海口北岸呈不規則的新月形，距愛爾蘭海數哩。

曼徹斯特（Manchester）

　　英格蘭西北部城市，常被視為工業革命時期的典型城市。在許多
方面，堪稱為過去 250 年間西方世界所建新一代巨型工業城市中的第
一座。1717 年人口僅為一萬的集市小鎮，至 1851 年，以棉紡為主的
紡織業已十分發達，向市郊發展、合併其周圍工業社區後，成為人口
超過 30 萬的工商業城市。二十世紀初，城市向外擴展的部分將曼徹
斯特與環城的棉織品製造城鎮相連接，演化為新的城市形式，即所謂
大都會區。1911 年該市人口已達 235 萬。

西伐利亞（Rheinland-Westfalen）

　　德國西北部地區，相當於現在的德國北萊茵—西伐利亞州全部及
下薩克森與黑森兩州部分地區。1814-1815 年維也納會議將舊西伐利
亞的大部分地區畫歸普魯士，包括首府閔斯特在內。十九世紀末至
二十世紀初西伐利亞人口稠密，成為世界上重工業最發達的地區，德
國鋼鐵重心魯爾地區即在此。

譯名表

A

Adams, Thomas	亞當斯
adäquate Beziehung	適合的關係
Admonition to Parliament	對國會的忠告
Aegidius, St.	艾吉迪斯
Afgeschiedenen gereformeerten Gemeente	分離改革派教會
Agreement of the People	人民協定
Akkordlohn	論件計酬
Alberic, St.	阿爾貝里克
Alberti, Leon Battista	阿伯蒂
allgemeiner Priestertum, universal priesthood	萬人祭司論
Allstedt	阿爾斯台特
Altona	阿托納
Amphipolis	安菲波利斯
Anabaptist	再洗禮派
Anabasis	萬人遠征記
Anglican Communion	安立甘派，聖公會
Anstalt	機構
Anstaltsgemeinschaft	制度化組織
anstaltsmäßig	制度性
Anthony of Florence, St. Antoninus of Florence	聖安東尼・佛羅倫斯
Antisthenes	安提斯泰尼
Antrieb	驅動力

Bonn, M. J.	波恩
Book of Homilies	講道集
Book of Sirach	西拉書
Book of Sports	遊藝條例
Borinski	波林斯基
Bourgeois	布爾喬亞，資產階級
Braune	布勞內
Brecknockshire	布雷克諾克
Brentano, Lujo	布倫塔諾
Brodnitz, Georg	布洛德尼茲
Browne, John	布朗
Browne, Robert	布朗
Brownist	布朗派
Brunner, Emil	布隆內爾
Bryce, James	布萊斯
Bucer, Martin	布塞爾
Buckle, Henry Thomas	巴克爾
Bunyan, John	班揚
Burchhardt, Jacob	布克哈特
Bürger	市民
burgerliche Betriebskapitalismus	市民的經營資本主義
bürgerliche Wirtschaftsethos	市民的經濟風格
bürgliches Berufsethos	市民職業風格
Butler, Samuel	巴特勒

C

Caecilian	塞西里安
Calvin, John	喀爾文
Calw	卡爾夫
canon law	教會法
Capadose, Abraham	卡帕多斯
Carlyle, Thomas	卡萊爾
Cartwright, Thomas	喀特萊特

Ignatius of Antioch, St.　依納爵
in cose magnifiche e ample　堂堂因應一切
in majorem Dei gloriam　為增耀神的榮光
in majorem gloriam Dei　為了榮耀神
in vocatione　在職業裡
Independent　獨立派
industria　勤勞，勤奮
Ingolstädter　因戈爾施塔特
innere Verwandtschaft　內在親和性
Innige Christendom　真實的基督教
Institutes of the Christian Religion　基督教原理
intention　動機
Interdict　禁行聖事
Irenäus, St.　伊里奈烏斯
Ironsides　鐵衛騎兵團
Irving, Washington　厄文

J
Jaffé, Edgar　雅菲
Jaimini　耆米尼
James, William　威廉‧詹姆斯
Jameson, Leander Starr　詹姆森
Janeway, J.　傑尼威
Jansen, Cornelius Otto　詹森
Jansenism　詹森教派，詹森主義
Jaspers, Karl　雅斯培
Jerome, St.　聖哲羅姆
Jesuit　耶穌會
Jina　勝利者
Jülicher　邱立舍

K
Kahl　卡爾

Lambeth-Article	蘭貝斯條款
Lamprecht, Karl Gottfried	蘭普雷希特
Lancashire	蘭開夏
Lasco, John a	拉斯可
Laud, William	勞德
Lavaleye	拉瓦埃
Lebensführung	生活樣式，生活態度
Lectura Oxoniensis	牛津講演
Lehrjahren	學習歲月
Leiden	萊頓
Lenau, Nikolaus	萊瑙
Levelers	平均派
Levy, Hermann	李維
libero e nobile animo	自由的高貴心情
liberty of prophesying	佈道自由
liberum arbitrium	隨心所欲
liebe Jesulein	幼年耶穌
Liguori, Alfons von	阿豐斯・利久歐里
Lilburne, John	利爾本
Lipany	利帕尼
litterae testmoniales	資格證明書
Liverpool	利物浦
Lobstein	羅伯斯坦
Locarno	羅卡諾
Lodensteyn, Jodocus van	羅登斯坦
Lollard	羅拉德（派）
Lombard	倫巴底人
Löscher, Valentin Ernst	勒舍爾
Louvain	魯汶
Loyola, St. Ignatius of	羅耀拉
ludibria spiritus sancti	聖靈的戲弄
Ludwig I	路德維希一世
Luke	路加

Methodist, Methodism	衛理公會，衛理派，美以美會， 　循道會
Middleburg	米德堡
mijdinge	迴避者
millennium	千禧年
Milton, John	彌爾頓
Mimāmsā	彌曼差
mishna	密西拿
Moira	命運女神
Molesme	模列姆
Molinos, Miguel de	莫利諾斯
Montanist	孟塔奴斯派
Montauban	蒙托邦
Montesquieu	孟德斯鳩
Moravian Church	摩拉維亞教會
Morgan, John Pierpont	摩根
morris dance	莫里斯舞
mortal sin	死罪
mosmajorum	古風
Moutains Blue Ridge	藍嶺山
Mr. Worldly-Wiseman	世間智先生
Müller, Karl	謬勒
Münster	閔斯特
Müntzer, Thomas	閔采爾
Müntzer Disturbances	閔采爾起義事件
Murray, James Augustus Henry	墨雷
mutuum date nihil inde sperantes	借給人而什麼也不指望

N

Nachfolge Christi, Imitation of 　Christ	效法基督
Nächstenliebe	鄰人愛
Nahrungspolitik	生計政策

Narragansett 納拉甘西特（灣）
Naturales quaestiones 自然界的問題
naturali ratione 自然理性，自然事理
Neo-Castrati Sect 新去勢派
nervus rerum 精髓
Neumann, Carl 諾曼
New Haven 紐哈芬
Niclaes, Hendrik 尼克萊斯
Nicole, Pierre 尼科爾
Niebuhr, Reinhold 尼布爾
Nieuwe Kerk 新教會
nihil inde sperantes 什麼也不指望
nobile e onesta famiglia 高貴的名門望族
nobilissimi cavalieri 高貴的騎士家族
Nonconformist 非國教派
Novatianist 諾瓦替安派
Nurnberg 紐倫堡
Nutzen 生聚利用
Nyasaland 尼亞薩蘭

O
Observants 嚴修派
Ockham, William of 奧康
Odin, Wotan 奧丁，沃坦
Offenbacher, Martin 歐芬巴哈
Oikos 莊宅
Old Catholic Churches 老公會
Oldenbarnevelt, Johan van 奧登巴內費爾特
omnia in majorem dei gloriam 一切都是為了增加神的榮耀
On the Household 論家計
opera mercenaria 受雇於人的事
opera servilia 農奴的勞動
opera spiritualia 聖靈的所為

operator	作用
opus supererogationis	超出義務的行為
Orange	奧蘭治
Owen	歐文

P

Palazzo Rucellai	盧徹來府邸
Pandolfini, Niccolò	潘度菲尼
Paradise Lost	失樂園
Paria-Kapitalismus	賤民資本主義
Parker, Henry	帕克
Parsi	帕西
Particular Baptists	特選洗禮派
Pascal, Blaisel	巴斯卡
Paterson, William	佩特森
Pearson, A. F. Scott	皮爾森
Peirce, Charles Sanders	皮爾斯
Pelagianism	佩拉吉斯主義
Pelagius	佩拉吉斯
Penn, William	威廉潘
per vocatione	透過職業
perseverantia	堅忍
Persönlichkeit	人格
Petty, Sir William	佩蒂爵士
Pharisees	法利賽派
Philadelphia	費拉鐵非（教會）
Philadelphia Confession	費城信仰告白
pia desideria	虔敬慾望
Piedmontes	皮蒙特人
Pietism	虔敬派
Pilgrim Fathers	清教徒移民父祖
Pistoia	皮斯托亞
Plutarch	浦魯塔克

Plymouth 普里茅斯
Pocahontas 波卡洪塔斯
poenitentia quotidiana 日日的悔改
Pomeranian 波美拉尼亞
Poor Laws 濟貧法
Porete, Marguerite 波萊特
Port Royal 波爾羅亞爾女修道院
Portree 波特里
possession salutis 救贖的擁有
Powhatan 波瓦坦
Prädestinationslehre 預選說
praecepta 命令
praktischer Rationalismus 實際的理性主義
Praxis Pietatis 虔敬的實踐
Prayer Book 公禱書
Präzisist 嚴謹派
Predestination, 預選說，預定論
    Prädestinationsgnade
Presbyterian 長老派
Primat des Willens 意志之優位
Prinsterer, Groen van 普林斯特
produktiv 有績效的，生產性的
Proletariat 普羅
prophesyings 聖經集會
propositum oboedientiae 恆久的決意
Protestantism 基督新教
Providence 普羅維登斯
Prynne, William 普林
pudendum 羞恥，恥辱
Putney 普特尼

Q
Quaker 貴格會，教友派

Quesnel, Pasquier	凱斯內爾
Quietism	寂靜主義
Qumran	庫姆蘭（教派）

R

Rabelais	拉伯雷
Rachfahl, F.	拉赫法爾
Ralpho	拉爾福
Ranke, Leopold von	蘭克
ratio	理性
Redemptoristen	救世主派
Reformed church	改革派，歸正宗
regeneration	再生
regnum	身分
Reiseprediger, traveling preachers	巡迴佈道者
Reitsma	賴茲瑪
Rembrandt	林布蘭
Remonstrance	抗辯宣言
Rentenkauf	年金買賣
Rentner	坐食者
Res rustica	論農業
reserve	克制
rex	國王
rex et regnum	王與王國
Rheinland-Westfalen	西伐利亞
Rhodes, Cecil	羅德茲
Rieker	瑞可
Ritschl, Albrecht	里敕爾
Robert, St.	羅伯特
Robinson Crusoe	魯賓遜漂流記
Robinson, John	羅賓森
Rockfeller, John D.	洛克菲勒
Rodbertus	羅伯圖斯

Second Helvetic Confession	第二赫爾維蒂信仰告白
Second London Confession	第二倫敦信仰告白
Sedgwick	謝茲維克
Seeberg	齊貝格
Selbstbeherrschung	自制
Selivanov, Kondraty	謝里凡諾夫
Seneca, Lucius Annaeus	塞尼加
Separatist	分離派
Septuaginta	七十子聖經
Servetus, Michael	塞爾維特
Shannon	香農（河）
Shtundist	時禱派
Siegfried	齊格飛
Siegmund	齊格蒙
Sigismund	西吉蒙德
Signori	貴族
Silesia	西里西亞
Simmel, Georg	齊默
Simons, Menno	門諾西蒙
Skoptsy	史克布西派
Skye	斯開（島）
Slijkgeuzen	秘密集會
Smend, Rudolf	史曼德
Smith, J.	史密斯
Smyrnaeans	斯美拿（教會）
Smyth, John	史密斯
societas maris	海外貿易貸款
Society of Friends	教友派，貴格會，公誼會
Socinian	索齊尼派
Socinus, Faustus	索齊尼
sola fide	因信稱義，唯有信仰
sollicitudo	憂心操勞
Sombart, Werner	桑巴特

W

Wagner, Richard	華格納
Wahl, A.	渥爾
Wahrhaftigkeit, uprightness	誠實
Walhall	英靈殿，瓦爾哈拉
Wanderjahren	漫遊歲月
Wandsworth Conference	汪茲渥斯會議
Warfield, B. B.	華菲德
Watts, Isaac	瓦特
Webster, John	韋伯斯特
Weingarten	韋格登
Weltfremheit	超塵出世
Weltkind	俗世之子
Wenceslas	溫策拉斯
Werkheiligkeit	善功得救
Wesley, John	衛斯理
Westminster Assembly	西敏寺會議
Westminster Confession	西敏寺信仰告白
Wetteravia	維特拉維亞
White Monks	白衣修士會
White, G.	懷特
Wilhelm Meister	威廉麥斯特
William of Orange	奧蘭治的威廉
William the Silent	沉默的威廉
Williams, Roger	威廉斯
Windelband	溫德班
Winthrop, John	溫索洛普
Wittenberg	威登堡
Wittich, W.	維奇
Worms	沃爾姆斯
Wuppertal	烏伯塔
Württemberg	烏騰堡
Wycliffe, John	威克利夫

X
Xavier, Francis 沙勿略
Xenophon 贊諾芬

Z
Zajic, Zbynek 札伊克
Zeeland 澤蘭
Zeller 傑勒
Zinzendorf, N. L. v. 欽岑朵夫
Zoroaster 瑣羅亞斯德
Zwingli, Huldrych 茲文利

索引

九劃

基督新教倫理與資本主義精神

作者：韋伯（Max Weber）
譯者：康樂、簡惠美
校訂：康樂
總主編：康樂
編輯委員：石守謙‧吳乃德‧梁其姿‧章英華
　　　　　張彬村‧黃應貴‧葉新雲‧錢永祥
責任編輯：黃訓慶
封面設計：丘銳致

總策劃：吳東昇
策劃：允晨文化實業股份有限公司

發行人：王榮文
出版發行：遠流出版事業股份有限公司
地址：台北市中山北路一段 11 號 13 樓
電話：（02）25710297　傳真：（02）25710197
郵撥：0189456-1

著作權顧問：蕭雄淋律師
2020 年 9 月 1 日 二版一刷
2022 年 9 月 16 日 二版二刷
售價：新台幣 600 元
缺頁或破損的書，請寄回更換
有著作權‧侵害必究 Printed in Taiwan
ISBN　978-957-32-8852-7（平裝）

YL■—遠流博識網 http://www.ylib.com　E-mail: ylib@ylib.com

國家圖書館出版品預行編目資料

　基督新教倫理與資本主義精神 / 韋伯（Max Weber）著；
　康樂，簡惠美譯 . -- 二版 . -- 臺北市：遠流，2020.09
　　　面；　公分 .
　　譯自：Die protestantische Ethik und der Geist des
　Kapitalismus
　　ISBN 978-957-32-8852-7（平裝）

　　1. 韋伯（Weber, Max, 1864-1920）2. 學術思想
　3. 宗教倫理　4. 資本主義

　550.1858　　　　　　　　　　　　　　　109011400